国家科学思想库

科学文化系列

科学与人生 //////////
中国科学院院士传记

张存浩传

任连巨/著

科学出版社
北 京

内 容 简 介

本书记述了著名科学家、2013年度国家最高科学技术奖获得者张存浩院士传奇而感人的经历。他幼承良好家教,少年时胸怀远大理想,奔赴重庆、厦门等地刻苦攻读,后毅然从美国回到祖国投身科技事业。六十余年来一切以国家需要、国防建设为目标,在水煤气合成液体燃料、火箭推进剂、高能化学激光、分子反应动力学等方面排除干扰,攻坚克难,坚守初心,勇攀科技高峰;他矢志不渝开展基础性研究,注意人才培养,一心一意奖掖后学,开创国家科学基金新局面;他老骥伏枥,壮心不已,耄耋之年继续投身科研事业。他的故事,不仅对我国科技界具有巨大的鞭策作用,对社会各界尤其是广大青少年也将产生深刻启迪和深远影响,激励广大科技工作者为实现第二个百年奋斗目标、实现中华民族伟大复兴的中国梦而踔厉奋进。

本书适合青年学子、科技工作者以及对科学家的成长感兴趣的读者阅读。

图书在版编目(CIP)数据

张存浩传/任连巨著.—北京:科学出版社,2024.2
(科学与人生:中国科学院院士传记)
ISBN 978-7-03-077415-6

Ⅰ.①张… Ⅱ.①任… Ⅲ.①张存浩-传记 Ⅳ.①K826.13

中国国家版本馆 CIP 数据核字(2024)第 001407 号

丛书策划:侯俊琳
责任编辑:张 莉 姚培培/责任校对:韩 杨
责任印制:霍 兵/封面设计:有道文化

科学出版社 出版
北京东黄城根北街16号
邮政编码:100717
http://www.sciencep.com

北京中科印刷有限公司印刷
科学出版社发行 各地新华书店经销
*
2024年2月第 一 版　开本:720×1000 1/16
2024年8月第三次印刷　印张:25 1/2　插页:6
字数:400 000
定价:98.00元
(如有印装质量问题,我社负责调换)

张存浩（1928— ）

张存浩，1928年2月生于天津，籍贯山东无棣，1943年考入厦门大学，1947年毕业于国立中央大学化工系，1950年获美国密歇根大学硕士学位，1980年当选为中国科学院学部委员（1993年改称院士），曾任中国科学院大连化学物理研究所研究员、博士研究生导师、所长，国家自然科学基金委员会主任、党组书记。

张存浩是中国高能化学激光奠基人、分子反应动力学奠基人之一。在水煤气催化合成液体燃料、火箭推进剂等领域取得了一系列重要科研成果，特别是在短波长化学激光新体系、双共振光谱学和分子碰撞传能研究方面，有多项科研成果走在世界前列。他与合作者4次获国家自然科学奖，2次获国家科学技术进步奖，十余次获中国科学院、国防科学技术工业委员会各类奖项，获陈嘉庚科学奖化学科学奖、何梁何利基金科学与技术进步奖，获2013年度国家最高科学技术奖。2016年1月4日，国际小行星中心将编号为"19282"的小行星永久命名为"张存浩星"。

张存浩曾当选为中国共产党第十三次、第十四次全国代表大会代表，中国共产党第十四次全国代表大会主席团成员，第三届全国人民代表大会代表，第八、第九届全国政协常委；担任《物理化学通讯》（Journal of Physical Chemistry Letters）（阿姆斯特丹）国际编委，美国化学会法拉第会志国际编委，《光谱化学学报》（Spectrochimica Acta）（纽约-牛津）编委，北京大学、清华大学、南京大学、中国科学技术大学、复旦大学、南京工业大学兼职教授，浙江大学名誉教授，香港中文大学荣誉理学博士，中国科学院学部主席团成员、中国工程院主席团顾问等。

张存浩出国护照照片

1946年,张存浩(右)和父亲在天津

20世纪50年代初,张存浩(前排左一)陪父亲张铸(前排左二)到上海探望大伯父张锐(前排右二)、大伯母杨立林(前排右一)一家时留影

1952年,张存浩(左一)在水煤气合成液体燃料实验室

张存浩、迟云霞夫妇（摄于 1954 年）

2014 年 1 月，张存浩在国家科学技术奖励大会授奖仪式上发言

1958 年 5 月，张存浩（右）在捷克斯洛伐克参加国际燃料综合利用大会时留影

1974 年，张存浩（后右二）与化学激光研究室的部分同志在 01 基地

1986年，张存浩（后左二）参加全国激光规划会议

1987年，张存浩在全国量子化学会议上做学术报告

1994年，张存浩（前中）在中国科学院化学研究所"基础所试点评议"工作中

1995年，张存浩（左）和何国钟在实验室

2006年，张存浩（右一）与桑凤亭（右二）、金玉奇（右三）、多丽萍（左一）讨论化学激光研究工作

2000年，张存浩（右二）与杨柏龄（左一）、沙国河（右一）、包信和（左二）、张涛（中）讨论化学激光实验场地规划建设工作

1994年8月,张存浩(中)主持"学科前沿与国家自然科学基金优先资助领域战略"国际研讨会

1994年12月,张存浩(中)带领中国科技代表团在国外科研机构考察

1996年,张存浩(左)、唐敖庆(右)与诺贝尔奖获得者李政道(中)在一起探讨科学基金工作

1996年，张存浩（左一）、唐敖庆（左二）和诺贝尔奖获得者杨振宁教授（右二）、杜致礼（右一）在探讨科学基金工作

2001年，诺贝尔奖获得者丁肇中教授（左）与张存浩（右）、迟云霞（中）夫妇在一起

2001年8月，张存浩（前左二）参加"面向二十一世纪科学基金制"国际论坛

2010年春节前夕,中国科学院院长白春礼院士(左)看望张存浩

2007年,张存浩(右)、郑永和(左)陪同理查德·杰尔(Richard Zare)教授游览故宫博物院

张存浩一家与张存汶一家在一起[前:张存浩、迟云霞和孙子张心适。后:张存汶、张海夫妇(右一、右二),张捷、王竹戌夫妇(右三、右四),张融、张菁夫妇(左三、左一)及女儿张罗蕴(左二)]

总　　序

中国科学院学部科普和出版工作委员会决定组织出版"科学与人生：中国科学院院士传记"丛书，这是一件很有意义的文化工程。首批入传的22位院士都是由各学部常委会认真遴选推荐的。他们中有学科领域的奠基者和开拓者，有做出过重大科学成就的著名科学家，也有毕生在专门学科领域默默耕耘的一流学者。每一部传记，既是中国科学家探索科学真理、勇攀科学高峰的真实情景再现，又是他们追求科学强国、科教兴国的一部生动的爱国主义教材。丛书注重思想性、科学性与可读性相统一，以翔实、准确的史料为依据，多侧面、多角度、客观真实地再现院士的科学人生。相信广大读者一定能够从这套丛书中汲取宝贵的精神营养，获得有益的感悟、借鉴和启迪。

中国科学院学部成立于1955年，经过50多年的发展，共选举院士千余人，荟萃了几代科学精英。他们中有中国近代科学的奠基人，新中国的主要学科领域的开拓者，也有今天我国科技领域的领军人物，他们在中国的各个历史时期为科学技术的发展做出了历史性的贡献。"五四"新文化运动以来，一批中国知识精英走上了科学救国的道路，他们在政治动荡、战乱连绵的艰难岁月里，在中国播下了科学的火种，推动中国科技开始了建制化发展的历程。新中国成立后，大批优秀科学家毅然选择留在大陆，一批海外学子纷纷回到祖国，在中国共产党的领导下，开创了中国科学技术发展的新篇章。广大院士团结我国科技工作者，发扬爱国奉献、顽强拼搏、团结合作、开拓创新的精神，勇攀世界科技高峰，创造了举世瞩目的科技成就，为增强我国综合国力、提升自主创新能力做出了重要贡献，为国家赢得了荣誉。他们的奋斗历程，是中国科学技术发展的历史缩影；他们的科学人生，是中华民族追求现代化的集中写照。

当今世界，科学技术已成为支撑、引领经济社会发展的主要动力和人类文明进步的主要基石。广大院士不仅是科学技术发展的开拓者，同时也是先进文化的传播者，在承担科技研究工作重任的同时，还承担着向全社会传播科学知识、科学方法、科学思想、科学精神的社会责任。希望这套丛书的出版能够使我国公众走近科学、了解科学、支持科学，为全民族科学素养的提高和良好社会风尚的形成做出应有的贡献。

科学技术本质是创新，科技事业需要后继有人。广大院士作为优秀的科技工作者，建设并领导了一个个优秀的科技创新团队；作为教育工作者，诲人不倦，桃李满天下。他们甘当人梯、提携后学的精神已成为我国科技界的光荣传统。希望这套丛书能够为广大青年提供有益的人生教材，帮助他们吸取院士们追求真理、严谨治学的科学精神与方法，领悟爱国奉献、造福人民的科技价值观和人生观，激励更多的有志青年献身科学。

记述院士投身我国科学技术事业的历程和做出的贡献，不仅可为研究我国近现代科学发展史提供生动翔实的新史料，而且对发掘几代献身科学的中国知识分子的精神文化财富具有重要意义。希望"科学与人生：中国科学院院士传记"丛书能够成为广大读者喜爱的高品位文化读物，并以此为我国先进文化的发展做出一份特有的贡献。

是为序。

2010 年 3 月

序　一

2014年1月11日，在庄严的人民大会堂，国家主席习近平亲自为张存浩院士颁发国家最高科学技术奖。作为获奖者代表，张存浩先生在会上发言指出："春光不老，科技常新。作为一名耄耋之年的老科技工作者，我将发扬中国科技界的优良传统，以发现和培育人才为己任，激励年轻人青胜于蓝，秀出班行。同时与广大科技人员一道，树立强烈的创新自信，敢走前人没有走过的路，不断在攻坚克难中追求卓越；努力在服务国家创新驱动发展战略中引领开拓，促进科技与经济紧密结合，解决国家经济建设中的重大科技问题，推进科技成果转化与产业化。"

这段肺腑之言，既是张存浩先生科技报国六十余年科研生涯的真实写照，也表达了他"侪辈不老、愿附尾端"，愿意继续献身科教兴国、人才强国事业的拳拳之心。

张存浩先生是享誉世界的物理化学家，是我国高能化学激光的奠基人和开拓者。新中国成立之初，他放弃国外的优厚待遇和继续深造的机会毅然回到祖国。

自1951年起，他一直在中国科学院大连化学物理研究所（以下简称大连化物所）从事科研工作，探赜索隐，攻坚克难，踔厉攀登，矢志于化学化工、国防安全研究，为我国科技进步与创新做出了突出贡献。

在六十多年的科研生涯中，张存浩先生始终急国家之所急、应国家之所需，把国家需要作为自己的研究方向，先后三次转换研究方向，在每一个研究领域都取得了多项重要成果。他研制出水煤气合成液体燃料的氮化熔铁催化剂，提出固体推进剂燃速的多层火焰理论，研制出我国首台氟化氢（氘）和氧碘化学激光器，首次观测到混合电子态的分子碰撞传能过程中的量子干涉效应等多种国民经济建设、国防建设、科技进步急需的核心技术与成果。同时，他还是一位极具战略眼光和前沿洞察力的战略科学家。在1986年召开的国家激光规划会议上，他力排众议将化学激光列入国家高技术研究发展计划（863计划），化学激光现已成为满足国家战略需求的首选光源。他以敏锐的视角审视国际前沿、聚焦国家急需，与楼南泉先生、朱起鹤先生等共同开创了分子反应动力学研究领域，并积极推动建立了分子反应动力学国家重点实验室。

张存浩先生在国际化学领域享有很高声誉，曾担任国际纯粹与应用化学联合会执行局委员、国际化学领域学术会议主席和顾问等。他影响并带动了中国化学科学与世界的交流合作，为推动我国化学科学事业走向世界做出了重大贡献。

张存浩先生曾任国家自然科学基金委员会主任、中国科学院化学部主任等，始终站在国家整体利益的高度忠诚履责。他谦逊大气的合作精神、豁然大度的高贵品质，为我国夯实基础研究根基、选拔和培养战略人才力量、拓展国际科技合作交流、营造良好科研环境、繁荣科学基金事业等建立了卓越功勋。

《张存浩传》付梓在即，我展卷披读，张存浩先生为我国科技事业殚精竭虑的奋斗历程尽入眼帘，一个个具体实例、故事和成果，展现了张存浩先生恰是以"爱国、创新、求实、奉献、协同、育人"为要义的科学家精神的缩影。这不仅对科技界具有巨大的激励作用，对社会各界也将产生深远影响。衷心期待广大科技工作者，尤其是青年学子们学习和传承好张存浩院士的精神，为推动高水平科技自立自强、实现中华民族伟大复兴的中国梦，勠力同心，勇毅前行！

中国科学院院士 白春礼

2023年9月

序　二

张存浩先生，著名爱国物理化学家。1948年负笈北美，攻读化学工程。1950年8月在密歇根大学获硕士学位时，朝鲜战争已爆发了两个月。他敏锐地嗅到了中美关系将越来越紧张，并料定美国很快就会阻止中国留学生归国，同年10月，他毅然放弃了继续深造的机会，乘坐轮船辗转经香港回归祖国。

自1951年起，张存浩先生一直在大连化物所工作。在他六十多年的科技报国征程中，他先后从事水煤气合成液体燃料、火箭推进剂、化学激光、分子反应动力学等研究，开创了我国高能化学激光研究领域、共同开创了分子反应动力学研究领域，研发出多种满足国民经济建设和国防建设需求的关键技术并推向实用，取得了令人瞩目的成果，曾荣获7项国家级科技奖励，并荣获2013年度国家最高科学技术奖。

张先生的科研工作有三个特点最为突出。一是胸怀祖国、服务人民，这在张先生为满足国家需求曾数度改变研究方向的工作经历中得到了诠释。二是潜心研究、集智攻关、独辟蹊径、勇攀高峰，这在张先生发展火箭推进剂和燃速理论、研制氟化氢（氘）激光器、氧碘化学激光器的过程中表现得尤为突出。三是甘为人梯、奖掖后学，张先生始终以发现和培养青年人才为己任，积极为青年人才的脱颖而出创造有利条件。在他曾领导的研究团队中，何国钟、朱清时、沙国河、桑凤亭、杨学明已当选为中国科学院院士、中国工程院院士，杨柏龄、金玉奇等已成为我国乃至世界化学激光领域的知名科学家。

张先生在大连化物所担任室主任和所长期间，展现出了杰出的管理才能。他重视全所的基础、应用和技术开发全面发展；他重视平台建设，作为发起人之一，推动分子反应动力学国家重点实验室的建立；他知人善用，充分发挥科技人员的作用，同时极为重视培养与引进青年人才，促进大连化物所新人辈出、持续发展。

仰之弥高，钻之弥坚。张存浩先生的精神风范已经融入并成为"锐意创新、协力攻坚、严谨治学、追求一流"的大连化物所的文化传承，他独特的人格魅力和科学贡献对大连化物所的后续发展产生了巨大影响。六十多年来，张先生承载着党和国家的重托，虽研究领域和工作岗位历经多次变换，但他"投身科学研究"的初心一刻未曾忘怀，"矢志创新强国"的使命始终牢记于心。先生"献身科学、心忧天下"的科学家精神，"高瞻远瞩、敢为人先"的战略洞察力，"奖掖后学、为国荐才"的惜才情怀，"严于律己、淡泊名利"的工作作风，激励着青年一代在建设世界科技强国、推进国家现代化的新征程中砥砺前行。

《张存浩传》付梓在即，我捧卷研读，激动不已，先生的业绩风范历历在目。本书比较系统、详细地记录了张存浩先生六十多年如一日的科学报国历程，既实事求是地记录了张先生对我国科技事业的重大贡献，又情真意切地记载了他的高尚品格，读起来令人倍感亲切。我愿将此书推荐给广大科技工作者和青年学子，希望大家在学习张先生的谦谦君子风范、严谨的治学态度、敏锐的战略洞察力以及惜才爱才情怀的同时，有感悟、有收获，在民族振兴的征途中做出不负时代、不负人生的贡献。

中国工程院院士　刘中民
大连化物所所长
2023 年 8 月

目录 CONTENTS

总序 /i

序一 /iii

序二 /v

第一章 励志 /1

    一、名门世家 /2

    二、母亲的教育 /4

    三、漫漫求学路 /8

    四、留学美国 /23

    五、"跟着毛主席吃小米，也要回去参加新中国建设" /25

第二章 无怨无悔的科研人生 /30

    一、初到大连 /32

    二、"国家的需要，就是我的研究方向" /35

    三、婚姻 /40

    四、科研路上无止境 /45

    五、再次转行，立说立行 /51

    六、01：秘密试验基地 /57

    七、"败走麦城"的故事 /73

    八、泥泞中的坚持，严冬中的坚守 /78

    九、又一道超级难题：高能化学激光研究 /88

    十、家事国事天下事 /120

    十一、科研、管理一肩挑 /127

    十二、勇于开拓新的边缘科学 /139

十三、瞄准前沿 /141

第三章　难忘科学基金十五年 /159

　　一、厘清思路，突出创新 /161

　　二、汇集智慧，凝聚力量 /171

　　三、积极主动，争取最大支持 /176

　　四、丰富和完善科学基金资助格局 /187

　　五、大胆探索："九五"优先资助领域战略研究 /190

　　六、国家杰出青年科学基金：培养拔尖人才的孵化器、助推器 /198

　　七、推进科学基金国际及地区合作与交流 /207

　　八、应运而生的管理科学部 /216

　　九、制定国家自然科学基金首个中长期远景规划 /219

　　十、"海扶刀"诞生记 /221

　　十一、"三志"的问世 /226

　　十二、都是分内的事，也是"小事" /227

　　十三、让每一分钱用在刀刃上 /232

　　十四、到了基金委，就像到了家 /237

　　十五、夯牢基石 /246

　　十六、为科学基金保驾护航 /250

　　十七、张存泗亲历的一件事 /258

　　十八、一个美国科学家眼中的张存浩 /261

　　十九、忙着，累着，快乐着 /265

　　二十、大家如是说 /271

第四章　谦谦君子，卑以自牧 /282

　　一、气度 /283

　　二、严谨 /289

　　三、谦逊 /293

第五章　大爱无疆 /300

　　一、境界 /301

二、伯乐　/307

　　三、人梯　/319

　　四、亲情　/325

　　五、"钻石"的蕴涵　/332

　　六、乡情　/343

　　七、洒向人间都是爱　/349

第六章　追寻那一束光　/363

主要参考文献　/377

附录　/379

　　附录一　张存浩年谱　/379

　　附录二　张存浩主要著述目录　/382

　　附录三　张存浩（个人或研究团队）获奖名录　/393

后记　/394

第一章 励　　志

　　20世纪三四十年代是中华民族灾难深重的年代。今天尽管各方面条件都大大改善了，但我们的民族依然面临众多的严峻考验。因此，重温那段历史，并不仅仅是怀旧，而是有着积极的现实意义。

　　　　　　　　　　　　　　　　　　　　　　　　——张存浩

　　1928年2月23日，天津意大利租界一栋花园洋房中，一个婴儿的大声啼哭，划破了寂静的夜空。

张存浩出生的地方（位于今天津市河北区自由道23号）

这个白白胖胖、眉目俊朗的男婴，给一家上下十几口人带来了无尽的欢乐。年过半百的祖父张鸣岐抱着长孙，喜极而泣，感谢上苍的宽厚与仁慈。他根据长孙八字和五行相生之说，为其起名为"存浩"。"岐"者，山名，山为土，土生金，因而张鸣岐的子女们名字中都是"金"字旁；金生水，而这个长孙的属相又是"大龙"，恰又生于农历二月二龙抬头的次日，因而断断离不开浩浩渺渺之"大水"。该名还有几层深意，张鸣岐希望长孙胸怀远大，如浩瀚江海，"心飞扬兮浩荡"（先秦·屈原《楚辞·九歌·河伯》："登昆仑兮四望，心飞扬兮浩荡。"）他更希望这个长孙要凛然一身浩然正气，做一个爱国报国之有用之才，成就一番事业。

当然，张鸣岐最希望自己的子嗣开枝散叶，如浩浩长江之水，继往开来。

一、名门世家

在诸多长辈的关怀下，张存浩悄然长大。

天津是中国北方著名的港口城市，在积贫积弱的晚清时期，这里因有八大外国租界而闻名于世。民国初年，许多退隐的著名政客和学界名流在租界置业居住，进可入驻北京操控权柄，退可隐居租界躲避祸乱，如段祺瑞、曹锟、梁启超等民国要人都在租界有豪华阔气的花园洋房。

居住在天津意大利租界的山东无棣张氏，在清末民初是一个名扬一方的名门世家，也是一个人丁兴旺、以才学名世的大家庭。张存浩的曾祖父张凌云，秀才出身，是闻名一时的侠义人士，同治年间曾任湖南湘潭朱亭丞，尽管官位不显——仅仅是一个不入流的小吏，但他善交天下仁人志士、各路豪杰，民国八年（1919年）崇文书局出版的《当代名人小传》中这样记述张凌云："长身鹤立，伉爽直实，诚齐鲁间丈夫也。"可谓评价甚高。张存浩的祖父张鸣岐为晚清封疆大臣。张存浩的祖母纪钜淑，乃"文达"纪晓岚之五世孙女，通晓四书五经、诗词歌赋。祖父张鸣岐的四个姐妹，有的在清末就读于女子学堂，有的就读于民国初年的高等学府，其中小妹张蕙筠毕业于北京大学，后考取北京大学首批数学研究生，是后来闻名世界的数学家陈省身的校友。

张鸣岐、纪钜淑非常重视儿女们的教育。张鸣岐曾这样教育儿女：家有良田千顷，不如薄技在身。尽管家计日绌，但张鸣岐、纪钜淑想方设法让子女进入高等学校学习，掌握一技之长。张存浩的父亲张铸，是张鸣岐的次子，毕业于南开大学，他目光远大，极思实业报国；母亲龙文瑗，云南哈尼族人，乃清末广西提督、民初广东安抚使龙济光之女，虽文化程度不高，但知书达理，了解中国优秀传统文化，是一位富有眼光、胸怀豁达、颇具主见的女性。张鸣岐的长女张钿毕业于南开大学文学院，习学油画；长子张锐是清华大学高才生，与梁思成为挚友，在哈佛大学攻读市政管理硕士学位，成为中国知名的市政专家；次女张锦燕京大学化学系还未毕业，16岁即考取中国第一批女生官费留学美国，是民国初年中国少有的有机化学博士；三子张镈考取东北大学建筑系，成为中国著名的建筑设计大师；四子张钧毕业于天津商学院土木工程系，成为高级工程师，后享受国务院政府特殊津贴。

1935年夏，7岁的张存浩与5个月大的弟弟张存济

二、母亲的教育

张存浩出生不久,父亲即到美国密歇根大学留学,1930 年回国后又忙于教学、创办民族企业,平素工作繁忙,一年有大半时间在外奔波,所以张存浩是在祖父母爱抚、母亲精心培养下长大的。他两岁时,母亲龙文瑗便开始教他读书识字,每天需要至少识字 20 个,稍有懈怠,便会被母亲责罚。龙文瑗对儿子管教甚为严厉,为此常常引发张存浩的祖母纪钜淑的不满。

但龙文瑗望子成龙心切,在不有悖婆母意愿的同时,她依然按照自己既定的计划训导儿子,不仅对儿子的功课从不松懈,还常常给他讲解有意义的历史典故和做人的道理,如《孟母三迁》《岳母刺字》《王佐断臂》等,希望他将来能像父亲、伯父、姑母一样成为一个有知识、有抱负的人。尽管年龄还小,不太懂得母亲所讲故事的内涵,但张存浩从母亲庄重的神态和语重心长的语气中,猜想现在的所学所闻一定是对自己今后成长非常有益的东西。5 岁时,张存浩进入天津培植小学学习,他聪颖伶俐,再加上刻苦用功,学习成绩在全校同年级一直名列前茅。

"九一八"事变爆发后,龙文瑗通过渠道弄来一些抗日宣传印刷品,在教儿子认字的过程中,她还不时地插入并讲述一些爱国报国、把外国侵略者赶出中国去的道理。

然而,就在张存浩认真苦读时,震惊中外的"七七"事变爆发了。很快,天津的大街小巷都插上了日本国旗,所有学校无一例外地推行起奴化教育,学生每天要面朝东方向日本天皇致礼,见了日本人必须退居路边,弯腰鞠躬,以注目礼恭送远去的日本宪兵。日本侵略者强迫学校的学生学日语,使用日伪当局规定的教材,许多学校里都派有日本教官监视师生的言行,强迫中国学生剃光头,自费做绿色制服,打扮成日本士兵的样子进行军事训练。日伪当局还通过组织讲演、座谈、展览等方式,曲解中国历史,宣扬中日两国"同文同种""共存共荣",妄图从思想上彻底奴化中国青少年。同时,日伪当局加强了对舆论的控制,从占领天津之初就开始封锁外界消息,取消了天津所有的私人通讯社和大部分报刊,只剩下《庸报》和其他几份刊物来装点门面。

面对此情此景,胸怀民族大义的龙文瑗看着正在读小学四年级的小存浩，忧心忡忡。

  在日军占领平津不久，适逢暑假，龙文瑗带着长子存浩和次子存济回京，刚到北京，就接到婆母纪钜淑的电话，说张存浩的二姑母张锦从重庆回来了，让她赶紧回天津。于是，龙文瑗领着存浩，抱着存济，再次坐火车由北京赶赴天津。在车站小广场上，龙文瑗看到一位中年男子东张西望，神色十分慌乱，她以为他无钱买车票，遂上前问询。对方见龙文瑗一脸和善，又是一副贵妇人打扮，气度不凡，遂小心翼翼地问能不能为他"捎点东西"。说着，他指了指在车站门口来回走动的日本兵和汉奸。龙文瑗明白了，略一沉思，便接过那人的小布包，将其塞进盛放衣物的皮箱里。在车站检查处，几个汉奸见打扮雍容华贵的龙文瑗走来，连忙点头哈腰，例行公事般地打开皮箱看了一看便摆手放行。在车上，龙文瑗的侧旁就是两个持枪的日本兵，但她从容不迫，处变不惊。到了天津站的一个僻静处，那个中年男子接过小布包，千恩万谢，并说："夫人，这是我们的抗日宣传资料和书籍，您为祖国做了一件大好事，谢谢您。"

  看着那人远去的背影，又转眼看一看来来往往的日本侵略者和汉奸，龙文瑗的内心更加坚定了：绝不让儿子在平津接受屈辱的奴化教育！

  张存浩后来听二弟存济、三弟存泰说，自己上重庆读书后，不知道母亲通过什么渠道，弄来不少关于抗战和救亡图存的爱国书籍与资料。母亲每次来往于天津、北京时，都会巧妙地将其夹带在行李中，躲过敌人的盘查。母亲还把那些资料的内容讲给他们听，让他们一定不要数典忘祖，无论何时何地都要做一个有良知的中国人。母亲还曾拿出几十块钱，资助过北京的一个地下抗战组织。母亲的爱国情怀，一直深深地感染着家人亲友们。

  后来，父亲的一个举动给张存浩上了一堂生动的爱国课。原来，张铸前几年创办了一家小型的明华化工厂，主要将从外地收购的油渣经过裂解、蒸馏，提炼出市面上紧缺的柴油、汽油。日本人占领天津后，伪中华民国临时政府立即找到张铸，明言明华燃油属于军事战略用品，要划归"政府"管控，一律高价卖给日本人。日本侵略者是烧杀抢掠的侵略者、罪犯，伪中华民国临时政府是为虎作伥的卖国贼、走狗，岂能为他们所利用？面对再高的价格，也不能做辱没民族、亲者痛仇者快的勾当！张铸当机立断，忍痛人为让机器、设备出现故障，停止了生产。

张铸的举动，得到父母、妻子的一致赞同。当父亲搂着张存浩说着"不管什么时候，我们都不能数典忘祖，丢了中国人的尊严"时，张存浩想起母亲给自己讲过的那些故事，不由得点了点头。

明华化工厂关门了，张铸又开始张罗着兴办一家碾米厂、一家制革厂。因为明华化工厂的工人许多都是来自故里山东无棣的老乡，他不能看着他们在贫困、饥饿甚至死亡的边缘挣扎。为支持丈夫，龙文瑗变卖了自己的一些首饰和其他贵重物品，想方设法筹集资金。

正在一家人为两个厂子忙碌之际，在重庆大学任教的张铸的二妹张锦、妹夫傅鹰于暑假期间带着不满两周岁的儿子傅本立，辗转来到天津探亲。

傅鹰、张锦夫妇

妹妹和妹夫的到来，让龙文瑗不由心头一动。

龙文瑗与张铸商量后，郑重地向儿子谈了要把他送到姑母处读书的想法。从未离开母亲的张存浩，开始有些恍惚，但听到母亲说的"你愿意做日本人的奴才吗？"这句话时，他没有了怯弱和不舍，而是坚定地说："只要爸妈舍得，我去！"

对于长孙即将离家去远方读书，纪钜淑于心不忍，遥遥数千里[①]，不知何年何月才能再见上一面。他还是个9岁多的孩子呀！倒是祖父张鸣

---

① 1里=500米。

岐看得开，说道："好男儿志在千里，去吧！"

龙文瑗决心已定，只有宽言劝慰纪钜淑。

正在天津基泰工程司担任建筑设计师的张镈也支持二哥、二嫂的决定，并购买了一些学习用品与衣物送给侄儿张存浩。

1937年1月，张镈结婚时合影（前排右一张存浩）

离开天津的前夜，不到三岁的二弟存济非要和存浩挤在一张床上，让哥哥搂着他入睡……他好像知道，哥哥这一去，不知何时才能再相见。

几天后，父母带着存浩向祖父祖母、大姑母、叔父等家人辞行。

祖母含泪把纪家传世数代的一枚玉如意，慢慢地戴在张存浩的脖子上……祖父搂过他，轻轻地拍着他的背，坚定地看着他对他说："记住，不管到了哪里，一定好好用功，好好做人，将来做一个对国家有用之才。国家这种局面，不会太过长久，今后的复兴和建设之重任，要由你们这一代承担。"

母亲强忍住泪水说道："不要……不要想家……一切，要听姑妈、姑父的……"

张锦，23岁时即获美国伊利诺伊大学化学博士学位，是当时中国有机化学界鲜有的女博士；姑父傅鹰则是享誉中外的物理化学家、教育家。夫妻俩学识渊博，为人正直，重情重义。他们坦然接受兄嫂重托，并表示："放心吧，我们一定把存浩当成我们的子女，好好培养！"

就这样，张存浩带着全家人的祝福与嘱托，踏上了南去的列车。

为了减轻妹妹的负担，龙文瑗把小外甥傅本立留在了身边，精心抚养。次年，大嫂杨立林见龙文瑗一人照料傅本立、张存济两个"皮小子"太过辛苦，遂把傅本立接到自己身边照顾。

三、漫漫求学路

一路辗转月余，抵达陌生的重庆后，因错过开学日期，巴蜀学校五年级已经满额，无奈中，张存浩只得插班六年级入学就读。一些没有学过的课程，在姑母、姑父手把手的辅导下，张存浩很快补习上了。次年夏，张存浩直接考入知名的重庆南开中学。

重庆南开中学建于 1936 年，本名"重庆南渝中学"，地处沙坪坝。当时国内抗战形势紧张，张伯苓校长颇有远见地在"七七"事变之前赴川购地，开办分校，并委派南开学校教务长喻传鉴赴川出任重庆南渝中学校长。"七七"事变后，天津南开中学与南开大学全部被日军轰炸，天津已无南开，当时南开大学迁去云南加入西南联合大学（简称西南联大），南开中学的众多师生则在张伯苓校长的带领下迁往重庆，为表示南开未亡，学校遂更名为"重庆南开中学"。

刚入学，张存浩便受到了"屈辱"对待，主要不是因为语言不通、生活不习惯，而是一些本地同学把江北来的同学称为"亡省奴"，这深深地刺痛了他的心。是谁让我当了"亡省奴"？难道我愿意当"亡省奴"不成？他不甘受辱，与同学们展开辩论，但他身单力薄，怎能抵得住众多同学的嘲讽？他实在难以咽下这口恶气，朝着一个肆意嘲笑他的身强力壮的同学冲了过去……结果可想而知：他的衣服被撕破，脸上红肿，头顶上鼓起一个大包。

回到家，张存浩委屈地把自己的遭遇讲给姑父傅鹰听，姑父看了他好长一段时间，然后才拉过他的手，慢慢地说："不要管别人怎么说，你现在应该把心思放在学习上。只有学习好了，有了机会报效祖国，才能摘掉'亡省奴'的帽子，洗去'亡国奴'的耻辱。"

从此，张存浩便将所有精力都放在学习上。但他每天都会下意识地摸一下自己头上的包，每摸一次，心里就升腾起一股要洗去耻辱的力量。肿包慢慢化了脓,后来结下了一个顶了一辈子的疤。这是载着耻辱、伤痛的疤痕,让他铭记了一辈子,也激励了他一辈子。为中华崛起而读书,为民族振兴而奋斗,成为他一生努力的动力和真实写照。

姑姑、姑父悉心照料培养着张存浩,即便再忙,二人每天也要过问张存浩的功课,辅导他学习。或许是受姑姑、姑父潜移默化的影响,张存浩对物理和化学课情有独钟,学起来劲头十足,遇到不懂的问题就回家向姑姑、姑父请教。特别是姑姑、姑父身上那种强烈的爱国主义情愫,以及献身祖国教育和科学事业的精神,对他影响至深。为了抵制日货,姑父、姑母脱下洋装,买了几丈土布,每人做了两身长衫,一身单的,一身棉的。他们还积极参加学校组织的抗日演讲、游行活动,每月的薪水,除留出保证基本生活和购买书籍的费用,给双方父母寄去一笔外,其余全部捐献出来,支援前方将士抗击敌寇。

1938年冬,张存浩(右)和姑父傅鹰在重庆

然而,苦读中的张存浩却时常陷入苦恼中,其叛逆性格渐渐显露出来。许多课程不是自己喜欢的,他认为有的科目可有可无,有的则属于"老生常谈,毫无新意"或"偏离实际,无病呻吟"。他喜欢钻进图书室、阅览室,翻阅、捧读自己喜欢的科技方面的书籍,他更喜欢待在实验室里,亲自做一些化学实验。每当做完一个实验,他就会感到格外开心。回到家里,他又一五一十地讲给姑母和姑父听。

后来发生的一件事情,让张存浩对国民政府统治下的教育制度产生了极大的反感。一次学生们在做队形操练课，由于自己不得要领连连出错，教官气冲冲地走过来，二话不说，挥动教鞭就是一顿教训。

这件事让张存浩记了一辈子。他觉得在素以文明古国著称的中国，不管何时何地从教育到社会等各方面都应该展现儒家的"仁义礼智信"思想，但眼前的"国家"是什么样子啊？外敌欺凌，国难当头，可上下左右却依然是腐败丛生、官僚骄横、以大欺小、恃强凌弱。

即便这样，重庆南开中学的校园生活，还是让张存浩珍视异常。

2006年，张存浩到重庆参加一项学术活动，专门到母校走访、参观。重庆南开中学原校长宋璞回忆道：

> 他特意走到校园张伯苓先生雕像前，恭恭敬敬地三鞠躬。他说，这一辈子非常感激南开对他的培养，南开的"公""能"教育令他终身受益，从此立下报效国家的志向；并为母校题词："我爱南开，嘉陵水碧歌乐青，母校师长育我情。"

张存浩为母校重庆南开中学题词

《沙坪岁月——重庆南开校园回忆录》中收录有一篇张存浩写的回忆文章，他这样写道：

> 在抗战的艰难岁月里，许多学校开不出实验课，而南开理化生物三门实验课完备。学生的课外活动也有许多是关乎科技的，如无线电、电机、采集生物标本、举办讲座等。不仅如此，学生的涉猎领域竟达到方法学的层次。

重庆南开中学的学习氛围十分浓厚，同学们常常因为一个观点而争论不休。张存浩的同学王继少在《沙坪岁月——重庆南开校园回忆录》中这样写道：

> 提及关于自然科学之研讨时，宋演达同学提出极端实验主义，而陶龙同学则提出极端理论的主张。徐道长亦同意后者。我于迫不得已，势不能不对后二人加以修正。我谓理论与实验二者不可偏废。因若不然，则纯粹理论每个人可自创一套，但因真理只有一

个，势不能同时存在，故纯粹的理论非牢不可破，实验乃真理的最后裁判。陶龙于是提出谓真理可有两个同时成立，例如对光可有二说，即微粒与波动。我又提出反驳，谓关于光之微粒与波动二说不能同时成立，盖因该二说现仍不失为学说，未至定律阶段，二者将继续各依其理解释现象，将来必有一较多者，那么解释事象多者，即可成为真理，而另说则不然。是故真理不能有两个存在。刘云云：真理与时间亦有关系。我乃再行提出范围，即：在同一时间内，真理只有一个。

翻看《沙坪岁月——重庆南开校园回忆录》中同学们写的这些回忆文章，张存浩感慨万千，求学时的画面再一次浮现在眼前，多么令人难忘的南开学习生活啊！

在张存浩的记忆中，除了姑父、姑母，还有几个人对自己影响至深：一个可以说对自己世界观的形成有着巨大影响，另一个对自己之后选择专业、搞好研究和教学大有裨益。

这两个人中一位是张伯苓校长。他经常对全校学生演讲，一直把爱国主义渗透于言辞中，时而痛心疾首，时而情绪激昂。他认为国家的不振和民族灾难的深重，在于愚、弱、贫、散、私"五病"。为痛矫时弊，育才强国，他制定了南开"允公允能"校训，以培养学生"爱国爱群之公德与服务社会之能力"。他仿效日本和美国的教育制度实行改革，又在改革中认识到不应照搬外国经验。因为张伯苓推行先进的办学理念，学校不仅重视文化课程，而且重视体育课程，重视学生道德和人格的培养，重视课外团体活动的开展等，要求学生均衡发展。

"数学、物理、化学、生物等课程的讲授严谨、认真、生动，"张存浩回忆道，"以我在南开读书的体验，学校在理科教学上也极其成功。"

2004年8月27日，张存浩在《光明日报》刊发一篇《培养科技人才的摇篮——读〈沙坪岁月〉并贺母校南开学校百年华诞》一文，字里行间流露出对数学老师巢筱岑、化学老师郑新亭的推崇。

对数学巢筱岑老师讲或然率，恰如孙开远在一篇文章中所描述的：

他不看学生，也不看黑板，而是侧着身子两眼注视窗外，高举着伸开五指的右手做抓东西状，然后上身随着手臂的起落而屈伸，自上向下地抓，一面抓，一面用浓重的天津口音大声讲解："抓一次，抓一次，抓一次，抓一次，又抓一次。"已经抓了五次了，还意犹未尽，又总结一句说："一共抓了五次。"可谓极尽重复、啰唆之能事矣。可是，我从来没有觉得重复、啰唆过，只是觉得印象一次比一次深，道理一次比一次明。

对化学老师郑新亭，张存浩在回忆文章中这样写道：

> 化学老师郑新亭更受学生尊崇。郑老师讲解金属铁，进而由钢铁的作用讲到钢铁生产和国家强盛的关系，甚至谈到德国俾斯麦的铁血主义，最后归结到钢淬硬的原因，引人入胜。使得一位同学后来决心一辈子从事钢铁科学事业。南开学生有将近一半从事与化学有关的行业，受郑先生影响是一个重要原因。

张存浩之所以偏爱化学，既因为化学的世界玄妙无穷，最能让人放飞思考的翅膀，也与姑父、姑母以及郑新亭老师对其的影响不无关系。

然而，学校正常的学习生活秩序常常被日寇的飞机和炸弹打乱。张存浩和姑姑、姑父与广大重庆市民一样常常会直面生死。有时候刺耳的空袭警报声响起，师生们只得钻入防空洞躲避。一次敌机来袭，他们躲到防空地道内，结果地道通风口被炸弹击中，一时间硝烟弥漫，很多人因通风不畅而被活活闷死。有时候一颗炸弹就落在校园附近，震得教室不停地摇晃。不时传来什么机关被击中，死了多少人的噩耗，闹得人心惶惶不可终日。特别是晚上，当警报拉响时，睡眼蒙眬中连滚带爬逃往防空洞，整夜得不到休息，第二天头昏脑涨，严重影响听课质量。

目睹着日军的恶行，除了惊恐和仇恨，屈辱感在少年张存浩的心中不断升腾，他暗下决心：一定要好好读书，将来用知识报国、救国，绝不能让日本强盗再这样肆无忌惮地欺负中国人民，从此他学习更加刻苦了。

张存浩与姑父、姑母三人挤在小竹笆房里，条件非常简陋，却让三个一心科教救国、报效祖国的人，心境变得异常洁净明快。因为担心灯光会引起日机的注意，成为轰炸目标，所以每天晚上姑父都会把一块毯子挂在窗子上，以遮蔽光亮。三人守着一张小桌，学习、备课、批改作业。

让张存浩感到兴奋的是，在国民政府任职行政效率委员会副主任的伯父张锐、在重庆基泰事务所担任建筑师的三叔张镈和姊母庄维秀都到重庆来了。一家人可以利用星期天聚在一起聊天、吃饭，享受一番亲情的温馨。

初冬的一天，张锐来看望妹妹和侄儿。一进屋惊呆了，两个教授每月六七百块大洋的薪水，但房间里只有一张书桌、两张木床，床下各放着一个旧皮箱，每人床头都放着一个大竹篓。竹篓里是什么东西呢？满满的都是木炭！卧室外面，是一间"书房"，也仅六七平方米，这里放着两张课桌。房间里到处是书、杂志、报纸。傅鹰和张锦穿着一样的灰色粗布长衫，打扮跟在美国留学时判若两人。

看到张锐惊异的神情，傅鹰坦然地指着自己的长衫说，这是用"爱国布"做的。

张锐指着床头竹篓里的木炭问道："天气又不冷，买这么多木炭干什么？"

傅鹰笑道："从胶体化学的角度来看，木炭具有很大的比表面积，吸附能力很强，它可以吸收房间里的湿气。"

张锦马上补充说："还能吸收臭气！"

说完，三人都哈哈大笑起来。

令人更加激动和欣喜的是，张存浩从姑父、姑母那里听到了一些有关共产党和八路军的信息，尽管很少，但让他的心底亮堂了许多。原来，张锦在天津南开中学读书时，有一位同窗密友沈永珍，沈永珍与邓颖超是好友，二人一直保持着联系。此刻周恩来、邓颖超住在重庆八路军办事处，张锦陆续从沈永珍那里得到一些国民党当局严加防范的宝贵信息。傅鹰的一位朋友许中礼，也与延安保持着联系，因而有关延安的一些事情会时不时地传递给傅鹰。

一天，张镈兴冲冲地告诉大家，自己在朝天门码头礼堂亲自聆听了校友周恩来关于抗战形势的报告。

这一切，让张存浩和姑父、姑母一样，在灾难深重、愁云密布的时局下，嗅到了一丝清新的空气，看到了中华民族的一线光明。

然而，次年农历九月初一个噩耗传来，让张锦、张存浩陷入了巨大悲痛中。

纪钜淑病逝了。

虽然住在租界，但日本宪兵和华北伪政府人员不断滋扰，加上日夜担忧远在重庆的子女和爱孙的安危，纪钜淑的病情日渐加重，不久就撒手人寰。

烽火连天，交通几乎断绝。张家数人，只有张锐辗转昆明、河内、香港，悄悄抵津，打理亲人的后事。

那些天，张锦、傅鹰带着张存浩在夜深人静时，面朝北方，默默地烧着纸钱……数次，张锦给张存浩拭去脸上的泪水，似安慰，又似叮嘱："记住，这是国仇家恨……只有侵略者被赶走，只有建立一个新的国家，我们才有自己的生活，才拥有真正的自由和权利。"

在重庆大学，傅鹰、张锦埋头于教学与读书，几乎不参加当时社会上种种由国民党当局主导的政治活动。有人背地里说这对年轻夫妇有"怪癖"，他们听到了也置之不理。后来，傅鹰回忆道：

> 学校里充满了派系的明争暗斗。几年中我极力避免加入这种斗争，我们只想尽心尽力地将书教好，因为那时我还有教育救国、科学救国的天真想法，而不晓得在政治不上轨道的情况下，教育和科学的发展是不可能的。

1939年夏，傅鹰应厦门大学校长萨本栋邀请，到厦门大学任教。翌年，张存浩和姑母亦赶赴厦门大学。

抗战初期，由爱国华侨陈嘉庚投资兴建、被誉为"加尔各答以东第一大学"的厦门大学遭到日军飞机轮番轰炸，整个校园变为一片废墟，被迫迁往800里外的西部山区长汀县。厦门大学刚刚迁到此地时，暂时安置在文庙里，长汀中学给予厦门大学诸多支持，等学校的各项工作走向正轨后，一大批教师到长汀中学兼课，给学校带来了前所未有的活力，在办学思想、教风学风、校园文化等方面，对长汀中学产生了积极影响。同时，厦门大学在图书、仪器、校舍、教具等方面对长汀中学给予了大力支持，大大提升了长汀中学的办学品质和教学水平。

张存浩在长汀中学学习，因姑母姑父的原因，一直住在厦门大学校园内。但这里也时常遭到日军飞机的侵扰，张存浩和姑父、姑母咬着牙，顽强地坚持学习和工作。

幸好，长汀中学与厦门大学只有一墙之隔，来回十分方便。

对长汀中学，张存浩有着很深的感情。2004年，福建省长汀第一中学百年校庆时，他写下"汀江水碧龙山青，母校师长育我情！"以表达深深的怀念。

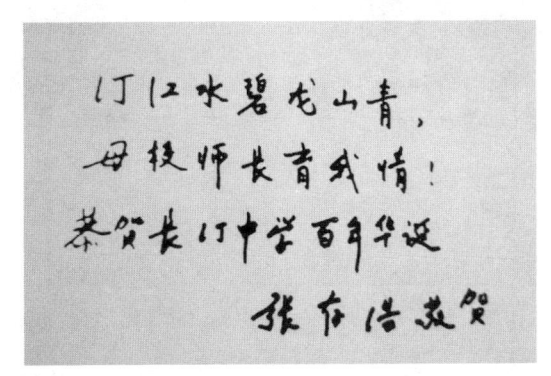

张存浩为母校长汀中学题词

在这里，张存浩也受到了姑父、姑母最纯正的爱国主义教育。因学校条件有限，教师们大多居住在散落于卧龙山起伏不平的民居里，生活条件非常艰苦，每个教师家庭只允许安装一个电灯泡。每天晚上，张存浩与姑父、姑母挤在一张小桌上学习和备课。一天，张存浩正在背诵一篇英语课文，姑父问："为什么不多挤出点时间来学习一下中国历史文化知识？"见张存浩似懂非懂的神情，傅鹰拉过他的手，给他讲述了中国的文化发展史，特别是一些文学家、科学家的故事。姑父说："我们中华文化源远流长、博大精深，不管到什么时候，在什么地方，我们作为一个中国人，首先要了解祖国的历史，以母语文化为荣。"姑母也在一旁点头，鼓励他多学习一些中国历史文化，将来为建设一个新中国打下基础。两位既是长辈又是师长的话，让张存浩热泪盈眶。这，成为他一生中最珍贵的精神财富和爱国报国的重要力量源泉。

到长汀中学不久，张存浩从当地同学的口中得知了长汀的许多"秘密"。

长汀中学隔壁是明清汀州试院，曾经是福建省苏维埃政权所在地，共产党领导当地穷苦民众闹革命，打土豪，分田地；一处卢氏财主住宅——辛耕别墅，曾是红四军司令部、政治部；在卧龙山腰，有一处并不显眼的宅院——福音医院，这里一度成为中央红色医院，毛泽东曾在这里疗养，并带领群众将一口淤积的水井清理与整修好，造福一方百姓；在这里，共产党领导人瞿秋白英勇就义……

位于长汀的毛泽东旧居（摄影：任连巨）　　瞿秋白就义纪念亭（供图：长汀中学）

张存浩激情澎湃，浮想联翩。尽管当下是国共合作时期，但国民党政府仍然把持着"舆论权"，人们在公开场合下谈论共产党依然属于"大逆不道""妖言惑众"。但张存浩内心却对共产党、毛泽东、瞿秋白等产生了莫名的向往和景仰。在许许多多的日子里，他独自一人，迎着晨雾，披着暮霭，手里攥着一本书，似边走边背诵状，慢慢踱步于汀州试院，徘徊在百年樟树掩映的试院大厅门口，端详着油漆斑驳的立柱、讲台；注目古香古色的辛耕别墅，想象着十年前这里的热闹景象；爬上卧龙山，驻足于福音医院门口，仰望着那棵苦柚树上的累累果实，似乎听到了来自另一个世界的天籁之音……他想，共产党究竟是一个什么样的政党？与国民党有何不同？她究竟要建立一个什么样的社会？能给多灾多难的中国带来什么？

长汀中学旧照（供图：长汀中学百年校史展馆）

1943年，在高二就读的张存浩考入厦门大学化学系。这为他实现自己的人生梦想迈出了坚实的第一步。参加这次高考是一个意外，也是他人生中的又一个重要转折点。

　　初夏的一天，一次军训课结束后，大多数同学都走了，张存浩和一小部分同学留了下来想打排球。可是在那个年代，学校根本没有排球，于是他们想了一个办法，拆下自己的绑腿缠成一个球玩。但当时国民党的军训课教官却认为，他们这样玩亵渎了绑腿，不准他们继续玩。张存浩和同学们都跟教官争论，因张存浩年纪最小，个子又矮，教官便气汹汹地打了张存浩。张存浩回骂了他一句，教官火冒三丈。即使在校长出面说情的情况下，教官也坚决给予张存浩军训课不及格的惩罚。按上级规定，军训课不及格，就不能升入高三学习。1943年，长汀地区开始实行同等学力报考大学的规定，一气之下的张存浩认为这是继续学习的机会，于是决定以高中二年级肄业生的身份报考大学。当时距离考试只有不到两个月时间，高三课程都没有学习，也来不及请家教，他采取了放弃一部分课程、集中精力学习主要课程的策略，高效率地自学完了高三课程。高考成绩公布，15岁的张存浩以专业第二名的成绩考入厦门大学化学系，是厦门大学当年录取的学生中年龄最小的一个。

厦门大学旧照（摄影：贾桂荣）

　　关于他选择专业的问题，傅鹰、张锦还发生过争执。他们都希望侄子"继承自己的事业"。姑姑希望他选择有机化学，姑父则希望他选择物理化学——用物理理论和原理去研究化学。

后来,张存浩之所以选择物理化学,正是受到姑父的影响。物理化学,也是纯化学的一个重要组成部分,物理化学比其他化学类别的知识面更宽一些,也能让人的见识更广一些。

姑父还对他说,自己教了这么多年物理化学,涉猎十几门课程,始终充满兴趣和好奇,现在随便拿出一门课来,自己不用准备,也能给学生们讲上几个小时。这让他对姑父更加崇拜,对物理化学更加痴迷。

直到现在,张存浩也认为自己选择物理化学是对的。

进入大学,张存浩真有点"海阔凭鱼跃,天高任鸟飞"的感觉。他如饥似渴地学习,但对"别人嚼过的馍"常常不屑一顾,而是钻进图书室里查阅教材以外的知识,或在实验室里醉心做实验。

然而,一次在做普通化学实验时却发生了意外:浓硫酸溅进了张存浩的双眼。系主任刘椽老师立即到现场指挥,指导实验的石阿曹老师快速处置,校医吴金声博士在几分钟内赶来急救,张存浩的双眼几天内得以痊愈。

2011年厦门大学90周年校庆时,张存浩撰文回忆在厦门大学的时光,提及当年的意外,他感慨道:"直到今天,我仍然衷心感谢几位老师的帮助和厦门大学极为过硬的、有效的运作系统。"

在回忆文章中,张存浩提及一生中三个最难忘的人:萨本栋、傅鹰和蔡启瑞。他说萨本栋"是我终生缅怀的人"。他回忆说,萨校长十分注重基础课程教学,是当时具有最高学术声誉的知名教授,每个学期仍坚持亲自讲授初等微积分或普通物理课程。在他的影响下,谢玉铭(复旦大学原校长谢希德的父亲)教授亲自讲授普通物理课程,傅鹰教授亲自讲授普通化学课程。"厦门大学这一基础课讲授阵容,不仅为国内所仅有,而且从60多年后的今天来看,也是很难找到的。"

提及自己特别敬佩的厦门大学教授蔡启瑞,张存浩由衷地感谢他当年手把手地给予自己的指导。他认为,傅鹰和蔡启瑞在20世纪30年代末从事液体色谱的研究,远在英国化学家阿切尔·马丁(Archer Martin)和理查德·辛格(Richard Synge)的诺贝尔奖级工作之前,傅鹰和蔡启瑞在当年极为困难的条件下成为世界色谱研究的先驱。张存浩对1944年初英国剑桥大学生物化学教授李约瑟(Joseph Needham)到厦门大学进行学术交流时,年轻的蔡启瑞老师在大会上应对自如地和李约瑟侃侃而谈的情形记忆犹新,他认为,"这说明厦门大学在那时就拥有冲击世界水平的学术潜力"。

然而,张存浩在厦门大学只读了一年就被迫再次"转移"重庆。

因为身体不好,萨本栋曾几次推荐已担任教务长和理工学院院长的傅鹰接任校长职务。为这件事,国民党C.C特务头子陈立夫却以傅鹰必须加入国民党为要挟。为此,傅鹰借口外出招生,避而不见。陈立夫空等了几天,非常恼火。傅鹰倔强地说:"如果当校长一定要加入国民党,那我宁可不当。"

得罪了陈立夫这样的"大佬",傅鹰就很难再在厦门大学待下去了。1944年初秋,他和妻子张锦回到重庆大学任教。因张存浩转学手续还未办理完成,张存浩未能跟随姑父、姑母同行。不久,传来日军飞机即将轰炸长汀的消息,厦门大学动员全体师生挖防空洞、修筑掩体,部分同学申请转学外地。于是,张存浩和林发棠、黄培正、杨福生拿着学校开具的转学证明,翻过福建、江西、湖南三省交界的大山,长途跋涉到达湖南衡阳,再转贵州贵阳,又转云南昆明,历经一个半月,最终抵达重庆。

1993年,张存浩(左二)与老同学黄培正(左一)、林发棠(右二)、杨福生(右一)在一起

张存浩转入设在重庆的国立中央大学化学系。然而,在中华民国政府的统治下,此时重庆大学依然是一片乌烟瘴气。正如傅鹰后来回

忆的：

> 到了重庆，耳闻目睹，没有一件可以使人痛快的事。要想活下去，就得同流合污，心实不甘。

在这种极度苦闷、走投无路的情况下，傅鹰、张锦教育救国的理想也化为泡影，他们再次动了到美国去做研究的念头。正在姑父、姑母计划离开重庆的时候，国民党军队在正面战场节节败退，日本侵略者扬言要通过三峡打进重庆，形势空前紧张。一些同学参加了青年军，一些年龄比张存浩大的同学（如楼南泉等）因美国空军飞行大队驻扎重庆而去做了译员。为此张存浩有些慌乱，心神不宁。

姑父按住他的肩头说："不要怕，鬼子攻破三峡的可能性不大。即使国民党战败了，那边还有延安，有八路军，他们不会让入侵者为所欲为的。不要把希望寄托在中华民国政府身上，今后中国的中心在延安，中国的出路在延安。所以你不要怕，现在安心学习，就是为今后建设新国家多出力。"

这是姑父第一次这么郑重地提到"延安"，论及"中国出路"。接着，姑父、姑母结合自己的所见所闻，和张存浩谈了很多关于中华民国政府及其军队腐败、无能的事情。

2006年，张存浩在重庆大学姑母、姑父住所前（供图：邵赛兵）

姑父的话，让张存浩的心稳定下来，也让他对今后的奋斗方向有了一个新的期许。

虽然姑父、姑母的赴美，让张存浩有些不舍，但他已经是一个成年人，是一个见过世面的大学生了。也因此，张存浩的生活能力和适应能力都得到了锻炼与加强。

张存浩埋头苦学、孜孜不倦的学习态度，得到了刚刚由美留学回国，担任国立中央大学教授、化工系系主任的时钧先生的夸赞。时钧教授的一言一行，也成为张存浩学习和尊奉的楷模，他回忆道：

> 时教授讲课如演奏一首优美的交响曲，把"三传一反"的真谛发挥得淋漓尽致！

数十年后张存浩与同学们为时钧教授庆贺八十寿诞时，这样评价自己的恩师、中国化工高等教育一代宗师、中国化工学科奠基人时钧院士：学术品德和人格魅力成为自己一生享受不尽的精神食粮与学习源泉。

在国立中央大学，张存浩不愿再做"两耳不闻窗外事，一心只读圣贤书"的"书呆子"，他渴望民主，渴望自由，渴望进步。1946年1月10日，政治协商会议在重庆召开，全国人民渴望一个和平、团结、民主、统一的新中国。为了反对国民党坚持独裁、内战的政策，推进政治协商会议的召开，张存浩参加了由国立中央大学发起并组织的"一•二五"万人大游行，这是抗战以来重庆发生的规模空前的一次群众性运动。游行前夜，学校得到当局可能会对游行队伍镇压的消息，吴有训校长担心昆明"一二•一"惨案在重庆再现，为了保护师生的安全，第二天一早他赶到中央研究院办事处门前，亲自率领游行队伍向政协会场走去，同学们看见吴校长走在游行队伍的前头，爆发出雷鸣般的掌声和欢呼声，军警亦无可奈何，谁也难以动手。

张存浩和同学们振臂高呼，情感尽情宣泄和释放。此后，凡是有集会、游行、宣讲，张存浩都积极参加。通过一系列活动，他对人生的意义有了新的体验和解读。

随着抗战胜利，1946年夏国立中央大学迁回南京，张存浩随之入宁继续学习。暑假期间，张存浩回到天津，这是离津七年，他第一次见到久别的亲人。

1947年，张存浩考上南开大学化工系研究生。

然而，这一次的千里北上行程，却是历经艰难曲折。因国共两党军队交战，南北交通几乎瘫痪。幸亏此刻张存浩的大姑奶奶（张鸣岐长姐，清末状元夏同龢的长嫂）家二表叔夏蕃少将率军驻扎南京，便由他帮忙拿到两张火车票，并托友人在上海购买了船票。张存浩和同学朱起鹤（考取北京大学化学系研究生）先坐火车到上海，从上海坐货船到秦皇岛，从秦皇岛坐车到北京，再转天津，一路颠沛半月之久。

2003年，张存浩（左）与朱起鹤院士

看着又黑又瘦的儿子，听着儿子讲述一路上的艰辛和颠簸，一向很少落泪的龙文瑗眼睛不由湿润了……

1946年，张存浩（右）和父亲在天津

四、留学美国

1948年，为了进一步提升自己，在姑母和姑父的建议下，张存浩决定赴美留学。但张铸却不太赞成，他认为在自己的国家里照样可以读硕士、博士，照样可以发展自己的事业，为什么非要到外国去？他还担心现在国际国内形势不稳，儿子留在自己身边，也好有个照应。

这时，伯父张锐来了。一听说侄子要去美国留学，他当即表示"完全同意"，并资助路费100元。

对儿子的选择，龙文瑗始终给予支持。不过，出国毕竟不是在国内，作为母亲依然是万分担心。她除给儿子准备学费、打点行装外，还在菩萨面前默默祈祷，以保佑儿子一切顺安。自从儿子9岁离开自己，11年中母子相聚的时光，加起来还不到半年，但她每时每刻无不在担心着儿子啊……如今儿子又要远赴万里之外一个陌生的国度，自己怎能不忧思百结，牵肠挂肚？

1948年8月，张存浩远涉重洋，到美国艾奥瓦州立大学化学系读研究生（后转入密歇根大学化工系）。

张存浩出国护照照片

密歇根大学，是张家人的求学"福地"。伯父张锐曾在这里攻读市政管理，父亲张铸曾在这里攻读机械工程，姑母张锦曾在这里攻读有机化学。"如今我也来了！"在这里，张存浩顾不得欣赏异域风光，一头扎进知识的海洋中。

1948年，张存浩在密歇根大学研究生楼前

如同在中学、大学一样，张存浩将全部精力投入学习和实验中。当时中国留学生在美国是被看不起的，常常被视为嘲讽的对象，张存浩用实实在在的成绩单扭转了美国学生和美国教授的看法：他的每门成绩都是A，有的还是A+。特别是他的数学成绩在化工系是最出名的，同学们凡是遇到数学方面的难题，都找年龄最小的张存浩解疑释惑。久而久之，一些美国同学与他结为朋友。因学习成绩优异，张存浩领取了全额奖学金，自己的部分学习生活费用，是靠在课余时间和假期勤工俭学解决的。因为学习成绩突出，他有了优先选择教授学习的权利。

在R. R. 怀特（R. R. Wright）教授的指导下，张存浩从事酸性树脂相中的催化酯化反应研究。酯化反应过去多在液相中进行，缺点是难以回收作为催化剂的强酸，在强酸性的树脂相中进行酯化则可避免此缺点。这个实验过程的难点是：使反应物在流经树脂小球填充床时，逐步扩散进入树脂小球，产物则逐步由小球内部扩散出来。张存浩发现，整个过程可由反应速率方程和若干扩散方程组耦合来描述。据此，张存浩做了大量的实验和比较复杂的理论计算，使二者达到了相互吻合。

功夫不负有心人。两年后，张存浩以优异的成绩获得了密歇根大学化学工程硕士学位，并且已被一所著名大学录取，即将攻读博士学位。有一位知名教授非常欣赏他，已经给他联系好了勤工俭学的工作岗位，并许诺他可以在自己的实验室里开展科研活动。

时隔半个世纪，2005 年 6 月密歇根大学派人来中国，将"杰出校友"的荣誉称号授予了张存浩——一位为科学事业做出杰出贡献的校友。

密歇根大学颁给张存浩的"杰出校友"奖（供图：大连化物所）

五、"跟着毛主席吃小米，也要回去参加新中国建设"

身在美国的张存浩，与许多胸怀科教救国梦想的有志青年一样，时刻关注着万里之外祖国的局势变化。此时中国人民解放军取得三大战役胜利后，以雷霆之势向南进军。张存浩的内心十分激动，他预料，一个新中国即将在一个给苦难民族带来希望的政党领导下诞生。不久，一则报道让张存浩震惊了。

为此，他彻夜难寐。

1949 年 4 月初，解放军准备发起渡江战役。在准备战争阶段，解放军早已发出公告，要求所有外国军舰必须在 4 月 20 日前驶离长江，但是英国远东舰队"紫石英号"却无视解放军的公告，竟然于4月20日清晨堂而皇之地在长江逆流向上游弋，而且游弋的地点正是解放军即将发起渡江战役的江段。这里是渡江作战的主要江段之一，第三野战军第八兵团发现英国军舰后，立即开炮警告，但"紫石英号"并未返航或停航，反而不顾警告继续加速上驶，见英国军舰继续公然驶向交战区，前线指挥部立即向党中央请示，毛泽东一声令下："打！"于是负责封锁江面任务的两个炮兵连的六门火炮随即开火，"紫石英号"开炮还击……炮战历时数分钟，"紫石英号"遭受重创，不仅舰桥被直接命中，就连正、副舰长也负了重伤，前主炮被击毁，舰体被洞穿，船舵被卡死，失去方向控制，最终"紫石英号"驶入一处浅滩搁浅。军舰搁浅成了活靶子，还失去了战斗力，在这样的情况下，英国军舰挂起白旗，我军随即停止炮击。此战，"紫石英号"17人被打死，20人重伤……

张存浩泪目了。这就是姑父、姑母经常提及的共产党领导下的人民军队啊……自英国发动鸦片战争的一百年来，中国割地、赔款，受尽外国列强的欺凌，何曾敢于"公然反抗"？积贫积弱的祖国，要真正扬眉吐气，屹立于世界了！

张存浩把激动、欣喜埋进心底，更加刻苦学习，以期将来为建设一个新的国家而贡献自己的力量。

转眼已到1950年下半年，朝鲜战争刚爆发不久，原本想继续攻读博士学位的张存浩，从中美对待朝鲜的态度上敏锐感到，两国关系将日趋紧张，因为此时他发现当地的美国报纸头版头条经常把中国称为 foe，即"敌人"。他料定，随着美国对新中国敌视的不断升级，中美人民之间的交流将趋于困难，美国官方也一定会阻止中国留学生归国。当时新中国刚成立，百废待兴，正需要大批人才，如自己不尽快回国，少年时立下的知识报国梦很可能一时难以实现。想到此，张存浩决定放弃读博深造，迅速回国。

张存浩这一决定甫一做出，立即在家人和同学、朋友间引起强烈反响。此刻姑父、姑母已经决定回国投入火热的新中国建设。但是张锦却坚决反对侄儿回国，坚持要他一定读完博士再回去。她的想法很真诚也很单纯，当时在美国读博的条件、环境比国内好几倍，凭借外国的优势资源学有所成，何乐而不为呢？更何况，她多么希望张家的晚辈中也出一个化学博士啊！

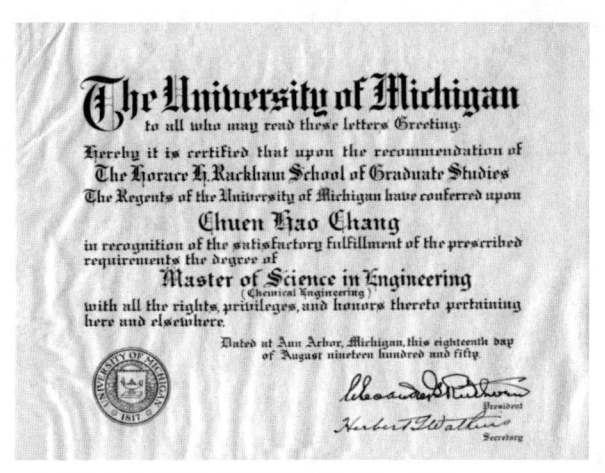

张存浩的密歇根大学硕士学位证书（供图：邵赛兵）

张锦是一个坚定的教育、科技救国的践行者，也是一个真正的爱国者。此时她正怀有身孕，当别人劝她说："别人都是想方设法把孩子生在美国，为加入美国国籍而自豪呢，你为何选择离开？"她回答道："我就是不想让我的孩子成为美国人而回国的，因为我们的根在中国，我们孩子的希望在中国！"为了实现自己的理想，他们来美国时并没有带着儿子傅本立，而是托付给大哥张锐、大嫂杨立林照料。整整 5 年了，她怎能不想念儿子啊！

张存浩说服不了姑母，又不想伤了姑母的心，因而他采取了敷衍战术。他的一些同学、朋友则依然苦口婆心劝说他，有的说："你学习这么优秀，放弃读博太可惜啦！即便想回国效力，读完博士也不迟！"有的甚至直白地劝道："读完博士你的社会地位能上一个层次，能为你今后的发展和生活带来很多好处，千万不要一时冲动，一定要权衡好利弊！"

亲人和同学、朋友的劝说都是入情入理的，也都是善意的，这一点张存浩非常清楚。他每每婉谢后，都会诚恳地说："人的一生很短暂，一耽误，几年乃至十几年就过去了，机不可失，时不再来。现在正是国家用人之时，与国家需要相比，我个人的得失算不了什么，我要趁着年轻，尽早报效祖国！"

后来，仍有人劝阻他不要回国，万一后悔就来不及了，甚至愿意出高薪聘用他。张存浩义正词严地回答道："我宁愿回去跟着毛主席吃小米，也要回去参加新中国建设！"

就这样，铁了心的张存浩于8月23日在美国旧金山送姑父、姑母上船回国的当天，立即购买了下一班开往中国的船票。10月12日，张存浩离开美国旧金山，登上开往中国香港的"威尔逊总统号"邮轮，义无反顾地踏上了回国之路。

邮轮路过夏威夷时，张存浩在此留影（供图：邵赛兵）

邮轮在海上颠簸了20多天，终于来到香港维多利亚港。然而，在这里发生的一件事，再一次深深地刺痛了张存浩。他们这些返回祖国的年轻学子们，被勒令不得从港口下船，而是被港英当局强行搜身检查后，转移到一条破旧小船上，在一个偏僻的小码头下船。

中国人低人三等啊！

张存浩愤怒至极，却无计可施。他狠狠地攥紧拳头，心底那个声音再一次响起：自强、努力、奋斗的中华民族一定会站起来，中国一定会跻身世界强国之林！

时下，三叔张镈正在香港担任基泰工程司的建筑设计师。他又一次回忆起三叔在平津、重庆工作时对自己的关爱、呵护，他为自己买零食、玩具、学习用品的一桩桩一件件，心跳突然加速……已经有五年没有见到三叔了，张存浩多想去看望一下他啊！但此刻他归心似箭，恨不得一下子飞回祖国母亲的怀抱，只好暂时忍痛割爱。

在罗湖口岸，望着不远处迎风飘扬的五星红旗，张存浩情不自禁，热泪盈眶。祖国，我回来了！

此刻，张存浩急切地盼望能尽快找到一家比较中意的科研机构，施展自己的才能，投入火热的新中国建设中。因此，他的第一站先去了上海。

上海，中国最大最繁荣的城市之一，经济、科技、金融等各方面的水平都在全国位居首位。此刻，伯父张锐在上海市政府参事室任参事，他交游广，门路多，也许能帮上忙，让自己的梦想在这里放飞。伯父一口应允，但因公务太忙，他让侄儿暂回北京、天津休息数日，之后自己再出面联系几家科研机构和高校。

一连数月，张存浩度日如年。他多么希望找到一个自己比较满意的科研院所或大学立即投入工作啊！寻觅了半年多，终于如愿以偿。然而，放飞理想的地方，不是首都北京，也不是上海，而是距离家乡遥远的海滨城市——大连。张存浩更是做梦也不会想到，在此后的科研生涯中，自己从事的科研项目大多竟是与自己钟爱的专业不搭界的。三次大转身，都直接与国家需要、国防建设挂钩，一干就是六十多年，但他无怨无悔！

张存浩荣获2013年度国家最高科学技术奖后，有记者采访时问他："您的人生理想是什么？"张存浩回答道："从青年时代起，我为自己树立的最大人生理想，就是报国！"

短短的几句话，掷地有声，正是张存浩六十多年来光彩斑斓的科研人生的真实写照。

"为了祖国傲然挺立于世界之林"正是张存浩那一代中国知识分子在民族灾难中培育起来的一种精神坚守。

为了追寻那一束祖国繁荣强盛之光，为了实现中华民族伟大复兴的中国梦，张存浩等无数科学家不畏艰险，乐于奉献，甘于牺牲。

他们，铸就了真正的共和国脊梁。

第二章　无怨无悔的科研人生

> 我回国，就是为了报效祖国。科学无国界，但科学家是有国界的，爱国主义是应该无条件接受的。从青年时代起，我为自己树立的最大人生理想，就是报国。我科研的出发点是"国家的需要"，不是愿不愿意做，而是必须做。国家的需要，就是我的研究方向。
>
> ——张存浩

回到祖国，张存浩的心情异常激动。此时的新中国百废待兴，到处是一片各界群众齐动员重整山河的景象，劳动号子声伴着欢快的革命歌曲飞扬在大街小巷。但他的心情又有些沉重，特别是大街上奔行的公交车背上都驮着一只"大气包"（煤气包，为汽车提供能源），而这种现象在美国是根本看不到的。

张存浩怀着复杂的心情去看望姑父和姑母。傅鹰见到他，很是惊喜："你也回来了？"张锦脸上却很平静。张存浩知道姑母心中一直在埋怨自己，他也深知姑母明白自己因为报国心切，才悖逆了她的期望。但现在埋怨还有什么意义呢？于是，张锦给侄儿做了一顿他平常喜欢吃的饭菜，并叮嘱他一定要把学到的东西尽快地应用到新中国的建设中去。离开姑母家，张存浩心中那个决心再一次升腾：姑姑，您放心吧，很快您会赞同我的选择的。

为了实现自己的报国梦，张存浩的愿望就是能找到一所"像样"的学校或科研单位，一上班就能投入工作。为此，他再次到上海找到伯父张锐。

1939年，担任国民政府军事委员会二部少将秘书、档案处处长的张锐摆脱汉奸陈公博、周佛海的威逼利诱，毅然由重庆辗转返回天津，先在私营济安自来水公司担任代经理、常务理事，兼任金城银行秘书，1946年开始担任天津大学兼职讲师、市政府顾问。1948年5月由好友举荐，张锐出任南京中央银行秘书处副处长，并加入进步党组织——中国国民党革命委员会。1949年上海解放前夕，许多故旧、同事有的逃亡台湾、香港，有的移居美国、英国。有人劝说他，赶紧离开上海这个"是非之地"，但张锐不为所动。他在国民政府机构工作了十几年，目睹了官场的黑暗、腐败，日夜期盼一个新的政府拯救百姓于水火，眼下这个光明的时刻即将到来，发誓一心报国的自己岂能一走了之？这时，一位上海地下党友人联系上他，劝说他不要听信谣言，一定要留下来参加新中国建设，这更加坚定了他要在中国共产党领导下进一步施展自己才华的决心。上海解放，他被陈毅市长聘为上海市政府参事室第一批参事，成为参与国是的高级专业人才。

20世纪50年代初，张存浩（前排左一）陪父亲张铸（前排左二）到上海探望大伯父张锐（前排右二）、大伯母杨立林（前排右一）一家时留影

一连数天，张锐利用自己的人脉和名望，带着张存浩到几所知名的大学、科研机构走走看看。但此时上海的一些大学既没有像样的实验室，也没有先进的实验器材，而有限的几家科研机构设备普遍匮乏、陈旧，甚至只有几间空荡荡的屋子，连普通的化学实验也不能正常进行。

张存浩只好暂住北京，一面四处打探消息，一面耐心地等待。

一、初到大连

彼时，隶属东北人民政府工业部的东北科学研究所大连分所（大连化物所的前身）奠基人张大煜经常到北京延揽人才。1951年初，张大煜在教育部留学生管理处遇到了张存浩。眼前这个身材高挑、充满朝气的年轻人，清俊的脸上一团微笑中透露着温厚和坚毅，一双明亮的大眼睛闪烁着睿智和执着。凭直觉，张大煜隐隐觉得这个气度不凡的年轻学者是个不可多得的科研人才，以后肯定有所成就。于是，他向张存浩递过去一份随身携带的宣传资料，见对方还没有太大反应，他便热情地邀请张存浩到大连走一趟，实地考察一番后再做定夺。当夜，二人乘火车直奔大连。

东北科学研究所大连分所坐落在一二九街，是一栋具有法式风格的建筑，始建于1907年，由日本侵略者创建，建筑面积达6660平方米，原名"满洲中央试验所"，1910年5月更名为"满铁中央试验所"。1941太平洋战争爆发后，试验所立即面向服务战争，以制造轻金属和液体燃料的研究为主，还承担了一些军需工业的研究任务。1945年8月，该所被苏军接管。在中苏交接试验所之前，该所部分设备被苏联拆运回国。1949年3月改名"大连大学科学研究所"；1950年易名"东北科学研究所大连分所"；1952年4月改属中国科学院，改名"工业化学研究所"；1954年6月，又易名为"中国科学院石油研究所"（简称石油研究所）；1961年12月28日更名为"中国科学院化学物理研究所"（简称化物所）；1970年正式定名为"中国科学院大连化学物理研究所"。

在这里，张存浩看到了日本人留下的许多先进科研设备，有的甚至自己在美国时都没有看到，数量之多超出了他的预想。图书室里有很多外国文献，其中16世纪的德文杂志都是齐全的，这在美国大学也很难见到。张存浩异常兴奋，但听到张大煜所长简单介绍它的历史后，又感到了一阵阵悲凉。日本侵略者在中国的罪行罄竹难书，尤其是在东三省留下的许多建筑，不断在向后人述说着过去惨痛而屈辱的历史，让国人时刻铭记"落后就要挨打"的真理。

大连一二九街上的东北科学研究所大连分所外景旧照

抚摸着日本人曾经使用过的仪器、设备，张存浩心中升腾起一种难以抑制的激情：好好利用它，为新中国建设服务，为强我中华拼搏！

张存浩当即表示愿意来这里工作。回到北京，他把自己准备到大连工作的情况告诉姑母、姑父。孰料，二人都非常赞同。原来，张锦、傅鹰有一位非常要好的朋友袁翰青，此人与张大煜是好友，对这位在清华大学求学期间学习成绩常常名列前茅的高才生的为人、治学知根知底，倍加推崇。

于是，张存浩谢绝了北京大学等数家高等院校、科研单位的聘请，告别了母亲和姑母、姑父，背上简单的行装，只身一人来到大连，开始了他为祖国科学事业的寻梦之旅。

张存浩刚到所里，对所闻所见的一切都充满了新鲜感，每天都处于高昂的情绪之中。在党组织的领导下，所里开展了爱国立功活动。每个人、每个组都会订立爱国立功计划，每周在工会小组上进行检查，并在此基础上开展批评与自我批评，表扬好人好事，褒扬先进事迹。工作计划、进度都经过全组成员讨论制定，因此每位同志都清楚所在小组的工作任务是什么，自己所承担的工作任务又是什么。大家心往一处想，劲往一处使，白天工作争分夺秒，晚间实验室、图书室灯火辉煌，经常是所里要关大门了，人们才披着寂静的夜光归去。

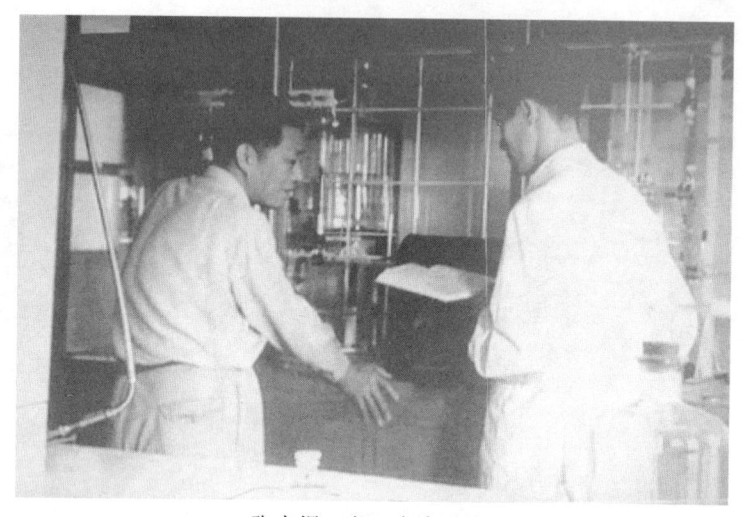

张大煜（左）在实验室

张存浩对张大煜所长十分崇敬。这位早年留学德国的工学博士、化学科学家、教育家，在1949年大连大学创办初期，任化工系教授、系主任，同时担任大连大学科学研究所研究员、副所长，事务繁忙，工作紧张，但只要不出差，他几乎每晚都来所里指导实验、整理数据，并给大家介绍国外科技新动向，提供最新信息。根据他的要求，张存浩等每周都要写一份既有实验结果又有新想法、新见解的工作小结，使人们对自己的工作时刻感受到鞭策和压力。给张存浩留下深刻印象的是，张大煜特别关心、善于培养新生力量，对年轻人耳提面命，循循善诱，严格要求，借以提高他们的学术研究水平，促使研究室成为学术氛围浓厚、工作勤奋的研究集体。

学识渊博、治学严谨、谦虚和蔼、知人善任……张大煜的这些优秀品质，对张存浩等一批年轻科技人员的健康成长，乃至数十年后成为真正意义上的科学家，影响何其深远！

让张存浩备受鼓舞的是，全所近百名科技工作者中，许多是从日本、美国、英国、德国归来的顶尖专家、学者，其中不仅有郭沫若先生的长子郭和夫，还有为祖国石油工业发展做出突出贡献的范希孟、刘静宜等科学家。

让他更为惊讶的是，这里还有一些暂时没有回国的日本科学家，小田宪三、内藤传一等直接从事新中国的科研工作，并且取得了不凡的成就，让中国同行们十分尊敬。

这些"大才"科学家，不仅科研态度严谨，而且对同志尤其是年轻人，从生活上关心，在工作上支持，没有一点高高在上的架子，没有一点"文人相轻"的习气。这让张存浩受用一生。

大连，成为张存浩为实现科技强国之梦的始发地，也是他不断攀登科学高峰的福地。

二、"国家的需要，就是我的研究方向"

进入研究所不久，张存浩被分配在燃料第一研究室工作，研究课题是当时世界上最热门的水煤气合成液体燃料。

中华人民共和国成立初期，我国探明的天然石油储量极少，只有甘肃玉门一处小油田，而煤的储量非常丰富。因此，发展以煤为基础的合成液体燃料工业具有重大的经济意义，而且恢复日伪时期日本在东北所建的页岩油和煤炼油工厂也是当时的一项重要任务。以美国为首的西方国家对新中国实施了石油禁运策略，当时国际上普遍认为世界石油储量已开采不了多久，美国、英国、德国、苏联等国家都在花大气力，从煤或天然气出发开展合成液体燃料的深度科学研究。

针对这一严峻形势，党中央、国务院迅速做出决定——自力更生解决问题，并将水煤气合成液体燃料的重任交给了东北科学研究所大连分所。接到任务后，所领导经过认真研究，一致认为张存浩等几个年轻人责任心强，研究能力强，堪当重任。所领导征求张存浩意见时，张存浩十分清楚这项任务的难度，但更清楚国家面临的困难，当即便表了态："我一定和同事们紧密合作，完成好任务！"就这样，年轻的张存浩接下了科研生涯中的第一个重要课题。

此时，研究所已经有许多科学家着手开展燃料方面的研究，并且产生了一些效果。张大煜的《煤气中微量硫分析法的研究》、陶愉生等的《水煤气合成石油用沉淀铁触媒常压性能试验（第一报）预处理温度和触媒性能的关系》、黄继昌等的《流体化用于燃料合成之研究（第一报）固体化流体化实验》、张晏清的《显色燃料制造之研究（拉布达色之合成）》、章元琦等的《抚顺页岩油溶剂抽提精炼试验（第一报）轻油之溶剂抽提精炼试验》等研究成果，陆续在《东北科学通讯》上发表，在国内引起很大反响。这些科学家心系新中国建设，主动加班加点埋头搞研究，给张存浩等一大批年轻科学工作者树立了榜样。有这样的科学家引路，年轻一代充满了信心。

燃料研究室分为两个：一个是张大煜亲自挂帅的水煤气合成液体燃料第一研究室，一个是张选荣任主任的页岩油第二研究室。两个研究室齐头并进，同心合力，向着科研高峰迈进，目标只有一个：尽快摘掉国家"贫油"帽子。张存浩在第一研究室，直接在张大煜领导下工作。

这是张存浩的第一次转行，也是对他的一次考验。尽管煤经过水煤气合成燃油的过程，也是进行一系列化学反应的过程，但与张存浩所学的化学工程却相距甚远。

但张存浩明白，国家的需要，就是自己研究的方向，就是工作的目标。否则自己回国干什么？

立即投入工作，时不我待！

1952 年，张存浩（左一）在水煤气合成液体燃料实验室

但很快，科研人员便遭遇一系列难题。在这个实验的化学反应中，最关键的因素有两个：催化剂、流化床。过去用的钴催化剂稀少且昂贵，而且存在催化效率低（出油率低）、产品质量差、催化寿命短（催化剂积碳粉碎严重，运行周期只有短短几天）等问题。寻找新的催化剂和新工艺，成为摆在张存浩、楼南泉、王善鋆、陶愉生、汪骥等青年学者面前的最大难题和严峻挑战。

这群血气方刚的青年人偏不"信邪"，他们提出"向志愿军学习，为祖国立功"的口号。为了完成任务，张存浩和同事们开始大量查阅资料，整天废寝忘食地研究、思考，满脑子都是任务。在实验室，大家常常一干就是大半夜，有时累得坐着就睡着了。

合成反应是一个强放热反应，而其选择性（即液体燃料部分的产率）又强烈地受制于反应的温度，因此反应床层要求非常严格地限制在一极窄小的温度范围之内。没有非常有效的传热过程，就很难满足这一要求，这是过去合成工业生产效率低下的主要原因。20世纪40年代新发展起来的流化床操作，其导热系数比常规的固定床操作高出数十倍，而且由于床层的不断翻动，温度极为均匀，正好是解决上述问题的有效途径。因此，他们在充分研究国外科研动向、反复论证及实践检验的基础上，决定以中压流体化床合成作为开发的重点。经过一段时间的反复试验和攻关，捷报频传。王善鋆在不到一年的时间里研制出抗积碳的两种氮化熔铁催化剂——"362-2"和"362-4"。由于强度高，这些氮化熔铁催化剂是适合于流化床操作的比较理想的催化剂，在实验室设备中亦显出比非氮化催化剂高得多的活性及抗积碳性能，而且产品集中在轻质馏分，可避免流化床长期操作中因重质产品不能携出而带来的困难。卢佩章首先把气相色谱用于水煤气合成产品的分析，研制成功"5701"色谱担体，并在大连红光化工厂生产，再加上张存浩与合作者推演的元素平衡数据处理方案，实验数据精度超越国外。

水煤气合成液体燃料研究，从一开始就得到了产业部门的充分重视与通力合作。1952年7月，东北工业部召开关于锦州石油六厂催化剂改进及合成油工业发展方向的会议。为加强科研和生产的联系，及时交流工作进展情况，加强协作，决定成立合成油研究联系小组，由东北石油管理局局长张定一任组长，厂方代表有赵宗燠、曾奕昌、黎煜明，科研所代表有张大煜、张存浩、卢佩章。会上提出了小试、中试、放大设计及建立工业化试验厂的进程。在初步取得实验室成果后，石油工业部抚顺设计院委派由黎煜明副总工程师领导的设计小组来研究所负责成套的小型试验厂（反应器直径40毫米）的设计。研究所的工务科亦以此作为重点积极配合，于1953年初安装完成。经过半年左右的时间，不断总结经验，及时改装，设计小组终于克服重重困难，掌握了这一完全陌生的操作流程。中型试验工厂（反应器直径150毫米）更是由锦州石油六厂全面承担设计、施工、安装和派遣操作人员配合试车，于1953年底建成，在不到两年的时间内得以顺利地重复小型试验，并取得了必要的工程设计数据。

这两个中间试验工厂的建立，对及时发现流化床操作的新问题、验证在实验室条件下所发现的一些规律、培养更大规模试验工厂的科研骨干力量等都起了极为关键的作用。在这一阶段，证实了氮化熔铁催化剂在流化床中确如预期那样，在抗积碳与少出重质产品方面具有优良性能。与此同时，还建立了合成产品包括油、水、气三相的整套分析分离系统，以确保较高的精确度。根据这些科研成果，石油工业部决定设计与建立日处理量达10万立方米合成气的示范工厂（602工程）。这是一项完全由我国科研工作者、设计部门的设计人员以及产业部门的工程技术人员通力合作研究成功的新型水煤气合成的工艺流程。

这样，经过不断试验和完善，一个新工艺——"使用氮化熔铁催化剂和流体化床水煤气合成石油"诞生了。其产率、产品分布及催化剂寿命等都在国际上处于领先水平，每立方米煤气可得到产品200克，而当时西方国家产量最高只有160克，美国只有50克；催化剂的运行周期长达两三个月。当时有人断言，流化床解决不了返混问题，转化率会大大下降，但张存浩等从理论和实验上都证明：采用回流措施，转化率几乎没有变化。

这是张存浩等年轻科技人员经过不懈努力，合力攻关攻克的第一道世界级科学难关。

组织上对这些年轻人取得的成绩给予了充分肯定和诸多鼓励，1953年，张存浩、楼南泉、陶愉生、何学纶、陈国权、郭燮贤等年轻科技工作者因业绩突出，成为所里第一批最年轻的副研究员。张存浩还被所里任命为水煤气合成燃料研究小组组长。

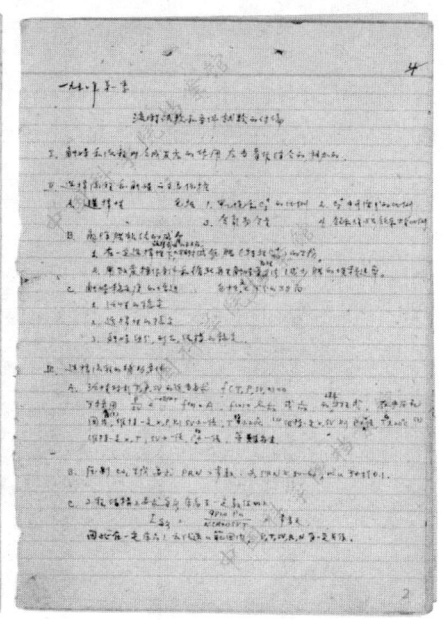

张存浩的实验记录（供图：大连化物所）

在此期间，东北科学研究所大连分所两次易名：1952年4月改属中国科学院，改名"工业化学研究所"；1954年6月，又易名为"中国科学院石油研究所"，其科研目标、任务更加明确：石油。

1957年2月，张存浩、楼南泉、王善鋆、卢佩章等"氮化熔铁催化剂用于流体化床合成液体燃料的研究"荣获中国科学院科学奖金、中国科学院首届自然科学奖三等奖。

随后，根据张存浩、楼南泉、王善鋆、陶愉生等不断完善的研究成果，1958年石油工业部在锦州石油六厂建立了一座年产3000吨合成油产品的示范工厂，取得了长期（1700个小时）顺利运转的好结果。

在《光辉的历程——大连化学物理研究所的半个世纪》中，大连化物所原党委书记白介夫撰写的《难忘的八年》一文还提及这样一件事：水煤气合成项目获得自然科学奖三等奖的同时，还有2000元奖金。荣誉是集体的，那么这2000元奖金如何分配？是项目组主要负责人、技术人员、值班员平均分配，还是为了体现科学奖的意义，主要的研究人员可以多拿？由此，引发了一个非常有趣的"打兔子"理论。甲说："没有熟练的射击技术是打不着兔子的。"乙说："我不告诉你哪里有兔子和兔子出没的规律，你技术再高明也打不着。"丙说："负伤致死的兔子在那（哪）里？我不跋山涉水去捡，还是没有兔子。"这实际反映出在当时的社会环境下，工厂企业和科研单位中存在非常流行的平均主义思想。

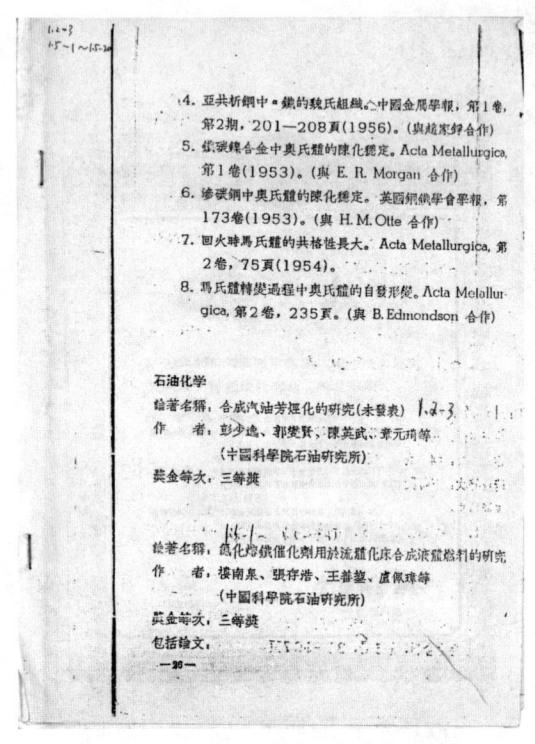

关于获奖的记录（供图：大连化物所）

2015年9月12日，笔者在北京采访张存浩院士，问及这件事情，他说也记不清当时是怎么"消化"这2000元的，不过他记得非常清楚，自己一分钱也没拿。当时，人们一心都扑在科学实验上，钉在工作岗位上，加班加点，挑灯夜战，都是自觉自愿的，都嫌时间不够用。什么奖金呀，根本没有人考虑，也不会考虑。

三、婚姻

1953年春节，张存浩回到北京，这是他到大连化物所工作两年后第一次回家陪伴亲人。母亲自然又提及他的婚事。"儿大当婚，含饴弄孙"，这毕竟是长辈们一生中最重要、最快乐的大事。张存浩再次向母亲表明心迹：趁着自己年轻，尽可能地为国家多做一些贡献。

儿子的心声，何尝不是这些从旧中国苦熬过来的老人们的心声啊！母亲默许，但叮嘱儿子一定要"尽快"。

英俊潇洒的外表、谦逊温厚的性情，还有强烈的事业心、卓越的工作能力，自然赢得了诸多年轻姑娘的芳心。所里有几位姑娘给张存浩写信，几位长者还要给他保媒。但进所的前几年，张存浩一门心思扑在工作上，心无旁骛，仅仅是微笑着用一句"等等再说吧"来应对。实际上，他不是不想成家，而是想等自己的研究有了一定成就或者有一定眉目后再议。在此期间，父母来信总是提及他的婚事。按当时的婚姻法，男子18岁已到法定结婚年龄，何况他已经超过25岁，属于大龄青年了。

迟云霞走进张存浩的生活，让许多人多少感到有些意外，但又感到他们的确是"天设一对，地造一双"。

张存浩，身材高大，风度翩翩，能歌善舞，待人热情，是研究所公认的美男子、大才子、拔尖科研能手。迟云霞，山东平原人，相貌端庄，18岁于云南大学肄业，为响应祖国号召，1950年来到大连，成为实验室的一名技术员。她心地善良，正直率真，聪敏活泼，乐于助人，这正是张存浩最为看重的。他们还有一个共同的爱好，那就是都喜欢吟诗、唱歌。

他们的媒人，是1951年由美回国的女博士刘静宜。刘静宜，1925年5月16日生于江苏苏州，1946年毕业于上海圣约翰大学化学系，1951年6月于美国伊利诺伊大学化学系获博士学位（1948年获硕士学位）后回国，任东北科学研究所大连分所副研究员、副室主任。这位大姐对张存浩的处世为人，特别是科研态度、工作能力特别欣赏，一直为他的婚事热心张罗着。

单位给张存浩、迟云霞安排了一间十多平方米的小屋。两张单人木床拼在一起的双人床、一张办公桌、两把木椅、两个柳条箱、一个简易的书橱，是他们新婚的所有家当。

本来，他们原定于1954年7月1日——党的生日那天举办一个简单而喜庆的婚礼，但此刻张存浩攻关小组的科研工作正处于一个最关键的时刻，实在没有时间，他们的婚礼只好推迟到7月10日。

张存浩、迟云霞夫妇（摄于 1954 年）

结婚前一天，母亲龙文瑗带着张存浩的三弟存泰、小妹存汶来了。龙文瑗给新媳妇带来了一件自己亲手缝制的象征着吉祥如意的大红棉袄。迟云霞和婆婆送走最后一拨前来"闹喜"的年轻人回到屋内时，发现张存浩已经和衣歪在床上，轻轻地打起了鼾声。他太累，太累了……龙文瑗含泪把儿子的鞋子轻轻脱下，迟云霞端来一盆温水，轻轻地擦拭着丈夫的一双大脚。婚后的第二天，张存浩就返回了实验室。

龙文瑗与幼时的张存汶

此后，夫唱妇随，迟云霞承担了家里几乎所有家务，支持丈夫投身科研工作，即使后来生下两个儿子张捷、张融后，她也很少因为生活琐事而牵扯丈夫精力，更没有因为家务而夫妻拌嘴吵架、面红耳赤。

妻子的贤惠、豁达、明理，让张存浩感念一生。

在此期间，党和国家重视知识分子，社会环境十分利于科技工作者大胆工作、创新发展。张存浩和其他年轻人一样，感到浑身有使不完的劲儿，纷纷向党组织写申请书，要求把最艰巨的任务挑在肩，为新中国建设多做贡献。

1955年6月中国科学院学部成立，张存浩作为青年代表出席了科学界最高学术机构的这一会议。同年9月，27岁的张存浩当选为全国青年社会主义建设积极分子，受到毛主席接见，这成为他一生中最珍贵的存念。这次大会，全国共有1500名青年代表参加，其中辽宁省有15人，科技界代表只有张存浩一人。

在北京，张存浩再次见到姑母，这次张锦的脸上满是笑容和满足。她终于释然了：侄儿回国对了！

张锦张罗了一桌子好菜好饭，还把在北京建筑设计院担任设计室主任的三弟张镈叫来，让叔侄二人一叙衷肠，张镈放下手头的工作，立即赶到北京大学看望侄儿。

作为梁思成、杨廷宝的得意门生，张镈是毕业于东北大学（"九一八"事变后转入国立中央大学）建筑系的高才生，一直是享誉中国的基泰工程司的"台柱子"，1951年3月，他舍弃月薪12两黄金的报酬，毅然从香港返回内地，参加新中国建设，数年间已经设计了新侨饭店、亚洲学生疗养院、北京工业学院等十余件作品，尤其是友谊宾馆的设计，得到恩师梁思成的称赞，认为是"青出于蓝而胜于蓝"。张镈，当时在中国建筑设计界已颇具影响。

面对二姐如数家珍般的夸赞，张镈依然十分谦虚，他伸手拍了拍张存浩的肩头说："这才是我们张家的骄傲呢，长江后浪推前浪，我们再不加劲向年轻人学习，会落伍的！"

临出门前，张锦还忘不了叮咛侄儿一句："继续努力，我们等着你的立功喜报！"

傅鹰慈爱地说："有什么事，赶紧来电话，要科研资料什么的，我给你找！"

1956年1月，张存浩作为全国政协的特邀代表，到北京参加全国政协会议，与诸多科学大师、著名学者共商国是。

这一年，长子张捷出生。对于这个长子长孙的到来，全家人都万分欣喜。张存浩、迟云霞都是工作狂,都不愿意为了孩子而耽误更多的时间。迟云霞在休完产假后,即与丈夫商量,给在北京的婆母龙文瑗去信,想把儿子送到北京,交予她照看。龙文瑗身体不好,患有糖尿病、高血压,但为了儿子和儿媳的事业,她一口应允。再说,家中还有正在上中学的三子存泰、6 岁的小女存汶,到时候让他们帮帮忙,是没有问题的。

1958 年次子张融出生,迟云霞又把张融送去北京,把张捷接回大连。两岁多的张捷被直接送到托儿所全托,每周星期一一大早送去,周六下午接回家。

有一次,迟云霞到外地出差,把周六下午接孩子回家的任务交给丈夫。但张存浩那天与同事们加班到深夜,拖着疲惫的身子回到家,刚要上床休息,猛然想起儿子,惊出一身冷汗。他风驰电掣般地骑车赶到托儿所,只见大门紧闭……之后,经多方打听,才知道儿子已经被一位阿姨带回家中。

张存浩在暗暗自责之际,也感到了一丝温暖。

迟云霞回到家中,听邻居说起此事,本想抱怨几句,但看到丈夫眼睛里的血丝和脸上乍起的胡须,又看一眼桌子上那张鲜红的"先进工作者"奖状,把到嘴边的话咽了回去。

1960 年,张存浩、迟云霞和两个儿子在大连劳动公园

再后来,张捷、张融一起上托儿所,父母因为工作忙,常常错过接他们的时间,哥俩只好待在传达室等着。传达室大爷很调皮,有一次讲

起了"鬼故事",吓得哥俩哇哇叫。之后,他们宁可在门外待着,任凭夏天蚊虫叮咬,冬天冻得跳脚,也绝不到传达室去了。有的叔叔、阿姨会顺带接回他们,但父母不在家时,他们就一直在院子外边玩——因为他们好长时间都害怕自己在黑屋子待着。

张捷兄弟十分珍惜与父亲在一起的日子。

有时候,张捷、张融感到稍稍闲下来的父亲很亲切,在兄弟俩的印象里,闲下来的父亲很慈祥,也会给他们带来意想不到的惊喜。有一年在大连化物所托儿所庆祝儿童节活动上,张捷用稚嫩的声音唱道:"蓝蓝的天,绿绿的地,我跟爷爷放马去,这么多的马儿谁家的?都是咱们公社的!"赢得了大家的阵阵掌声。许多家长不解:这么好听的儿歌,我们的孩子和你同班,他们怎么不会唱呢?后来一打听,才知道这首儿歌不是托儿所阿姨教的,是张存浩在家里教的。不少人感叹:"聪明人会学习,会工作,也很会生活!"

但是,张捷、张融觉得这样的"露脸"机会实在太少了。

四、科研路上无止境

石油研究所认真贯彻党和国家的知识分子政策,为科技工作者创造优越的社会环境、工作条件,进一步调动、激发科技工作者的积极性与创造性。即使后来的政治运动一个接一个,例如1957年声势浩大的反右派斗争中,与石油研究所邻近的大连工学院(今大连理工大学)、海运学院等高等院校,每天都向市委报捷,今天抓出几个"右派",明天又抓出几个"老右",唯独石油研究所悄无声息。后来在重重压力下,所领导不得不忍痛割爱,临时揪出几个"右派"交差。

正是由于所领导班子组织有方,对知识分子关爱有加,所里的科研气氛非常浓厚。为了祖国的科学事业,为了研究所的发展,技术员、研究员们都是敢于直言,言无不尽,甚至为了学术问题、为了一个论点或一个技术环节问题,唇枪舌剑,互不相让,大有为真理而斗争而献身的劲头。朱葆琳和卢佩章关于色谱的争论可以说是"针尖对麦芒",从实验室争论到回宿舍的路上,从白天争论到晚上,但是二人并没有因争论而伤感情。

关于研究所改名字、科研定方向这个问题，学术委员会也进行了多次讨论。

在白介夫的《难忘的八年》一文中有这样的记述：

（研究所）改名字是定方向的大问题，除了在日常讨论涉及外，学术委员会也多次讨论。学委会的民主气氛在这个问题上有充分的体现。当时有两个代表性的人物：张存浩，人们戏称为"张冒进"；陶愉生，人们戏称为"陶保守"。（实际上张存浩也不是冒进，陶愉生也不是保守，只不过他俩的意见有分歧而已。）他俩在学委会的讨论中，经常发表针锋相对的意见，激烈地争论，友好地结束。

张存浩认为，作为一个有发展前途的科研所，不能仅仅囿于石油的研究，这对出成果、出人才显然是不利的；如果没有长远且宏大的目标，学科方向不明，就不能在国家建设中不断做出更大更多的贡献。尽管张存浩被人们冠以一个"张冒进"的绰号，但研究所领导班子对这个年轻人的看法却是十分欣赏的。他的"冒进"的想法和提议，在1962年研究所于青岛召开的会议上得到了体现。

这个时期是张存浩激情奔放、竭力展现才华的阶段。他的心中始终燃烧着一团火，促使他忘我工作，鞭策他恨不能一天当作十天用，以尽快出成果，尽快显效能，尽快为兴国报国大厦添砖加瓦。1953年他第一次向所里提交《熔铁触媒用于合成液体燃料之研究》的科研报告，到1959年，他共发表7篇论文（其中与他人合作1篇），是当时所里发表论文最多的年轻科研人员之一。其中，《吸附填充床的动力学性质Ⅰ.冲洗色谱的保留时间问题》、《熔铁催化剂用于合成液体燃料的研究——选择催化剂的试探》（与王善鋆合作）、《吸附波动力学法催化剂吸附性能的研究》等受到科技界的广泛关注。

1958年4月17日，中国科学院在石油研究所召开现场会议。张劲夫副院长、科学技术部主任严济慈主持会议，会议对该所"以任务带学科"的做法给予了积极肯定。中国科学院领导还与张存浩、楼南泉、王善鋆、卢佩章、陶愉生等年轻的科技拔尖人才座谈，对他们再三鼓励。5月，研究所选派张存浩到捷克斯洛伐克参加国际燃料综合利用大会，他在会上做了关于水煤气合成液体燃料的报告。

第二章 无怨无悔的科研人生 | 47

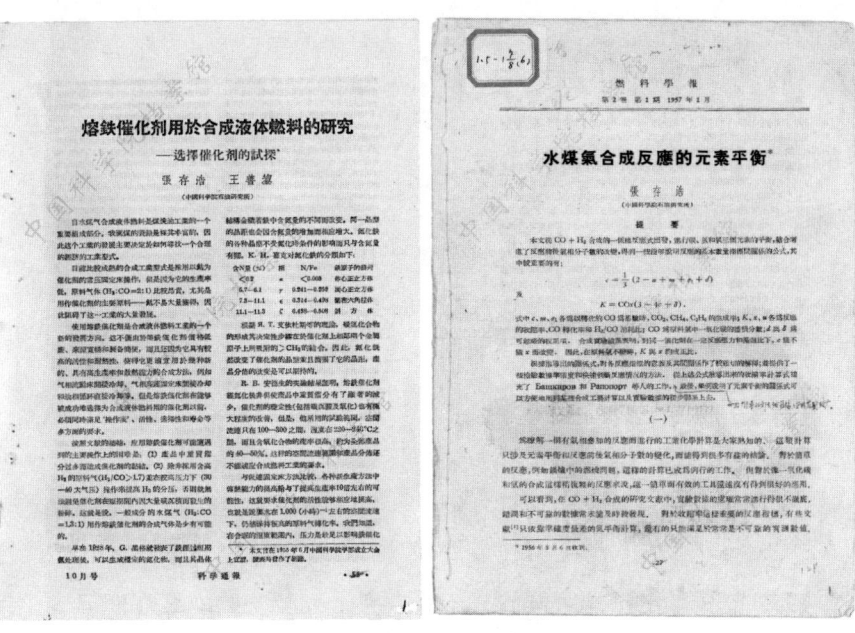

张存浩发表的部分论文

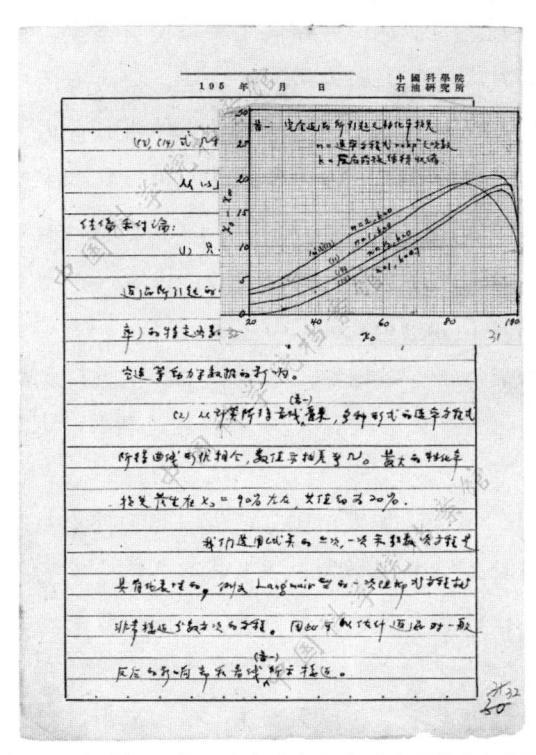

1955 年，张存浩撰写的《对流动床合成反应器放大问题》报告
（供图：大连化物所）

1958年5月,张存浩(右)在捷克斯洛伐克参加国际燃料综合利用大会时留影

1958年9月,研究所顾问、苏联专家卡列契茨的4名在职研究生卢佩章、叶祖衡、张晏清、奚祖威即将完成学业(相当于副博士),研究所聘请了国内享有盛誉的十几位专家前来参加论文答辩。著名化学家、北京大学副校长傅鹰应邀来到研究所。在这里,傅鹰专门向白介夫、张大煜等所领导打听张存浩、迟云霞的情况。当他听到众人对他们二人的连声赞誉时,并没有过分欣喜。他带着几件儿童玩具到家中看望张捷时,非常严肃地对张存浩、迟云霞说:"你们的工作表现还算可以,但千万不能骄傲。记住,一切要以工作为重,努力,谦虚,不骄不躁,才能取得更大进步。"

在傅鹰心目中,张存浩依然是个成长中的孩子,爱护他,教育他,引导他,成为自己的"必修课"。这一切,胜过教育、训导自己的亲生儿子傅本立。

1959年1月,张存浩加入中国共产党。当他握紧右拳,面对着鲜艳的党旗庄严宣誓时,心中那个为党的事业奋斗终身、为科学报国贡献一切的信念,再次让他热泪盈眶,热血沸腾……他真挚地感谢共产党,感谢祖国,对他这个出身于封建官僚家庭的"公子哥",敞开了温暖而宽厚的怀抱。他有什么理由不尽心尽力为党工作,为祖国科学事业"鞠躬尽瘁,死而后已"呢?

1958年11月10日至15日,中国科学院数理化学部、技术学部委托石油研究所在大连主办全国第一次催化研究工作报告会，总结交流我国催化工作进展。这是新中国成立以来召开的规模最大、最重要的一次科技大会，来自全国100多个单位的540多人参加会议，张存浩亲耳聆听了诸多科学家、科研单位的报告，越听心情越激动，更加坚定了他一腔热血报效祖国的坚定信念。

会后不久，国防科委①五院副院长钱学森找到石油研究所党委书记白介夫、所长张大煜，给他们交代任务。当时中苏关系开始恶化，一些苏联专家、学者已经撤离，带走了资料、图纸甚至设备，许多科研项目停滞。还有，美帝国主义不甘心在朝鲜战场上的失败，再次蠢蠢欲动，并策动蒋介石窜犯大陆，妄想夺回失去的江山。国际国内形势非常严峻。

恰在此时，大庆油田被发现和开发，中国"贫油"的态势暂缓。人力、物力、财力耗费巨大的水煤气合成石油项目只好暂时告一段落。

根据形势发展要求和中国科学院的指示，研究所立即调转科研方向，瞄准国防建设所需要的目标、任务大步进发。

2015年9月12日，笔者在北京采访时，张存浩谈及水煤气合成石油的科研工作时，不无遗憾地坦言：

> 当时我们憋着一股劲，一定要超过美国，集中精力赶超西方160克/米³的指标，但忽略了科研工作的整体水平和综合能力的提高，因为那个时候是以完成国家交付的任务作为唯一的奋斗目标的……

张存浩的眼光并不仅仅局限于一个阶段，而是瞄向了未来。因为他知道，随着工业化、现代化进程的强力推进，石油资源早晚有一天会走向枯竭，人们或许不得不再次探寻新发现，或在原有研究的基础上再来一次"华山论剑"。同时，张存浩等已经意识到水煤气合成石油科研工作存在某些局限性，随着国家科学技术的进步和综合实力的提高，可以重新审视原来的科研课题，以延续项目的生命力。

---

① 1958年10月16日，中共中央批准，把原国防部航空工业委员会的工作范围加以扩大，改为国防部国防科学技术委员会（简称国防科委）；1982年5月10日，国务院、中央军委决定，以国防科委现有机构为基础，组成国防科学技术工业委员会（简称国防科工委）；2008年3月，第十一届全国人民代表大会第一次会议决定，组建工业和信息化部，不再保留国防科工委。

20世纪80年代，随着国际石油价格上涨，担任大连化物所所长的张存浩立即组织开展了碳一化学研究，并将水煤气合成液体燃料作为一项长远的研究课题，从催化剂开发和基础理论上进行研究。他和王善鋆、楼南泉再次翻出老账本，写出了论文《重新评价在氮化熔铁催化剂上合成液体燃料的科研成果》，不是怀旧，而是要在此基础上进一步完善发展，让这一科研成果为实现"四个现代化"做出新贡献。

令张存浩感到欣慰和自豪的是，他的强国富民、科学报国追求，在一代又一代科研人员身上得以传承与延续。

世界领先的煤经甲醇制烯烃技术，就是几代大连化物所人以甘于坐冷板凳的精神，为我国"以煤代油"战略所做出的巨大贡献。

烯烃是石油化工的一种基本原料，其下游的聚烯烃塑料制品广泛用于人类生活的各个领域。20世纪70年代末，国际上开始研究利用非石油资源生产烯烃的技术。当时石油危机对中国经济的影响并不严重，但大连化物所以张存浩为代表的科学家敏锐地意识到用煤替代石油生产烯烃的重要战略意义。面对许多人的不解和质疑，他们在缺少资金的情况下与国际同步开始了"煤—甲醇—烯烃"的技术研发之路。尽管困难重重，但大连化物所始终没有中断对煤制烯烃的研究，在取得重大技术突破的同时积极开展产业化推广。

刘中民带领团队完成了世界首次甲醇制烯烃（DMTO，其中D代表大连化物所的专利专有技术）技术工业性试验及首次工业化，甲醇制烯烃技术已实现技术实施许可1313万吨烯烃/年，已投产646万吨烯烃/年；完成了世界首套10万吨/年煤基乙醇工业示范项目，引领了我国新兴煤制大宗化学品和清洁燃料产业的发展。这意味着我国一半以上的乙烯可以由煤转化而来，对解决石油短缺问题具有重大意义。

林励吾、梁东白等则在过去从事高分散度金属催化剂研究的基础上，对高分散度担载型钌、铁催化剂用于费-托合成进行了探索研究，研制出高选择性的合成汽油、柴油的新型催化剂。

令张存浩感到欣慰的是，大连化物所年轻的掌门人和科学工作者并不满足于眼前的成果。21世纪初，国际原油价格居高不下，因此，煤炭/天然气资源经合成气催化间接转化为油的方法（CTL/GTL）成为一种最为现实的资源转化技术。

实施知识创新工程以来,大连化物所研究组重新整合,年轻一代科技骨干挑起了重担。在研究组组长丁云杰的组织领导下,合成液体燃料技术在几十年研究经验和技术积累的基础上,取得了创新性的进展。他们分别开发了在浆态床中使用的活性炭担载的 Co 基催化剂和在固定床中使用的硅胶担载的 Co 基催化剂,2005 年承担了中国石油化工集团公司的科技攻关项目"10 吨/日级合成液体燃料中试放大试验"。在中国石油化工股份有限公司镇海炼化分公司的合作下,2007 年 3 月他们进行了工业示范装置试验。催化剂经过了 5000 个小时的成功连续运转,这标志着我国的费-托合成技术取得了重大突破性创新。该技术已进入 70 万吨级合成液体燃料工业化装置的设计阶段,打破了国外公司的技术封锁,使我国合成液体燃料技术开发研究迈上了一个新台阶。

大连化物所原所长、中国科学院原副院长张涛院士曾对媒体记者说,这一技术经大连化物所几代人的不懈创新与推广,如今已成为新时期我国能源结构调整中不可或缺的一种手段。以甲醇制烯烃为代表的新一代煤代油技术,现已实现工业化,成为我国战略性新兴产业。

一个科研课题,连续开展了半个多世纪,且越来越深入,越来越精准,产生的经济效益和社会效益呈现大幅递增态势。它,如同火炬,引领着中国的科研人员孜孜不倦,不懈追求。

五、再次转行,立说立行

20 世纪 50 年代末,中苏关系恶化,大批苏联专家撤离,还带走了所有的科研资料甚至科研设备,只留下了许多科研项目"烂尾巴"。

与此同时,退缩于台湾的蒋介石国民党军队利用外国势力提供的先进炮舰、尖端武器,上演一出窜犯中国大陆的"闹剧"。不甘屡屡败于中国共产党和中国人民解放军的美国高层,也为了配合台湾的军事行动,派出先进的侦察机侵入我国东南一带,搜集情报……再加上中国严重的经济困难,国际国内形势异常严峻。

这一切,不仅是对党和国家决策层的重大考验,是对新中国国防科研力量的重大挑战,也是对所有科研机构、全体科技工作者的一次新的洗礼。

必须独立自主并迅速地发展国防尖端技术！

作为年轻一代的科研工作者，张存浩他们心里憋了一口气，发誓越是在国家困难时刻，越要心系国家大局，甘愿奉献一切，即使献出年轻的生命，也在所不惜。

此时，研究所召开了一次专题会议，会上再次明确"任务带学科"的工作思路。结合国防建设的需要，会议决定石油研究所成立二部，开展火箭推进剂及其发动机燃烧的研究。

也是在这次会议上，遴选了张存浩、卢佩章、楼南泉、何国钟、袁泉、沙国河等10位优秀青年科技骨干作为重点培养对象。除了指定专人对他们进行指导外，研究所还给他们配备了必要的辅助人员和设备。为了让他们更加集中精力地搞科研，保证他们有充裕的时间专心工作，尽量减少他们非必要的社会活动。

领导的关心和支持，让张存浩等信心百倍，全身心地投入科研工作中。

根据中国科学院高能燃料会议上提出的火箭推进剂研究计划，研究所正式成立404组，开始研究硼氢高能燃料。

硼氢高能燃料研究组最初由顾以健、张存浩、陶愉生、顾长立等组建，同年底全组人员达到58人，主要任务是研究生产硼烷的方法。这种燃料具有较大的排气速率，从能量角度看，是当时高能燃料中最好的一种，美国在硼烷研究上花了27年时间，于1958年建成年产100吨的生产厂。

经过多年的艰苦工作，硼氢高能燃料研究组对基本硼氢化物（二硼烷、五硼烷、十硼烷）及其衍生物（如四甲基胺三硼氢盐、偏三甲肼三硼氢盐等）的合成进行了大量研究，并取得显著效果。

在由三氟化硼和氢化钠合成二硼烷的工作中，攻关小组找到了不用酯类催化剂、产率可达90%左右的反应条件，并成功地进行了放大试验。二硼烷定向裂化制备五硼烷、十硼烷时，二硼烷的利用率（五硼烷、十硼烷总产率）分别达到88%和81%以上，这些结果均超过了国外文献报道的水平。

科研人员在实验攻关中（供图：大连化物所）

为了提高反应器单位体积生产率，硼氢高能燃料研究组对其进行了强迫对流定向裂解研究，反应转化速度可提高几十倍到近百倍，反应的选择性仅下降10%—20%。

为了实现合成的连续性，他们又成功地进行了湿壁冷管定向裂解的实验室工作，找到了合适的溶剂，使冷壁固体沉积小于5%。这两方面的工作具有中国特色，它们不仅使硼氢化合物的热解合成变成一个全新的工艺，还对其他可边反应边分离、保持定向性的反应都有很大参考价值。

二硼烷在该所中间试验厂进行了多次放大生产，二硼烷裂解也进行过成功的放大试验。1960年2月，中国科学院专家组对二硼烷、五硼烷、十硼烷合成及放大试验研究进行了鉴定，结论为："这一套完整的方法在技术上和经济上已具备工业试验生产的价值。"

攻关小组在改进二硼烷的合成方法时，用金属铝代替金属钠，以氯化铝（$AlCl_3$）代替三氟化硼（BF_3），二硼烷的产率可达75%以上，除降低成本外，与国外同类方法相比，原料简单、用量小且没有腐蚀问题。用硼砂、石英砂、金属钠为原料，实现了一步直接合成硼氢化钠（$NaBH_4$），产率可达90%以上，产品经纯化后，可得98%纯度的$NaBH_4$。在合成三硼烷盐时，于1963年初独立地提出并开展了以钠-萘溶液代替钠汞齐的途径

（国外文献是 1963 年中发表的）合成四甲基铵三硼烷盐，该盐性质稳定，计算发热量可达 50 160 焦耳/千克。

在工作中，他们初步发现了二甲基铵基二硼烷对烯烃加成的新反应，研究了三乙基硼用作喷气发动机高空点火添加剂，取得了实验室结果，证实对点火活性有一定提高。

正是这些研究成果，为之后火箭推进剂的不断完善与发展奠定了坚实基础。

正当大家全身心开展硼氢高能燃料研究时，一个重磅消息深深地刺痛了年轻科学家的心，让他们如坐针毡。美国经常派出 U-2 高空无人侦察机入侵我国领空甚至腹地窥探情报。U-2 侦察机装有当时最先进的侦察设备，它能自动跟踪记录在各种波段上对方的机密电码和语音联络，只要对方的雷达照射 U-2 侦察机，雷达的位置、雷达波的所有特征都会被记录下来。U-2 侦察机虽然没有配备任何武器系统，但是它能在导弹来袭时撒出干扰金属箔片来干扰导弹并保护自己。正是由于 U-2 侦察机的飞行高度让人叹为观止，它被美国制造商洛克希德·马丁空间系统公司的工程师们起了一个昵称——"天使"。U-2 侦察机在中国领空横行无忌，对新中国构成了严重的威胁。但此时我国使用的苏联"米格"战斗机最高升限只有 1.7 万米，即使升到 2 万米，也只能待两三分钟，而美国 U-2 侦察机的升限达到 2.2 万—2.4 万米，我国的战机想拦截 U-2 侦察机是难上加难。为此，国防科委、中国科学院和第三机械工业部联合下达任务，要求尽快想方设法解决这一问题。

那一段时间，研究所里到处张贴着科技工作者的决心书和请愿书。这不是心血来潮，更不是一时冲动，而是源于一代科技工作者对中国共产党真挚的爱，对祖国深厚的情！

由于国防建设任务的需要，数年间大连化物所先后承担了"414"项目（提高歼-5 机升限的固液火箭推进器研究）、"541"项目（肩射式地对空超低空防空导弹研制）和"科-1"地球气象卫星研究（小型气象火箭研制）等国防科研任务。在党委书记白介夫、所长张大煜的领导下，大连化物所成立了由副所长朱葆琳任组长，顾以健、张存浩、楼南泉、凤雅范为组员的任务领导小组，负责组织、协调这些重要的科研项目工作。

固液火箭发动机系统是采用固体燃料药柱和液体氧化剂的一种新型化学推进剂系统，是 20 世纪 60 年代国外正在研发的一种新体系。它在机动性、可靠性和储运性能方面具有固体燃料的一部分优点，而在比冲提高和推力调节方面又可与液体燃料相比拟而胜过固体燃料。为使固液系统发挥其优越性，推进剂方面需要解决的技术关键包括合成、配方、力学性能和燃速调节等，燃烧方面需要解决的技术关键包括燃烧完全性、均匀性、稳定性、燃烧规律和点火方案等。

石油研究所于 1961 年初开展此项研究。3 月，中国科学院副院长裴丽生、国防科委五院副院长钱学森来大连，进一步肯定了石油研究所二部以发展固液火箭推进剂为研究工作的重点。国防科委"15"专业组决定将某部队的固液火箭推进剂研究人员集中到该所提供协作，在该所统一计划和领导下开展研究工作。

张存浩怀着为国分忧的信念，临危受命，担任火箭推进剂科研小组组长，具体负责固液推进剂的各方面研究。

领受任务后，张存浩感到异常兴奋。这正是他和同事们经常谈论的话题：有了先进的推进剂，火箭就能达到理想的高度，就能将肆意妄为的敌机赶走，还祖国领空一片宁静。

其实，火箭推进剂的研制与张存浩的专业更不搭界。第二次转行，让张存浩等再次进入一个全新的领域。不仅仅是他，何国钟、沙国河等也是同等情况。

张存浩在召集全体科研人员和员工召开的第一次动员会上说："做国防任务，不能出名，不能发表文章（涉及国家机密），要安下心来，钻进去，做到目不斜视。"

此刻，人们因为能被领导"点将"直接参加国防科研工作而激动不已，都怀着一种崇高的荣誉感、信任感和责任感，心往一处想，劲往一处使，全心全意地投入工作，都以无条件服从工作需要为前提，领导分配什么就干什么，很少考虑自己的所学专业、名利和前途。

一切从零开始。

火箭推进剂作为尖端技术，人们对它都很陌生，对中国科技界来说是一个全新的课题。面对它需要什么样的组分，在什么压力、什么温度下以多大的速度燃烧等一系列复杂难题，他们必须做出准确回答。这些问题绝不可能从为数不多的国外资料中了解到，因为国外的这些资料对新中国都是封锁的。但少年时代国难当头的烙印，坚定了新中国年轻一代科学工作者完成任务、为国争光的决心。他们什么也顾不上了，他们的双脚已经踏到研究的前沿，只能前进，只能攀登，而绝对不能气馁，更不能退缩半步。

钱学森提出要求：研究所要集中精力，力争在较短的时间内搞出火箭推进剂。他还提醒大家，现在美国也在抓紧时间搞，时间不等人，党中央、毛主席在日夜等着好消息。他还与张存浩等提出，先搞高能液体推进剂。

起先，火箭推进剂科研小组是在位于一二九街的研究所内开展工作的。院内建设了一个小型工厂，供各科研小组试验用。

张存浩科研攻关小组在开展这项研究时，时刻伴随着危险。第一批硼氢高能燃料生产出来，毒性非常大且极易燃烧，有时候一接触空气就会燃烧起来。有一次气体泄漏，周围的人都中了毒，一连几天咳嗽、呕吐、恶心、头晕。

张存浩向所领导汇报了这一情况，其他研究小组也反映了类似的问题，所里很快决定建设新的试验基地。经过实地考察，决定在城郊一处比较荒凉的部队训练靶场附近建设星海二号站（今大连化物所所在地）。

1960年初，几栋主楼包括工厂精密加工楼、02实验大楼和04实验大楼全面动工建设。

这里比较偏僻，背山面海，属于大连的大风口。每逢刮大风，张存浩和同志们从敞篷大卡车下来，都站立不稳，有时候大家需要相互搀扶着前进。甚至有一次一位技术人员被大风刮进了山沟里，差点丢了性命。

为严格保密，上级还委派一个警卫排站岗放哨。

一个星期天的夜晚，张存浩等加班回来时，一名技术人员因跑到山一边去解手，被警卫人员开枪误中受伤。不久，他们试验的一种固体燃料发生了剧烈爆炸，声音传播得很远，引起了周围居民不小的骚动。紧接着，一次压力表爆炸，一名技术员的眼睛被炸伤，导致失明。张存浩意识到，此处距离市区还是太近了，如果接下来试车台投入工作，对市民的正常生活影响更大，遂再次请示所领导，请求另辟研究试验基地。

经所领导班子研究，中国科学院、大连市政府批准后，张存浩立即带人到周边山区寻找合适的试验基地。此时，正值1960年秋尾，寒风凛冽，他们乘坐一辆敞篷卡车，在大连四周转了半个多月。最后，他们选择了金家沟这个地方（代号01）。

六、01：秘密试验基地

这是一片山区，山高沟深，方圆百里坐落着金家沟、周家沟、齐家沟等"八沟"以及张家、大坡、鞍山等大小村落，亘古荒凉，交通不便。此处三面环山，只有一个出入口，对做好军工科研工作十分有利。但是，由于地形太闭塞，空气流通不畅，以后的燃烧实验、激光实验等产生的有害气体沉聚在山沟里，对进入山沟的人，特别是在这里一待就是几周甚至数月的科研人员的身心健康都会产生很大影响。这是他们当时没有预料到的。

当然，一切为了科研任务，即使能够预料，他们也会选择这里。

414任务试验基地（01基地-大连市金家沟）（供图：大连化物所）

414 任务试验基地（01 基地-大连市金家沟）（供图：姜波）

春节刚过，一支经过严格保密培训的建筑队伍开进了深山沟。在接下来的日子里，作为负责人之一的张存浩几乎日夜奔波在科研基地和建设工地两地，从新基地选址、规划、备料到架设电线、铺设道路等，他亲自带人一次次奔波。操劳、辛苦，再加上生活清苦、营养不够，他几乎难以支撑下去，但心中那个强烈而神圣的使命，驱使着他顽强地坚持着。半年中，身高 1.78 米的他，原本 140 多斤的体重降到不足 120 斤。

不仅仅是张存浩，所里 300 多名科研人员、职工都因为吃不饱、营养不良而身体消瘦、浮肿。一些过去敢跟时间赛跑的科学家甚至走路都变得慢腾腾，如同年迈多病的老翁、老媪，因为他们知道步伐加快，就会消耗掉一定的热量，工作起来会更没有力气。

一天夜间十一点多，张存浩拖着疲惫的身子跟跟跄跄地回到家中。他已经 12 天没有回家了。一进门，他一句话也没说，身子就重重地摔在床上，随即鼾声响起。迟云霞为他脱去鞋袜，随即看见了丈夫脚掌上两个刺眼的血泡，鞋袜臭烘烘的，让人实在难以忍受……迟云霞连忙为他熬了一碗粥，煮了一个放了很久仍舍不得吃的鸡蛋。饭熟了，但迟云霞无论如何也喊不醒沉睡中的丈夫。她又端来水，用毛巾擦拭着丈夫那颧骨突出、胡须蓬乱的脸庞，一滴滴泪水落在丈夫的面颊上、水盆里……

次日，张存浩见儿子张捷、张融都愣愣地看着他，有些不好意思地问："怎么啦？"

张捷说:"爸,十多天没见,你咋变成这个样子了啊!"说着,拿来镜子,"爸,你自己看看。"

看着镜中的"那个人",张存浩也有些吃惊,随即摸摸脸,有些不好意思地笑了。

在张捷和张融幼年的印象中,爸爸几乎是陌生的,因为他们上托儿所都是一周将近六天在外,而星期天爸爸还要加班,常常是哥俩仅和妈妈待在一起。张捷上小学后,深夜爸爸回来时,他已经睡了,第二天可能爸爸一大早就走了,所以他们很少有机会交流。那时候,哥俩都特别盼着节日,这样爸爸就可以陪着他们,有时候还能带他们去最喜欢的动物园、商店,但爸爸却喜欢领着他们逛书店看书和买书。爸爸给他们买的书,有一部分是革命英雄人物、抗战方面的连环画,但大部分是科普知识和科学幻想方面的,如《在科学世界里》《古峡迷雾》《布克的奇遇》《失去的记忆》等。从那时起,爸爸就开始引导他们关注神秘的大自然,培养他们科学方面的兴趣。哥俩多想让爸爸多陪陪自己啊!小小的年纪,他们无法理解爸爸为什么会这样忙,家务顾不上,孩子也顾不上。但是,妈妈却好像很理解爸爸,一句抱怨也没有,好像爸爸这样做天经地义,无可厚非。幼小的他们哪里知道,自己的父亲正在从事最神圣的事业,而且爸爸他们在科研工作中还会遇到那么多的困难和挫折!

张存浩在查阅资料

张捷回忆道：

> 妈妈喜欢看电影，爸爸总说看电影太浪费时间。记得有一次妈妈的生日，希望爸爸能陪我们一起看一次电影。但电影看完后，我们看不到爸爸了，妈妈说你爸看了十几分钟就去工作了。

1966年，张存浩、迟云霞夫妇和儿子张捷、张融

固液推进剂研究任务，是张存浩他们经历的一个庞大的系统工程，这次比水煤气合成液体燃料研究更复杂、更艰巨。主要包括：地面试车台——液体氧化剂系统、气路系统、测控系统、火箭稳定燃烧研究和提供上天系统样机，固体药柱生产——配方和工艺流程，协同上天系统——总体设计、歼-5飞机改装、气液电路控制和试飞，等等。

工作中，困难一个接一个。大部分研究是摸着石头过河，一条路线行不通，再马上寻找另一条路线。

正在这时，《毛泽东选集》四卷出版发行，它主要记录了解放战争的全面过程：面对依靠美帝提供的飞机、大炮、军舰、坦克，以及"武装到牙齿"的800万国民党军队，只有100万的人民解放军坚定信念，紧紧依靠广大人民群众的支持，经过三年多艰苦卓绝的斗争，经历了各种严峻而残酷的考验，终于打败了蒋家王朝，成立了人民当家作主的中华人民共和国。

全国上下掀起一个学习《毛泽东选集》的高潮。尽管科研和建设任务繁重、紧迫，但所里要求全体科研人员、干部职工必须抽出一定时间安排学习。

学习《毛泽东选集》，对眼下处于困顿、坎坷中的科研和建设人员来说，无疑是一场精神世界的及时雨。这几乎是张存浩等人的共识。

因为所里分到的著作仅有十几本，所以只能分给各个研究室和单位。为了不耽误研究工作，研究所把原来规定的五天一期集中学习（三天自学，一天半讨论，半天总结，然后回去写心得），改为三天一期。到张存浩他们那一期集中学习的时候，已经是11月底。因为煤炭质量不好，暖气供应受限，学习室里非常冷，又没有桌子，大家只能坐在长条木椅上，把笔记本放在椅背上做笔记，但大家的情绪依然高涨。他们理论联系实际，比过去，看现在，"解放战争时期，解放军战士们的条件比现在差多了，况且时时处处都有生命危险，他们都不怕，现在暂时遇到一点困难，我们怕什么？""我们学习毛主席教导，就是要学习先烈们一不怕苦、二不怕死的革命精神，条件再差，我们也要坚持学习，还要把本职工作做得更好！"

这是他们的真实想法，也是他们共同的心声和呐喊。

时隔几十年，张存浩对那个特殊年代那种真实且动人的情景依然历历在目。

在学习中，张存浩对毛主席"我们的同志在困难的时候，要看到成绩，要看到光明，要提高我们的勇气"[①]记忆非常深刻。大家勒紧裤腰带，真干、实干、拼命干，都将毛主席的教导真正融入血液里，落实在行动上。

科研工作正在紧张进行之际，大连化物所所党委提出了"三个一"的要求：一年内每位科研人员要读一本书，学一门外语，写一篇论文。这是理论联系实际最有力的体现。

攻关小组的上百名科研人员、工人，有不少人对外语一知半解，谙熟英语的张存浩自然成了他们的辅导老师。即使在工作台上，他也常常对助手们"冒"出几句英语，让大家印象更加深刻。

吃完晚饭，大家都蜂拥至图书室学习。里面挤不下，很多人都站在楼道里，到处都是借着微弱的灯光、站着捧读书本的人。

---

① 毛泽东. 毛泽东选集（第三卷）. 北京：人民出版社，1991：1004.

科研人员在图书室学习中（供图：大连化物所）

在学习讨论中，张存浩和同志们谈得最多的就是如何用毛主席的军事思想指导目前的实际工作。在战略上藐视敌人，在战术上重视敌人；发扬军事民主，提高官兵素质；集中优势兵力，各个歼灭敌人；不打无准备之仗，不打无把握之仗……这些经典语句，当时大家不仅仅耳熟能详，朗朗上口，更成为科研小组工作的指南针。

自从开展学习活动以来，张存浩每天下班前都会问询一下大家当天遇到了什么问题和困难，是如何克服的。对于还没有拿定的问题、难以克服的困难，都及时召开"诸葛亮"民主会议。每次，都是他先让大家发言，自己认真记录，然后综合大家的真知灼见，讲自己对问题的看法和解决的办法，再让大家讨论，形成共识。只要自己科研小组能解决的，绝对不提交所党委。

在实践中，张存浩尝到了民主的甜头。他几十年如一日，不管是主抓科研攻关还是担任负责人，始终把这种工作方法贯穿其中。

半年后，张存浩和他的 50 多名战友，打起行囊，来到新的试验场地——金家沟，继续开展一场艰苦卓绝的特殊战斗。

发射火箭需要高能燃料，为火箭研制新燃料是一个崭新且尖端的课题，一系列复杂问题必须求得准确回答。他们摸索着，在硼烷高能燃料、固液推进剂、固体推进剂等方面进行了大量的实验，一步步向前推进。

为了尽快补上所需的理论基础知识,张存浩和何国钟等见缝插针,抓紧一切可以利用的时间,深入研读有关文献,推演过程,厘定方案。

时下,中国与苏联科技界已经分道扬镳,与欧美科技界也没有多少交流,有限的资料是从香港的一些渠道淘换来的。一份资料要辗转两三个月甚至半年之久,才能到达研究所,一切还必须依靠自己。见到一份资料,人人视为至宝,抓紧时间,你看完,我接着看,千方百计吸取营养。

大家常常工作到深夜。张存浩和何国钟学累了,干饿了,就享用一下从午饭中"克扣"出来的小窝头,之后继续攻坚克难。一顿饭只有两个小窝头、一碗没有油水的菜汤,这让科研人员常常饥肠辘辘,身体难以支撑下去。沙国河晚上饿得睡不着觉,有种快断气的感觉,他常想这夜怎么这样长,什么时候能吃一顿饱饭啊!后来,他在四川老家工作的妻子余道容用袜筒给他寄来两斤大米。每当饿得不行的时候,他就捏上几粒放到嘴里……此刻,让他们能坚定地挺立在实验室、实验平台的是"为国争光""为党增光""为毛主席增光"的钢铁信念。

张存浩与何国钟住在一间宿舍。何国钟于1955年大学毕业后进入石油研究所,分配在化工室搞研究。他工作刻苦、勤奋,成绩突出。他在研究所举行的庆祝中华人民共和国成立10周年报告会上做了一个报告,他的发言,深深感染了张存浩。因此,当科研任务下达后,张存浩向所党委提出将何国钟调入火箭推进剂研究小组。他与张存浩一样,也是改行搞攻关。

何国钟(中)与研制火箭试车台所需仪器的同事合影(供图:大连化物所)

两人的漫漫长夜是伴着思考、切磋、推演度过的，因为带着困惑而苦思冥想，因为一个疑难问题而讨论甚至争论，因为一个疑难问题被破解而开怀大笑，因为一点收获而兴奋不已……这些都会让他们彻夜失眠。

晚上，两个人饿得实在睡不着觉，就开始回忆少年时的一些往事，但很多时候，两个人会讲日本侵略者在中国大地上的兽行。张存浩谈起日军空袭重庆时，人们躲进防空洞，自己亲眼见到一个防空洞洞口被堵死，后来从里面拉出来许多被闷死的百姓；还有在朝天门码头上死难的百姓，特别是那些躺在血泊中的儿童……何国钟讲起自己在广东乡下读小学时，见到日本侵略者的飞机向村里扔炸弹，无辜百姓的尸体被血淋淋地挂在树上；还有日本侵略者的舰艇在西江横冲直撞，许多渔船货船被撞翻，许多人在水中挣扎……说着说着，他们的心中就会不由自主地升腾起一种使命感，那么多无辜的百姓惨遭涂炭，为什么？还不是因为我们的国家积贫积弱吗？落后就要挨打！我们现在所做的一切，就是为了科技强国，让亿万人民真正过上昂首挺胸、幸福祥和的日子。目前，我们遇到了暂时的困难，又算得了什么？只要人在，只要还有一口气，一切艰难困苦、重重险阻都不在话下！

肚子饿，但志气从来没有缩减半分。他们都是"工作狂"，都是典型的"拼命三郎"，一旦进入工作状态，一切杂念统统被抛在脑后。他们常常是周一一大早坐着一辆敞篷大卡车，一路颠簸50多里到达金家沟，周末晚上再回到所里。在基地一待就是半个月甚至一个多月。

尽管张存浩人回到家里，可心还在工作岗位上。在家里，妻子迟云霞什么也不让他做，就是让他好好休息。但他的大脑依然在高速运转，甚至吃饭的时候突然想起一个细节，就会赶紧丢下饭碗，用笔快速记下来。有时候晚上躺在床上，又突然翻身下地，嘴里念念有词，赶紧把自己思考的问题记好再睡。

有一次，张存浩在试验基地待了一个多月，等回到家看到小儿子张融时，竟忘了儿子的名字。迟云霞有些嗔怪地笑道："你呀你呀，他叫张融，名字还是你给起的，是你的二儿子。记住了吗？"张存浩伸手摸摸儿子的小脸蛋，不好意思地笑了。

有时候，为了缓解一下紧张压力，张存浩强迫自己放下手头的工作，尽情地放声唱一段古典歌曲。当歌声在山谷里激起阵阵回音时，他仿佛听到了来自远方的胜利号角……

1961年12月28日，石油研究所更名为中国科学院化学物理研究所。研究所进一步明确了科研方向，确立了两个"面向"——面向国防建设、面向国家重大建设，并决定将火箭推进剂研制工作调整为5个研究室组成二部，其他5个室为一部。楼南泉为二部推进剂燃烧研究室主任，张存浩为二部发动机燃烧研究室主任。

1962年10月18日，中国科学院批准张存浩由副研究员提升为研究员。在大连化物所推报的数人名单中，张存浩是唯一获批的人。

上级的肯定、研究所的信任，无疑给这位年轻的科学家注入了革命加拼命的强大动力。

实验环境非常差，防护措施非常简陋，手摇计算器也时常出故障，需要经常使用计算尺一点一点地计算；生活清苦，食不果腹……条件如此艰苦，实验的难度如此巨大，张存浩作为项目负责人之一，不仅要组织指导出主意、解难题，还要经常冒着生命危险，亲自在火箭试车台上做高能燃烧实验。

每次做实验时都会产生巨大噪声，置身其中，一般人都会出现头晕、恶心等症状。对张存浩来说，这些困难还相对好克服，最难的是，研制过程中要接触大量有毒材料，并有随时发生爆炸的危险。对此，张存浩心知肚明，于是每次遇到危险系数高的实验时，他都冲在前面。他说："这项研究危险性大，想一点事故不出很难，除非你不干。我作为专业人员都没有完全避免的把握，如果让别人去做就会更危险。"

冬天，北风凛冽，风雪肆虐；夏天，闷热潮湿，蚊虫叮咬。但所有同志没有一个叫苦，没有一个后退，甚至没有一个因病请假的。

盛夏，在试车台做实验是最难熬的。张存浩和同志们穿着胶皮衣裤、胶鞋，戴着手套和防毒面具，每一次下来，都是汗流浃背。浇铸药柱的机械化程度很差，很多环节都要手工操作，体力劳动强度大，每根药柱都有几十千克重，为了抢时间，许多女同志和男同志一样，连夜奋战，以满足试车需要。

一次，张存浩和一位同事在火箭试车台做燃烧实验。这个试车台距离地面有4米多高，他们扶着铁梯往上爬时，没有料到燃料舱里还剩下一些残渣。就在打开阀门的一瞬间，突然一团火焰升腾而起，将二人团团包围，浓重而刺鼻的烟雾导致近在咫尺的他们根本看不见对方。幸得那位同事是转业军人，他临危不乱，身手敏捷，刹那间冲了过去，迅速关闭了阀门，才避免了一场二人同葬火海的灭顶之灾。

一次，在车间工作时，由于液体氧化剂渗漏，发动机提前点火，顿时浓烟伴着有毒气体席卷而来。在这千钧一发之际，幸亏张存浩和同事们早有准备，冒着生命危险勇敢地冲上前去打开舱门，才使大家化险为夷。

一次，人们正在紧张工作时，猛听得"嘭"的一声巨响，气体舱盖飞到半空，人们一声惊呼，纷纷躲避。还好，最后有惊无险。

还有几次，由于推进剂燃烧不正常引起山上野草、树林起火，火借风威越烧越大，张存浩率领大家奋不顾身，立即投入灭火的战斗中。

参加攻关的科技人员都知道，实验过程中产生的大量有害气体，对人体健康有很大影响，但为了尽快攻破技术难关，所有科研人员都不顾个人安危，对火箭推进剂的燃烧稳定性、完全性和均匀性进行了系统的研究，并且在很短的时间内使用现在无法想象的、现在看来很落后的手摇计算设备，对固体推进剂燃速理论进行了全面探讨。

难关一个接一个。这时候革命理论的学以致用，大家已炉火纯青。坐下来，学习《矛盾论》《实践论》，群策群议，讨论主要矛盾在哪里，重要矛盾表现在什么地方。张存浩他们面对的许多难题，都是在一次次分析矛盾、一步步化解矛盾的具体实践中获取真知、取得研究数据的。

在张存浩的严格要求下，火箭推进剂保密工作做得非常到位。每一个推演过程结束后，每一个大大小小的实验完成后，每一次会议结束后，各组的专职保密员都会把所有数据、会议记录，哪怕是一张写了几个字的小纸片，及时存放进保险柜。

经过数年的刻苦攻关，他们取得了一系列重要成果。

在固液型贫氧药柱的成型工艺及燃速调节研究方面，他们解决了浇铸成型工艺中药柱的气泡和裂纹问题。用460号配方能放大做成直径为240毫米的药柱；研制成端面和侧面包覆层配方，创建了刮浇工艺。

攻关小组对改变贫氧药柱中的过氯酸铵含量和添加燃速催化剂等进行了系统考察。结果表明：增加氧化剂含量对提高燃速极为显著，催化剂中变价金属催化剂能使燃速提高了 50%。

在新型中能固液推进剂合成方面，张存浩等开展了燃料组分和氧化剂组分处于同一分子中的双组分添加剂的研制，找到了一系列有机铵过氯酸盐，这些过氯酸盐都可大幅度提高燃速。当时国外文献报道的有机胺过氯酸盐都有如下一个或几个缺点：吸湿性大、爆炸敏感度高、合成难、成本高等。经过分析和实践，他们合成了吸湿性小、爆炸敏感度低、合成方法简单、成本低的 4 号添加剂；后通过配方选择和催化剂改性，于 1965 年研制成可兼顾比推力、燃速和固液比三项指标的 460 号配方。燃速 1.96 毫米/秒（在 50 个大气压的静态氮气下），在 1.6—2.8 毫米/秒的条件下，可用催化剂调节，用 460 号配方做出了直径为 240 毫米的药柱。

他们还进行了以丁羧橡胶为黏合剂、以 4 号产品为添加剂的配方研究，制成外径为 115 毫米的药柱，比冲又提高了 4—5 秒，燃速可达 1.2—2 毫米/秒。

攻关小组在研究中总结出了以添加剂品种及用量粗调、以催化剂精调燃速的经验，在配方和工艺上增加添加剂——高分子黏结性能以提高药柱力学性能等经验。这种添加剂选择和配方原理推广应用于聚丁二烯型药柱，在实验室中也取得了令人较满意的结果。

张存浩（左）和楼南泉在一起（供图：大连化物所）

为开展固液发动机燃烧实验，他们建立了规模约为 1 吨推力的试车台。它由四个系统组成：由气源、减压器、酸贮箱及管路阀件组成的输送系统；由雾化氧化剂的喷注器、燃烧室、尾喷管三部分组成的发动机系统；能自动操纵通酸、点火、燃烧的控制系统；由压力传感器、流量计、测力计组成的测试系统。解决了提高燃烧效率问题，可使燃烧效率提高到96%，通过调节喷注器的雾化性能解决了低频振荡问题。

火箭推进剂研究工作，关系国防建设，关系国家安全，更关系社会主义新中国的大国声誉，时刻受到党和国家的高度关注。

张存浩忘不了，他和火箭推进剂研究团队，多次受到党和国家领导人的接见。中央领导的嘱托与鼓励，让他们这些窝在深山沟里，吃着高粱糙子啃咸菜的科技人员，不仅感到了温暖与慰藉，更让他们浑身充满了干劲。

时任中共中央总书记邓小平，以及国务院副总理李富春、邓子恢来了，中央军委副主席叶剑英来了……中国科学院院长郭沫若来了，他还为研究所题词一首《水调歌头》赠予全体同志。时任中共中央政治局委员、外交部部长陈毅来研究所视察，观看了火箭推进剂燃烧实验。他拍着张存浩的肩头，微笑着但很郑重地说："加油，赶快弄好，我们在国际外交上也有筹码了！"

张存浩清楚地记得有一段时间，人们传唱着陈毅元帅创作的一首《火箭》。大意是：你也有火箭，他也有火箭，我也有火箭，火箭不垄断。你有原子弹，他有原子弹，我有原子弹，协议不放弹。

在此期间，楼南泉与他人合作主持了固体火箭推进剂的燃料和配方的研究，研制成过氯酸甲基四胺推进剂，实现了中间放大及240毫米直径药柱的生产，掌握了真空除气、常压浇铸的新工艺。

每一次实验成果，都会激发起同志们更大的科研热情。

张存浩团队的这场特殊的战斗完全可以用"艰苦卓绝，可歌可泣"来形容。他们经过数千次的试车台原型实验，先后研制出液体氧化剂喷注器、高温燃气涡流混合器、异型固体药柱、耐高温石墨喷管，尤其是火箭发动机高空点火器等固液发动机的关键部件。

与此同时，张存浩他们又成功研制出固体发动机样机，并解决了燃烧过程中的均匀性、完全性、稳定性等关键科学问题。经过反复试验，证实推进剂和发动机都可以正常工作，并成功地进行了地面模拟高空点火试验。该项成果获国家国防科研荣誉奖章。

固液火箭发动机地面试车装置（供图：大连化物所）

这个奇迹，在一群"明知山有虎，偏向虎山行"的奋斗者的手中诞生了。

同时，在基础理论研究方面，他们也取得了赫赫战果。

选择比推力高的火箭推进剂配方，需要通过计算配合大量筛选。为实现此目标，他们经过两年多研究，发展出一种适应当时大量筛选推进剂所需的快速比冲计算法。该法具有以下特点：计算速度快，误差小。对于简单的碳、氢、氧、氮系统，只需1—2个小时，即可计算出其理论比推力，误差小于1.2%；能同时计算出推进剂的近似燃烧温度、燃气组成及平均分子量，且能够同时计算出其冻结流动及平衡流动的理论比推力；特别适合于其他快速近似方法无法计算的推进剂系统，如多元多组分、高能推进剂；适用于含凝聚相的平衡系统，如近代固体推进剂添加铝粉及使用硼氢燃料等配方的推进剂。

利用上述方法，对中、高能推进剂配方进行了一系列评价。通过上述计算研究，还发现了不少有价值的规律，如铝粉的作用对固液推进剂远不如对固体显著；药柱添加少量过氯酸铵对比冲降低不多；含锂药柱适用于使用氟系氧化剂，而含铵的药柱适合于使用含氧氧化剂。理论计算对推进剂配方的筛选起到了指导作用。

大型固体火箭的研制，迫切需要一种能够反映实际燃烧过程的燃速理论。固体火箭推进剂的线性燃速，是设计火箭发动机的关键参数之一。对复合固体推进剂来说，可以有十几个推进参数影响推进剂的燃烧过程。

年轻的何国钟归纳能力很强，他看穿了高压下推进剂表面的燃烧可以用多层火焰模型来描述。作为好的一级近似，对于混焰甚至可用 δ 函数来描述。这样，他在不到半年时间内，系统推演出了完整可信的固体火箭推进剂的燃速理论，优于国外各专家的推导。例如，这个理论很好地解释了推进剂物性和压力、初温等燃烧参数对线性燃速的影响，还解释了固体发动机侵蚀燃烧中的临界流速现象等。

为此，何国钟两年内撰写了数篇关于燃烧方面的论文（草稿）。张存浩看后，十分高兴，认为这是对从理论到实践的很好的总结。他叮嘱何国钟，将论文整理后赶紧寄给钱学森。不久，钱学森把论文寄回，并在其中一篇上写下批语，给予了充分肯定。

何国钟再一次将论文拿给张存浩看。张存浩看后，更为振奋。

张存浩、何国钟根据钱学森的指示，再次通过大量的实验观察、计算和推导，终于获得重大发现：推进剂燃速与推进剂燃烧表面的结构和性质密切相关，燃烧表面上至少有两层微火焰，第一层是预混焰，距离燃烧表面约 1 微米；第二层是扩散焰，距离燃烧表面约 10 微米，两层火焰的结构决定了燃烧规律。

他们首次提出了固体推进剂的多层火焰燃烧模型和燃速理论，比较全面地阐明了对固体推进剂的表面火焰结构以及对燃速和侵蚀燃烧规律的影响，还第一次揭示了侵蚀燃烧现象中临界流速存在的根源。

他们围绕两种直径分别为 170 毫米与 240 毫米的固体火箭发动机的研制进行了数百次实验，总结出一套先进的设计原则和加工工艺，创造性地完成了固液发动机内的一些关键部件（如液体氧化剂喷注器、高温燃气涡流混合器、异型固体药柱、耐高温石墨喷管和火箭发动机点火器等）的研制，最终圆满地解决了燃烧过程的三个技术关键，即燃烧均匀性、燃烧完全性与燃烧稳定性。

结合大量的燃烧实验，张存浩、何国钟等更加深入地开展了固液与固体火箭发动机燃烧的理论研究，主要针对固液火箭发动机燃烧低频振荡机制、固体推进剂燃速理论、固液与固体推进剂燃烧的多层火焰模型、微观扩散大焰模型、轴同累加型气相扩散火焰模型、固液火箭推进剂点火延迟期的理论分析等进行了分析研究。在总结和批判性地吸收所有过去燃速理论成果并对照典型实验数据的基础上，发展了复合推进剂的多层火焰模型和分解-打散微火焰理论。这些工作和过去诸家的理论比较，在物理模型上较接近现实，在数学处理上也较严谨，因而得到较深的推论，揭示了侵蚀燃烧中临界流速的存在，并做了理论上的解释，首次为典型复合推进剂的表面火焰结构提供了可信的尺度。用所得的结论指导燃烧实际，解决了固液火箭发动机燃烧低频振荡、贫氧药柱的燃速调节问题。

张存浩（右）在检查实验数据

1964年3月，由国防部五局与中国科学院新技术局共同主持的全国火箭推进剂燃烧和固体烧蚀会议在大连召开。会议的倡导、规划和主持者钱学森在大会总结中，对大连化物所进行的火箭推进剂合成和发动机燃烧研究工作进展情况表示满意，对张存浩、何国钟等在发展复合推进剂的多层火焰理论方面所做出的贡献给予了高度评价。

1964年，张存浩（左一）在英国科学考察时留影

当时，国外几十家科研单位也在同时研究这一课题，而张存浩、何国钟推导的理论最为精确，他们得出的结论也最能说明本质问题。

正是因为解决了燃烧过程中的燃烧均匀性、燃烧完全性、燃烧稳定性等关键科学问题，为之后成功研制固液火箭发动机奠定了基础。

这项在20世纪60年代完成的科研成果，却等待了十几年才"峥嵘初露"——1982年荣获国家自然科学奖三等奖。改革开放后，在大连化物所与美国科学界人士的一次交流中，美方科学家惊叹道："没想到中国在20年前就有了这么完美的燃速理论！"

国家自然科学奖获奖证书（供图：大连化物所）

因出色的科研成就，1964年9月张存浩当选为第三届全国人民代表大会代表，12月赴京参加会议。这是时隔10年后他又一次迈入庄严的人民大会堂，共商国是。

七、"败走麦城"的故事

在研究过程中，张存浩经过缜密思考和反复推演，创造性地提出把火箭发动机助推器应用于飞机上。这样，在火箭助推器的推动下，战机就可以冲到 U-2 侦察机的飞行高度，一举打掉它。

此项科研工作的建议，经大连化物所研究批准、上报，于 1965 年 6 月由空军、第三机械工业部、中国科学院联合下达，被列为"414"项目。承担此项任务的主要科研人员有张存浩、楼南泉、顾长立、庄琦、高振宇、何国钟等，张存浩任"414"项目室主任，高振宇任党支部书记。

"414"项目是一个庞大的系统工程。在短短数月的研制过程中，他们解决了地面试车台（液体氧化剂系统、气路系统、测控系统、火箭稳定燃烧研究和提供上天系统样机）、固体药柱生产（配方和工艺流程）、协同上天系统（总体设计、歼-5 飞机改装、气液电路控制和试飞、地面联合试验以及试飞和高空推进剂的点火）等各种关键问题，并已由沈阳飞机制造厂改装研制出试飞样机。

接着，张存浩带领各协作单位、科研人员，在短短的数月间，打败了液体氧化剂雾化喷注器，火箭点火器，实验样机的液路及其时间控制系统，喷管的黏合剂、挡板及其装配工艺，药柱的恒面燃烧设计、配方改进及生产工艺等一个个"拦路虎"，克服了重重困难，达到了样机的要求。多次的飞机升空点火试验均取得了令人满意的效果。

在这个科学实验开始前夕，钱学森曾经问过张存浩："你这个这样做，有把握吗？"

张存浩抱着孤注一掷的信念坚定地说："放心吧，这是背水一战，说什么我们也要把它拿下来！"

但是，钱学森还是心有疑虑："继续这样做，你们要小心掉进河里。"他不希望自己关心、欣赏的年轻科学家受到"意想不到"的挫折。

不料，钱学森的预言竟变成现实。

1965 年 12 月，冰天雪地，寒风刺骨，在鞍山某空军基地，张存浩等科研人员先期到达，做好一切准备工作。之后，国防部、中国人民解放军总参谋部、国防科委、第三机械工业部等部门的首长先后到来，他们要目睹一下这位中国科学家自行研制的科研新成果。

张存浩与试飞设计组的同志们想得非常周到。他们把歼-5飞机与地面紧固后,在机身下面挖筑了一条装满水的沟,可容纳自动投落下来的两组火箭发动机。张存浩看出对火箭发动机点火考虑得不够,便做了一个塞子堵在喉道上,以缓和高空低压对点火的不利影响。但在进行地面不点火联试时,又发现了一些问题,各协作单位及时进行了调整和改进。一切准备就绪,随着一声"点火"的口令,一级点火成功,一阵烟雾伴着几声轰鸣,飞机升上碧空,但到达万米高空时,因"414"项目高空点火不成功而失去了助推效果,飞机只能原路折回。

怎么回事?作为主设计者,张存浩顿时惊出一身冷汗。大家心情忐忑地围着飞机,这里看看,那里摸摸,但一时找不到原因所在。

陈毅元帅很大度地"哈哈"一笑,说道:"没事啦,查找一下原因吧!这次飞不上去,不等于今后上不去。"说着,他朝着张存浩等投去抚慰的目光:"不要气馁,失败是成功之母。我相信你们一定能成功!"

看着首长们离去的身影,张存浩的心情沮丧到难以言表。

张存浩和助手围在那儿,仔细地寻找原因⋯⋯终于,谜底一点点浮出水面。

在接下来的座谈会上,飞行员说,我们的任务已经完成了99%,剩下的问题也已清楚,只要解决了高空点火问题,"414"项目必然会成功。

正是这1%,却是四两拨千斤之功;正是这1%,"差之毫厘,失之千里"。

面对挫折,张存浩他们再次集中优势兵力,化解低温和低压点火这个主要矛盾。

张存浩召开"诸葛亮会议",所有科研人员坐下来,人人都谈心得体会。最后,大家统一认识:工作中犯了片面主义错误。本来研究小组成员的知识就不够渊博,经验欠缺,又偏偏把复杂的问题看得简单了。"414"项目是在-40℃的高空使用的火箭推进系统,环境温度低,点火药的能量必须提高;那里气压低,点火药的剂量必须增加。我们平常只是在常温下做实验,次次成功,却没有考虑万米以上高空的条件。

尽管遇到了暂时的困难和挫折,但张存浩感觉"414"项目已经把全体科研人员、车间工人的心燃烧得发热滚烫,实现为祖国争光、为中国人民争气的这个闪光理念比以往更加笃实。于是,他语重心长地对大家说:我们要一切从零开始。"414"项目发展到今天这个研究规模和水平,是我们和有关研究室呕心沥血、艰苦奋斗的结果,是仪器厂的师傅们苦干实干努力付出的结果,是研究所领导、中国科学院和部队的正确决策与大力支持的结果,是全国有关各方通力合作的结果,更是中央领导给予期望、信任与鼓励的结果,我们要坚定信念,永远为党分忧,为国分忧,不但不能半途而废,更要昂首面对、一往无前,坚决攻下这个山头!

谜底解开,包袱卸下,大家轻装上阵。

首先,成立环境实验攻关组,专门研究与高空环境有关的所有问题。紧接着,张存浩带领技术人员开展了许多过去并不熟悉的工作,如建立"414"单机冷冻实验系统、真空实验系统等。

张存浩向央视主持人曲向东讲述当年的科研攻关历程(供图:大连化物所)

时间紧迫,又是"知耻而后勇",大家争分夺秒,设计、备料加工、出差订货、安装调试等几乎同时进行。在数月时间内,一个符合要求的新的高空环境实验系统,奇迹般地建成了。

但这时"文化大革命"开始了,实验进度经常拖延。张存浩和大部分同志内心十分焦急,学习,开会,游行……人员不齐,时间不保。但只要被准许进入实验场地,所有人都是全力以赴,力争把失去的时间夺回来。何国钟回忆,当时他们的工作条件不仅落后,工作环境也非常不好。此时两个派别的人，各自占领一个山头，经常相互举枪射击，有一次一颗流弹竟把一位科技人员的腿打伤了，但攻关小组的同志没有退缩，而是咬牙坚持着。张存浩数次被同志们的精神和干劲感动得眼睛湿润。做环境实验时，要把冷冻后的火箭发动机尽快送到试车台，六七名年轻员工要在200米长的山路上爬高近十米，一个个累得上气不接下气，大汗淋漓。后来，试车台无水，大家又自动地组成一个送水队，拿起一切可以利用的器皿，从400多米远的地方，爬坡几十米，将水送到实验现场。在做火箭燃烧实验时，蹿出的火星不时会点燃四周的杂草和树木，大家又随手抄起工具，投入灭火现场……经过一试，再试，到第三次试验，终于大获成功！

1966年10月，固液火箭发动机用于提高歼-5飞机升限的助推器地面试车成功。一架完整的"414"试飞样机终于安装调试完成，飞行员所说的1%已经取得圆满成功。大家都在期盼着中央一声令下，让"414"助推的歼-5飞向蓝天。

时隔40年，张存浩在一篇文章中这样写道：

> 在总结自己科学生涯的时候，应该勇敢地面对自己的过去、现在和未来，学会肯定自己和否定自己。特别是，要善于反思，要敢于负责任，勇于承担做错了的责任。尤其是，对自己别光说好的，也要牢记走麦城的事例和经验教训。

火箭高空点火失败，就是张存浩所言的"走麦城"中印象最深刻的一出戏。他认为，当初如果思虑周全，一举成功，那么国防科委可能会马上投入生产，那之后就会是另一种结果了。等他们兴致勃勃地向上级报告"成功"的消息时，"文化大革命"正进入高潮，这一耗费了诸多科学家、各协作单位技术人员心血的科研成果被束之高阁。

虽然受"文化大革命"影响，没能再次将安装有火箭推进器的飞机送上天，但这是世界上第一个把火箭用于飞机助推器的奇特构想和比较成熟的技术。纵观美国现代的航天飞机，也是采用类似的技术手段送入太空的。

这，足见当时张存浩等科学家的思维极具前瞻性与创造性。

多年从事实验研究，经常处于含有剧毒的燃料的环境中，加上防护措施有限,张存浩、何国钟、沙国河等科研工作者都无一幸免地被有害气体侵染了身体,造成白细胞严重低于正常值和各种呼吸道疾病。在离开金家沟的一年多后,他们的身体机能才勉强恢复,但与正常人相比,其身体机能仍有不少缺陷,并伴随其一生。

在承担指定国防任务的同时,张存浩还兼顾学科基础研究。1964年,他与沙国河、张荣耀等在国内首次开展了激波管高速反应动力学的研究,并完成了气体爆轰波的脉动结构和氢氧反应动力学的研究。这些在当时都达到了较高水平,既为大连化物所日后开展化学激光与分子反应动力学研究奠定了基础,又为国内发展这门学科开辟了道路。

张存浩在大连化物所办公室

长年累月的工作,使年轻的张存浩患上了严重的腰椎、颈椎疾病,但他一到工作室、实验室,就将一切忘在脑后。即使后来张存浩又患上了轻度帕金森病,也从未影响工作。

"文化大革命"期间,火箭推进剂研究室迁往"三线"地区,张存浩惨遭批斗,全家人一起被下放农村劳动。如此卓越、从事这样重要工作的科学家被迫中断研究,无疑是国家的一个重大损失。

但无论环境多么恶劣、条件多么艰苦,张存浩那一腔科学报国的热血依然在奔涌,那束为中华崛起而奋斗的探寻之光引领着他不抱怨、不后悔、不屈服、不沉沦、坚强、坚持、坚守……

八、泥泞中的坚持，严冬中的坚守

"文化大革命"开始后，张存浩并没有太多惶恐，因为他"心底无私天地宽"。尽管自己的家庭出身"有问题"，但所党委始终对自己信任有加，把最艰巨、最光荣的国防科研任务交给自己，十几年来因为自己一心扑在工作上，科研成果比较突出，光荣出席了全国青年社会主义建设积极分子大会、全国政协会议，后来加入中国共产党，出席第三届全国人民代表大会，并成为所里最年轻的研究员。但形势的发展，令他有些措手不及。

惶恐不安中，张存浩依然每天从位于南山街的职工宿舍出发，骑自行车走 15 里路到大连化物所二部，一头扎进实验室。全身心地投入工作后，外边震耳欲聋的噪声仿佛渐渐消失了。

1968 年 1 月，在"文化大革命"的浪潮中，大连化物所划归国防科委 16 院，代号"1616 所"，但这并没有对"造反派"的倒行逆施、肆意迫害产生一丝限制。

突然有一天，一伙戴着红袖章的人来到张存浩家，他们翻箱倒柜，乱翻一顿，打碎东西，衣服、书本扔得满地都是。

"造反派"一连来了 6 次，只差没有撬张存浩家的地板了。一开始，全家人都没有搞清楚他们在找什么，后来才知道，他们是在找一台收音机，那是 1950 年 9 月张存浩在美国旧金山买上船票、苦苦等待回国的日子里，自己买来零部件，照着图纸组装的一台收音机。这台心爱的收音机伴随张存浩来到大连，现在"造反派"竟怀疑那是台发报机，怀疑他是在用它跟美国特务机构联系，这简直是一派胡言、无中生有！

对于那台收音机的去向，张存浩向"造反派"如实交代，那台收音机用了十几年，部分元件已经坏掉，实在不能用了，不知丢在什么地方了。但"造反派"不信，他们最终将收音机翻出带回去，百般摆弄，但无法断定这是一部向美国特务组织发报的精密仪器。于是，他们将收音机摔在张存浩面前，勒令他必须如实交代。

张存浩据理力争，但"造反派"岂能就此罢休。终于有一天，张存浩被"造反派"从实验室里带走了。

那是1968年一个焦心而痛苦的秋夜。傍晚，迟云霞做好饭菜，等着丈夫下班回家，过去，这样的等待是很正常的，孩子们饿了就先吃点，一边做作业一边等着父亲。但现在形势不一样，迟云霞盼望丈夫能早一点回来。天已大黑，但张存浩还没有回来，一家人为此忐忑不安。迟云霞把饭菜摆在桌上，让两个儿子先吃，自己等着，但张捷、张融却没有动筷子，好像预感到将发生什么不测。

已是晚上9点钟。年仅12岁的张捷对母亲说："这样等怎么行？要等到什么时候啊？"又等了一会儿，见丈夫还没有回家，迟云霞便让张捷去大连化物所的集体宿舍（二宿舍）传达室打电话。等张捷回来时，看到三个人正推搡着一个夹着一床薄被的高大男人从家门口走出来，并被塞进一辆吉普车里。不用近前看，那个熟悉的身影就是自己的父亲啊……张捷嘶喊一声"爸爸"，但父亲似乎没有听到。回家后，张捷看到妈妈一边哭一边说"你爸爸被隔离审查了"。

那是终生难忘的一夜，一家人彻夜未眠。迟云霞披着一件单衣，在地上来回走了一整夜。次日天刚见亮，她就起身做饭，叮嘱张捷、张融吃饭，自己却一口未吃，骑上自行车匆匆向单位奔去。

张存浩被诬陷为"反动学术权威"，是"美蒋特务"。他生性谦和，做事低调，工作严谨，在众人眼里是一位知识丰富、儒雅谦恭的君子学者，说自己是"反动学术权威"，他的心里还稍稍能够接受一点。自己多年来就是一心扑在科研上，很少关心政治，属于"白专"。作为一名中共党员，所里党组织的活动、会议，该参加的一次他也没落下啊！团结同志，服从领导，投身科研，干好工作，这些他都做到了呀！但"美蒋特务"这样的污蔑、构陷，简直要把他的肺气炸了！

张存浩真的想不通。自己舍弃在美国深造、工作的机会，一门心思回到祖国，一心一意参加社会主义建设，怎么会是特务呢？他急得脸红脖子粗地跟人辩驳，可"造反派"不允许他辩解半句。真是欲加之罪何患无辞！这些人甚至叫喊："你说不是特务，那你为什么要从美国回来？你不是为了搞破坏，不是为了刺探情报，为什么放着舒坦日子不过，回来过苦日子？"

这是什么逻辑？张存浩真被气糊涂了。糊涂的时候，头脑里一团乱麻，又一片空白。有一次竟记不起给他来送棉衣的大儿子张捷的名字了。

为了让张存浩免遭严重的人身伤害、精神折磨，所领导、好友顾以健曾暗示张存浩先承认下来再说。

张存浩愤懑得只想朝天咆哮，憋屈得直想跳脚骂人。"我一直为国家工作，从事的研究都是国家交给的任务，自己和同志们团结一心，克服重重困难，没日没夜地钻研和学习，虽然工作中有一些失误，但那绝对是自己最不愿看到的，领导和同志们都给予原谅和帮助。当年，毛主席、周总理都和我握手，这难道不是对我最大的肯定吗？"

张存浩含泪对顾以健说："老顾，别人不了解我，难道你也不了解我吗？你也认为我真的有问题吗？"

顾以健当然了解这位一心报国矢志不移、投身科研不要命的好同志、好战友，但在当时的形势下，除了同情和痛心，他还能做什么呢？

"造反派"把张存浩关在一间小房子里每天审讯。

张存浩号啕大哭，捶胸顿足……他满肚子的委屈，无法释放，只有选择自杀，以此来证明自己的清白。但三次自杀，都被及时救下。原来，门上有窥视孔，200瓦的灯泡不分黑白地照着，就是为了看清屋内的一切，就是为了防止他"畏罪自杀"！

"造反派"这样做，倒让张存浩的内心开始变得平静了。是啊，我不能死，死了一切都稀里糊涂地完了，不但自己的清白难以证明，还可能被扣上一顶"畏罪自杀"的帽子，让亲人们的日子更加悲戚和黑暗。自己不但不能死，还要坚强地活下去，不仅仅是为了等待洗清不白之冤，更是为了等待那一天的到来——在实验室、在工作台，继续为追逐科技强国之梦而奋斗。

张存浩开始呼呼地睡大觉。后来，他开始观察太阳的照射情况变化。他观察到，每天太阳从窗口照射进来的角度好像都不同，他仔细地观察了它的变化，每天角度有多大变化，是能够看得出来的，因为太阳在地面上的投影，每天的变化也就是一两厘米，这样倒过来就可以推算出太阳的轨迹。他就用手指在地面上画着，用修正的球面三角函数计算，算得还真的很准确。为此，他悟出一个道理：啊，原来诗人们常说太阳每天都是新的，还真的是有科学依据的！

太阳每天都是新的，他终于悟到了这句话的深刻内涵，这是个科学问题，也是个哲学问题。只是在悟出这个道理的过程中，伴着太多痛彻心扉的记忆和无奈，甚至差点付出了生命的代价。

1969年春，"造反派"见实在查不出问题，就把被限制人身自由长达半年之久的张存浩关进牛棚，让他学习，反思，接受改造。从牛棚出来，张存浩被派去烧锅炉。他的工作台、他的仪器、他的设备……好像离他渐行渐远，但他仍咬牙坚持着。小推车、大铁铲、拉煤、掏灰……天寒地冻，呵气成霜，在泥泞路上，坚持，坚持……残阳落去，霞光浮起，太阳每天都是新的……半年时光，看着手上的老茧和冻疮，他反复地默念着"太阳每天都是新的"。就是在这段推煤烧锅炉的日子里，张存浩的腰受伤了，造成严重的腰肌劳损——半边腿是麻的，走路时屁股是歪的。这个病痛伴随了他几十年。

不到两年的时间，张存浩一家人被勒令搬了两次家，住所一次比一次小。更令人不安的是，他家的对门住进一位老职工，负责监督张存浩一家，张家人的一言一行，都在这位老职工的严密监视下。张存浩每月的学习、检查报告都要交予这个老职工，再上传管事的。最让张存浩伤心的是，"造反派"把他积存的一些书籍、资料随便践踏与撕扯，而每搬家一次，"造反派"就下令把一些书籍焚烧。张存浩不敢看那个让人心碎的场面，远远地躲在一边低头啜泣。看书，是他保持敏锐思维的方式，是他的智慧之源啊！但现在连这个权利都被无情地剥夺了。他痛苦，他痛哭，他无助，他的心底有一个声音在痛喊：这是怎么啦，为什么会这样啊……

然而，此刻张存浩要顽强地活下去、要好好地活下去的信念更加强烈、更加坚定了。一则为自己为家庭，二则为自己的科技报国梦，三则为含冤而死的无辜同事。这些人手头上都有科研项目，但他们却被无情地夺去了宝贵的生命。他们的未竟事业，需要生者继续奋斗来完成。

继青年学生上山下乡之后，知识分子也要下放农村，进行"脱胎换骨的彻底改造"。根据辽宁省革委会更为极左的路线，大连化物所的工人毛泽东思想宣传队（工宣队）和中国人民解放军毛泽东思想宣传队（军宣队）将1965年以前的大学生和所谓"有问题的人"——科研骨干，于1969年开始几乎全部下放到农村，当时留在所里的一批年龄偏大的科研人员大多是"审查未结案"的人。同时将下放人员的户口、粮食关系、党团组织关系、工资关系等所谓"十带"一并转到农村，并告知一年后凭工分吃饭；限期离开单位，并由专人"押送"。

掌权者通知迟云霞下乡接受劳动改造。迟云霞不想丢下丈夫，坚持要走一起走，如果丈夫不去，那她和孩子们也不去。但掌权者说，张存浩的问题还没有搞清楚，所以还不能去。于是，迟云霞就去找工宣队，质问他们："我丈夫到底有什么问题？"工宣队也说不出张存浩到底有什么问题。过了几天，工宣队只好贴出一张大字报，只说张存浩是个"反动学术权威"，这样就消除了他的特务嫌疑。这时，有主意又执着的迟云霞坚决要求必须证明丈夫同属于"五七战士"（指上过"五七干校"的人），才能按时启程。否则，坚决不去，要死要活一家人也要在一起！

这件事，张存浩一直很感谢妻子，她真的有先见之明。因为，如果张存浩戴着"黑帽子"下放到农村，就意味着在农村劳动期间，可能要与那些地主、富农、反革命分子、坏分子、右派分子等"黑五类"分子一起挨批揪斗，被限制人身自由，受到白眼和非人待遇。风刀霜剑，这样的后果是无法想象的。

大连化物所上百个家庭的所有成员，分两批到农村劳动锻炼改造。

1970年3月6日，辽东大地依然是冰天雪地。天气忽阴忽晴，一阵阵西北风，让人们不由得瑟瑟发抖。上午8点，为了营造浩浩荡荡的气氛，十几辆装载着杂七杂八家什行李的汽车在大连化物所门前集合。随后，汽车驶出市区，奔向四面八方。

一辆敞篷卡车，把张存浩一家四口送到了距离大连市上百公里远的复县（今瓦房店市）泡崖公社王屯大队窝郎生产队——一个极度缺水（30米深的井时常没有水）、没电、极其贫穷的地方。

复县，是大连化物所科研人员下放比较集中的地方，一个泡崖公社就有张存浩、林励吾、苏君夫、胡皆汉、吕永安、胥惠熊等十几个科研人员家庭。

来到窝郎生产队，张存浩一家被安排住在村民张秀良家，原来存放粮食、杂物的两间西偏房成为他们暂时的栖身之所。窗户上没有玻璃，只糊了一层陈旧的纸，露着几个窟窿，三月的雪花不时扑进来落到炕上；房顶没有吊棚，檩条上面仅铺着一层高粱秆；屋顶上压着厚厚的碱泥，用于防水。

张存浩一家曾经住过的农家小屋

睡到半夜，张存浩被冻醒了，睁眼一看，吓了一跳。原来，屋顶破了一个洞，从洞里可以望见夜空中的星星……

村里人不知道来到这里的是一位科学家。因为张存浩一脸和气，满脸慈祥，怎么看也不像一个接受改造的"有问题的人"；再一看他的妻子，朴朴实实，一脸厚道，是一位典型的贤妻良母；两个儿子，也是极有礼貌、本本分分的。

一开春，张存浩被派到苹果园里做修剪果树和刮腐烂树皮的工作。这里是山区，气候恶劣，每次到果园都要走五六里的崎岖山路。很多时候，张存浩夫妻俩吃完早饭，带上干粮和水，中午饭就在果园里凑合一顿。

此时，一个消息传来：大连化物所再次回归中国科学院，并且易名为"中国科学院大连化学物理研究所"，实行以地方为主的双重领导。

张存浩在心里反复默念着"中国科学院大连化学物理研究所"这几个字，在晦暗的日子里，感受到了一种别样的情愫。他暗想，还是这个名字比较靠谱，说不定大连化物所今后的发展方向会更加明亮和准确。

这里，生活中面临的最大困难就是严重缺水，除了在苹果园里劳动，找水占用了张存浩一家生活中非常大的一部分时间。每次打水，都是张存浩用长长的绳子绑在张捷的腰上，然后将他一点点放进二三十米深的井里去舀水。在井底，张捷双腿支撑在井壁上，拿着一个茶缸，把水一点点舀到随身带到井里的铁桶中。舀了大半桶以后，张存浩再将水桶和张捷提上来，将水挑回家去。如此深的水井非常危险，如果搞不好，张捷轻者会碰得头破血流，重者掉到井里可能就上不来了。

水是浑浑的黄泥水，张存浩告诉张捷：加了明矾就会使水变清。但刚到村里，哪来的明矾？

怎样挖土，怎样撒粪，怎样挑担，这些看似非常简单的农活，对从未参加过农村劳动的张存浩来说，都是新课题。因为不会合理地使用劳动工具，他的腰肌再次受到更严重的损伤。村里人说，看到张存浩走路歪着身子，一瘸一拐的，很让人心疼，担心他一不留神就会摔倒在地。

1970年7月，按照上级指示，村里为"五七战士"家庭修盖了新的石屋，张存浩一家的居住条件有了一定改善。

冬天到了，张存浩和张捷推着手推车，到十几里外的公社去买煤，回来再把煤面做成煤饼。因为煤质不好，屋内天天都缭绕着刺鼻的烟雾。

刚刚来到农村，一家人吃的还是供应粮，每月到公社粮站买一次粮米。次年开始与社员们一样在生产队分粮食，有少量的小麦，大部分是高粱、苞米、谷子等，根本不够吃。村里的社员们都有一些自留地，可以自己种植补贴家用，但他们没有自留地，只能到集市上买一些土豆、地瓜之类的东西。

张存浩是研究员，每月工资200多元，这在一个工日只有一两毛钱的农村来说，绝对是一个天文数字，迟云霞每月的工资也有五六十元，但工资已经停发，带来的几百块钱不敢乱花，以备不测之需。迟云霞见丈夫身体日渐消瘦，就想买一些鸡蛋给他增加营养，但被张存浩制止了。他说来农村劳动锻炼，就得跟当地老百姓一样，同甘苦，共患难，不能搞特殊化，以免引起大家误会，疏远彼此之间的关系。

和许多村民一样，张存浩学会了种植茄子、辣椒、丝瓜、豆角等蔬菜。一开始，因为缺水，院里的菜长得不好，张存浩就想方设法搞了些钼酸铵配制成很稀的溶液喷在蔬菜上。结果，张家小院里的芸豆长得特别好，老乡们都很奇怪：为什么老张家的豆角不浇水还会长得这么好？迟云霞不但养了一些鸡鸭鹅，还养了一头肥猪。快过年时，迟云霞还磨了豆腐，自己做了地瓜粉条。他们的生活与村民们已经别无二致。

生活如此艰辛，环境如此恶劣，能够平安生存下来成了一家人最大的心愿，自然不敢奢望开展研究。但张存浩那颗想做科研的躁动的心还是按捺不住，他不怕苦难，不怕劳累，非常愿意发挥自己的一点特长，为村里做一些事情。平时他会向乡亲们传授一些果树种植以及施肥、打药的科普小常识，但当闲下来或夜深人静时分，想想自己就这样打发时光，他的胸口一阵阵比针扎还痛。这样服务农村、服务群众没有错，但距离自己科学报国的理想相差太远，太远。想一想放下了那么多科研项目，以至于半途而废，更觉非常可惜，对于国家来说也是最大的浪费，毕竟这些科研人员的智慧和能力，也许能为国家创造更大的价值啊！但此时他能做什么吗？只有默默忍受，只有在漫漫长夜中等待、期盼。

来农村时，大连化物所当权派只准许他带了两本英文版的物化手册。这两本书已经让他翻得毛边了，从头至尾已经背得滚瓜烂熟。张捷、张融记得两本书厚厚的，父亲曾告诉他们这里面什么参数都有，比如水的蒸气压与温度的关系等。钼酸铵能做膨大剂，就是张存浩从这本书上查到的。

无数个夜晚，张存浩单独坐在院子里，呆呆地望着夜空，浮想联翩。他的思绪又回到过去那些科研攻关的日日夜夜，回想起哪一个环节做得最好，哪一个环节这样做也许比那样做更有效果……望着，望着，眼前一切变得模糊起来。他抹去眼角的泪水，攥一攥拳头，心底那个声音一次次地响起：严冬终将过去，科学的春天一定会到来……

在数不清的雨雪日子中，张存浩偷偷地自编课本，帮着两个儿子温习功课，给他们出考题，测验儿子的实际学习能力。他觉得，儿子们以后肯定用得上这些。

张存浩和迟云霞很想帮助一下乡亲们，让大家的日子过得更好一些。

张存浩自己买来药材，配制了"920"生物增长剂做基肥，庄稼长得既粗又壮，结实又饱满，他因此被村里人视为"神手"。1971年秋旱，家家户户想法寻找水源，浇灌自留地庄稼或房前屋后的蔬菜。张存浩又研究出一种喷剂，其不仅对抗旱很有效果，还有助于丝瓜、扁豆结得既大又多。他把这些"神水"送给乡亲们，结果屡试不爽。于是村负责人找到他，让他为生产队研制"920"生物增长剂。

迟云霞则托在大连的朋友每隔几个月就邮来一大包常用药品。于是，一些农妇常常来到他们家索要一些治疗头疼、感冒、痢疾、胃疼之类的药品。她还在自己身上反复试验，学会了针灸，给那些患关节炎、抽筋症的人治疗。

张家小院，成了村民们经常光顾的地方。乡亲们都很淳朴憨厚，每逢来时都会随手带来几个鸡蛋、几斤水果。

看到乡亲们满意的笑脸，张存浩、迟云霞感到了一丝慰藉。但是他们的心还悬着，因为小妹张存汶还在几百里外的金县大孤山公社小孤山大队村北小队下乡锻炼。他们反复向村、公社革委会申请，后经复县知识青年上山下乡办公室与金县知识青年上山下乡办公室协调，将张存汶转到了窝郎生产队。

在山区的一年半多时间，是张捷、张融与父亲相守最长的一段时光，也是他们由懵懂到懂事的大转变时期。在这里，他们通过父亲的讲解，知道了古今中外一些大科学家的故事，也明白了科学既可救国又可兴国的道理。他们梦想着将来做一个像钱学森、像李四光、像父亲这样的科学家。

迟云霞（左一）、张存汶（右二）、张捷（右一）、张融（左二）在新建的石屋小院

但让张存浩、迟云霞最痛心的是张捷的病。当时张融上小学，张捷上初中，哥俩每天结伴到距离生产队三四里路的大队学校读书，学校经常组织中学生劳动，包括翻地、抬土、挖沟等。从来没有干过农活的张捷，比不上村里的孩子们皮实，但他老成、实在，每次劳动都抢在前面，再苦再累都咬牙坚持，再加上平时在家里，有点好吃的都让着父亲、弟弟吃，身体严重营养不良。有一次，张捷患了重感冒，在当地公社医院治疗一段后，又患上急性肝炎，由于当地医疗条件太差，转为慢性肝炎。病痛折磨着这个男孩，但坚强的他在父母面前总是满脸笑意。看到懂事的儿子抢着为母亲干这干那，张存浩的心一阵阵地抽搐疼痛，不知多少次暗中落泪。

对张存浩来说，这段时光也有实实在在的收获，就是他一家结交了许多交往了一辈子的农民朋友。他们回到大连化物所后，每年都有村里人来看望他们。村民们带来的那些土特产，让张存浩闻到了久别的浑厚而淳朴的乡土气息。调到北京后，不少村民依旧会来看望他们，就像自家人一样。2015年9月，张存浩、迟云霞夫妇到大连疗养，又有几个村民闻讯赶过来，对张存浩夫妻嘘寒问暖。激动不已的张存浩因为与乡亲们说话时间太长，疲劳过度，以致次日昏睡一天，让他的儿子张捷和休养所的服务人员担心不已。

迟云霞最懂得丈夫的坚守。后来，她在接受记者采访时说："他总觉得中国不会总是这个样子。"

顽强坚持，最终让张存浩看到了希望。有一次，生产队安排他参加抬电线杆的劳动，因为前面两位农民兄弟突然将扛在肩上的扁担放下，让位于后面的他和另一位同事猝不及防而摔倒，本来严重的腰伤更加雪上加霜，一连一个月不能下地参加劳动。迟云霞给大连化物所写信"陈情"，申请允许张存浩到大连医院治疗。更为重要的是，所里的科研工作逐渐恢复，的确需要人手。

1971年9月，张存浩一家人回到大连。刚回所里的一段时间，长时间的高强度劳动和不安定的生活，还有频繁的政治运动，搞得人心涣散，很多人都不知道要干什么好了。有的人担心：一旦一头扎进科研，再被扣上一顶"反动学术权威"的帽子怎么办？很多工作，因为各种原因一时毫无头绪。但大部分科研工作者都有着一份与生俱来的不断探索自然科学奥秘的兴趣与好奇，即使身处逆境险途，科技报国、为国争光，始终是他们永恒的动力和追求的目标。于是，所里一批志同道合的同事，依据各自兴趣和研究方向，很快自然而然地组成了一个个科研团队，紧锣密鼓地有序开始了科研攻关。

当张存浩从医院回到单位，穿上白色工作服，抹去工作台上的一层尘土时，伴着簌簌而下的泪水，一个强音在胸间撞击：祖国，我来了！

然而，令他意想不到的是，组织上再一次把一个与自己专业不搭界的尖端科研项目交给了他和刚刚组建起来的团队。

这一次，并不是张存浩如同上一次搞火箭推进剂研究那样主动请缨、积极争取的，而是在与领导谈话中"被迫"接受的任务。此时，火箭推进剂研究团队已经迁至"三线"（襄樊）且无间断地进行研究，大连化物所不可能再一次启动这方面的科研工作。

当下，大连化物所归属于搞火箭推进剂的二部研究人员，已经划归第七机械工业部（简称七机部）管辖。七机部的领导对大连化物所负责人和张存浩说，目前我们七机部还没有真正涉及激光，你们是不是可以在这方面开展研究？

一听此话，张存浩一愣。他如实坦白："这，好像与我们这些年搞的项目离题太远了，再者，我们这些人这方面的基础几乎为零，是不是再等一等，看看有没有合适的课题？"

但等了十多天，上级没有明确说法，而所里又来动员张存浩。他一咬牙，说道："好，我们做！"

"祖国需要，就是我的科研方向和奋斗目标"这句话已经深深融入这位赤子的血液中，并化作攻坚克难、勇往直前的动力，激励他昂首面向困难、挑战坚实迈进！

九、又一道超级难题：高能化学激光研究

20世纪60年代初，张大煜对研究所的定位思路清晰，他提出把"中国科学院石油研究所"改名为"中国科学院化学物理研究所"。从名称上看，研究所就不再是完全搞实用科学，科研人员可以更放心大胆地选择自己感兴趣的题目。这对所有科研人员来说是一个极大鼓舞。

领导班子每天都在为大连化物所的发展谋出路。他们一致认为，科研工作一方面要有明确的学科方向，这样才能在基础理论上有所突破，真正推动科学事业发展；另一方面，必须有结合实际的课题和项目，这样科研人员才会更直接地体会到自己的社会价值，产生更大的科研热情。再者，一定要为科研人员专心研究、攻关创造良好条件。这无疑又是对科研人员的巨大鞭策。

正是这种上下勠力同心、无私报国的精神，才让科研人员的创新意识和工作激情得以释放。于是，激光"射"进了大连化物所，张存浩等科研人员的前途变得更加光灿斑斓。

激光，是20世纪以来继原子能、计算机、半导体之后人类的又一重大发明，被称为"最快的刀""最准的尺""最亮的光"。激光的原理早在1916年已被德国著名物理学家爱因斯坦（Einstein）发现，意思是"通过受激辐射光放大"。

20世纪60年代，化学激光引起各国科学家的重视。1960年美国科学家梅曼（Maiman）发明了红宝石激光器，这也是世界上第一台激光器。也就是在这一年的7月18日，毛泽东主席在北戴河中央工作会议上号召"要下决心搞尖端技术[①]"。1963年12月16日，毛泽东在听取国务院副总理兼国家科学技术委员会（简称国家科委）主任聂荣臻关于十年科学技术规划问题的汇报时强调："死光（指激光），要组织一批人专门去研究它。要有一小批人吃了饭不做别的事，专门研究它。没有成绩不要紧，军事上除进攻武器外，要注意防御问题的研究，也许我们将来在作战中主要是防御。"[②]按照毛泽东的指示，聂荣臻元帅开始组织有关部门着手开展激光炮工程的研究。

外国势力亡我之心不死、处心积虑颠覆我国社会主义制度的严峻形势，对科研人员是一场巨大的考验，也提供了一次难得的机遇。

大连化物所原先只从事催化剂及催化反应、色谱等分析方法以及化工分离和化学工程三大领域的工作，其他领域的研究基础非常薄弱。1962年6月，陶愉生在"关于在我所开展化学物理研究的建议"中，首

[①] 韩钟昆. 倾力"两弹一星"，壮我国威军威. https://www.cas.cn/zt/sszt/yq60/ldyx/qlsjztm/zl/200909/t20090917_2490882.html[2023-12-07].

[②] 中共中央文献研究室. 毛泽东文集（第八卷）. 北京：人民出版社，1999：352.

次提出激光和化学相结合的想法。该想法得到张大煜所长的重视和支持，后成立了由张存浩、陶愉生、楼南泉等组成的化学反应动力学研究筹备组，设立了张存浩负责的激波管高温气体反应动力学研究组和陶愉生负责的闪光光谱快速反应动力学研究组。

1962 年 11 月，大连化物所党委书记白介夫、所长张大煜在青岛召开会议。会议讨论了大连化物所的研究方向和发展规划，拟定了 6 个学科领域，解决化学物理科学研究的大方向问题。作为青年科学家代表和项目负责人，张存浩参加了该会议。

这就是对大连化物所的未来有重大影响的青岛会议。这次会议再次明确提出要培养年轻人，提供必要的人员和设备，让青年科学家放手干。同时，确定了党政工作人员要为科研人员服务的指导思想。在会上，张存浩建议所领导要积极与中国科学院、国防科委加强联系，不管条件如何，有条件要上，没有条件想方设法创造条件也要上，一定要把最尖端、最难"啃"的科研项目拿到手，为国家分忧，为研究所争光。白介夫、张大煜两位领导赞许地看着他，不由得发出感慨："张冒进"真的名不虚传！

大连化物所遵照中国科学院指示精神，成立了激光研究攻关小组，张存浩也是这个筹备组的成员，只是由于他当时正在集中攻关火箭推进剂的研究工作，所以并没有实质性地参与激光研究，但他一直密切关注着激光研究的发展动态，为同志们取得的每一个进步都感到欢欣鼓舞。

1964 年，按照钱学森建议，将"光受激辐射"和俗称的"死光"改称"激光"。当时钱学森继续负责国防科技事业，为开展激光研发而奔走。

1965 年，美国科学家研制成功世界上第一台化学激光器。这让大连化物所的科研人员坐不住了。1966 年，大连化物所成立了以陶愉生为组长的化学激光课题组，探索利用化学能泵浦的化学激光体系，开展了以脉冲氙灯激发氯气（Cl_2）和氢气（H_2）的链反应产生氯化氢（HCl）化学激光的研究。1966 年 12 月 8 日，与中国科学院上海光学精密机械研究所协作，陶愉生、张荣耀、黄瑞平等研制成功我国第一台利用化学能泵浦的 HCl 化学激光器，成功地获得了我国第一个 HCl 化学激光信号，仅比美国晚两年。在此期间，他们还研制成功我国第一台罗丹明 6G 染料激光器和国内第一台激光裂解色谱仪。

HCl 化学激光属于红外波长激光，最大功率只有 0.3 瓦。但这些研究成果的取得，让张存浩等展开了无限的遐思。他们相信，紧紧依靠我国科学家锲而不舍、刻苦攻关，我国一定能跻身于世界激光事业的前列。

此时，一些发达国家的激光研究起步时间也不太长，有气动激光、自由电子激光、X 射线激光、化学激光等。张存浩在总结过去研究成果的基础上，认为在各种激光器中，化学激光是最有希望成功的。因为他在大学的专业是化学，在美国攻读硕士时的专业是化学工程，开展过无数次化学实验，深知化学物质本身蕴藏着巨大的化学能。他从化学激光的本质看到了它的特点：化学激光的能量来自化学反应，对外依赖性很小，且放大规律比较容易掌握，实用性很强，可以满足国家某些战略需求。张存浩站在科学和战略的高度，认为立即开展化学激光研究是当务之急，也很有发展前途。

张存浩（中）与楼南泉（左一）、陶愉生在一起（供图：大连化物所）

然而，究竟开展什么样的激光研究，让科学界产生了严重分歧乃至发生了唇枪舌剑的争论。

科技泰斗、老前辈来了，交任务，压担子，但他们的发展思路却与张存浩团队不相一致。钱学森对七机部、大连化物所的负责人和科技攻关小组的科研人员说，自己是带着使命来的，要争取在最短的时间内拿出激光武器，向党中央汇报，让毛主席放心。同时，提供优厚的研发经费，并主张立即投入自由电子激光的研究，越快越好。

但张存浩据理力争，坚持集中精力大搞化学激光。作为一名物理化学家,他以敏锐的战略眼光和分析问题的前瞻性,坚定地认为化学激光比其他激光更具明显的优越性。

钱学森等不再坚持,因为张存浩是一位世界顶级科学家,对科学的含义理解得更深刻、更透彻。

大连化物所化学激光研究室于1973年1月正式成立。这个名字,让人一看便知道其科研的定位:化学激光。

攻关小组再一次"杀"入金家沟。

01 基地的激光试验楼(摄影:张梅朋)

化学激光有很多门类,既然搞化学激光,那么应该确定怎样的技术路线?大连化物所从国家战略层面考虑,调集精兵强将,从各方面予以支持,但确定化学激光技术路线由张存浩和他的团队来决定。做这项工作需要相当多的光学和物理学科等理论与技术知识,对张存浩来说,这意味着又一次改行。但以他的性格,越是新的,越是难的前沿研究,就越不惧怕,越愿意挑战。

"搞化学激光比搞火箭还困难,主要是一无所有。缺资料、仪器、设备,连基本的光谱仪、示波器都没有,可以说是一穷二白。"张存浩回忆当年,感慨万千。化学激光这个东西已经成为西方发达国家的"宠儿",也是少数列强耀武扬威的撒手锏,而张存浩他们仅仅是从有限的几本科技资料中知道了一点皮毛。如果说化学激光是一桌大餐,那么大连化物所过去在这方面的研究成果只能算是一碟小菜。

这是一项真正意义的尖端高新技术，以当时中国的科技水平，难度超乎寻常。要在资料、仪器、设备样样欠缺的条件下搞出成果来，困难不言而喻。

有决心，有信心，有朝气，有干劲……但最终还是要以成果说话。

于是，张存浩委托化学激光研究室副主任陶愉生为大家讲解激光的有关知识。

张存浩与陈锡荣、何国钟、沙国河、王会、黄瑞平、杨柏龄、施盛华等一大批中青年科学家一起，从头学起，迎难而上。

在工作中，张存浩再次要求科研团队一旦确定了一个科研项目，一定要争分夺秒地尽快做出成绩，并且要"目不斜视"，不能分散精力，不能三心二意，这样才能尽快出成果。在开展化学激光研究的前期工作中，他们相继开展了不同体系的化学激光研究，以期在比较短的时间内取得一定突破。宗旨只有一个：尽快出光，出大光！

各个攻关小组每三天开一次汇报会，每周开一次总结会。

这一回，张存浩真的急了。他已经向科学前辈立下军令状，只能成功，不能失败。

作为化学激光研究室第一批组员，沙国河回忆道：

> 他非常着急，想尽快把化学激光搞上去。其实，他也不说什么，但就是每天来检查工作，问你有什么进展。要是总没有进展的话，你自己也会不好意思的。

张存浩每次召集大家开会，除询问研究进度、总结工作，给大家壮胆、打气外，还会把其他研究室取得重大突破的喜讯告诉大家。包括：核潜艇研制工程密封舱大气成分自动分析和仪器（79号任务），已提供给部队使用；爆炸螺钉隔热保护套，已提供给七机部五院成功用于卫星上；非贵金属催化剂选择性催化剂还原法消除工业尾气中的氮氧化物，已在北京石化总厂使用成功；以水玻璃为原料合成的高硅Y型沸石分子筛，先后在大连红光化工厂、南京炼油厂、兰州炼油厂1000升、3000升、5000升合成釜投产成功；密闭大气中成分分析自动控制色谱仪（651任务）已交付七机部使用……

大家都明白"张着急"的意思：别的研究组都拿出赫赫战果了，我们该怎么办？

"张着急"，先是何国钟这样称呼他，不久"张着急"便成为大家的口头禅。

其实，所有科研人员心里都很着急，恨不能一夜之间就把工作搞出名堂来。不是压力，胜似压力，但有压力，才有动力，这个道理大家心里非常明白。正是这种你急我也急的氛围，让大家争分夺秒，只争朝夕。

研究开始不久，化学激光研究主要分为两个路线：一个是沙国河主张的 CO_2 气动化学激光，一个是何国钟主张的 F_2/CS_2 燃烧驱动连续波 HF 化学激光。

沙国河（右）在实验室（供图：大连化物所）

张存浩在 01-沟上开展 CO_2 气动化学激光实验（供图：大连化物所）

沙国河在实验室

但几个月过去了,工作还没有实质性的进展,张存浩非常焦急。他参考一些资料,又经过自己一段时间的实践,觉得有必要开展一次化学激光大讨论、大辩论。于是,所领导和化学激光研究室的所有科研人员一起参加了关于"怎样在短时间内出大光"的大讨论。

张存浩是室主任,但真正最后拍板的还是所党委主要领导。经过几天的激烈争论与深入探讨,所领导班子决定:立即暂停 CO_2 气动化学激光研究,集中优势兵力,强攻 F_2/CS_2 燃烧驱动连续波 HF 化学激光研究。

这一决定,正是张存浩、何国钟所期盼的。

会后,张存浩与何国钟再一次坐在一间屋内共同商讨强攻方案。张存浩深知战友的机智勇敢,但几个月的颗粒不收还是让他有些担心。何国钟却很乐观,表示:"不到半年,咱们的激光器一定会出大光,不信,咱和他们打个赌!"

一听这番话,张存浩放心了。

HF 化学激光是一种高能高功率激光器。当时,国外只说有氟化氢化学激光,发表的却是没有实用价值的等离子加热的体系。张存浩、何国钟等一开始就没有按照当时国外文献中的路子做,而是独立进行燃烧体系选择。后来了解到,他们采用的燃烧体系与国外完全不同,但效果却基本上一致。

这件事,给张存浩科研小组极大的启迪。是啊,有时我们要走与国外不同的技术路线,并不是我们想要标新立异,而是因为国外在关键技术的应用研究上常常是把走不通的路线发表了,而把走通了的路线严格封锁起来。所以,在确定研究路线时,我们一定要解放思想,保持清醒的头脑。

张存浩和何国钟再一次被捆绑在一起。他们对技术路线的具体设想是：先采用等离子体解离六氟化硫,看能不能产生高能量氟原子或激发态产物；然后再加氢气,看能不能产生较大能量的激光输出,若出大光,就解决了电磁场耦合、辐射场耦合等问题；下一步,就是怎样通过光腔把光从氟化氢激发态能量中提取出来,如果提取成功,就采取燃烧驱动连续波……

何国钟曾经研究过火箭推进剂的燃烧问题,是这方面的技术专家。他们一起经过多次研究,均认为这个设想可行。

接下来,就是反复试验。

一次,张存浩开完会到何国钟小组去,此时已是中午开饭时间,但十几个人依然在聚精会神地工作着,丝毫没有察觉到他的到来。只听何国钟一声"再来一次",所有人员各就各位,重新做一次实验。等他们忙完一圈到食堂时,饭菜已经凉了。张存浩还以为这是他们小组偶然的一次,后来才知道这在何国钟小组已是家常便饭,他们几乎天天如此,以至于"再来一次"成为何国钟的"绰号"。

在激光器的初试阶段,大家都有一种舍生忘死的精神。明知试验中冒出的气体毒性很大,但所有人没有一个后退的,就如同当年亲临燃烧试验台一样,张存浩依旧当仁不让站在前面。有人劝他往后靠一下,他很生气地说道："我是项目责任人,我不靠前,怎么知道真实情况？"

当时的实验条件非常简陋。化学激光试验要测功率,必须有功率计,但当时连这个起码的仪器也没有。于是,他们只好弄来一些有机玻璃,先称好重量,做好标记,等激光发出后,立即将有机玻璃拿去称重,根据有机玻璃经过打击燃烧损失的重量,通过换算公式,计算得出激光的功率是多少瓦。

第一台激光器试制完成,大家一连几天盯在试验平台上。为了测定功率,必须有一个人站在出光的地方,掐着秒表,随着一声"开始",另一个人看着冒烟的出口,两秒钟后迅速将玻璃拿去称重。

人们都知道站在出光前面是最危险的。红外激光对眼睛的刺激很大，但没有护目镜；出光时的烟雾是有毒的，但没有防毒面罩。人吸入氟气后，会影响骨髓的造血功能，白细胞急遽下降到 3000 以下，对身体的危害非常大。但是，每当试验时，人们总是往前挤，以致张存浩不得不"以身作则"，让大家轮流上阵，真可谓"有福同享，有难同当"。

经过上千次的小实验，他们终于弄清了激光器中错综复杂的各种重要过程中的关键问题。1973 年底输出功率就从 0 做到了 10 瓦，次年功率达到 100 瓦。前来观摩的国家科委、中国科学院的领导与专家，无不为此欢欣鼓舞。

首战告捷，信心倍增。凭着 20 多年的工作经验，张存浩团队认为，"没有过不去的火焰山""没有攻打不下的山头"。被"文化大革命"压抑许久的一腔工作激情，如同冰面下的火山一样一下子迸发了。

1974 年 8 月，根据中国科学院《关于拟订十年规划的通知》要求，大连化物所在 1976—1985 年规划中提出了三大科研方向，其中大能量、大功率化学激光器的研究居于首位。

张存浩认为，这既是大连化物所对化学激光的认可，又是对他的支持与勉励，更是激光研究团队继续科研最大、最直接的动力源泉。

张存浩根据实验结果和预测方向，决定集中精力、加大力度继续开展连续波 HF/DF 化学激光研究。

01 试验基地化学激光研究室部分同志
前排左起：冯浩、曾宪康、郭础、关文、蔡坤芝、李芙蕚、董子丰
后排左起：沙国河、孙思远、奚永生、刘建铺、孙发信、桑凤亭、张存浩、王文革

1975 年，大连化学激光研究室建成燃烧驱动的连续波 HF/DF 化学激光装置和直径 1.2 米的发射望远镜；1976 年，在国内首次实现了连续波 DF 化学激光室外实验。激光器功率达到千瓦级，相当于当时美国发布的水平，而且从化学能到光能的转化效率以及光束的质量都能保持不变，几乎完全消除了激光器放大规律上的神秘感。

这些研究成果引起了外国研究机构的注意。《化学激光手册》（Handbook of Chemical Lasers）编者之一 R. W. F 罗斯（R. W. F Gross）1980 年到大连化物所访问时，曾强烈要求参观这台千瓦级激光器，但因涉及国防机密，未能遂其心愿。

张存浩回忆起过去那些荡气回肠的攻关岁月，时至今日依然激动不已，他由衷地感谢那些科研人员、协作单位的工程技术人员和普通员工。

由于化学激光研究的多学科性和技术的综合性，这支研究队伍汇集了化学、化工、光学、自动化、分析测试、气体动力学等多个专业的科研人员。负责光学加工的同志承担着大量实验用的铜镜加工、镀膜工作，经常连续倒班。他们派人亲自到安徽合肥押运发射望远镜，连续几天吃住在货车车厢，一路上艰辛备尝；负责化学合成的几位同志承担起高纯元素氟的制备、长途运输、加工储存以及相关实验室的设计、安装、调试和实验工作。NF_3 的电解制备、二氰的制备、重水电解制备氘气等工作，都要从零开始。这些工作及时、快速、优质，大大加快了激光器的研究进展。有化学，就离不开分析测试工作，从事这项工作的科研人员完成了大量艰苦细致的分析测试工作；一批电子学、自动化的专业人员承担了激光器控制、性能和参数测试、激光功率和光束质量测量等大量工作，他们每天都盯在工作岗位上，实时采集系列实验参数；气体动力学专业的人员则承担了燃烧室和各种不同结构的超声速喷管的设计、研制工作。还有那些刚参加工作不久的大中专毕业生，也都表现出"一不怕苦，二不怕死"的精神，在 HF/DF 化学激光器研究、制作的实践中锻炼成长，许多人后来成为化学激光研究队伍的生力军。

HF/DF 化学激光研究的前两年，主要使用元素氟作为燃烧室内的工作物质。张存浩深知氟的活性极强，当时的储存、运输条件有限，员工的防护器具又很简陋，更没有这方面的专门资料可循。在每次开会，或到实验室、工作台去检查工作时，张存浩都强调"安全第一"，以"不出事，少出事，尽最大努力不让一个人伤亡"为宗旨。

氟和氟化氢对人体机能，特别是呼吸系统有极为严重的刺激，眼皮发黏、头发粘在一块、严重干咳、呼吸困难是工作中经常出现的症状。有一次实验中，由于阀门生锈，在开启一个 2 立方米的氟罐时，阀门泄漏，眼看着大量的氟气冒出，罐旁的一棵大树的树叶霎时枯萎，氟气贴着地面向沟下扩散，沿路所有的草木全部倒伏枯死，留下了一道清晰的痕迹，所有的工作人员、执勤的解放军战士都紧急疏散到附近的山坡上。还有一次，运氟车由北京到大连，途经河北唐山市区时，氟罐底由于偶然原因擦起火花，导致几立方米的氟瞬间将罐底烧出一个直径达 70 毫米的大洞，顿时空中升起像原子弹爆炸时的蘑菇云。张存浩闻讯后，立即向所领导汇报情况，火速请求沈阳空军某部队派专机把张存浩等五人送去现场处理事故。

为了科研人员的人身安全，张存浩提出建设 HF 激光废气处理系统，并向中国科学院申请专项经费，修建爬山烟囱。

张存浩对"大罐会战"记忆尤深。HF/DF 激光器完成千瓦级实验后，要考察放大性能，需要加工 3 个容积均为 50 立方米的真空稳压罐和相关真空管路。为此，张存浩向所党委请示，所党委决定打破所内部门界限，组织各方面协同作战，后来被人们称为"大罐会战"。在此期间，张存浩派人协助研究所条件处的同志到中国科学院、冶金工业部等有关部门求援，调拨计划外钢板 20 吨，接着派人带领车队到沈阳运回所里。为了尽快完成大罐的加工任务，所仪器厂组织了从设计到加工的"一条龙"会战。研究人员和工人师傅一起到金州重型机械厂加工大罐封头用的"西瓜瓣"和圆筒。当这些半成品被运回二站所区后，04 实验大楼前的空地就成了大罐焊接成型的露天车间。由于焊接过程中缺少专用滑道、吊车和自动滚动机械，工人师傅和研究人员自动组成人力推动队。仪器厂的 4 名工人师傅，每天连续电焊 10 多个小时，承受着电焊气体的熏烤，每个人的脸和眼睛都被电火花烤红了。他们硬是每天坚持着钻到大罐里，艰苦工作着。一天，张存浩到 04 实验大楼，看到门厅里放着几卷行李，一问才知道，为了抢时间，让激光器尽快实现放大，会战组的全体工人师傅从家里搬来了铺盖，晚上他们就睡在礼堂的地板上。有的师傅家中比较困难，就自带高粱米饭解决吃饭问题。

HF 化学激光器（供图：大连化物所）

张存浩的眼睛湿润了。这些工人师傅每月的工资只有四五十元，虽然食堂午餐只花二三角钱就可以吃饱，但他们为了节省，不得不自带干粮。张存浩每次来，都会亲自为工人师傅倒上热水，招呼他们赶紧喝口水，休息一下。将心比心，这些人太不容易，太应当得到尊敬和爱戴了！正是工人师傅们顽强奋战 40 天，才按时保质地完成了加工任务。

超声速微喷管阵列是这种激光器的心脏，它的设计精密，加工难度大，质量要求最高，是整个任务的"拦路虎"。杨柏龄等研究人员和仪器厂师傅密切配合，夜以继日地攻关。大连化物所仪器厂钳工师傅 24 小时轮流倒班加工。由于孔径小还带角度，数量大且密集，加工需要高超的技艺，眼睛和手必须配合好，不能有一点点差错。当张存浩到工作台时，站在杨柏龄、陈方等身边几分钟，他们都丝毫没有察觉。十几双眼睛紧紧盯着工人师傅手中那颗细细的钻头。终于在较短时间内，他们拿下了这个装备着上万个精密喷管和小孔的"拦路虎"，大大推进了实验的进程。这样，不仅争取了几年的宝贵时间，节约了大量的研制费用，为后来发展超声速氧碘化学激光提供了重要的技术支持，而且让大家建立了充分的信心，获得了取得成就的自豪感。

为了廓清高能激光与物质相互作用的本质，他们还特意进行了中等光强度的脉冲氟化氢激光支持的气体爆震波的研究。过去激光支持的爆震波研究，必须依靠昂贵的条纹相机来测量高超声速（约为声速的 40 倍）的波速，而沙国河等只靠光电倍增管和低档示波器组成的空间分辨发光方法就能够得到与一维气体爆震波理论很好关联的波速,弄清了这种爆震波的机理和结构,进而阐明了 10^7—10^8 瓦/厘米^2 量级的脉冲激光所支持的等离子波对靶面的屏蔽作用。

就这样,经过张存浩、杨柏龄、何国钟、庄琦、沙国河、桑凤亭、陈锡荣、张荣耀、陈方等科研人员的艰苦攻关,超声速燃烧型氟化氢、氟化氘激光器终于诞生了。

张存浩与同事们(左起:张存浩、王会、杨柏龄、曲宝成、殷光杰、陈锡荣、桑凤亭)(供图:邵赛兵)

这一成果相当于当时美国发表的水平,获得 1978—1979 年国防科委重大科技成果奖二等奖,为发展我国国防高科技事业做出了重要贡献,也为化学激光勇攀高峰奠定了坚实基础。

让张存浩感到十分欣慰的是,化学激光研究室从未发生员工重大伤亡事件。然而,长期与有害化学气体接触,让张存浩失去了味觉。尽管后来经过多方治疗,但其味觉始终没有恢复过来。

随着科学技术和文化发展的需要、中美关系的改善及国际交往的日臻频繁,迫切需要科研人员掌握一门外语。大连化物所领导审时度势,从各研究室选调了 19 名优秀青年科技人员,在 01 基地举办了大连化物所第一期英语口语学习班,由英语出众的张存浩、顾以健、张乐沣等研究员担任特别辅导老师。为此,张存浩在繁忙的科研工作中,挤出时间,主动加班加点,为学员们精心授课、指导,使学员们的表述、阅读、写作水平有了显著提高。

1976年，张存浩（二排左一）与英语培训班学员合影

在超声速燃烧型氟化氢、氟化氘激光器研制成功后，为打消人们的小成即满、故步自封的念头，张存浩召开研究室全体人员专题会议。他与往常一样，总结成功经验，给人们鼓劲、打气、助力，还如数家珍般把研究所最新的科研成果为国防建设做出的骄人贡献一一传达，如实践二号卫星姿态控制用肼分解催化剂，已交七机部五院502所，即将在"一箭三星"中使用；低温固化改性酚醛热防护层研究（2264热防护涂层），已由七机部二院26所使用，并获国防科委重大科技成果奖；EHMO计算程序——量子化学计算程序，已在全国催化学术会议上报告并举办推广使用学习班。张存浩的意思很明白，我们在进步，其他研究室也在阔步前进，只要我们稍有懈怠，就可能会落后于他人。

这些喜讯和警示，无疑再次提振了化学激光研究室全体人员再接再厉、朝着更高科学高峰奋勇迈进的自信心和积极性、创造性。

张存浩带领大家再次精神饱满地投入工作中，相继开展了 F_2 和 H_2/D_2 燃烧驱动的连续波 HF、DF 化学激光，微波驱动的 HCl 化学激光，燃烧驱动的 NF、IF 可见光波段化学激光以及 NF_3+H_2/D_2 燃烧驱动的化学激光新体系等研究。

在 HF/DF 体系研究过程中，开展的主要工作有：①降低体系的危险性和毒性，采用了 F_2-D_2 体系和 NF_3 代替纯氟的体系；②加强测试诊断，先后建立了小信号增益诊断测试、光腔中超声速的冷流场显示、光腔中热流场的显示。根据 HF 化学激光的初步实验结果，张荣耀等完成了 HF/DF 可调谐激光器的研制，并和中国科学院安徽光学精密机械研究所在大连共同完成了大气传输外场实验。

这些不同化学激光体系的研究，实际上是张存浩研究团队同时布点对各种化学激光体系进行探索的。经过两三年时间，各方面的研究工作都取得了进展。其中，以等离子加热激励 SF_6 产生的 HF 化学激光获得了百瓦级的连续波激光输出；F_2+CS_2 体系的化学激光器获得比能 104 焦耳/克的激光输出；F_2 和 D_2 燃烧驱动的连续波 DF 化学激光研究，获得千瓦级激光输出。沙国河等进行的电子束引发的 F_2/H_2 链反应脉冲化学激光和陈锡荣等进行的光引发 F_2/H_2 链反应脉冲化学激光以及 DF/CO_2 传能脉冲化学激光研究，均达到美国同类器件的同期水平。

但此时，张存浩已敏锐地意识到，氟化氢（氘）激光还远远说不上是最先进的。因为它依靠的是分子间的振转跃迁（振动-转动能级间的跃迁），本质上波长较长，不利于聚焦、传输和靶面耦合。必须当机立断，开创激光新系列，让我国走在世界化学激光发展的前列。

张存浩（右一）召开化学激光"诸葛亮会议"

正当张存浩带领大家群策群力研究主攻方向时，1979 年 3 月，邓小平在中央专门委员会上的讲话中指出："激光我们要加点力，花多点力量。防御，打飞机、打坦克，将来主要靠它，肯定用得上。有一个华裔科学家告诉我，现在美国已经试验成用激光打卫星，已打下一个来。将来打坦克用激光，将来空中战争是激光时代，空间激光时代。据说成本比其他武器都低。"①邓小平的讲话对张存浩和其激光研究团队是一种极大的鼓舞，也是一种前所未有的压力。

张存浩研究团队决心立即"忍痛割爱"，放弃氟化氢（氘）化学激光，集中人力、物力、财力转向研制波长更短、性能更好的氧碘化学激光。这一决定，为我国争取到3—5年的宝贵时间。此时，氧碘化学激光器在美国首次演示成功，成为世界各大国竞相研究的方向。

氧碘化学激光（COIL），是继 HF、DF 后的第二代化学激光。原理是通过化学反应产生电子激发态的氧，再与碘混合、碰撞，使碘分子变成电子激发态的碘原子，进而发出激光。氧碘化学激光体系的激射是基于碘原子的两个自旋电子态间的跃迁，与氟化氢、氟化氘化学激光体系相比，它的上下能级差3倍于后者，激射波长只有后者的1/3。这样，仅仅传输中的衍射效应一项，即可使靶上功率密度比氟化氘化学激光器提高9倍，此外，它还具有运行温度低、毒性和腐蚀性小、大气损耗少等优点。另外，氧碘和氟化氢（氘）同属燃烧驱动的超声速混合型的化学激光器，因此张存浩研究团队前些年研制氟化氢化学激光器的经验相当一部分可以转移到研究氧碘化学激光器上来，从而大大加快研究进度。

自制电子束引发的激光装置

---

① 新华网. 中国激光武器50年发展史：毛泽东指示搞激光炮. https://www.laserfair.com/yingyong/201308/15/37590.html[2023-11-20].

说干就干！张存浩经过与研究室副主任庄琦商议后，决定由课题组长张荣耀、陈方等骨干人员立即开展连续波氧碘化学激光的研究。

张存浩的执着精神，鼓舞、引领着他的团队攻克了一个个难关，支撑着化学激光研究度过了最困难的一段时期，迎来了发展的机会。在较短的时间内，他们研制的连续波氧碘化学激光输出功率大于 10 瓦，化学效率约 4%，不仅实现了较高的激射功率，而且解决了很多关键技术难题，为之后高能氧碘化学激光的快速发展奠定了基础。

为了考察激光器性能，科研组与协助单位进行联合试验。安装激光器时正值 8 月，室外温度达 38℃，是历年来少见的湿热天气。白天，实验室里有空调，还能凑合，但一出实验室，热浪扑面而来，刹那间让人浑身是汗，就连汽车的门把手都被晒得烫手。但张存浩带领同志们不顾天气闷热，日夜奋战，认真仔细地把好每一个关口。到了晚上，宿舍温度太高，必须开空调，但又不能开较长时间，因为有的同志对空调过敏会浑身不舒服，再者空调太老旧，嗡嗡咔咔作响，吵得一些人睡不好觉。张存浩向所领导请示，先从加强营养入手，以保证同志们的身体健康，促进激光器安装工作顺利完成。

激光器的工作，既有化学反应过程和化工过程，又有调控、测控、制冷、抽真空等过程，体系复杂，操作起来工作量很大。张存浩和同志们一天工作 10 多个小时。在接下来的实验中，他和测试小组的几名骨干，每天总是第一批到达实验场，而最后离场的又是他们几个人。

大连化物所的化学激光研究工作赢得诸多科学家的好评。我国光学界科学家王大珩参观实验后，非常高兴而又感慨地说："一般实验室都怕领导来，平时实验非常好，可领导一来参观，就出问题。但大连化物所的激光器是参观的领导官越大，激光器的性能越好。"

张存浩谦逊地微微摇头，但目光却扫视了周围的同事们一眼。那眼神中满是感激，也有激励。

张存浩的确很自豪。

这是事实。一切真如王大珩讲的那样，不管有没有领导参观，也不管来的领导职位有多高，大连化物所化学激光研究室研制的激光器均能正常运转，没有一次"掉链子"。为了这看似并不庞大的家伙，同志们付出了多少心血啊！

1981—1983年，他们研制的连续波COIL输出功率大于10瓦，化学效率约4%，可以说这是我国COIL研究的开创性工作，应该载入我国COIL研究的史册。

但张存浩和研究室科研人员心中清楚，因为赶进度，激光器在研究室也只是刚刚达标，可以说还有一些技术问题有待解决。再就是，因为实验的次数不够，一些问题暴露得还不太充分。领导的肯定，并不代表着激光器已很完美，下一步还应查找问题，以求精益求精。

此时，大连化物所依然盛行"兔子理论"，把科技人员分为三类，分别负责"指兔子""打兔子""捡兔子"。"指兔子"，是指确定科研目标；"打兔子"，是指科研攻关；"捡兔子"，是指科研成果转化。

作为化学激光研究室主任，张存浩的首要任务是"指兔子"。这一"指"非常关键，指得快、稳、准、好，会将科研工作带向一条光明之路；如果研判有误，那就要多走许多弯路甚至走入死胡同。更为重要的是，在损失的数年时间里，外国的同类科研课题可能又跃迁到另一个新高度，再追赶的难度将会更大。

对此，张存浩心知肚明。他凭借着不同寻常的敏锐性、洞察力和研判力，提出探索脉冲氧碘化学激光的研究。此时，国际上还未曾出现有关此类研究的报道，氧碘能否以脉冲形式发出激光还是一个谜。

此时，一部分人心存疑虑。他们认为，欧美那么强大的科研力量，那么雄厚的财力支持，他们都没想做，我们能行吗？当时中国科学界有不少前辈，甚至是过去搞过激光研究的科学家也产生了质疑。但张存浩认准一点：只有做，才能知道行不行，数据是做出来的，而不是等来的。

几经探讨，无论是中国科学院还是大连化物所，最后都支持张存浩的想法。为了做这个历史性的探索，张存浩委托庄琦承担这个重任。

那一段时间，庄琦把自己关在实验室里，苦思冥想，试图先从理论上找到答案，草稿纸不知撕了多少张。经过思考、推演，他首次提出了"光引发脉冲氧碘化学激光理论模型"，该模型以脉冲闪光灯光解三氟碘甲烷产生碘原子，然后与单重态氧传能产生脉冲碘原子激光。

当将方案交给张存浩时，张存浩并没有当即表态，而是像以前一样，召集所有业务骨干进行专题研究。经过缜密讨论后，大家一致认为这个模型完全可行。

按照张存浩的要求，庄琦立即交付王成栋用电脑求解。此时的电脑技术处于刚刚起步阶段，用电脑求解上述复杂的理论模型非常困难。张存浩、庄琦只有在焦急和期盼中等待。历经数月，模型计算结果表明，光引发脉冲氧碘化学激光在理论上是可以实现的，脉冲氧碘化学激光的脉宽理论上为 10—15 微秒，化学效率理论上最高可达 60%。

模型计算取得意想不到的成功，化学激光实验室中洋溢着喜庆的气氛。

张存浩大喜过望，为庄琦和王成栋端酒庆贺，大家共同期待更加灿烂的激光世界的到来。

1984 年，张存浩经过深思熟虑，责成张荣耀、陈方等负责设计光引发脉冲氧碘化学激光装置。次年，光引发脉冲氧碘化学激光演示取得成功。1986 年，为了实现氧碘化学激光的重复频率脉冲运转，建立了重复频率放电引发的脉冲氧碘化学激光装置，并于 1988—1989 年研制成功重复频率放电引发脉冲氧碘化学激光器，这在国际上尚属首创。激光器的化学效率达 84%，超过苏联 1988 年发表的水平。张存浩化学激光研究团队精益求精，不断改进，激光器的性能进一步提高，"用光引发和放电引发的脉冲氧碘化学激光器"处于世界领先地位。

该成果获得 1989 年中国科学院科学技术进步奖一等奖和 1993 年国家自然科学奖三等奖。

这项研究成果从理论到实践，都是大连化物所化学激光研究室的一项开创性工作，意义非凡，影响巨大，不仅受到所领导的高度赞赏，而且受到中国科学院、国防科工委、国家科委乃至国家高层领导的高度重视。

张存浩不断在思考化学激光的未来

与此同时，沙国河领导的电子束引发的 F_2/H_2 链反应脉冲化学激光，其输出比能达到 80 焦耳/（升·标准大气压）；自制的电子束引发的激光装置，达到美国同类器件的同期水平，固体表面上产生的激光支持爆震波和冲量的研究，具有较高的学术水平和实际意义。陈锡荣领导的光引发 F_2/H_2 链反应脉冲化学激光的模型计算研究，把实验研究推进到实验与模型研究相结合的高级阶段，并开展了 $DF-CO_2$ 传能的脉冲化学激光研究，得到的激光输出比能为 30 焦耳/（升·标准大气压）。

张存浩还独创性地提出以 $O_2(^1\Delta)$ 作为储能介质的脉冲 O_2-I 化学激光研究方案，并得到 140 毫焦耳的能量输出。他还与庄琦等发明了一种在超高速流中大量制备一氟化氮两种电子激发态的方法，为研究可见光化学激光创造了条件。

在此期间，张存浩化学激光研究团队对超声速流动的 HF 化学激光器的性能进行了深入的诊断测试研究。例如采用光学多通道分析仪（型号：OMA-2），研究了 HF 化学激光器的三维超声速流场分布，美国某宇航公司的科学家承认此项工作领先他们半年；又如有关 HF 化学激光介质的转动温度分布的研究，也是国际上新颖的结果。

20 世纪 80 年代中期，国家进行科技体制改革，由此引发拨款制度的变革，科研经费不再按照以前"大锅饭"式的事业费形式划拨，而是按照项目进行拨款。由于当时化学激光研究未被列入国家科研计划，因而其科研经费来源成了问题。大连化物所出台了新课题核算制度，开始实行"经费预算使用手册"管理模式。

此时，刚刚担任大连化物所所长的张存浩虽然很着急，但他坚信化学激光这个研究目标没有选错，于是他采取了一系列措施来解决当时的困难，坚决将化学激光"目不斜视"地干下去。一方面，千方百计多方面地争取经费。他派自己的业务秘书、科技处处长葛树杰带着自己的亲笔信，专程到中国科学院计划财务局借款 30 万元，又派陈方、葛树杰到北京与某部队联系，想把当时已经不再使用的 HF 化学激光器转让出去，以此获得部分经费支持。另一方面，通过人员分流的方式节省开支，将研究团队的一部分人员调整到公司，将一部分科技人员调整到其他研究室，保留了一支精干的激光研究队伍，继续向化学激光高峰砥砺攀登。

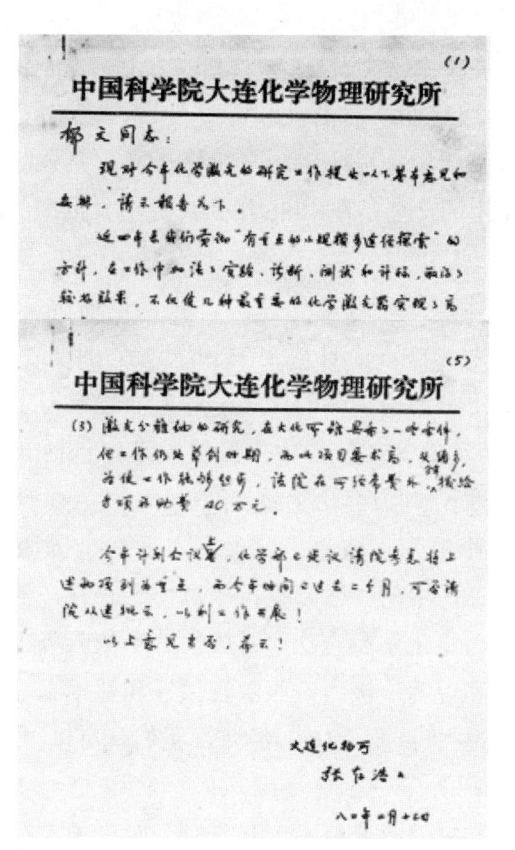

1982年,张存浩就开展化学激光研究致中国科学院党组副书记郁文同志的信

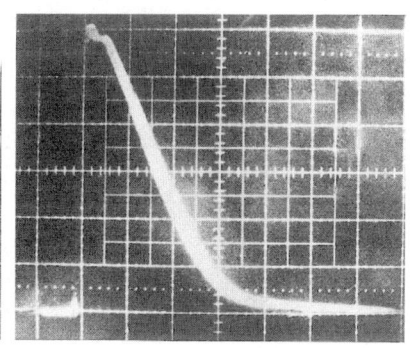

脉冲氧碘化学激光器实验装置(左)、激光输出测量(右)

然而,令张存浩和激光研究团队意想不到的事情发生了。

1986年3月3日,王大珩、王淦昌、杨嘉墀、陈芳允四位科学家向国家提出"关于跟踪研究外国战略性高技术发展的建议"。邓小平做出"此事宜速作决断,不可拖延"的重要批示。是年11月,党中央、国务院正式批转了《高技术研究发展计划纲要》。由于这个旨在提高我国自主创新能力，坚持战略性、前沿性和前瞻性，以前沿技术研究发展为重点，统筹部署高技术的集成应用和产业化示范，充分发挥高技术引领未来发展的先导作用的计划是在1986年3月提出并批准的，因而被命名为863计划。

尽管激光技术领域已经非常宽广，张存浩研究团队已经在化学激光领域取得了多项突破，而且从1979年开始，他们在研究氧碘化学激光——当时国际上最前沿尖端的课题——方面也取得了相当的成果，但在1986年国家启动的863计划中，虽然激光也包括其中（自由电子激光、分子束激光等），却没有化学激光的份。

一向温文尔雅的张存浩急了，火了，面对全国激光领域的知名权威、专家，如同三国中的"诸葛亮舌战群儒"一样，他开始摆事实，讲道理，有理有据，将化学激光功率易放大、不依赖外部能源等独特优势进行了深入阐述和说明，极力说服主管领导和科学泰斗。他甚至拍着胸脯，信誓旦旦地说："只要1/10的经费，我们就可以得到10倍的功率，而且还能早出成果。"

在张存浩与专家们争论得不可开交时，时任国家科委主任宋健出面打圆场："化学激光属于新事物，适当支持也是可以的。"

正是由于他的坚持、他的自信，化学激光最终"杀"入国家确立的需要重点突破的15个主题项目——激光序列中。根据实施原则和方案，专门成立了863计划激光技术主题专家组（即863计划410主题专家组），后又被称为"强激光主题专家组"。张存浩位列这个专家组名单之中。

尽管在激光序列中，其他激光门类的科研经费多达数千万元，化学激光仅有400万元（只有自由电子激光的13.3%），但张存浩认为，有这400万元垫底，他和同志们信念笃定：化学激光一定会大放异彩！

从此，"雨露滋润又逢春"的化学激光"柳暗花明又一村"，如同驰骋在原野的一匹骏马，大步奔向更高的攀登目标。

在张存浩的全力支持下，在继续推进研制重复频率放电引发脉冲氧碘化学激光器的同时，由庄琦、黄瑞平、崔铁基、桑凤亭负责的国家自然科学基金资助课题"可见光波段 IF 化学激光",由张荣耀负责的国家自然科学基金资助课题"激发态氧碘传能反应研究",由桑凤亭、黄瑞平、庄琦负责的国家 863 计划项目"短波长化学激光"专题的子课题"IF 可见波段化学激光"等一系列研究工作,都取得了积极进展。

1990 年,张存浩的一次重大决定,让大连化物所的"金字招牌"——高能化学激光再次被推上"风口浪尖"。

1988 年重复频率放电引发脉冲氧碘化学激光演示成功后,接着将 0.6 升激光腔放大到 10 升,但谐振腔放大到 10 升后,出现腔内放电不均匀的问题。张存浩和大家通过各种手段,查阅大量资料,得知大体积大电流放电技术在国外已经研究了十几年,但至今还未有结果。这样,脉冲氧碘化学激光研究陷入了困境。

怎么办?是继续在现有的基础上探索前行(但这样的话,前进的步伐将会非常缓慢,结果也难以预料),还是另辟蹊径,再寻找另一条技术路线?

张存浩在思考,他的同伴也在思考……他们邀请国内最著名的专家、学者,与大连化物所的科研人员共商大计。

后来,化学激光研究室再次做出调整技术路线的重大决定:暂停脉冲氧碘化学激光研究,重点发展连续波氧碘化学激光,以跟上国际氧碘化学激光研究与发展的大方向。

后来的发展形势和实际成果表明,这一决定对大连化物所高能化学激光的发展,又是一个具有历史意义的重大转折。自此以后,大连化物所的氧碘化学激光在激光输出能量、光束质量、装置规模等方面都取得了明显的突破。

1991 年初,张存浩调任国家自然科学基金委员会主任,但他每时每刻都在关注为之奋斗了近 20 年的化学激光研究。百忙之中,他挤出时间飞到大连,到研究室与同道们一起探讨,同心协力解决工作中的难题。在之后的多年工作中,关于高能化学激光发展的许多思路都来自他的"玻璃脑袋"。

在张存浩直接参与下,超声速连续波氧碘化学激光器探索性研究工作正式破题。他们完成了 863 计划主题专家组下达的任务，所承担的两个重点课题"超音速连续波 COIL 研究"和"氧碘化学激光的化学能源"取得了重要进展。同时，他们在国际上率先提出了采用 O_2（$b^1\Sigma_g^+$）(0,1) 带跃迁，可获得 866 纳米 O_2（$b^1\Sigma_g^+$）近红外化学激光的设想，在理论上论证了可行性，并开展了探索性的实验研究。张存浩等还尝试探寻 O_2（$a^1\Delta$）和 N-F 新体系，以及利用拉曼介质与强激光相互作用发展化学激光特定波长可变的技术。

张存浩在实验室（供图：大连化物所）

结合国际激光研究发展形势，按照上级要求，大连化物所研制的激光器和其他单位研制的产品，积极开展联合实验。在桑凤亭的领导下，所有参与这项工作的科技工作者、员工开会，进行战前动员，大家情绪激昂，跃跃欲试，人人坚守岗位，各项准备工作有条不紊。在接下来的数百次试验中，他们研制的氧碘激光器输出功率、光束质量次次达标。

1992 年，大连化物所化学激光研究室建成连续波亚声速氧碘化学激光装置，输出功率达到 1000 瓦，于 1993 年 8 月通过技术鉴定。此时，国际上只有美国开始研究超声速氧碘化学激光，但他们未透露研究目的。大连化物所的科研人员偏不信邪，他们"目不斜视"，紧紧"揪住老虎尾巴不放"，终于在 1993 年建成超声速氧碘化学激光装置，并获得千瓦级激光输出。

自 1994 年开始,桑凤亭、陈方、周大正等先后建成了不同功率的超声速氧碘化学激光装置,解决了一系列关键技术和集成问题,如新式超声速喷管列阵、具有中国特色的单重态氧发生器、低增益光腔技术、镜片加工技术、UR90 环形非稳腔技术等,完成了系列实验任务。

1995 年 6 月,他们开始进行 5000 瓦实验装置的安装和调试,在 10 月的实验中获得 5900 瓦激光输出,使化学激光研究跨入世界先进行列。"氧碘化学激光的化学能源"研制的高性能转板式 $O_2(^1\Delta)$ 发生器达到了高压、高浓度、大流量、低杂质含量的综合指标。

1995 年 10 月的实验非常辛苦。有一次突然停电,造成冷冻机主机损坏,影响了实验的进行。损坏的冷冻机在市场上没有现货,而正巧两天后又安排了实验,买是来不及了,怎么办?桑凤亭研究小组只好将冷冻机机头拆下,找工程师抓紧修好,包装好送到实验现场,接着又忙活了 6 个多小时,才将机头换上。当晚上 6 点多钟冷冻机正常运转起来时,在场的八九个人都累得坐在地上起不来了。

1986 年,张存浩(后左二)参加全国激光规划会议

超声速连续波氧碘化学激光器大获成功,并顺利通过了中国科学院的技术鉴定。以王大珩为首的鉴定委员会给出的鉴定评语为:"该超声速氧碘化学激光器,目前已经达到世界先进水平。"

1994年，张存浩（后右一）与陈佳洱、王乃彦、庄琦、桑凤亭等在大连化物所化学激光研究室

该成果获得中国科学院1996年科学技术进步奖特等奖。这是大连化物所继1986年氮氢膜分离器荣获中国科学院科学技术进步奖特等奖后获得的又一个特等奖。

1996年，周大正等首次成功地进行了千瓦级氧碘化学激光器采用束转动90°环形非稳腔（UR90）实验，获得激光输出功率5000瓦，光束质量因子$\beta<2$，达到国际先进水平。

是年，国防科工委批准成立了国家八六三计划短波长化学激光重点实验室，大连化物所的国家重点实验室增加到3个。

1995年，张存浩（前左三）出席国家八六三计划短波长化学激光重点实验室成立大会

张存浩对大连化物所的化学激光研究魂牵梦绕。在他积极参与、献计献策下，化学激光研究室的同事们再一次策划了3号激光器的研发工作。通过一年多的努力，3号激光装备完成。其间，克服了一系列困难，比如实验时，真空机组总出毛病，为此张存浩飞抵大连，与桑凤亭、金玉奇等研究员一起查找原因，破解难题。原来，由于3号激光装置的某种介质流量大，对泵的腐蚀严重，致使泵的抽气率下降。二级凸轮泵过热停机，致使大气罐的压力总达不到要求，使得激光器无法正常工作。问题找到后，在条件受限的情况下，泵房的同志只能采取土办法冷却二级凸轮泵，并想方设法降低泵房的温度，使其不停机，从而保证实验正常进行。可是，刚刚解决了二级凸轮泵停机问题，又发生机械泵在第二天启动时卡死的毛病，拆开泵，张存浩和大家发现，由于新泵间隙小，介质与泵油反应后结块，导致泵不能运转。但在没有更好办法的情况下，操作人员只好经常对新泵进行拆洗，重新组装。张存浩知道这是一项非常繁重的体力劳动，为了保证实验的正常进行，全体人员都要去泵房加班加点，一连忙活几个小时。

张存浩再次来到实验室，当桑凤亭向他汇报当时的工作情况时，张存浩眼睛湿润了。近三十年了，还是那支能打仗、打硬仗、打胜仗的队伍啊！这就是几十年凝练而成的大连化物所化学激光精神！

此刻，一切表白都是苍白的。张存浩唯有一一握住同志们的手，一次又一次地说："辛苦了，谢谢！"

3号激光器经受住了考验，发挥了核心器件作用，圆满完成了各项实验任务。鉴定委员会再一次予以充分肯定，该成果荣获中国科学院1999年科学技术进步奖特等奖。

在大连化物所科研历史上，共获得中国科学院科学技术进步奖特等奖4项，而化学激光在3年内获得了2项，这不能不说是一个奇迹。

然而此时，年已古稀的张存浩却倡议成立化学激光新体系研究组。当时，不少人对此持有不同意见：我们的化学激光已经在世界上处于领先地位，还有必要再开辟新的研究领域吗？眼下欧美国家一些重点实验室的研究走入死胡同，我们这样搞，究竟有没有前途？

为此，张存浩在专题会议上语重心长地说，我们现在开始做正是时候，否则再待几年过去可能就晚了。有可能我们开辟新的研究路线，数年内不能取得成果，但我们可以为后续研究在知识上、技术上、经验上提供积累，可以让后续研究少走弯路。

张存浩（右一）和科学家们在实验室（供图：大连化物所）

几年中，大连化物所化学激光研究室向着化学激光研究更新、更高的险峰攀登，并取得了不少可喜的成果，如新型高效氧发生器的研究、新型压力恢复系统——低温真空吸附技术和 N_2-COIL 研究、光腔优化技术和新体系探索研究、光学加工和镀膜研究以及化学激光软课题研究等。

正是在张存浩、庄琦、桑凤亭、金玉奇等上百位科研人员的不懈努力下，短波长化学激光研究迈上了一个又一个台阶，书写了大连化物所乃至中国科技史上一个又一个传奇。

2006 年，张存浩（右一）与桑凤亭（右二）、金玉奇（右三）、多丽萍（左一）
在讨论化学激光研究工作

1998年，在大连化物所进入中国科学院首批知识创新工程的第一年，"短波长氧碘化学激光"成功完成国家重大试验并通过成果鉴定，受到国家有关部门的通报嘉奖，标志着氧碘化学激光水平又跨上了一个新台阶。1999年，短波长氧碘化学激光所属课题均全面完成年度计划，完成的9905现场试验，各项性能指标均有所提高，得到有关方面领导、专家的肯定。2000年，短波长氧碘化学激光多次成功地完成了系列试验，在四川完成了联试，并通过了成果鉴定。"十五"计划期间，短波长氧碘化学激光承担的9个课题全面或超额完成了各项科研计划和合同指标。化学激光承担的重大项目在技术改进和提高激光器性能等方面，如模块耦合技术、射流式单重态氧（ΔO_2）发生技术、新型压力引射技术和低温吸附真空压力恢复系统、碘发生技术等各单元技术取得了显著进展，并成功进行了氧碘化学激光器新型引射气源技术试验，解决了一系列关键技术问题。

大连化物所化学激光研究室于2002年荣获"中国科学院重大创新团队"称号；2005年荣获中国科学院杰出科技成就奖；2007年化学激光成果丰硕，共获得军队科学技术进步奖一等奖、二等奖10项。

2008年在大连化物所化学激光研究室创建35周年之际，张存浩挥毫题词："献身科学，挑战前沿；锐意进取，不断创新；努力拼搏，勇攀高峰。"这也是大连化物所化学激光科研团队精神的真实写照。

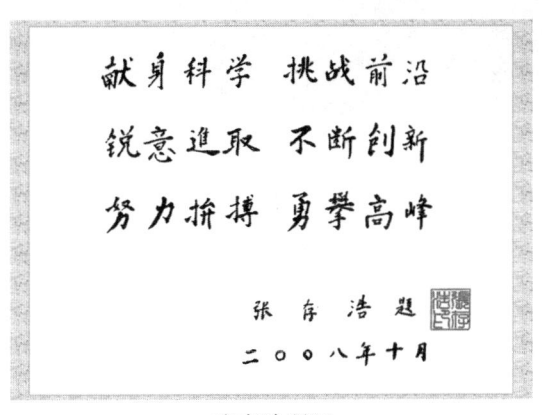

张存浩题词

2009年5月5日，中国科学院批准在大连化物所挂牌成立中国科学院化学激光重点实验室。

1979—2009 年，大连化物所化学激光研究室共获得国家科学技术进步奖二等奖 2 项、国家自然科学奖三等奖 1 项；省部级以上奖项 21 项，其中中国科学院科学技术进步奖特等奖 2 项、一等奖 1 项、二等奖 3 项，军队科学技术进步奖一等奖 5 项，是大连化物所获奖最多的实验室。

回顾化学激光的研究历程，大连化物所化学激光团队"目不斜视"，一干就是半个世纪。激光研究团队由原来的几十人发展到后来的百余人，人员平均年龄 40 多岁，形成了一个年轻、富有朝气、具有创新能力、特别能战斗的团队。实验室也从以前的几个分散小楼，建成了 11 400 多平方米的两座现代化实验大楼，并成为中国科学院国家级重点实验室。所有这一切，都与张存浩等老一辈科学家始终如一的追求和执着、筚路蓝缕分不开，与他们的战略分析、积极引导、鼎力扶持不无直接的重要关系。

化学激光实验楼

正是在张存浩精神的鼓舞、引领下，当国家任务下达之时，相关人员迅速向任务靠拢，不同专业、不同组别的人员不分彼此，团结合作，投入国家任务攻关之中。为了弘扬化学激光精神，2021 年 8 月大连化物所党委命名化学激光项目攻关团队为"张存浩突击队"，并举行授旗宣誓仪式。宗旨就是要始终以前辈科学家为楷模，不断深化老科学家精神对标践行，激励大家在关键时刻勇担历史重任，攻坚克难，勇攀高峰。

是的，经过数十年的拼搏、发展，工作环境变了，科研条件变了，但大连化物所化学激光精神历久弥新。新一代研究人员参与的联合外场试验，就是迎难而上、奉献青春的最好写照。联合外场试验与实验室科研工作有很大不同，前者以任务可靠性为首要关注点，在任务剖面内必须做到所有性能万无一失，任务下达只许成功，不许失败。研究人员如同当年的张存浩等科学家一样承受着巨大的任务压力，乐观面对着艰苦的生活条件，压抑着长期的思乡之苦，夜以继日进行试验。联合外场试验任务异常繁重，科研人员需要每天凌晨进入岗位，很晚才能结束工作，如此连续作战，使得他们身心疲惫。为了不耽误第二天的试验，也为了节省来往路上时间，关键岗位的科研人员只能在场地凑合一宿。外面天寒地冻，场地条件简陋，但与完成任务相比，环境和条件的艰苦都显得微不足道。因为试验一旦出现故障而导致任务失败，一方面，会使国家财产遭受巨大损失；另一方面，联合外场试验的每个岗位都代表整个团队、研究所，上百双眼睛都会聚焦到故障岗位。每次试验前，各个岗位的科研人员都要一遍又一遍地检查试验状态，确保试验万无一失。正是大家勠力同心、攻坚克难，才保证了大连化物所化学激光研究的多次联合试验每次都取得了圆满成功。

正是几代科研人员在挑战前沿、献身科学的强国奋斗中形成的协力攻关、矢志奉献的优良传统，推动着化学激光研究不断向前发展。

在张存浩获得国家最高科学技术奖之际，大连化物所元老级人物葛树杰写下《我心中的张存浩先生》一文，其中写道：

> 张先生取得的成就不是偶然的，我深深感到张先生在日常生活中为人谦和，平易近人；在科研工作中，他眼光敏锐，思维超前，对待工作严肃认真，一丝不苟，处处体现着"追求和执着"。"追求"是他的崇高理想，"执着"是他的奋斗精神。他追求着世界科技领域发展的前沿目标，始终以我国国民经济建设和国防科研的需求为己任。

葛树杰深情地写道：

> 我相信，化学激光团队一定会沿着张先生的足迹，继续为国家科技发展和国家建设做出更大的贡献！

是的，人们有理由相信，在新时代国家需要的召唤下，新一代研究人员必将继承和发扬化学激光传统与精神，面向我国高能激光新使命，再次谱写化学激光新的篇章。

张存浩研究团队获得的奖项

十、家事国事天下事

1976年和1977年两年，是中国历史上惊心动魄、拨乱反正的两年，对张存浩家庭来说，也是记忆深刻、回味无限的两年。

最让张存浩、迟云霞感到安慰的是，经过两年的精心治疗，张捷的慢性肝炎已经痊愈，他休学两年后，与弟弟张融成了同学。哥俩同在一所学校一个年级上学，每天同来同往，形影相随，张存浩悬着的一颗心终于放了下来，以更加饱满的热情投入化学激光的研究中去。

按照上级政策，张存浩的两个儿子中学结业后必须有一个上山下乡。张捷是长子，理应他去比较合适，但他病情刚好，张存浩夫妇担心张捷到农村不适应，再次病发。张融懂得父母的心思，也担心哥哥的身体，他主动要求上山下乡。

1976年初，大连化物所为了奖励有志青年，给予每一个上山下乡的学生一个月的旅游假期，车票食宿费用全部报销。于是，春节刚过，张融就去了上海大伯父家。在上海期间，他一边游览上海，一边到书店购买了一些喜欢的科技方面的书籍，还购买了一些半导体元件、器材。在上海，张融偶然接触到一本小册子，粗略翻了一下，觉得这本小册子有些另类，他没敢告诉伯父，而是悄悄带回了上海。

回到家后，张融将小册子交给父亲看。张存浩看后，十分惊讶，同时也很欣喜，一时按捺不住心情，私下把小册子的有关内容讲给几位同事听。

谁料，这竟惹起了一场轩然大波。在接受调查时，张融坦然承认，小册子是自己在上海捡的，是自己抄写的，和父亲与家人及其他人没有任何关系。

最后，大连化物所把张存浩父子分别关押审讯，办学习班交代问题、剖析思想。研究所还决定把张融作为最需要"改造世界观"的青年，派到最艰苦的昭乌达盟（今赤峰市，原属辽宁省，后划归内蒙古自治区）克什克腾旗白音查干苏木（即公社）艾热木得勒大队"改造锻炼"。

张存浩不同意上级这么做，张融更是情绪激烈，与学习班负责人大吵大闹。

张存浩暗暗叫苦。他是化学激光研究室主任，还是共产党员，尽管心里不服，但儿子出了这样的问题，自己非但没有制止，反而传播"反动小道消息"，不管怎么说这也是自己"党性有问题""立场有问题"，他只能接受。如果不出现这个问题，领导找他谈话动员儿子到最艰苦的地方去，也许自己在心理上还能接受，最后也可能支持儿子去，但现在明显是在遭受处罚、打击。但一切辩解都没有任何作用，他又不愿意曲心悖意地向上级领导求告，只有默默忍受。

后来，张融对学习班负责人杨柏龄说："不管哪里，我都愿意去，如果有过错也是我一个人的事，不要牵扯我的家人，更不能影响我爸爸的科研工作。"因为他知道，科研是父亲的生命，此时若再让父亲离开实验室，那后果将不堪设想。

流火七月，张融和大连化物所的另一位干部子弟，连同大连的三名知识青年，一同向西北大草原进发。

临行前，张融通过各种渠道，弄来全套的高中数学、物理课本，化学只弄到一本练习册，还有语文、地理、历史等学科的一些书籍。除给家里装配了一台收音机外，自己又加班加点装了一台。带走的还有他那个"宝贝"——装满各种元件、器具的工具箱，以及一盏汽灯、一罐煤油。

张存浩看到儿子这些"行头",隐隐心痛间更多的是感到欣慰。因为儿子很懂事,记住了自己说的话:不管何时何地,都要抓紧时间学知识,早晚有一天会用上。

迟云霞强忍痛苦,默默地为儿子准备着铺盖、衣物、鞋袜等生活用品,还有一箱子鸭蛋、一篮子桃子。

儿子出发当天,迟云霞只把儿子送到院子门口,在儿子登上汽车的瞬间,她连忙扭头回屋。在火车站,张捷、张融紧紧地抱在一起,久久不愿分开。那一刻,在张存浩眼中憋了很久的泪珠簌簌落下……

张融等来到大草原的当天,因为没有安排好住处,几个人只好在一个临时搭建的帐篷里席地铺下被褥过夜。接下来,他们立即投入了割草、搂草、运草等机械而繁重的劳动中。漫漫长夜,简陋的知识青年宿舍里没有电灯,只有一盏油灯。别人在谈天说地嘻嘻哈哈中打发时光,张融却点上自己从大连带来的汽灯,认真地学习带来的书籍。累了,就打开收音机戴上耳麦听广播。

小儿子离家在外,迟云霞连日茶饭不思,夜不成寐。三个星期后儿子的来信,她翻来覆去不知看了多少遍,看一遍流一回泪。儿子说这个也好,那个也好,让她不用担心。她知道这是儿子为了让家里放心才这样只报喜不报忧的。丈夫忙着科研攻关,一旦取得一点进展,往往回来就神色大好;一旦遇到挫折,尽管不说,但一看表情就知道。国事家事天下事,每天都在这位一心科学报国的科学家的心中萦绕。迟云霞实在不愿意让丈夫为家事担心和忧烦。

10月的一天,迟云霞闻讯张存浩要到北京开会,央求丈夫请几天假到昭乌达盟去看一下儿子。这次,张存浩答应得很痛快,并立即向所领导请示。所领导也很有人情味,同意他和另一位学生家长前去探望。其实,作为一个懂得爱却又把爱深深埋在心底的父亲,张存浩何尝不担心儿子呢!

见到张融后,张存浩笑了。三个多月没见,张融黑了,壮了,也长高了。更重要的是,队领导、牧民、同学们都对张融的评价很高。他看见张融的小桌上,摞着几本已经写完的作业本。

张存浩深知儿子的秉性。在为聪颖好学的儿子感到高兴的同时,他也有些担忧,担心稍有不慎,可能再次惹祸上身,带来不必要的麻烦。

因此，临行前他再次叮嘱张融要好好学习，好好劳动，不该说的话尽量不说，不该做的事情尽量不做，做一个优秀知识青年。

张捷从大连十二中毕业后，直接去了一家企业工作。他的身体恢复得不错，手脚又勤快，抢着帮母亲干家务，让迟云霞十分欣慰。他闲下来时最大的爱好就是读书。他也早早地弄来一些高中课本，每天坚持学习三个小时，雷打不动。他有不懂的问题，语文可以问母亲，数理化可以请教父亲。年底，他还获得了车间颁发的先进工作者奖状。

临近元旦，张融所在的公社下达指示，要求所有知识青年坚守岗位，准备一些文艺节目，与广大贫下农牧民过一个团结红火的春节。张融和4个伙伴则认为，在这里每天闲玩，还不让回家过年。他们软磨硬泡要回大连，但大队就是不松口。

张融有一手修理收音机的绝活，本队牧民家的收音机出了问题，都找他修。他的人缘好，名气大，渐渐地，邻队和当地一个军马场的收音机出了问题也来找他修。他总是来者不拒，热情相助。

正在烦恼时，军马场的一位同志拿着收音机来了。张融问他最近有没有到昭乌达盟的车，来人说有，但只是一辆敞篷卡车。

一天下午，张融几个人不辞而别，搭上了军马场的汽车。但行进了一个多小时后，生产队发觉知识青年跑了，骑马追了过去。军马场的人一听他们是擅自离队，再也不好意思带着他们离开了。

在大队部，几个知识青年闹翻了天。看着实在无法平息这场风波，经上级批准，两天后大队派了一辆马车将他们送往公社去乘坐一周才有一班的公共汽车。

马车离开大队部不久，"白毛风"呼啸而来，大雪铺天盖地，霎时天昏地暗，如同一口倒扣的大锅。马车在茫茫雪原上颠簸了两个多小时，又回到了原点……他们迷路了！

情急之中，张融想起了手表上面有指南针。他定住方向，让赶车人顺着电线杆走下去，就能找到公社。但有的电线杆并不在路边，大车两次陷入深坑中，他们合力才将车抬出。最后，经过5个多小时才到达公社所在地，大家住进了一个大车店。休息的时候，张融竟从后背上抽出一根厚三四厘米、长十几厘米的冰柱！可见，他们一路出了多少汗，气温又是多么低！

由于大雪堵塞，公共汽车没有来，他们只好搭乘一辆拖拉机到克什克腾旗，再转到昭乌达盟，从昭乌达盟坐火车到大连。从离开大队到大连，一千多里路，整整用了 8 天时间！

当张融灰土灰脸地站在家人面前时，一家人都愣住了。这是张融吗？大皮帽、羊皮袄、乌拉靴，胡子邋遢，活脱脱就像《林海雪原》中从威虎山上下来的土匪啊！

当张融向家人们讲述一路历险记时，迟云霞不禁泪如雨下，再一次搂过儿子拍打着。张存浩却看着张融，又看一眼张捷，说："这样也好，多吃点苦，多历练历练，往后遇到什么艰难困苦也能从容面对，想法克服，这对你们今后的人生很有好处。"

张存浩一家人（由左至右：张存浩、张融、迟云霞、张捷）

母亲是慈祥善良的，父亲总是能给予人生的指点，教他们一些处世为人的道理。

转眼就是 1977 年秋末，恢复高考的消息如同一枚重磅炸弹，在中华大地上引起巨大震动。

张捷把原来每天学习 3 小时改为 5 小时，天天挑灯夜战到十一二点，一个月中，他用过的演草本达 20 多本。

草原上的农活已经基本停歇，大队也给予知识青年复习时间，张融得以全身心投入学习中。从听到高考消息到临考，他做了两万多道数学题、五千多道物理题、三千多道化学题。其间，迟云霞曾把一份复习提纲邮寄给儿子，但不知何故，张融始终没有收到。

在得知恢复高考的第一时间，张存浩不仅给张融写信，还给天津的父亲写了一封信，并寄去了几套复习资料，让受家庭成分影响没有考上高中、没有机会升学深造、都已经成家立业的4个弟弟妹妹好好复习功课，准备应考。当看到小妹存汶因为即将临产无法参加高考而一连几天郁郁寡欢时，他又连连给她做思想工作。他说："人这一生，不仅为了事业，也为了家庭，你们夫妻只能有一个人暂时做出牺牲，成就另一个人，你大嫂就是一个典型例子……"

12月1日，全国高考开始。张捷在大连，条件得天独厚，从容应考。张融在白音查干苏木一处中学里，艰难应考，教室里没有火炉，气温零下十几摄氏度，写几个字手就冻麻了，只好哈出热气暖和一下，或把手伸进腋下温暖一会儿再写。一连两天，张融都不知道是如何做完试卷的。

接下来，就是苦苦等待。因为当时是考试前报考院校，张捷第一志愿报考的是大连工学院化工系高分子化工专业，张融的第一志愿报考了中国科学技术大学，因为他知道这所学校受"文化大革命"的影响很小，师资力量、教学质量肯定有保证。

一家人都在漫长的等待中盼望着。终于得到一个消息，张捷顺利地被大连工学院录取，张融的考分名列昭乌达盟理工科第一名，档案却被哈尔滨船舶工程学院（今哈尔滨工程大学）抢先取走，但他并没有报考这所大学，这是怎么回事呢？

那些天，张存浩在实验室里也常常走神，因为这关系到儿子一生的命运和今后的发展方向。更让他担心的是，取走张融档案的这所大学属于军事院校，政审是相当严格的，目前虽然自己的"问题"已经不成问题，但家庭出身呢？

再有半个月就是春节了，一家人忐忑不宁，在苦苦等待着……

农历腊月二十，张捷、张融的录取通知书如同两只春燕一般翩然而至，一家人喜极而泣。张存浩反复摩挲着张融的录取通知书，含泪喃喃道："天终于晴了，压在我们一家人心头的石头终于搬走了，我们终于彻底解放了……"

张家一下子考上两个大学生，还有张存汶的丈夫张海也被吉林师范大学（1980年复名东北师范大学）录取，这在大连化物所引起了不小的震动。许多人不明白，没上过一天高中的张家兄弟是如何被幸运之神眷顾的。

这是"文化大革命"后第一个欢乐祥和的春节。一向稳重得体的张存浩和两个儿子亲自点燃一串鞭炮，迟云霞忙活了一大桌年夜饭。当午夜的钟声响起时，张存浩端起酒杯，声音有些颤抖地说道："第一杯酒，感谢这个崭新的时代，给我们一家带来了新生，给亿万人民带来了希望，给祖国带来了春天！"说着，便一饮而尽。

迟云霞和张捷、张融全都一饮而尽。

张捷、张融哥俩在一旁说悄悄话，还以为父亲会为他们考上大学说几句，比如为有两个这样争气的儿子感到自豪，祝贺他们如愿考上大学，为家里赢得荣光之类的话，但结果一句也没有。

张存浩第二杯酒的祝酒词是："希望你们到大学后，努力学习，早日成为优秀的科技人才，将来为振兴中华多做贡献！"

张存浩最后一杯酒的祝酒词是："为了我们中华民族繁荣富强，为我国早日跻身世界强国之林，干杯！"

1978年，张捷、张融考上大学后拍摄的全家福

时隔 40 多年，张捷、张融再次回忆起那一年的年夜饭，依然激动非常，感奋不已。

父亲的话，让张捷、张融很受用，现在回想起来，更觉得异常珍贵。

是的，在张存浩的心目中，科技兴国，振兴中华，早日实现国富民强、民主和谐，是他一生的追求，是他一生中最希望看到的最美丽、最壮阔的画卷！

十一、科研、管理一肩挑

因科研工作成果斐然，干群评价甚高，1979 年 1 月经中国科学院研究决定，由张存浩担任大连化物所副所长，并继续兼任化学激光研究室主任。

全国科学大会召开后，科研工作已经被列为国家建设、振兴中华、实现四个现代化的重中之重。"科学技术是生产力"日渐深入人心，各科研机构外出参观考察、吸收国外科技发展先进经验蔚然成风。张存浩多次受大连化物所委派，带领研究室人员到国外考察、学习。

1979 年 3 月，张存浩（中）、沙国河（左）、杨国桢（右）于巴黎协和广场

此时的张存浩正值壮年，精力充沛，经验丰富，浑身似有使不完的劲，他忙碌着，奔波着，拼搏着，全然不顾自己时时隐隐发痛的腰伤……因为每到一个西方国家，看看对方的发展状况、建设面貌，他就

坐立不安；看看对方科研机构的精密仪器、累累成果，他的心就阵阵作痛……十年啊，我们的国家落后了多少？我们的科研工作落伍了多少？怎么办？只有咬紧牙关，用战争年代那种革命加拼命的劲头和大无畏的精神，争分夺秒，只争朝夕，迎头赶上！

1980 年，张存浩（右三）在美国南加州能源部参观

1980 年，张存浩、郭燮贤、卢佩章当选为中国科学院学部委员（后改称院士）。这是继 1955 年张大煜当选为首批中国科学院学部委员后大连化物所的第二批当选人员。

1980 年，张存浩选为中国科学院学部委员（后改称院士）

当选为中国科学院学部委员（院士），是许多科研工作者梦寐以求的事情。但张存浩并没有丝毫的沾沾自喜，他感到肩上的担子更重了，想到的是如何把这种压力转化为动力，带领团队攀上世界科学之巅，为中国科技争气，为国家振兴争光。

1986年，张存浩被中国科学院任命为大连化物所所长，开始了科研、管理一肩挑的征程。他向中国科学院领导请示，自己依然是科研战线的一员，愿意尽最大努力团结带领大连化物所的科研人员、员工把科研工作做好，在原来的基础上力争有一个大的提升，所里的人事、行政等方面的工作还是交给党委书记杨柏龄为好。

中国科学院领导明白这位科学家的心思，点头同意。

2015年8月笔者在大连化物所采访时，张存浩的老战友、中国科学院院士沙国河和原科技处处长葛树杰都这样说：老张担任所长，是众望所归。

他们认为，在张存浩的领导下，大连化物所进一步解放思想，创新发展，不仅在科研方面取得了多项重大突破，而且与全国一些重点科研机构的联系和沟通空前密切；不仅班子同心同德，团结一致，而且全所上下千余名员工在心思上都拧成一股绳，"比、学、赶、帮"达到了一个前所未有的局面。研究所就像一个和睦的大家庭，朝着一个红红火火的目标，心往一处想，劲往一处使，汗往一处流。

1983年，张存浩（前排左三）在嘉定参加科技工作会议

张存浩办公室的门,一天从早到晚都是大开的。所里所有员工都可以直接到他办公室,不需要层层上报,也不需要提前预约。在他办公室,以谈工作、谈业务为主,同志们有意见和建议,或者在生活中遇到了什么难题,都可以谈。

张存浩与大连化物所部分科学家在一起(左起:章元琦、张存浩、朱葆琳、楼南泉、陈国权)

尽管事情过去30多年,但姜英莉谈起张存浩在担任大连化物所所长期间的事情,依然感怀万千。

  我是1987年调所长办公室工作的,专职文字秘书工作。当时办公室主任丁吉山同志交给我的第一件工作就是撰写1986年所志,所志内容包括年度所工作总结、所大事记等。我集中了各部门的工作总结,查阅了各部门有关重大事项,对所重点工作环节做好调查落实,在这些基础上,编写完成年度工作总结。主任审阅后,我把稿件交给时任所长张存浩看,我没想到张所长在百忙之中非常认真地看完了20多页的文稿,并做了一些批注,第二天就找我一起谈,谈的内容不仅是文稿方面的,还跟我聊了科研上的事,谈中国科学院和所的可持续发展。这让我受益匪浅,真有"听师一席话,胜读十年书"之感。

  最让我难忘的是,随后张先生又抽出一张纸,当即给我写了庄子的一句经典文句:"夫千金之珠,必在九重之渊而骊龙颔下。"我当时对这句哲理名言不甚理解，直觉认识是要取得一项事业成功需要探索，需要克服重重艰难。后来我查阅了资料，对这句名言有了一些理解了，并豁然开朗，张先生是要告诉我，要获取工作成果并非易事，需要敢于冒风险，不可走捷径轻易取得。科研工作和行政工作都是这样，要敢于探索，要求真务实，来不得半点的巧取和虚伪。因此在这之后，我对从事的各项工作都尽最大能力去主动思考，大胆实践。

张存浩（右）悉心听取同志们的意见和建议

当了单位一把手的张存浩，几乎把所有的精力和时间都交给了大连化物所。

每天上午，张存浩都会提前半个小时赶到单位。一进办公楼大厅，他首先扫一眼收发台，上面除了报纸期刊，还有一些发往外地特别是邮寄到国外的信件。正是这"不经意"的一瞥，张存浩往往能从中发现问题。他会随手把有问题的信件指出来，告诉收发员某封发往某国的信件地址书写不规范，或者词语错乱，让寄信人再重新书写。

张存浩当了所领导后，事务变得繁多——会议多，活动多，科研任务重，工作一个又一个，但他依旧年年带硕士或博士研究生。学生们带着问题来请教导师，不是在正常工作时间，而是利用中午休息的时间。每天，张存浩中午下班，到家20分钟，吃饭20分钟，再到单位20分钟。他刚到办公室门口时，已经有人等在那里笑脸相迎了；晚上下班就更没有规律了，面对许多问题，他和学生们经常探讨到晚上八九点，甚至为学生修改论文到十一二点。

张存浩喜欢学习勤奋又善于思考的学生,被这样的学生就是"缠"上几个小时,他也不觉得累,不觉得烦,还常常奖励他们一顿美食。

姜英莉在《张存浩院士对我人生的积极影响——记在张存浩院士身边工作二三事》一文中写道:

> 那些年张院士身患腰椎间盘突出,病痛时直不起腰来,这个病还最怕长时间坐着工作。医生告诫他病痛时要卧床休息。而张院士是个习惯于跟时间赛跑的人,不舍得让时间在病床上白白流走。那段时间我们办公室的同志都看到张院士每走进办公室,总是左手扶着腰,腰部是稍微向右弯曲着走进来,看着都心疼。可是,他从来不让自己身体的疾病影响到工作,干起工作来心无旁骛,每天如饥似渴地不是看文献、阅论文,就是在计算机旁敲打文字,即使是中午时间也较少休息,在家吃过午饭后马上来所工作。后来病情发展很严重了,不得不接受医生的劝告,才住进了医院做牵引治疗。
>
> 张院士在医院住院期间,让人把计算机搬进了病房,在病房弄了个简易的工作台面(那时还没有笔记本电脑),相当于把工作室搬进了病房。每次牵引治疗后,他立即伏案工作,指尖流利地敲打着键盘,身旁是一摞文献资料。我每次去看望他,给他捎去报刊和信函,都看见他在那样专注地工作。他的百折不挠的工作精神深深地感动了我、影响着我,对我之后的人生有着潜移默化的影响。

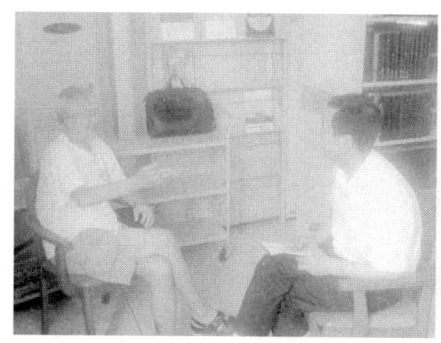

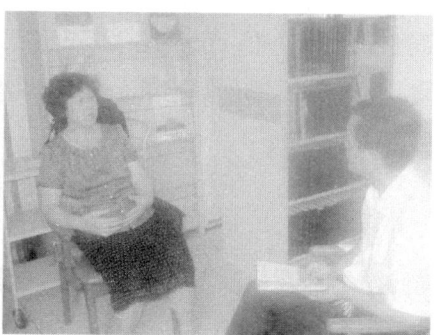

2015年8月23日,葛树杰(左图)、姜英莉(右图)向笔者讲述张存浩的故事
(摄影:张梅朋)

关于张存浩在病床上工作的事情，何国钟、沙国河也是记忆深刻。有一天，大连化物所的几位同事到医院看望因腰椎间盘突出而在做牵引治疗的张存浩，见他正歪在病床上，捧着一本几十页的稿子一边轻声读着一边不时地修改。原来，这是一位研究生的毕业论文，全部是用英文写的，有七八万字。张存浩不顾自己的病痛和身体的严重不适，一会儿躺着，一会儿侧歪着，就这样一字一句地修改着。

张存浩从来没有架子，当了领导后也是一样。和他年龄差不了十岁八岁的人，过去喊他"老张"，现在依然喊他"老张"，他并没有因为成为一把手而有一点变化。

1987年，张存浩（前站立者）在大连化物所老干部迎春茶话会上

1989年，张存浩（中）与外籍博士后共度节日

然而，此时中国科技机构正在经历一次改革的考验。各种问题繁多，其中科研经费成为摆在张存浩和班子成员面前最大、最急迫的问题。但他始终咬定一点：其他问题可以暂时搁置，但已经开始的各个科研项目决不能半途而废，一旦确定为有发展前途的科研项目，一定要上，并且要一抓到底，绝不含糊！

根据上级文件精神，采纳外地科研机构的有效方法，张存浩决定积极发挥大连化物所科技人才多、科研基础厚的优势，走出一条科研与实业相结合的道路。一方面，为机关、各室非技术人员找到发挥特长的用武之地，为吃饭解决后顾之忧；另一方面，积累资金，为科研项目的顺利开展提供资金支持。

1987—1990年，在张存浩和所领导班子的积极运作下，经过多方筹措资金，先后创办了中国科学院大连化学物理研究所技术条件咨询服务部，科学技术开发公司，老专家科技开发咨询公司，离退休职工科技服务公司，科技活动中心，大连化物所、中国科学院、中国华能公司合资成立的三达煤气新技术总公司，中国科学院大连化学物理研究所高新技术总公司，中国科学院三联气体技术中心大连化物所分部等实业公司。

为了大连化物所的科研，他的"张着急"的性情依旧；为了大连化物所的发展，他的"玻璃脑袋"无时无刻不在高速运转；为了研究所上下近千人的生计，他的"张超前"的思维运筹帷幄必须缜密、周全。

张存浩和所领导班子成员同心同德，劲往一处使，汗往一块流，使得大连化物所安然熬过改革带来的"阵痛"和波澜，让大连化物所的工作在原来的基础上"百尺竿头更进一步"。

科研、管理一肩挑、双丰收，让张存浩这位科学家的"人气"一度爆棚，但妻子迟云霞却对他有一肚子的"怨气"。家务事不管不问可以，但自己的职称问题，却让她觉得很没有面子。

过去，历任所领导、院士的妻子职称都是高级职称，唯独在图书馆工作的迟云霞是中级职称。张存浩当副所长的时候，曾两次动员妻子将高级职称的名额让出去，说以后肯定有机会。张存浩担任单位一把手后，迟云霞即将面临退休，上边又来了指标，迟云霞及时地提醒丈夫"这是最后一次机会了"，所领导和老同事也劝说他"这次别再发扬风格了"。然而，张存浩再一次把本属于妻子的高级职称名额让给了其他人。迟云霞真的生气了，她对丈夫说："自己一辈子只求你一件事，何况这事儿是名正言顺的，你为什么眼里只有别人而没有我？"张存浩说，别人的家庭条件比咱们差，工作能力也过硬，更符合条件。迟云霞说："我并不是贪图涨几十块钱的工资，而是让人觉得我干得不错，是所里和同志们对我工作和人品的一种肯定，这个要求过分吗？"张存浩回答："别人怎么评说无所谓，但我对你的工作和品行都打一百分，我们都是共产党员，该做牺牲的时候做出牺牲，是理所当然的，这样我们心里踏实。"一听"共产党员"这种称呼，迟云霞不再言语，但她对丈夫不让自己评审高级职称多年来一直难以释怀。

几十年中，凡是夫妻俩同在大连化物所工作的，作为所领导妻子或院士夫人，只有迟云霞是中级职称。

埋怨归埋怨，但迟云霞一如既往地理解和支持张存浩的工作，让他义无反顾地投身于大连化物所的工作中，各方面都取得了令人瞩目的成绩。

对人才的培养和引进，一直是张存浩工作中的重中之重。1987年初，张存浩主持召开大连化物所人才工作会议，号召全所上下齐动员共同抓好人才工作。在他的建议和策划下，制定了相关政策与措施，大连化物所有了明确的战略规划，围绕学科规划和科技任务对人才的需求，不断加大人才引进力度，5年间共引进朱清时、解金春等数位知名高科技人才，充实、壮大了大连化物所的研究力量，同时加强了对本所人才岗位培训、出国深造、在职攻读学位等的管理，夯实了科研基础。

"七五"计划期间，大连化物所各种学习考察、科技交流、参加学术会议等活动空前密切、活跃。选派科技人员出国参观考察、参加学术会议，公费或自费到发达国家高校、科研机构进修学习、攻读学位、交流培养，以及在国内参加业务培训、深造的人员达300余人。

同时，大连化物所与国内外的学术、科技、业务交流大增，其中共接待43个国家和地区来访的专家学者165批328人次。

正是在张存浩的积极联系下，国外知名院校的学者、教授纷至沓来，到大连化物所参观和考察。

此外，张存浩还与大连市政府积极联系、沟通，选派 5 名科技人员到辽宁省有关县市挂职锻炼，为大连化物所培养管理人才。

最令张存浩感到欣慰、让科技界交口称赞的是，大连化物所取得了引人注目的科研成果。1986—1990 年 4 年间共获科技成果 97 项，其中获国家奖 5 项，获中国科学院、部委及省级奖 74 项，获市级奖 18 项。

张存浩（左一）陪同美国加州大学 C. 布拉德利·莫尔（C.Bradley Moore）教授在大连化物所考察

国家奖分别是："分子束反应动力学与分子传能研究"获国家自然科学奖二等奖，"催化剂颗粒的工程设计基础—活性非均匀分布催化剂颗粒的性能"获国家自然科学奖三等奖，"贝壳软化与成型工艺"获国家科学技术进步奖二等奖，"氯酸盐电化生产新工艺"获国家技术发明奖三等奖，"通讯卫星姿态控制用 818-816 肼分解催化剂"获国家发明奖二等奖。

在获得中国科学院的 62 个奖项中，"中空纤维膜 N_2—H_2 分离器（Ⅰ）型"获科学技术进步奖特等奖；"分子束反应动力学与分子传能研究"获自然科学奖一等奖；"Ⅷ族金属/TiO_2 催化剂上金属担体强相互作用的研究""分子束反应动力学与分子传能研究"两项成果获自然科学奖二等奖;"Ru 催化剂上 CO 吸附态和活性相调变规律的研究""振动光谱的基础研究——振动光谱的计算机程序及计算""有机质谱人工智能解释方法研究——DCP—AIMS—SFC 系统"3 项成果获自然科学奖三等奖;"天文一号卫星姿控用 50 克推力器""天文一号卫星姿态控制用肼分解催化剂研究""荧光灯中气体分析测试方法及仪器""用光引发和放电引发的脉冲氧碘化学激光器"等 7 项成果获科学技术进步奖一等奖;"QJG-1 型高效气体脱氧管""CO 双共振多光子电离方法的几项新发展""制氧工业总碳氢化合物自动色谱分析仪"等 14 项成果获科技成果奖二等奖;"F_2/H_2 链反应脉冲化学激光器简化模型计算""固体表面上激光支持爆震波的冲量研究""二氧化碳激光器气体再生催化剂"等 34 项成果获科学技术进步奖三等奖。

另有轻工部科学技术进步奖 2 项,辽宁省科学技术进步奖 9 项。

……

一个个满载荣誉的"榜单"背后全是张存浩和同事们的汗水。

令全国科学界关注的是,大连化物所催化基础国家重点实验室顺利建成,这是我国化学领域第一个国家重点实验室;分子反应动力学国家重点实验室在大连化物所正式启动。

……

在他的培养下,一批科技人才茁壮成长,梯队建设日臻完善;在他的领导下,一批年轻学者脱颖而出,挑起重大科研项目大梁,担起科研攻坚重任;在他和所领导班子的扶持下,12 部科技专著"井喷式"出版,全所上下潜心科研、服务科研蔚然成风;在他和所领导班子的统领下,国内外科技合作和交流日趋活跃,大连化物所各项工作蒸蒸日上,影响力不断提升。

……

1990 年底,当人们得知张存浩将要调往北京任职时,许多人恋恋不舍。每天,他的办公室和家里都挤满了人。

1991 年初,当张存浩乘坐的车子停在办公楼前时,全所人员几乎全部出来送行。熟悉的,陌生的,在此时都想搭把手,帮一下忙,或站在远处目送一下尊敬的老战友、老同事、老领导。他们难以忘怀所长张存浩创造的团结和谐、人心思上的工作环境，人们割舍不下那一个个温馨、充满欢歌笑语的场景……

这一天，给 11 室杨何平研究员留下深刻印象的，不是人山人海，而是张存浩那些装了两大集装箱的书籍。那些可是一位科学家的宝贵智力源泉、精神财富啊！

张存浩（左）在运动会上与同事们奋勇争先

张存浩（左四）和所领导班子成员在春节团拜会上合唱《团结就是力量》

张存浩暂时离开了大连，离开了大连化物所，但"张超前""张着急""玻璃脑袋"这三个称谓，却深深地刻印在了人们的脑海里。

改革开放后大连化物所培养的第一位理学博士王秀岩研究员说，张所长特聪明，记忆力特好，如同一部科学大辞典，如同一部百科全书。更重要的是，他的脑袋是透明的，没有一丝杂念，全部是工作上的事、科学上的事、为国家做贡献的事。

有一位老科学工作者因当天有事未在所里，当他得知张存浩启程前往北京工作时，竟惊呼起来：他为什么走了呀？眷恋、不舍、失望之情，溢于言表。

还有一位科技干部这样说，张存浩在大连化物所当一把手时，是大连化物所最团结、基础打得最好、成果最丰硕的4年，可以说开创了大连化物所40多年来最辉煌的篇章。

这话可能有些绝对，但道出了人们的心里话。

望着张存浩乘坐的车辆渐行渐远，许多人流下了依依不舍的泪水……

十二、勇于开拓新的边缘科学

张存浩离开了大连，但他对科学研究的痴迷、对新领域的不懈追求，给他的同事、学生以及后来者，留下了极为深刻的印象，他成为广大科技工作者尊奉的楷模。

之后的许多年，许多人撰写文章，回忆科研历程中许多难以忘怀的人和事。

周大正是1961年进大连化物所的科研老兵，与张存浩相处时间最长。他是张存浩科研团队的一名得力干将，尤其是在高能化学激光研究方面颇有建树。在大连化物所编辑的《化物生活》（2022第12期）上刊登了周大正撰写的《张存浩先生二三事》一文，他结合自己的亲身经历，讲述了张存浩科研生涯中一些鲜为人知的故事，由衷地感佩张存浩这位伟大的科学家对科学研究中新苗头、新发现的敏锐的眼光、执着的态度和敢为人先的开拓精神。周大正认为，张存浩不单纯是一般的冲锋在前地研究各科研领域的专家，还是一位满怀热情、急国家之所急、善于开拓新研究领域的科学家。他善于观察国际科研新动向，并分辨得出哪些是中国当前可以赶超并适合大连化物所目前可以起步研制的项目。他在学科上从有机化学、化学工程学、物理化学渗透到传热学、燃烧学、强化学、流体力学、光学、非线性光学、激光光谱学以及微观化学反应动力学，知识面之广令人钦佩。

周大正在文章中记述了张存浩在边缘科学方面勇于开拓、支持创新的故事：

> 20世纪80年代初我们组正在研究电子束引发的氢氟链反应脉冲激光器的时候，张先生有一次来检查我们的工作，我除了向他汇报主体激光器研究进展，还与他谈了最近设计了激光打靶装置，正在做学激光与靶材的耦合机制（即打靶机理）。他一听兴趣来了："烧蚀结果怎样？"我说："脉冲激光与连续波激光破坏靶材的机理不一样，连续波对靶材主要靠烧蚀破坏，而脉冲激光与靶材耦合时间极短，烧蚀影响微乎其微，主要靠激光脉冲在固体表面上产生的激光支持爆震波一种超声速的等离子波，由此产生的冲量来破坏靶材。"张先生接着说"给我看看实验结果"。他仔细看了我设计的一台小型仪器（并进行现场演示）：30焦耳/脉冲、脉宽1微秒装置输出的激光束经CaF透镜聚焦到密闭靶室的各种靶材靶面上，靶室内可充不同气压的空气或其他环境气体，将入射的激光束令其一部分通过靶材中间一个0.8毫米微孔，使其落到靶后磷化镓光子牵引检查器上，并将其信号接到示波器上显示。张先生看了我们的演示非常兴奋。我把示波器上出示的激光支持爆震波波型照片给了他，他说这效果很好，能否在理论上加以解释，我回答说这几天正在做一维理论模型。张先生听后大感兴趣，叮嘱我说这工作很重要，你赶快总结一下，我要把这材料寄给"两弹一星"权威之一的程开甲院士。后此工作经程开甲院士推荐，在1985年第二期《中国科学》杂志上发表了。之后由于HF激光波长太长、国家资金有限，我所主要人力物力都投到氧碘激光上去了。脉冲激光及其打靶机理没再深入下去。但张先生对新生事物的重视和培植一直使我记在心中。
>
> 张先生是我国分子法激光分离铀同位素研究工作的奠基人之一。激光分子法如今是当前最具潜力的铀浓缩的新技术。四十多年

前，张先生以远见卓识的洞察能力亲自提出并指挥这项工作。他亲自去了联邦德国和印度相关研究所进行调研，回来后制定了采用连续调谐 16 微米激光器选择性激发六氟化铀，分离出铀 235 的研究路线。这项工作国防意义非常重大。当时我有一项工作正在探索激光受激拉曼散射和四波混频研究。有一天张先生把我叫到他的办公室，对我说："我想把你探索的受激拉曼散射的基础研究工作与型号任务工作结合起来，真正为'两弹一星'工作出把力好不好？"我说："好呀，但 16 微米激光泵浦源谁搞呀，它的工作量也很大。"张先生说："我已为你找了合作对象——北京电子所万重怡团队，他们研究的高气压高重复率的 CO_2 激光器输出波长正好是低温仲氢拉曼散射要出 16 微米激光的泵浦源。"经张先生指引，我们联系两家合作的电子所负责多大气压高重复率 CO_2 激光 MOPA 系统，我们化物所负责超低温仲氢拉曼散射池。1985 年在国际上首次实现了连续调谐的 16 微米拉曼激光输出实验。此重大成果由于保密原因只在《中国激光》杂志以简讯形式发表。

周大正在文章最后，满怀深情地写道：

  张存浩先生是我国化学物理领域杰出的科研领头人，他对科研的发展观察始终处于前沿，他有足够的胆识敢于开拓新的边缘科学，他善于发现新鲜事物并给予支持。他是我所的好领导、好师长。人生能有几次搏？张存浩先生为祖国、为科研事业拼搏，一辈子是幸福的，也是光荣的，值得我们尊敬和学习。

十三、瞄准前沿

大连化物所原所长、中国科学院原副院长张涛在接受央视记者采访时，曾概括地说，张先生他们这一代，其实非常敏锐，他们从年轻的时候，就一直紧跟世界科学的前沿，紧跟面向国家的战略需求，及时准确地判断方向，使大连化物所的研究一直处于国际最前沿。

20 世纪八九十年代的大连化物所，有 3 个实验室闻名在外。一个是郭燮贤院士等创建的催化基础国家重点实验室，这是 1987 年我国首批建设的国家重点实验室之一；一个是1992年张存浩与楼南泉、朱起鹤、何国钟、沙国河等共同创建的分子反应动力学国家重点实验室；一个是1995年张存浩、庄琦、杨柏龄、桑凤亭等科学家筹划创建的短波长化学激光中国科学院重点实验室。后两个重点实验室已成为我国乃至世界化学激光和分子反应动力学的研究中心之一，共有40余项研究成果先后获得国家级科技奖励，3项成果入选中国十大科技进展新闻。无怪乎，大连化物所历届领导视其为最珍贵的"大宝贝"。

2000年，张存浩（右二）与杨柏龄（左一）、沙国河（右一）、包信和（左二）、张涛（中）讨论化学激光实验场地规划建设工作（供图：大连化物所）

2009年，张存浩（右九）在庆祝中国科学院化学激光重点实验室成立大会上（供图：大连化物所）

20世纪70年代初期，美国等发达国家开创了用分子束技术研究化学反应，将化学动力学研究深入原子、分子的层次上。楼南泉意识到，这一新的学科将对推动催化基础科学和化学激光的研究有着重要作用，于是开始酝酿在大连化物所开展微观反应动力学的研究，挺身立足于世界科学研究前沿。

1979年，实验室开始自行研制二型交叉分子束装置，于1981年研制成功我国第一台交叉分子束实验装置。此后，在寻找化学激光新体系的推动下，系统地研究了金属原子和卤素分子的反应动力学以及激发态分子的碰撞传能。

探索无止境，报国无有期。

1982年，作为学术带头人，张存浩从事科研工作30多年后，终于可以按照自己的兴趣，开展分子反应动力学方面的研究了。

张存浩等科学家意识到，分子反应动力学是当时化学物理领域的前沿热点，在率领团队攀登化学激光高峰的同时，他十分注重化学激光的机理和基础理论研究。他率先开展了新泵浦反应和分子碰撞传能动力学方面的研究，以此为基础，作为奠基人之一，开创了我国分子反应动力学研究领域，并取得了多项国际先进或领先的研究成果。

由于窄谱带、短脉冲、可调谐激光器的出现和各种新的实验技术（如光学双共振、共振多光子电离、受激发射泵浦、受激拉曼散射、激光诱导荧光等）的相应发展，特别是激光分离同位素的实用的促进，激光化学获得了前所未有的发展动力。世界上几百个科研单位、几乎所有知名的化学学术机构，都投入主要力量来进行这一新兴的有强大生命力的课题研究。

这是激光应用于化学领域而产生的一门新的边缘学科，属于世界前沿科学课题。它主要研究物质分子在激光作用下呈现激发态时的精细结构、性质、化学反应、能量传递规律及其运动变化的微观过程，其在化学合成、分离提纯、原子分子检测、光催化等工程应用和生物学、医学等方面产生的影响日益显现，可为研制新材料、开发新能源、揭示某些生命过程的奥秘提供科学启示，前景十分诱人。

1983年，张存浩提出四色软激发的激光分子法分离铀同位素的研究方案，这是克服了美国的分子法分离铀同位素方案的严重缺陷而具有自己特色的创新方案。

1984年4月，在张存浩的建议下，大连化物所从化学激光研究室中分建激光化学研究室，张存浩任主任。他与陈锡荣、沙国河、朱清时等科研人员结合分子法激光分离铀同位素的研究，开展了16微米波段精细调谐激光器、UF_6（WF_6/SF_6）激光双共振及其偏振效应、脉冲射流动态光谱、WF_6（SF_6）光电离-时间飞渡质谱检测同位素、分子高振动能区中混沌态的光谱性质、CO双共振多光子电离、激发态及其量子化学研究、CO分子间碰撞能量转移等研究，均取得重大进展。

"七五"计划期间，激光化学研究室主要承担国家"七五"重点科技攻关计划项目"激光法分离铀同位素技术研究"专题中5个课题的研究任务；国家自然科学基金资助课题5个，其中重点基金资助课题3个。

激光化学研究室在刻苦攻关中，取得了一个又一个突破。他们运用测试空间分辨和光谱分辨的化学发光方法，找到F-F-NH_3新反应体系，发展了大量产生高浓度NF（$b'\Sigma^+$）的新方法，它可进一步传能给IF（$B^3\Pi 0$），是最接近产生可见光化学激光的新体系。美国宇航单位致力于这一研究十余年尚未达到此程度。1985年，美国罗克韦尔（Rockwell）公司来信承认大连化物所的这一进展，并要求就此项目进行会晤。

他们用红外-紫外光学双共振方法研究了苯电子基态的V18振动模与Y11、Y16振动模之间的传能速率，以及C_6P_6的振动弛豫速率。用红外激光双共振技术，研究了SF_6和NH_3分子受激光激发后的瞬态振动能量分布，在计算中所建立的信息反演模型也可用来计算其他分子的光谱或能量分布。

他们建成了选择性激光激发-共振光电离-冷射流-时间飞渡质谱装置，对氙的6种同位素和NH_3的冷射流取得了质谱数据。此装置可用来进行激光分离同位素的原理性实验。

他们以光栅调谐的横向激励大气压CO_2激光，对CF_3I与$CHClF_2$进行^{12}C与^{13}C的同位素分离，获得^{13}C同位素的富集系数可达300以上，而$CHClF_2$的工作气压可达200托（压强单位）以上，当^{13}C有大量需求时，此法具有工业化价值。

……

大连化物所自行研制的通用型交叉分子实验装置

　　上述这些研究成果，大多数以论文形式发表，其中发表激光光谱、激光选态反应动力学、激光诊断测试等方面的文章共 40 多篇，登载在《分子光谱学杂志》（*Journal of Molecular Spectroscopy*）、《化学物理通讯》（*Chemical Physics Letters*）、《物理化学学报》（*Acta Physico-Chimica Sinica*）、《光学学报》、《中国激光》等国内外期刊上，同时在国际量子电子学会议等多种国际激光会议上宣读论文，进行学术交流。"CO 双共振多光子电离方法的几项新发展"于 1986 年获中国科学院科学技术进步奖二等奖。其间，还培养激光化学领域的硕士研究生 5 人。

　　1987 年初，由楼南泉、张存浩、何国钟发起，在大连化物所微观反应动力学研究室的基础上，筹建分子反应动力学国家重点实验室的工作正式开始。在张存浩的大力推动下，是年 4 月 27 日，国家计划委员会将分子反应动力学实验室列入国家重点实验室建设计划。8 月 3 日，中国科学院聘请唐敖庆等 11 位著名科学家进行评审，一致同意由大连化物所联合中国科学院化学研究所建立分子反应动力学国家重点实验室，总部设在大连，由何国钟担任实验室主任。

　　当年，作为改革开放后大连化物所培养的第一批博士的王秀岩见证了分子反应动力学国家重点实验室建设初期的筚路蓝缕和艰苦奋斗的历程。他于实验室筹建之时，作为实验室成员公派到美国合作交流，于次年回国。他回忆道：

分子反应动力学国家重点实验室 A 座

分子反应动力学国家重点实验室 B 座

分子反应动力学是化学领域的基础理论前沿学科，当时虽然已发展近十年，但基础仍然薄弱，远落后于发达国家。尤其是实验仪器设备普遍落后，国内生产的仪器不行，又买不起进口仪器，(对)一些先进的精密仪器更是望尘莫及……初期，重要的任务是自主设计和研制实验研究所需的大型设备和仪器，这非常重要。

在艰难中起步的分子反应动力学国家重点实验室迎难而上，奋发图强，没有仪器自己造，渡过了一个又一个难关。

实验室历经 5 年的边建设边研究，于 1992 年 3 月 21 日按期通过国家验收。"分子反应动力学实验装置"于 1994 年获中国科学院科学技术进步奖一等奖；固定尖端科研人员扩充到 40 多人，成为全国乃至世界上同类研究机构中的知名研究中心。

张存浩（右）和著名科学家王大珩院士（左）在一起

张存浩和沙国河、何晋宝科研小组选择的一个重大研究课题是分子激发态的光谱和碰撞能量传递。他们以 CO 这样一个较简单的双原子分子作为样板分子，选择了当时国际上出现不久的共振增强多光子电离（REMPI）作为探测技术。REMPI 有很多优点，但在实验中他们发现它存在易受杂质干扰和光谱选择性不高的缺点。针对这些问题，他们首先采取的一个办法是"激光双共振"，即用两台可调谐染料激光器。一台激光器首先把 CO 分子从基态共振激发到一个中间激发态，另一台激光器再把中间激发态分子共振激发到更高的电子态，并使之电离，即所谓"双共振多光子电离"（OODR-MPI）。他们发现这种双共振技术不仅灵敏度比原来提高了二至三个数量级，而且由于经过两次共振选择，OODR-MPI 光谱实现了完全的量子态分辨（即包括电子、振动、转动以至亚转动的宇称分辨），从而他们不仅首次获得了 CO 分子的第一单重激发态（A1P）的碰撞转动传能的绝对截面，而且做到了 e/f 宇称分辨。这一结果于 1984 年发表在美国的《化学物理通讯》上，引起了国际同行的极大兴趣并获得了很多引用。

有一个"谜团"一直困扰着张存浩、沙国河科研小组。

存在的杂质干扰问题，使光谱有一个大的本底，信噪比不够理想，这样就会影响数据的准确度。如何减少杂质呢？一般的方法是提高真空度。于是他们用分子泵对样品池进行抽空，并同时进行烘烤，持续一个星期。真空度到 10^{-7} 托，光谱本底是降下来了，但维持不了一分钟就又上去了。要想解决问题，就得把真空度提高至超高真空（10^{-10} 托[1]），这不是不可能，但建立这样一套超高真空设备，需要很大投资，而且时间也需要很长。他们想到，这些干扰杂质主要是一些大分子。大分子是很容易用液氮冷冻下来的，于是设计了一个上部带液氮冷阱的样品池。一试，效果好得出乎预料，甚至只用机械泵抽真空，杂质干扰就很少了。这样一来，不但光谱信噪比大为提高，而且实验起来也容易了。就是这样一个看似技术上的小改进，奠定了科研小组后来的一系列实验，包括发现碰撞传能量子干涉效应研究的基础。

分子筛实验装置（供图：大连化物所）

一连多年，张存浩与沙国河等持续开展双共振多光子电离光谱学的研究。他们指导研究生解金春在国际上首创研究发展了能够观察超短寿命分子态转动结构的方法，称为"离子凹陷光谱"，并用该方法首次测定了氨分子预解离态转动光谱及其时间约为 100 飞秒的寿命，使得分辨分子超短寿命态的弥散光谱成为可能。这一方法普遍适用于研究分子快速预解离态的转动结构和寿命，进而在转动分辨基础上研究分子激发态的扬-特勒效应（Jahn-Teller effect），发现了一种扬-特勒诱导的费米共振，其选择定则不同于常规的费米共振。

紧接着，他们的又一项研究成果"CO 单重-三重混合态碰撞传能中

---

[1] 1 托 $\approx 1.33 \times 10^2$ 帕。

的量子干涉效应"引起了世界瞩目。

从 1989 年开始,张存浩、沙国河等进行了 N_2 激发态($a^1\Pi_g$)碰撞传能到 CO 的研究、CO 三重态($e^3\Sigma^-$)的三个分量之间的传能研究,以及用圆偏振激光研究碰撞中分子取向的变化等。所有这些研究,都达到了完全量子态分辨。他们通过大量的实验并结合理论分析,总结出了影响双原子分子碰撞传能的许多"倾向规则"(propensity rule),包括 Π 态 e/f 宇称规则、$^3\Sigma$ 态的 F1/F2/F3 三个分量的规则、分子碰撞取向变化规则,以及激发态分子间电子传能的激发复合物和偶极-偶极近共振两种机制等。

1987 年,张存浩在全国量子化学会议上做学术报告

这些研究引起了国际同行的重视。1993 年,张存浩和沙国河应邀在国际顶级学术刊物《科学》(*Science*)上发表了一篇综述性文章,介绍了这些工作,并被该期刊主编评价为亚洲代表性科研成果之一。

分子波函数微扰对单重态-三重态系间穿越(system crossing)研究,属于世界科学最前沿。他们发现,实验数据在大多数情况下可以用公认的 Gelbart-Freed(碰撞转动传能的量子干涉效应)传能公式来解释,但当所研究的转动能级波函数有强烈混合时(即所谓单重-三重混合态),传能截面的实验结果却明显背离 Gelbart-Freed 理论,相差可达一倍之多。长时间内,张存浩、沙国河等百思不得其解,是实验误差吗?他们进行了多次反复验证,证明实验没错,那问题可能出在 Gelbart-Freed 传能公式上。他们仔细考察了 Gelbart-Freed 传能公式的来源,发现在该式的推导中用了经典力学近似，忽略了三重和单重两个传能通道间的干涉效应。根据量子力学，传能过程应具有波动特性，也就是两个通道间应存在干涉，问题可能就出在这里。于是，他们进一步查阅有关文献，发现了10多年前国外一位理论家亚历山大（Alexander）的研究。根据他的计算，提出在碰撞传能中可能有量子干涉效应，但这个理论却一直未得到实验证明。亚历山大的理论是出于对另一个分子体系的数值计算结果，并不能与他们的实验相关联。于是，他们就从量子力学的基本原理出发，推导出一个非常简明的混合态碰撞传能截面公式。用这个公式得到的计算结果，与他们的实验完全符合。为了验证这种符合是否偶然，他们进一步对6个转动态共24个传能通道做了实验和计算，结果全部符合。

张存浩在实验室

这是沙国河和张存浩多年潜心研究的结果，但最终论文定稿，却是他们在德国完成的。1994年，沙国河作为出国访问学者在德国量子光学研究所工作。10月，张存浩到瑞士访问。沙国河闻讯后，立即坐火车赶到德国靠近瑞士的一个小城。在这里，他见到了思念已久的老领导、老战友，还带来了那篇字斟句酌十几遍的论文。他知道，自己的英文水平距离张存浩还有一定差距。在宾馆，张存浩对这篇论文进行了认真阅读和修改，二人商议着对一些内容再次进行修订。天色已晚，沙国河赶不回去，再找一间客房需要上百美元，再加一张床也要钱，于是，老哥俩就挤在了一张床上。

1995年2月，该论文在美国《化学物理杂志》(Journal of Chemical Physics)上以《碰撞诱导CO单/三重混合态分子内传能量子干涉效应的证据》的题名发表。该刊评阅人认为："此文首次测量和精确定义了碰撞过程的干涉效应，是一篇重要文章。"还附上一句："英文水平非常棒！"沙国河认为，这篇论文之所以这么快发表，并如此受重视，与张存浩的执笔润色有着直接关系。

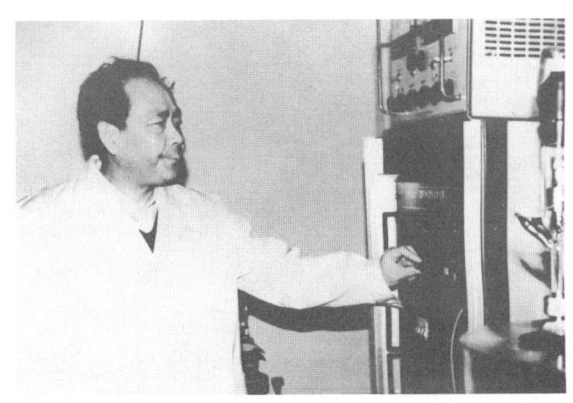

沙国河在做实验（供图：大连化物所）

1996年，大连化物所牵头的国家攀登计划"态-态分子反应动力学和原子分子激发态"项目，通过了以唐敖庆、徐光宪院士为首的专家组的结题验收。专家们在综合评价意见中指出，该攀登计划项目课题有的处于国际领先地位，在科学上有所突破，有所创新，其中突出的成果有3项。另外，"准激发态分子碰撞传能和分子内能量转移"研究，取得突破性进展。

对自然科学的痴迷、对科技报国的执着，让张存浩和他的实验室在研究的征程上越走越远，探索越来越深，成果越来越显著。

1997年初，大连化物所突然收到一封国外来信，那是国际上知名的戈登研究会议（Gordon Research Conferences，GRC）主席来邀请他们去做报告，该会议在英国牛津大学召开。这次国际著名科学前沿讨论会——分子光谱和动力学戈登研究会议将量子干涉效应作为会议的中心主题，邀请张存浩出席会议并做"激发态分子碰撞传能中的量子干涉效应"报告。

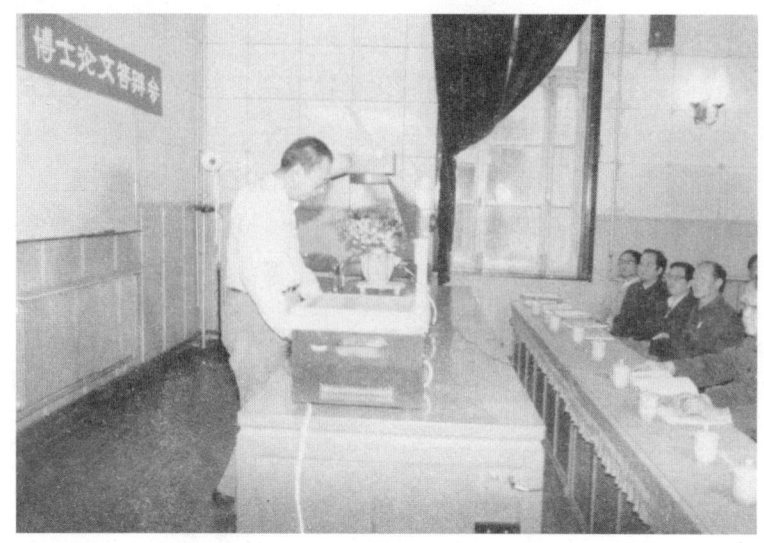

1985年10月，张存浩（站立者）主持博士学位论文答辩（供图：大连化物所）

此后，他们还把量子干涉效应的观测成功地推广到 CO 的其他混合态。与清华大学物理系李丽教授合作，该研究小组又用光学-光学双共振荧光探测技术探明在钠原子的碰撞跃迁中也存在明显的量子干涉。由此看来，量子干涉效应是系间跃迁过程中的一个普遍现象。后来，他们进一步测定了不同碰撞伴在不同温度下的干涉相位角，对 CO 另外一个混合电子态（$A^1\Sigma_u^+/B^3\Pi_{0u}$）的实验进一步验证了他们理论的普适性。

1998 年 8 月 2—7 日，张存浩（站立者）在香港召开的
国际理论和应用化学联合会大会上做报告

张存浩等开展的关于"双共振电离法研究激发态分子光谱和态分辨碰撞传能"研究，获1999年度国家自然科学奖二等奖，其中最重要的一部分是关于碰撞传能量子干涉效应的研究。2000年，此工作以"我国首次发现新的物质波干涉现象"为题，被评为中国十大科技进展新闻之一。

沙国河在回忆张存浩领导科研小组革命加拼命攻关攀峰的文章中写道：

> 我们之所以能得到这一发现，除了研究方向选得准、实验技术先进，以及实验与理论密切结合等因素外，最重要的是要有锲而不舍、勇攀高峰的精神。既不因小有成就而满足，也不因异常现象的困惑而罢休。

张存浩在国家自然科学基金委员会任职期间，无论工作多忙，每个月总会飞回大连两次。在实验室，他与年轻的学者们就一些问题展开讨论。即使因为事务缠身，不能前往，也要每天至少打一个电话，询问工作进展情况。

他，人虽然离开了大连化物所研究一线，也因为年龄偏大而无法夜以继日地在实验室战斗，但他的心仍在实验室，他的科研热情始终与广大青年科研人员一起激涌澎湃。看到自己曾经的团队越来越强大，他感到无比自豪和宽慰。让张存浩尤为欣慰的是，大连化物所科技梯队建设日臻完善，自己培养的一批学生以及年轻科学家已经接过老一辈科学家的薪火，在分子研究中挑起了大梁，取得了令人瞩目的成果。

2015年8月，笔者（左）在大连化物所采访时，与王秀岩（中）、杨何平（右）研究员在一起（摄影：张梅朋）

数十年来，分子反应动力学研究的发展极大地推动了化学学科、大气化学、材料科学以及高新技术等领域的发展。

1996年解金春博士由美回国，之后又有一些高级专业人才回来，加快了科研队伍的年轻化速度。在此期间，楼南泉和沙国河作为首席科学家承担了"八五"和"九五"国家攀登计划项目，1999年担任实验室主任的解金春作为首席科学家承担了国家重点基础研究发展计划（973计划）项目"化学反应的本质和选控"，并取得重大进展。

2020年9月15日，张存浩（前右三）参加973项目"化学反应的本质和选控"课题汇报会

这个时期，重点实验室建立了飞秒实验室，已经具有跟踪和掌握国际最先进实验技术的能力。实验室广泛开展了国际合作与学术交流，主办了多次国际会议；若干亚转动能级的传能过程的研究不断深入，获得了多项高水平的研究成果。尤其是自实施知识创新工程以来，实验室积极引进人才，以杨学明、张东辉、韩克利为代表的优秀青年化学家纷纷回国加入这支队伍。

韩克利进行的分子反应动力学的实验和理论研究，在实验方面利用分子束、激光技术（包括飞秒激光）研究分子的光解和反应动力学，以及研究反应过程的矢量相关和生物化学过程的超快（飞秒）过程。在理论方面，主要利用量子力学和量子化学理论，研究光解动力学、双分子反应动力学等，并发展了经典轨迹计算立体动力学的方法；把含时波包方法用于研究化学反应的非绝热过程和非绝热过程势能面的计算与拟合。

2001年，杨学明任实验室主任，作为首席科学家承担了国家973项目"复杂反应体系的化学动力学研究"，开始挑战化学反应过渡态和控制化学反应的重要科学难题。研究小组在研究$H+D_2 \longrightarrow HD+D$反应时，首次从实验上观测到化学反应势垒型量子过渡态结构，并给出了清晰的物理图像。这项研究发表在2003年的《科学》杂志上。

他们利用自行研制的具有世界领先水平的氢原子里德伯态飞行时间谱-交叉分子束装置，研究$F+H_2$反应时观测到的反应共振现象，解决了国际上备受关注的这一重要科学问题。

该研究于2006年发表在《科学》上。实验还发现了$F+D_2$反应在低碰撞能条件下玻恩-奥本海默近似完全失效，该研究成果于2007年发表在《科学》上。

"化学反应过渡态的结构和动力学研究"荣获2008年国家自然科学奖二等奖。

随后，杨学明带领团队在气相化学动力学方面取得了一系列新突破，特别是在化学反应共振态的研究方面发展了一套系统的探测方法，使得他与团队对重要反应过渡态的研究达到了一个更高境界。

1986—2010年，大连化物所共获得国家自然科学奖6项，其中分子反应动力学方面的奖项3项；中国科学院科学技术进步奖一等奖11项，其中分子反应动力学方面的奖项2项；中国科学院自然科学奖一等奖3项，全部为分子反应动力学方面的研究成果。

近年来，张东辉研究员、刘舒博士在模式选择化学领域取得了新进展，证实了$H+H_2O$振动激发反应中的局域模式图像。这是中国科研人员首次从理论上对$H+H_2O$初始基态、第一对称和反对称伸缩振动激发态反应进行的全维态-态量子动力学研究。他们经计算发现，对称和反对称激发态反应表现得非常相似，更重要的是产生的OH都只有很小一部分在$v=1$态上，分布比例和基态与激发态的相对反应性非常接近，从而证实了局域模式图像，以及不反应的OH键在反应中作为旁观者。在局域模式图像中，（100）和（001）态可以看作局域伸缩的线性组合，入射的H原子倾向于激发起来的OH反应，使得产物OH主要在基态。这项精确的理论工作进一步加深了对模式选择化学的理解。相关研究成果发表在

《化学科学》（*Chemical Science*）上。

中国分子反应动力学研究领域的佼佼者、学科带头人杨学明利用自行研制和原创的一系列国际领先的科学仪器，在化学反应动力学研究方面取得了一系列备受国际瞩目的重要研究成果，澄清了势垒型量子过渡态与反应共振态在动力学上的差异；在量子态水平上观测到氟加氢反应的共振现象；证明了物理化学领域常用的基础手段——玻恩-奥本海默近似在氟加氘反应和氯加氢反应中的有效性；与合作者发展了四原子态-态量子动力学理论与实验方法，得到了 HD+OH ⟶ H_2O+D 体系第一个全维精确的微分截面；得到了水分子及其同位素光分解过程非绝热动力学机理；研究了甲醇在二氧化钛表面的光催化解离机理……

江山代有才人出。

还有什么比自己寄予厚望的年轻一代在科学征程上一路汗水伴着累累成果更让人舒心、更欢欣鼓舞的呢？更何况这些中国分子反应研究领域的将帅级人才，有的是张存浩的学生，有的曾得到张存浩的亲切指导，在他们的成长过程中，都得到过一位科学家热爱祖国、献身科学"衣带渐宽终不悔"的谆谆教导、耳提面命：一切以报国为宗旨。他们大部分人都曾留学国外，在国外的生活、工作环境优渥，但"张着急"的故事在他们的心中已经深深扎根，让他们不忘初心、牢记使命，以实现中华民族伟大复兴的中国梦为终极目标。

张存浩应该自豪。为了国家科技事业的繁荣发展，为了国家的长治久安，为了中华民族的伟大复兴，他拼搏了一辈子，奋斗了一辈子。他是幸福的，从寄托着自己人生梦想的化学激光团队、分子反应动力学研究团队，先后走出了中国科学院院士楼南泉、何国钟、朱清时、沙国河、杨学明、张东辉和中国工程院院士桑凤亭，杨柏龄研究员曾担任大连化物所党委书记、所长、中国科学院副院长，金玉奇研究员目前担任大连化物所党委书记，当选为党的二十大代表。

曾经的少年梦，在一代代科技工作者的不懈努力下，正在变成现实，他怎能不深感幸福，岂能不觉得光荣和自豪？

2009年，张存浩在参加大连化物所60周年庆典时，曾满怀深情地说：

我百感交集，我们这一批人，不光是我自己，还有和我同龄的，从20岁出头到现在80岁出头，把一生都交给了大连化物所，我们觉得非常充实，没有遗憾，如果生命再来一次，我还会到化物所来。

2014年1月，获悉张存浩荣获国家最高科学技术奖，他的老友和同道美国斯坦福大学杰尔教授发来了一段热情洋溢的视频。他说：

  我非常高兴，我的好朋友张存浩教授荣获中国国家最高科学技术奖。他当之无愧！张不仅是一位著名的科学家，他更有着特殊的能力、包容精神和进取的动力去激励身边所有的人。我曾经数次拜访他，了解到他为了中国的发展进步，孜孜不倦而卓有成效地推动着最高水平的科学研究，使中国在世界上成为一股强大的力量。他的成就是卓著的。张存浩教授极大地鼓舞了所有正在努力推动科学研究的科学家们。

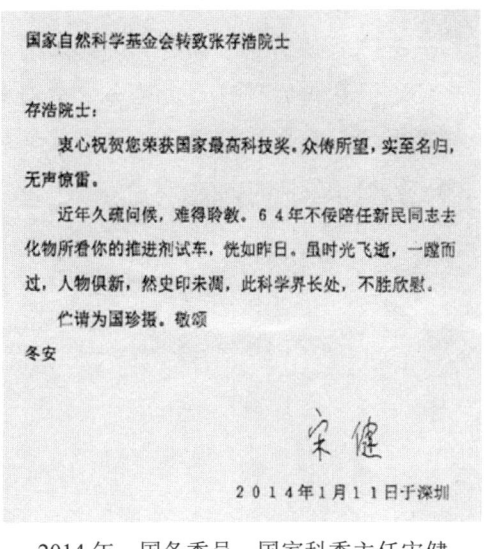

2014年，国务委员、国家科委主任宋健给张存浩的贺函

张存浩荣获国家最高科学技术奖证书

年逾八旬的张存浩（左图左二，右图右二）在大连化物所实验室与科研人员交流

是啊，半个多世纪的时光，人生最美好的时光，六十多年的坚持，六十多年的奋斗，不仅仅是为了大连化物所，也是为了国家的科技宏图大略，更是为了早日实现中华民族伟大复兴的中国梦。张存浩和他的伙伴们，以及所有献身祖国科技事业的科学家，无怨无悔，可歌可泣！

正如2014年1月11日《都市快报》记者徐迅雷在《一辈子的坚持，最高奖的明证》一文中所言：

> 我们要佩服那一代的大师。他们为人，是大写的人；他们做事，最坚持最坚韧最努力。他们都不是急功近利的研究者，多么艰难，永不言弃；他们实证了这一常识：不是因为有了希望才坚持，而是因为坚持才有了希望；不是因为有了机会才努力，而是因为努力了才有机会；不是因为懂得了才去钻研，而是因为钻研了才会懂得；不是因为拥有了才付出，而是因为付出了才拥有……真正的大师，绝不是"成功学"所能速成的；真正的科研，决不会一蹴而就踏一步就成功……都是长期研究的汗水凝聚而成的，而只有这样的汗水，才闪烁着水晶的光彩、钻石的光芒。

第三章　难忘科学基金十五年

　　人才，能够影响几代人乃至整个国家的科学素养，也是21世纪最匮乏的资源。为了把握住20年战略机遇和完成15年内建设新型国家的伟大任务，培养拔尖科技人才的任务尤为紧迫。爱惜人才、发现并培养人才是基金委能够很好参与的一项战略任务。纵观世界，通过基础研究来培养适于从事创新研究的高层次人才才是最有效的途径，这也是现有科技人员应当担负的特殊责任和我们基金委工作人员应该时刻关心的重点。

——张存浩

　　2007年9月13日，美国斯坦福大学教授、"沃尔夫奖"得主，美国国家科学基金会（National Science Foundation，NSF）前主任理查德·杰尔教授应邀参加中国科学院和北京市政府共同举办的2007诺贝尔奖获得者北京论坛。其间，杰尔教授在国家自然科学基金委员会所做的报告中，高度评价了张存浩领导的国家自然科学基金委员会的工作成就，称赞他是"你们国家的英雄"！

　　2014年1月，张存浩院士荣获2013年度国家最高科学技术奖，国家自然科学基金委员会会同中国科学院、大连化物所为张存浩院士举行庆祝活动，参会的各个单位的负责人、专家对他从科研、管理、教学、人品等方面给予了高度赞赏，应邀参会的杰尔教授作为外籍科学家，代表张存浩院士的朋友们,在讲话中认为有的人发言"不尽全面而没有深度",他再一次深情而坚定地说:"他是你们国家的英雄!"

一位中国科学家,两次得到一位著名外国科学家的盛赞,在中国科学界,张存浩独一无二。

其实,杰尔教授的由衷赞誉,既是评价张存浩是中国顶尖的品德至上的科学家,更是赞美他为中国科学基金事业健康发展、创新发展、全面发展做出的卓越贡献。

1991年初,张存浩接替唐敖庆院士担任国家自然科学基金委员会主任,开始了他人生中另一段新的重要征程。

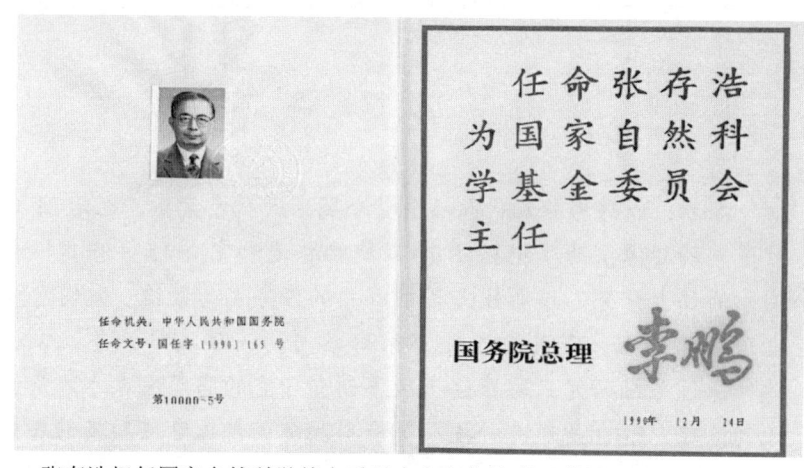

张存浩担任国家自然科学基金委员会主任任命书(供图:大连化物所)

在此3个多月前,有关领导找他谈话,欲把国家自然科学基金委员会的重担交付于他,这多少让他有些意外。不是他觉得自己没有这个资质和能力,而是觉得自己作为一名科学家,虽然取得了一定的成就,但距离党和国家的要求还有不少差距,即使取得了一点成绩,那也是自己应当做的——这放在任何一位爱国科学家的身上,都会这么做。现在党和国家这么器重自己,把这样重要的工作交给自己,真的觉得有些受宠若惊。

另外,他觉得自己真的不愿意离开工作、生活了40年的大连化物所。这里,是自己科技报国之梦升腾的地方,也是实现一个个科技兴国之梦的福地。

但是,更广阔的天地、更艰巨的任务,还需要他这个拥有30多年党龄的共产党员、有着崇高威望的科学家，团结、引领诸多专家、同仁，盘活走好全国自然科学基金这盘棋，使国家自然科学基金委员会在原来工作的基础上更上一层楼。

张存浩明白，这是召唤，这是使命，责无旁贷。

一、厘清思路，突出创新

国家自然科学基金委员会成立于1985年，是在邓小平的直接关怀下诞生和成长起来的。

2014年1月10日央视的《大家》专题栏目中，主持人说：张存浩之所以担任基金委主任一职，一是因为他在我国科技界的卓越成就，二是因为他的崇高威望。当然，还有他在大连化物所科研管理一肩挑的经验。

此时国家自然科学基金委员会创立仅5年，正是发展的关键时期。张存浩感受到了巨大压力。

1991年1月，在国家自然科学基金委员会召开的见面会上，国务委员、国家科委主任宋健让张存浩表个态。张存浩事先并没有准备演讲稿，他想了想，讲了两点。一是继承唐敖庆倡导的依靠专家、发扬民主的优良传统，自己要首先做到既不搞单位本位主义也不搞学科本位主义，在科技界反对不端行为，提倡良好的科研实践，就要对自己也严格要求。在项目评审上，即使是投一张票，做一个简短的发言，也要时时警惕，防止单位本位主义和学科本位主义；再有一条：坚持五湖四海是极为重要的，比如，不管是哪个"山头"的干部，绝不应有亲疏之分……

没有一句华丽辞藻，没有一句豪言壮语，朴实得如同与一帮知己唠家常。但所有人都明白，新任领导突出了两点：如何做事，如何做人。

那一段时间，张存浩所做的事情主要有两件：一是悉心听取老专家和同事们的真知灼见，吸收各方面的远见卓识；二是认真学习、研究国家自然科学基金委员会的各种文件和各项制度，力争在最短的时间内让自己成为国家自然科学基金委员会的"行家里手"。眼睛累了，腰疼了，他就站在明亮的窗户前，看着街上川流不息的车辆和人流，感叹着世界的变化无限和玄妙无穷，思量着下一步工作如何开展，畅想着祖国科学事业健康发展的美好前景……

张存浩在国家自然科学基金委员会会议上做报告

新官上任三把火。但他这个官,不完全是纯粹意义上的官,而是以实际成果为发言权的官。凭着多年科研管理的工作经验,他知道自己要想在国家自然科学基金委员会干出一番事业,给中国科技界吹起一道新风,不辜负党和国家的重托,唯有在求实和创新上下功夫。但如何创新却不是凭空想象,更不是心血来潮。

张存浩要确立的工作立足点和出发点,就是解放思想、创新发展。他对这些有着深刻的体会,因为几十年来他的每一项研究都是不断解放思想的过程,每一项成果都是不断创新的结果。当年,超声速燃烧型氟化氢/氟化氘激光器的研制在国外刚刚起步,他大胆选择不依靠国外文献的道路,自己独立摸索进行燃烧体系研究。之后,在高能化学激光、分子反应动力学等的实践中,始终秉承"解放思想、创新发展"这一理念,使得科技攻关不断取得突破,攀上世界科学高峰。

同样,做好国家自然科学基金委员会的工作,我们也不能吃"别人嚼过的馍",而是必须在借鉴的基础上,真正解放思想,轻装上阵,只有这样才有可能收获属于自己的成果。

正在思考、酝酿之际,张存浩接到国家科委的指令,让他随国务委员、国家科委主任宋健一同出访意大利。一切好像是宋主任有意为他安排的一样，他们此行的重要目的地是欧洲文艺复兴的发祥地佛罗伦萨。在这里，张存浩对起源于十五六世纪的文艺复兴有了全新的认识。正如后来中国科学院原院长路甬祥所说的那样："欧洲发生的文艺复兴运动，打破了神权对人的思想的禁锢，理性、平等和尊重人的尊严与价值等文化环境，成为鼓励认知真理、孕育近代科学的土壤。"①

在佛罗伦萨，宋健和张存浩边看边交流看法，思想共鸣之弦越弹越响。艺术创新来源于艺术家们思想的进一步解放，而文艺创新也深刻地影响了社会各方面。在科学界，布鲁诺（Bruno）、哥白尼（Kopernik）勇敢地向世俗宗教宣战，甚至不惜用生命来捍卫真理，这以后才有了伽利略（Galileo）和牛顿（Newton），才有了近代科学的发展，才有了资本主义萌芽由缓慢发育到蓬勃发展。

不虚此行！张存浩在后来的文章中记述了这一段神奇之行所带来的收获。他这样写道：美第奇大公（斐迪南一世·德·美第奇，Ferdinando Ⅰ de'Medici）所代表的思想流派提倡"以人为本"和"解放思想"，与邓小平同志在改革开放初期所大力提倡的"解放思想，实事求是"颇有类似之处。我们不可忘记 400 年前这段历史带来的启迪，要牢牢记住进一步解放思想对建设创新型国家的重要性。

在深入调查、积极吸取老专家意见的基础上，张存浩和胡兆森、梁栋材、孙枢、陈佳洱、金国藩五位副主任同心同德，团结带领 62 位委员，群策群议，描绘着国家自然科学基金委员会的美好蓝图。他们在以唐敖庆为老班长的上届国家自然科学基金委员会制定的"依靠专家、发扬民主、择优支持、公平合理"十六字方针评审原则的基础上，提出了"控制规模、提高强度、拉开档次、鼓励创新"的工作思路，以及"加强基础、突出创新、调整结构、提高绩效"等一系列资助方针和政策。

张存浩强调：国家自然科学基金委员会的工作思路需要创新，运作机制需要创新，学部建设需要创新，同行评议也需要进一步改善与创新。他用自己的美国朋友杰尔教授的话启迪大家：真理有时候就掌握在少数人手中，我们谁也不是先知先觉的神仙，谁也不能把一个新领域的某项探索性问题研究得十拿九稳，那样就不是创新了，"吃别人嚼过的

---

① 中国新闻网. 路甬祥人大常委会作讲座：近代科学源于文化创新[EB/OL]. https://www.chinanews.com/news/2006/2006-04-29/8/724755.shtml[2023-07-07].

张存浩（右）与著名科学家唐敖庆（中）、徐光宪（左）在一起

馈"，还有什么意义？不要怕风险，不要怕失败，不要怕担责任，如果哪个领域、哪个创新性的重大项目失败了，我先承担责任。因为我是第一责任人！

这口气、这胆识，与杰尔教授颇有异曲同工之妙，可谓英雄惺惺相惜。

鼓励创新，突出创新，所想所做紧紧围绕创新。但创新不是空想，不是高谈阔论，而是实实在在的行动。其实，不少人在静静观察：思路创新、机制创新、工作创新，进而推动科技事业的不断创新、健康发展、跨越发展，主任的话很漂亮，但如何操作，如何突破？很快，他们发现在国家自然科学基金重点项目的运作上，新一届国家自然科学基金委员会领导班子果真就突出了一个"新"字，给人以耳目一新之感。

"八五"计划期间，国家自然科学基金项目仍将保持三个层次（面上项目、重点项目、重大项目）的格局，但新一届国家自然科学基金委员会领导班子对重点项目这一层次在指导原则、立项程序和管理办法上进行了重大调整。首先，在立项指导原则方面，既要根据国家基础性研究的规划，还要参考各学科的发展战略研究，选出本学科的优先发展领域和新的学科生长点，以及国民经济建设中需要解决的基础研究或应用基础研究问题。项目是经过反复酝酿、严格评审后确定的，而不再是从资助的面上项目中挑选的。其次，国家自然科学基金委员会领导班子将划出一定比例的经费专门用于对重点项目的支持，单项资助强度要明显提高。最后，在管理方面将大大加强，除了继续坚持"依靠专家、发扬民主、择优支持、公正合理"十六字方针以外，还要提高透明度。在立项过程中，要经过反复酝酿，一经立项，即公布于众，以指南形式发行全国，公开受理定向申请。根据申请书的内容和申请人的实力，再进行同行评议及学科评审组评审，择优确定项目承担单位及负责人。

同年7月10—13日在国家自然科学基金委员会二届一次全体委员会议上，孙枢副主任做关于"八五"第一批重大项目立项工作的报告。这是国家自然科学基金委员会成立5年来首次在全体委员会议上审议重大项目。这次会议上还研究通过了国家自然科学基金重点项目立项、评审、管理试行办法。

也就是在这次全体委员会议召开前夕，国家自然科学基金委员会召开了一次颇具声势的新闻发布会，同时表彰了中央人民广播电台记者杨时光等二十余位在宣传、报道国家科学基金工作方面做出突出贡献的媒体工作人员。会前召开新闻发布会，这是新一届国家自然科学基金委员会工作的一个创举。

开展重大活动，主动邀请中央机关、国家相关部委领导参加，动用各种宣传工具，及时有效宣传，进一步提升科技界对国家自然科学基金委员会的认知，赢得社会各界的关注；加大宣传力度，扩大国家自然科学基金委员会的影响，让党和国家领导人更加关注国家自然科学基金委员会，让全国科研机构更加信赖国家自然科学基金委员会，让国家自然科学基金委员会成为中国科技工作者真正的"家"。

这就是张存浩的初衷。

1994年10月6日，第二届国家自然科学基金委员会部分班子成员出席新闻发布会
（右三为张存浩）

正是在他的周密策划下，《中国科学基金》首次开办了"国家自然科学基金委员会委员谈基础研究与科学基金若干问题"专题，卢良恕、侯祥麟、王仁等 11 位委员根据各自熟悉的科学领域，发表了"基础研究是农业发展的先导""管理科学应立项研究科学上重大发现的成因""跨学科项目应该有专门机构来协调"等真知灼见，成为新一届国家自然科学基金委员会领导班子的科学决策和创新工作的"锦囊妙计"。

正是在他的关心支持下，1991 年国家自然科学基金委员会累计资助 182 人次出国参加各种国际学术会议，创下国家自然科学基金委员会成立以来的年度新纪录。通过参加国际学术会议，这些从事学科项目研究、基金项目研究的科研人员得以及时获取有关学科领域发展前沿的最新信息和动态。

正是在他的多方联系下，1992 年 6 月以张存浩为团长的科学家代表团自新中国成立以来首次到台湾进行访问，受到台湾科技界和社会各界的隆重欢迎与热情接待，引起海峡两岸以及全世界新闻媒体的广泛关注和高度重视。台湾社会名流纷纷以各种名义拜访代表团的科学家，在举办的各种形式的座谈会、研讨会、科技成果交流活动中，两岸科学家坚定了保持经常沟通、共兴民族大业的信心。

这次"破冰"之旅，还圆了张存浩的另一个梦。他见到了在福建长汀读书时的许多校友，大家互诉衷肠，共表为促进两岸交流、实现祖国统一大业的心愿。

这次"破冰"之旅，促进了海峡两岸科技界的交流与合作，开创了海峡两岸科学家以及其他各界人士互访往来的新局面。此后，每年都有多批科技人员互访、互动，在一些领域开展积极合作。为推动海峡两岸中国科学家的学术交流和合作，截至 1999 年，国家自然科学基金委员会共组织了 4 批大陆杰出科学家代表团访问台湾，又在两岸分别组织多次学术研讨会，如两岸科技学术研讨会、海峡两岸材料科学家研讨会等。

张存浩（左排左二）与部分厦门大学校友座谈

1994年，国家自然科学基金委员会举行两岸科技学术研讨会

正是在他的积极筹措下，1992年10月在北京举行了第一届发展和完善科学基金制国际讨论会，国务委员宋健担任名誉主席，张存浩担任主席，加拿大自然科学和工程研究理事会（NSERC）主席托马斯·布鲁斯托夫斯基（Tomas Brustowski）博士为大会合作主席，美国、英国、德

国、加拿大、澳大利亚、意大利、俄罗斯、日本、韩国等 24 个国家和地区的 43 名代表与 71 名中国代表出席，其中有诺贝尔奖获得者及有关国家的科学基金组织的领导。会议紧密结合科学基金和基础研究这个主题，围绕基础研究对一个国家经济、社会、科技发展的地位和作用，科学基金在资助基础性研究中的作用及其对基础研究的资助渠道、方法，基础研究的学科发展战略，基础研究的国际化和国际合作等开展交流与探讨。

这是有史以来由中国举办的世界基金组织领导者的第一次大聚会。会议共接收中外论文 90 篇，其中大会发言 21 篇、分组发言 39 篇，其他作为书面发言；会上，中方发言 34 人，外方发言 26 人。代表们在会议期间展开了积极讨论，气氛热烈。例如，美国国家科学理事会的代表彼得·摩兰德（Peter Morland）博士评价本次会议内容充实、收效甚大，并建议这样的会议以后应该像奥林匹克运动会一样，成为一种经常性的国际性会议，每隔两三年在不同国家召开一次，通过国际讨论有助于解决一些各国共同关心的问题。

张存浩主持召开科学基金制的完善与发展国际讨论会

这次国际会议恰逢中国共产党第十四次全国代表大会胜利召开不久，国外代表有的是来过中国多次，有的是第一次来中国，通过我国改革开放取得成就的宣传，结合参观访问，他们目睹了中国已经发生和正在发生的经济、科技和社会的巨大变化。一位韩国代表说："我第一次来中国，如果不是一个月前两国建立外交关系，我是不可能来参加这次会议的。尽管你们国家的各方面还有一些困难和问题，但我相信按照改革开放这条路走下去，中国的发展将是很快的。"他表示回国后，将立即组织一个数学、物理方面的代表团来中国访问。

1996年，张存浩（左）、唐敖庆（右）与诺贝尔奖获得者李政道（中）在一起探讨科学基金工作

这次国际研讨会，不仅为中国带来了西方国家先进的基金管理新理念，也让开放包容的中国和正在健康发展的中国科学基金走向世界。对这次会议，国务院极为重视。时任国务院总理李鹏与国家自然科学基金委员会班子成员座谈，征求意见和建议，并对今后的工作提出新的要求。

正是在张存浩的努力运作下，国家自然科学基金委员会继1991年、1992年资助中国科学院青年学者学术讨论会成功召开后，于1993年再次与中国科学院联合举办了凝聚态物理、矿物岩石与地球化学、生物化学与分子生物学、海洋科学、科学和工程计算、激光学、分子光谱与激光化学7个专业的青年学者学术讨论会。会议旨在促进海内外青年学者的学术交流与沟通，推动国内前沿学科的发展，并使海外学者更多地了解国内情况，为进一步开展科研合作奠定基础。会议得到了海内外青年学者的积极响应，共有529人应邀参加讨论会，充分反映了国内外相应学科的最新发展动态和研究进展，展示了一代青年科学工作者的学术才华和研究水平。

正是在张存浩的大力支持下，由国家自然科学基金委员会资助的国际纯粹化学与应用化学联合会第 34 届学术大会于 1993 年 8 月 15—21 日召开，来自 50 多个国家和地区的 1000 多位中外化学家云集北京，就"化学——21 世纪的中心科学"这一主题进行了广泛的交流。其中，诺贝尔化学奖获得者理查德·R. 恩斯特（Richard R. Ernst）和国际纯粹化学与应用化学联合会（IUPAC）主席汉斯·斯达伯（Hans Stubbs）等诸多世界著名化学家出席了学术会议。中央政治局候补委员、中央书记处书记温家宝出席开幕式，对本届学术大会在北京隆重召开表示祝贺。他强调，各国科学技术的发展，从来是相互交流、相互促进的。中国实行对外开放的一个重要内容，就是积极学习和引进国外先进的科学技术成果，加快中国科学技术现代化进程。中国政府一如既往地致力于加强国际科技合作，为促进世界科技进步做出自己的新的贡献。[①]

这也是中国首次举办这样大规模、高规格的世界性化学学术会议。第八届全国人大常委会副委员长卢嘉锡、中国科学院院长周光召、化学工业部部长顾秀莲等出席了开幕式。

1993 年 8 月 16 日，国家主席江泽民在中南海会见了出席这次学术大会的里查德·R. 恩斯特和汉斯·斯达伯等国际著名化学家，就如何发展中国的科技事业等问题广泛地交换了意见。江泽民说，我们重视科学技术在经济建设中的作用。化学是自然科学和现代工业最重要的基础之一。我们希望各国科学家与中国的科技界同行开展更多的国际学术交流与合作。大家就如何促进中国科学研究更快地发展发表了看法。他们建议，中国应该根据自己的国情发展中国的社会、经济和科技事业，而不要照搬西方国家的做法。江泽民对他们的建议表示赞赏，并请他们转达他对出席国际纯粹化学与应用化学联合会第 34 届学术大会的各国科学家们的问候[②]。

1995 年，张存浩担任第三届国家自然科学基金委员会党组书记、主任，他审时度势，科学分析，再次提出"支持基础研究，坚持自由探

[①] 《中国科学基金》本刊供稿. 国际纯粹化学与应用化学联合会第 34 届学术大会在北京召开. 中国科学基金，1993，4：301.

[②] 《中国科学基金》本刊供稿. 国际纯粹化学与应用化学联合会第 34 届学术大会在北京召开. 中国科学基金，1993，4：301.

索，发挥导向作用"的战略定位和"尊重科学、发扬民主、提倡竞争、促进合作、激励创新、引领未来"的工作方针。他和孙枢、陈佳洱、周炳琨、张新时、梁森等委领导班子成员凝心聚力，团结带领新一届国家自然科学基金委员会成员在创新求实之路上再次启航奋进。

第三届国家自然科学基金委员会领导班子合影（左四为张存浩）

可以说，不管是在担任国家自然科学基金委员会主任的 8 年，还是在担任国家自然科学基金委员会名誉主任、监督委员会主任的 7 年，张存浩率领一班人所开展的每一项工作、所取得的每一项成就，都是在不断探索、不断创新的实践中所获得的。这也是他领导的国家自然科学基金委员会工作，得到上至党和国家领导人赞赏，下至国家自然科学基金委员会各位同仁、全国诸多科研机构、众多科学家拥戴乃至外国同行肯定的主要原因之一。

二、汇集智慧，凝聚力量

到新的工作岗位，一切从零开始。通过多年的工作经验，张存浩认为，能否在继承上一届班子优良传统和夯实的工作基础上"百尺竿头，更进一步"，人是第一位的，是开拓创新工作中最重要的。总结为一句话，就是要把所有人的智慧汇集起来，把各部门的力量凝聚在一起，如大河奔涌，奏响新起点、新跨越、新发展的澎湃乐章！

一如在大连化物所，张存浩时刻把尊重人、善于听取各个层面的意见放在日常工作的第一位。无论年龄大小、职位高低，他对所有人一视同仁。在办公室，他亲自给来访者倒茶，端在来访者的面前，悉心听来访者所述所讲，并不时地做着记录。

张存浩（位于主席台上者）主持召开工作会议

彼时，国家自然科学基金委员会借住在防化兵大院一栋老楼里办公，设施陈旧，条件简陋。夏天，他穿着背心，汗流浃背，挥着蒲扇，忘我地工作。他不轻易说过多的话，也不轻易表态，但他眼里容不得沙子，涉及原则性问题，他都是有一说一，有二说二，所有人反映的问题，都会"件件有答复，事事有着落"。有一次国家自然科学基金委员会召开党组会，张存浩当着大家的面点了一位同志的名，因为他分管的工作出现了问题。张存浩批评他说："为什么不及时向我讲？"

因为家还在大连，所以张存浩暂住在友谊宾馆。彼时，他还没有配备专门司机，有时是单位的公务车接送他上下班，一旦车辆已出发或有紧急事务要办，他就只能坐出租车。班子成员们很着急，想尽快物色一位素质高又敬业的司机，方便张存浩外出办事。但很快，张存浩自己找到了。郭维京，一位革命军人的后代，在部队摸爬滚打十几年，复员回京自谋职业，当了出租车司机。因为张存浩打车时坐了几次他的车，一来二去，两人竟成了无话不谈的忘年好友。二人的话题绝大部分是军事题材，从几大战役到各兵种、各新式武器，从中国抗战到欧洲战场……张存浩认为，眼前这个小伙子善动脑、爱学习、肯钻研，既敦厚正直又热情务实。郭维京对这位大领导更是钦佩之极，他感到张存浩平易近人，没有架子，尤其是作为一位物理化学科学家，知识面竟然这么广，视野这么阔，几乎是个"百事通"。于是，当张存浩提出要把他安排到国家自然科学基金委员会当司机时，郭维京一口答应了下来。

张存浩没有看走眼。那些年，无论他晚上加班到何时，郭维京一直钉在值班室安心等候；无论他什么时候外出参加会议赶往会场、赶赴机场，郭维京都会准时在指定地点等候……十几年中，二人建立了不是父子胜似父子的亲密关系。几十年后，郭维京谈及这段工作经历，依旧感慨万千，认为遇到一位真正体贴人、关心人、爱护人的领导实属不易，这是自己一辈子的财富和最美好的记忆。

1991年4月，梁森由教育部高等教育司调到国家自然科学基金委员会任秘书长。到国家自然科学基金委员会没几天，梁森就感觉到这里的工作氛围、人与人之间的关系不一样。在这个主要由来自中国科学院、国家科委、教育部三个机构的人员组成的国家自然科学基金委员会大家庭中，人与人之间的关系如此和谐、融洽，部、局、室之间这么团结、和谐。梁森的心情大好，认为自己这一步走对了。

一天，国家自然科学基金委员会常务副主任胡兆森带着梁森去拜访张存浩，让他审阅第一次全体委员会工作报告。经过短暂接触，眼前这位大科学家、自己的顶头上司，更让梁森吃了颗定心丸。张存浩那么亲切，那么和蔼，那么平易近人。更让他感到不可思议的是，张存浩对国家自然科学基金委员会的工作熟悉得这么快，其对国家自然科学基金委员会的政策、规定、各个工作阶段的节点、各部局室的情况了如指掌。此时的他只能用两个字表达自己的观点：佩服！同时，他也隐隐感觉到自己肩头的担子更加沉重了。作为上传下达、穿针引线的秘书长，自己必须向面前这位领导学习如何尽快进入角色，全方位做好工作。

2022年9月25日，梁森、赵学文、高体玙、郭维京、张捷等向笔者介绍情况

在工作中，张存浩对自己严格要求，以身作则，对各部局室的同志则是循循善诱。他对人事局局长高体玙说，一个单位的人事工作固然重要，但国家自然科学基金委员会的人事工作更重要，它不是任何人都能胜任的，因为它与其他行政事业单位的人事工作性质不同，我们接触的主体是来自全国各地各界的科技工作者，是为科学家服务的，目的是发现、培养拔尖人才，因此要端正态度，想方设法，科学安排，做好协调，穿针引线，架好桥梁。人心顺，风气正，才能为做好工作奠定基础。

1992年盛夏，张存浩在办公室里挥汗如雨，伏案工作。彼时，按照中共中央组织部规定，部级领导办公室可以安装一台空调，当秘书长梁森提出这个建议后，张存浩说："我热，同志们不也热嘛！有这个必要吗？"在秘书处的坚持下，他的办公室才安装了一台空调。他又说："请示一下，给师教授（师昌绪）办公室安装一台可以吧？他年龄比我大，更应该得到照顾。"

张存浩对同志们的关心爱护、体贴入微，温暖着同志们的心，为国家自然科学基金委员会大家庭团结一心、开拓创新注入了正能量，形成了"比、学、赶、帮、超"的良好氛围。

汪浩，国家自然科学基金委员会文印室的一名普通工作人员。一天午饭后，张存浩在与大家闲聊中谈及同志们各自的爱好，得知汪浩喜欢收集钱币，这么一点小事，张存浩竟记在了心里，之后但凡出国，他总是留意收集几枚钱币带给汪浩。他还对汪浩说，美国的硬币各州都是不一样的。几枚外国钱币，不仅让汪浩对自己的顶头上司心头发热，还让自己无意中学到了一些知识。

张存浩在机关会议上讲话

1994年，张存浩和桑凤亭、杜祥琬教授到德国参加一个重要会议，但杜祥琬因临时有事未能成行。张存浩给秘书长赵学文打电话，让他去参加会议。赵学文心里很忐忑，自己很少出国，外语不过关，人生地不熟，万一找不到会议地点怎么办？正在踌躇之际，张存浩送给他一张行动路线图，怎么转机，走什么路，都标记得清清楚楚、明明白白，并注明法兰克福机场大厅里哪里有书报、哪里的食品可以随便取随便吃，并说到机场会有人接他。张存浩等先期离开中国，赵学文因办理护照、预订机票延后几天到达。9月的夜晚，天上下着小雨，当赵学文拖着行李箱走出机场出口时，看到一个高大的身影正向他招手。是张主任！瞬间，赵学文眼圈热了。这就是自己的领导，他亲自来机场接自己了。深夜，张存浩把赵学文送到临近会场的另一家宾馆，一切安排妥当后才步行回到自己的住处。

时隔近30年，赵学文谈及这些，激动、感激之情依然溢于言表：

> 像张主任这样的领导，我想在其他单位可能不会有。他对人们的体贴入微，是发自内心的；他对人们的关心爱护，化作一股股力量，不管工作多累，不管困难有多少，大家都想方设法解决，加班加点，精益求精，以报答领导的厚爱和知遇之恩。

腰伤旧疾、腰椎间盘突出，再加上超负荷工作，张存浩天天在扶病工作。一进单位，人们看见他，都会主动上前去搀扶他一把。每次外出开会、参加活动，张存浩都会随身携带一块木板，到宾馆后铺在床上。如果床太软，他的腰部会更加不舒服，影响休息，从而影响第二天满满的行程。

为了工作，为了创新，为了国家科技事业的未来和希望，一切苦楚、一切病痛都不曾让张存浩前进、开拓的步履迟缓一天。

三、积极主动，争取最大支持

上任伊始，张存浩听到最多的是资助经费短缺的问题。尽管资助经费已由1986年国家自然科学基金委员会成立之初的8000万元增加到1990年的1.6亿元，但相对于中国科技的发展形势和社会经济发展状况，"僧多粥少"的矛盾依然非常突出。如数理科学部的数学科学处，每年申请的项目有几百个，而有的年份资助经费却只有80万元，以至于年终评审时，大家唇枪舌剑，火药味非常浓。一些评委曾无奈地说："不要评了，有粥大家喝，别有的吃疙瘩，我们连汤都喝不上。"

有一位科学家送给张存浩一盘录音带，上面有闻名世界的数学家陈省身在"美国之音"的一段讲话。陈省身教授说："中国数学研究前景非常灿烂，下个世纪（21世纪）中国将是最好的数学强国。因为在美国前十位名牌大学数学专业博士研究生中，有一半是从中国大陆去的，几年后这些人将成为各数学分支的领袖级人物，我要动员他们回国，建设跨世纪的世界数学强国……"听完这段录音，张存浩的心情久久不能平静。但他了解到，每年数学学科项目的最高资助金额只有2万元，有的仅为两三千元。尽管数学研究不同于其他项目铺设那么烦琐、耗费，但这点研究经费实在太少了。他的心痛了。当看到中国数学家在函数论、马尔可夫过程、概率应用、运筹学、优选法等领域取得一项项世界级水平的科研成果时，他更加振奋，心也更加痛了。

经费要增加，国家的关心程度与支持力度必须加大！张存浩在思考着，筹划着……

1. 一次不同寻常的登门拜访

面对如此窘状，是按照以往年底打报告等着上边拨付，还是主动出击向财政部乃至国家分管领导陈情？张存浩选择的是"亲自出马，主动出击"。

1991年10月的一天，张存浩带领秘书长梁森等人，拿着一摞材料，到财政部找分管的副部长、部长。常务副部长项怀诚说道："张院士，您这样一位大科学家，年纪这么大了，还亲自跑来，让我们怎么好意思呢？"张存浩温文尔雅又十分动情地说："我们过来，主要是向你们汇报一下，在财政部领导的关心支持下，我们的科技事业取得了哪些可喜成果，出现了多少位科学家，哪些项目在国际上受到关注。"拨付给国家自然科学基金委员会的钱，是真正用在了刀刃上，真正为国家科技事业的发展做出了应有的贡献。

后来，梁森告诉媒体，张存浩担任国家自然科学基金委员会主任的9年，国家拨付的资金逐年大幅提升，1999年达到了10.16亿元，是他上任当年的6倍多，这与张存浩亲自出面动之以情，晓之以理不无关系。

1997年4月23日，张存浩（左）、梁森（右）会见外宾

经费增加了，张存浩首先想到的是给数学科增加项目资助经费。有的人表示怀疑，还有的人提出不同意见，张存浩一反平日温文尔雅的神态，反问他们：数学有率先赶超世界水平的能力，你们有吗？你们有，

我也会追加经费，加大资助力度！

2. 一次不同寻常的国际研讨会

虽然国家自然科学基金委员会属于副部级单位，尽管它对中国科技事业发展的贡献卓著，但最初的几年它处于边缘地带，如同田野里盛开的一朵小花，散发着一丝淡淡香气，几无声息地绽放着，在全国科技领域还显得非常稚嫩、弱小，在世界科学基金大舞台上还没有太大的影响。

张存浩深刻认识到这一点，极力想让中国科学基金尽快享誉四海，尽快走向世界大舞台。面对经费紧张的局面，张存浩再次主动出击。

1991年11月26—28日，由国家自然科学基金委员会主办、世界银行特别贷款资助的基础学科发展评估与资助政策国际研讨会在北京科学会堂举行。这次研讨会旨在在认识国际学科发展前沿和中国国内发展现状的基础上，确定优先发展领域和重点资助方向，并拟定促进学科发展的措施。来自美国、英国、德国、苏联、印度、匈牙利和中国的70余位专家、学者就学科发展评估与资助政策的研究方法、实际应用及其他有关问题进行了广泛的交流和探讨。

这是一次专业性强、学术水平高的深入交流。外国专家认为，这次会议有利于把中国一些有益的研究成果带到国际上；中国专家则认为，这次会议带来了国外研究的最新动态，大大促进了中国在学科发展评估这一重要学术领域的研究工作，其影响非同寻常。

对此，张存浩深有感触，表示这样的国际性交流，不仅要经常性地举办，还要组织人员走出国门，到发达国家学习和取经。

3. 一次影响深远的纪念活动

1991年底，张存浩召开党组会议，决定第二届国家自然科学基金委员会二次全体委员会议与中国科学基金制诞生10周年和国家自然科学基金委员会成立6周年庆典同步举行，并且要热烈隆重，要大张旗鼓。

举办这次活动，是张存浩经过深思熟虑做出的决定。因为前不久发生的一件"小事"对他触动很大。一天，他和秘书长到某部门，一位领导同志问："你们基金委上市了吗？每年能有多少利息？"看来，这位领导同志把国家自然科学基金委员会等同于一般的金融机构了。这反映出一些国家机关和社会各界对国家自然科学基金委员会的性质、职能等了解得不够深入。

张存浩认为，成功举办这次活动，将对国家自然科学基金委员会工作乃至国家科技进步产生意义深远的影响。为此，他亲自打电话，联系江泽民、李鹏、温家宝等党和国家领导人的办公室，做好精心安排。

临近5月，张存浩从早到晚盯在办公室，对举行的各项活动、仪式等一项项深入思考、认真审查。秘书赵学文提醒他：张主任，夜已深了，该回家休息了。但他兴奋的大脑细胞很难松弛下来，他常常把资料带回家中，继续挑灯夜战。

这次纪念活动，是一次承前启后、继往开来的动员大会，更是中国科学基金历史上的一次盛会，得到了党和国家领导人的高度重视与亲切关怀。开会前的几件"礼物"，已经在京华舆论圈掀起不小的波澜。

时任中共中央总书记、国家主席江泽民为国家自然科学基金委员会倾力编著的《国家自然科学基金资助项目优秀成果选编》题写书名，该书扉页上是时任李鹏总理的题词"成功的实践，显著的成绩"。

财政部的领导更是送来了一个"大礼包"，国家决定于1992年度为国家自然科学基金增拨5000万元。

1992年5月28日，纪念活动正式开始。党中央、国务院、全国人大、全国政协的领导同志温家宝、宋健、王秉乾、谷牧、严济慈、卢嘉锡等出席了活动。温家宝代表党中央发表重要讲话。国家有关部委及科技界的领导同志朱光亚、朱丽兰、唐有祺、高潮等出席并讲话。更让人振奋的是，来自国内外的著名科学家陈省身、杨振宁、李政道、杨炳麟、王大珩、何祚庥、庄逢甘、冯端、侯祥麟、林兰英、杨乐等以及青年科学家陈章良等做了学术报告或发表了热情洋溢的讲话。

举办的各项纪念活动，让人们流连忘返，例如科学基金资助的优秀成果展览会，由李政道和国内顶尖科学家参加的座谈会，由杨振宁、陈省身所做的当代与未来科学发展的学术报告会……这是中国科学界最富含金量的盛大聚会之一。出席活动的人员层次之高，人数之多，规格之高，发言之踊跃，新闻报道之集中、数量之多——电视台、电台、报刊发布新闻报道和评论达50多篇，10个国家和地区发了消息，同样创下了国家自然科学基金委员会成立以来的新纪录。

这是中国科学基金制设立 10 年、国家自然科学基金委员会成立 6 年以来从来没有过的，的确令人振奋和鼓舞。

张存浩（左一）陪同老科学家（前排右一为世界著名科学家陈省身教授）参观科学基金成果展

让张存浩和国家自然科学基金委员会班子成员们振奋不已的还有科学家提出的 20 多条宝贵意见与建议。例如，李政道提出，鉴于科学经费增加一倍，成就增长四倍，应继续努力提高国家财政对自然科学基金拨款的数额和增长比例，1992 年 28%、1993 年 35%、1994 年 40%、1995 年 45%；何祚庥提出，把小平同志说的"高技术、基础研究要在世界占有一席之地[①]"作为我国发展科学技术的方针；朱光亚提出，向地方、企业以至国际开辟财源，建立风险基金；何祚庥、章综提出，提供关键性的实验手段和仪器设备专项基金；王大珩、庄逢甘、朱丽兰、陈述彭提出，我国基础科学研究手段中现存的两大问题——电子通信和图书，最好能由基金会统一规划和管理；重视知识产权和关贸协定带来的冲击，增强创新意识，克服科学研究上的模仿、照抄和跟着别人后面走，敢于冒点风险，不要四平八稳，支持学科新的生长点，创造条件使名不见经传的年轻的学术带头人和高层次的帅才脱颖而出。[②]

张存浩认为，这些意见和建议对今后科学基金工作的深化改革、扩大开放、改进管理等大有裨益，对下一步更好地与发达国家的科学基金制接轨很有帮助，对党中央、国务院制定深化科技体制改革的方针政策

---

① 1988 年 10 月 24 日邓小平在视察北京正负电子对撞机工程时的讲话。
② 张家顺. 二届二次全委会和十周年纪念活动综述. 中国科学基金，1992，4：1-3.

具有重要参考价值。

这次活动，不仅让张存浩和国家自然科学基金委员会一班人进一步明确了工作思路，而且增强了继续改革创新谱新篇的决心和信心。

4. 一次意义非凡的专题调查

在亲自拜访中央、国家部委等领导的同时，张存浩开始思考：国家自然科学基金委员会工作想要创新发展、跨越发展，仅仅依靠自己的努力是远远不够的，还必须多方面争取党和国家高层的真正关心、关注与支持。1992年底，张存浩与国家自然科学基金委员会前主任唐敖庆商量，决定围绕国家自然科学基金委员会的完善和发展开展一次专题调查，总结国家自然科学基金委员会成立6年来的工作经验，查找不足，明确今后发展方向。

此时，分管国家自然科学基金委员会工作的是中央政治局候补委员、中央办公厅主任温家宝。对于张存浩写给他的信，温家宝很快做出批示，并亲自过问这件事。1993年1月5日，温家宝冒着严寒来到国家自然科学基金委员会，听取了张存浩、胡兆森的汇报后，到各科学部、局、办看望了全体工作人员。随后，又同著名科学家朱光亚、侯祥麟、卢良恕、唐有祺、孙鸿烈、丁石孙、赵玉芬等进行了座谈，听取他们对完善科学基金制、稳住人才、推动基础科学发展等方面的意见。

这次座谈会，科学家们踊跃发言，温家宝一边听一边做着记录，并对这次"发展与完善科学基金制"专题调查的目的、任务、要解决的主要问题和研究问题的方法提出了具体要求。他指出："我们组织这次科学基金制的调研，目的就是为了进一步发展和完善科学基金制，促进我国基础科学的发展，努力使我国基础科学在世界上占有一席之地；同时，促进基础研究与应用开发研究的联系，促进科技与经济的有效结合，加速科技成果转化为现实生产力。"[1]他还对国家自然科学基金委员会选准战略课题、发挥协作优势、重视人才、搞好自身改革等提出了建议。

会议结束后，早已过了正常下班时间。在张存浩的挽留下，温家宝也"毫不客气"地与国家自然科学基金委员会班子成员、参会的科学家们一起就餐。没有专门的餐厅，更没有豪华的雅间，国家自然科学基金

---

[1] 温家宝. 完善基金制度 促进自然科学发展. 中国科学基金, 1993, 2: 79-82.

委员会办公室、后勤处的同志们在进门大厅处临时隔开一个小房间。温家宝边吃边与大家继续着刚才的话题……这顿饭，给温家宝留下了深刻印象：科学家的博学、谦逊、直爽，国家自然科学基金委员会班子的团结、务实、干劲，国家自然科学基金委员会办公条件的简陋、员工生活条件的"寒酸"……这也为张存浩日后申请建设国家自然科学基金委员会办公、评审大楼奠定了基础。

接下来，温家宝对调研提纲亲自把关，部署成立联合调研组，中国共产党中央委员会政策研究室和科学技术部等部门也都派人参加。

在此后长达半年多的时间里，调研组几乎跑遍了全国所有知名院校、科研机构，先后召开座谈会、专题讨论会达46次之多，听取412位科学家、专家的意见，包括国家自然科学基金委员会内部各学部与局室同志的意见；对德国、加拿大和美国的科学基金制进行了实地考察，并进行了比较分析和研究；还专门听取了著名华裔科学家陈省身、李政道、杨振宁等人的意见和建议。

1996年，张存浩（左一）、唐敖庆（左二）和诺贝尔奖获得者杨振宁教授（右二）、杜致礼（右一）在探讨科学基金工作

半年的调研成果，形成了一篇题为《稳住和加强基础性科学研究，发展和完善有中国特色的自然科学基金制》的调查报告。对于这个报

告，张存浩连夜审阅，随后召开党组会议、委主任办公扩大会议，进一步审查、修改与完善。该调查报告总结了我国实行自然科学基金制的基本经验，提出了完善和发展科学基金制的八项建议：建立包括决策系统、咨询系统、执行系统和监督系统完善的科学基金制；提高资助强度，保持自然科学基金持续稳定的增长；提高科学基金的使用效益；加强国家自然科学基金委员会的自身建设；通过立法，明确国家自然科学基金委员会的性质、任务、作用和职能；加强对青年学科带头人的培养；加强国际合作与交流；加强对基金项目成果的管理。这些建议不仅很重要，具有方向性、指导性，而且有很强的可操作性。该调查报告由中共中央办公厅转发到全国。

后来，梁森在接受央视采访时说，这个调查报告中的大多数建议得到落实，优化了科学基金发展环境，夯实了国家自然科学基金委员会的工作基础，对推动国家自然科学基金委员会的创新发展、工作上台阶发挥了积极作用。

5. 第一个软课题"同行评议研究"

在科学界，同行评议是指利用若干同行（即有资格的人）的知识和智慧，按照一定的评议准则，对科学问题或科学成果的潜在价值或现有价值进行评价，对解决科学问题的方法的科学性及可行性给出判断的过程，是科学界对科研项目进行评审和对科研成果进行评估的一种基本方法，也是科学基金项目评审过程科学化和民主化的一个重要环节。但在同行评议的实际操作中，评议者因知识面、眼光、经验等方面的制约，不可避免地存在一些老旧做法，让一些有争议的项目"胎死腹中"。正如杰尔教授所说的那样："根据我的经验，各种专家委员会比科学家个体更不愿意承担风险，如果完全依靠投票，获得通过的就只是那些很可能或者一定会成功的项目，然而科学发展的历史告诉我们，只有冒一定的风险，科学才能取得飞跃性的进展。"

1991年底，在张存浩的提议下，国家自然科学基金委员会党组批准了成立以来的第一个软课题"同行评议研究"。课题组成员由评审专家、软科学研究专家、科学部主任、学科主任和职能局的相关人员组成，历时数年的研究与探讨，研究报告以专著《同行评议方法论》的形式出版。

国家自然科学基金委员会政策局原局长吴述尧在一篇文章中，将张存浩领导下的国家自然科学基金委员会创新思路归结为"要做别人没做过的事情"。拿同行评议这块国家自然科学基金委员会"金字招牌"再做文章，张存浩的眼光和胆识是当时无人可比的。

1991年，张存浩（前左一）在北京香山参加863会议

其实，同行评议是科学基金机构的日常工作。恰如美国著名战略科学家罗伊（Rustun Roy）在《利用同行评议取舍——对科学选择的贡献》一文中所说："正如赢得诺贝尔奖的科学家的成就表明，同行评议系统是美国科学家成功的源泉。"

张存浩经过了解获悉，虽然在国家自然科学基金委员会成立之前同行评议已在我国试用了4年，到1991年在国家自然科学基金委员会扎根亦有5年，但终究影响范围有限，在科技界还是比较陌生的。同行评议制度在成功展现其不同于计划体制的优越性之后，也逐渐暴露出一些缺点。特别是随着我国科研经费供需矛盾的日趋尖锐，科学基金同行评议工作中的一些问题开始引起人们较为普遍的关注。因此，很有必要对这个问题开展一次深入探讨和研究。

这次，张存浩亲自倡导的软课题的重点是系统地介绍同行评议的概念和方法，特别是国家自然科学基金委员会为适应我国环境发展改进的措施。他要求国家自然科学基金委员会科学部主任和学科主任要认真对待这次专题研究，及时地总结同行评议实践中的问题，并学习和借鉴国外知名基金会的经验，避免重蹈别人走过的弯路。为了系统研究并试图解决同行评议中的突出问题，经委务会批准，国家自然科学基金委员会专门成立了由中国科学院王之江院士为组长的同行评议软课题研究组来开展研究。与美国开展美国国家科学基金会同行评议研究工作类似，该课题的研究工作主要由我国科学政策研究专家承担，科学部的许多同行评议管理人员参加了调研，计划与政策局具体负责研究的组织协调工作，同时计划与政策局的工作人员也参与了课题研究。

该课题的研究主要包括三个部分。一是对同行评议的总体研究，包括对同行评议的定义、特点、作用及运行中的主要问题的研究，对国外科学基金机构的同行评议系统的比较研究，对国家自然科学基金委员会同行评议系统的调查结果及其简要分析，并针对改进同行评议的公正性和公开性提出政策建议。二是同行评议系统中最重要的支撑系统——评议专家系统的研究。这部分从同行评议专家应该具备的理想化条件出发，构建同行评议专家指标体系，提出建立选择同行评议专家系统的设想。三是对同行评议中较为棘手的非共识项目问题的研究。研究发现，在国家自然科学基金委员会资助项目中普遍存在非共识项目（约 1/3），且产生"非共识"现象的原因有多种，复杂且敏感。

张存浩在听取汇报时，特别关注非共识项目。他经过敏锐分析后认为，这类既有人拍手叫好也有人揶揄为"胡说八道"的非共识项目，往往就是科技前沿上的一个金点子，一旦被冷落或忽视，将给科技创新带来不可估量的损失，可一旦被开发利用，不仅对科技事业的进步，而且对整个社会经济的发展都将产生不可估量的助推力量。因此，他要求专家们要善待非共识项目，在这方面多下点功夫来深入研究，拿出切实可行、操作性较强的处理方法。

因此，课题组建议对待非共识项目可采取分类处理、重点复评、及时反馈、特别保障等手段，特别关注由具有超前性和原创性特点的项目而引起的"非共识"，对这类项目可通过设立预研项目的方式予以保护，对此张存浩表示支持。这从国家自然科学基金委员会之后设立的旨在支持风险性较高的创新性项目类型——小额预研项目可以窥见当时对处理非共识项目所提建议的踪迹。延至今日，国家自然科学基金委员会继续大力倡导、支持非共识创新，这项措施激励着无数科技工作者向边缘科学、高险科学、冷门科学探索与挺进。

为了达到研究目的，国家自然科学基金委员会发起并组织了几次双边的同行评议研讨会。1993年3月，在北京召开与德国科学基金会（DFG）的双边研讨会，张存浩等国家自然科学基金委员会领导和较多的学科主任与会，会后出版《中德研讨会同行评议会议记录》（*Proceedings of Sino-German Workshop Peer Review*）一书。1996年6月，由张存浩带队，包括3位兼职的科学部主任在内的学科主任参加在华盛顿举办的与美国国家科学基金会的双边研讨会，会后应邀出席美国国立卫生研究院（NIH）"纪念同行评议五十周年大会"，NIH的领导还专门安排了一些学科的负责人与代表团就同行评议中的问题进行座谈，邀请部分代表参加一个中小企业创新项目的评审组会议。

该课题的研究结果，于1996年以《同行评议方法论》一书的形式正式出版，在全国科研管理界产生了广泛的影响。尽管今天看来该书还有许多的发展空间，但迄今其仍是我国同行评议研究的代表性论著。

张存浩认为，同行评议是一门科学，无论何时何地，必须与时俱进，在实践中不断完善、不断进步。在他的积极倡导下，1998年2月在上海举办中法双边科技政策研讨会，法方由法国科技指标统计委员会（OST）组团，包括法国国家科学研究中心（CNRS）、法国国家农业科学研究院（INRA）、法国研究与创新管理学院（IMRI）、法国原子能委员会（CEA）、法国国家健康与医学研究院（INSERM）等机构的代表与会。除国家自然科学基金委员会领导、科学部和职能部门的代表之外，还邀请了科学技术部、教育部、中国科学院和一些大学的代表与会，会后出版了《中法科技政策研讨会纪要》（*Proceedings of Sino-French Workshop on Science and Technology Policy*）一书。

20世纪90年代，同行评议机制日臻完善。至今它依然是国家自然科学基金委员会资助政策最重要、最出彩、最让人称道的举措之一。

四、丰富和完善科学基金资助格局

张存浩刚调入国家自然科学基金委员会时就认识到：

> 基金委的绝大多数委员是来自科研一线的科学家，他们站在我国科学研究的前沿，最了解当时科研发展的诉求，要充分依靠和发挥委员们参与科学基金重大事项的决策与制定。国家自然科学基金的运作要依靠科学家的集体决策，而不是由某一领导或科学家起主导作用的，这样才能够有效地实现决策的科学化和民主化。

为适应我国科技事业不断发展的新形势，张存浩科学谋划，在广泛征求广大科学家的意见和建议的基础上，依靠领导班子的智慧和力量，在国家自然科学基金中开辟了多项专项科学基金及专款资助通道，作为国家自然科学基金基本资助类型的发展和必要的补充。

1992年，为了适应知识产权国际一体化，促进我国的药物创新研究，国家自然科学基金委员会设立了新医药、新农药基础性研究基金，资助强度达到当时面上基金的3—4倍。为加强项目研究与科学和基地建设的集成、稳定基础研究队伍、促进高水平科研人才成长、推动基础性研究工作的开展，设立了优秀国家重点实验室研究项目基金。同年，还设立了优秀中青年人才专项基金、海外留学人员短期回国工作讲学专项基金。

1993年，为支持以我国科学基金近期成果为基础的学术专著出版，国家自然科学基金委员会设立了优秀研究成果专著出版基金。为了促进我国理论物理学研究的发展，培养理论物理优秀人才，充分发挥理论物理对国民经济建设与科学技术发展在战略上应有的指导和咨询作用，设立了理论物理专款。为支持中国大学和研究所从事与汽车行业直接或间接相关的基础研究及应用研究，国家自然科学基金委员会和美国福特（Ford）汽车公司合作设立福特-中国研究与发展基金，开启了科学基金国际合作新形式。

1994年，国家自然科学基金委员会设立了国家杰出青年科学基金（简称杰青）。

1996年，根据苏步青、卢嘉锡、朱光亚等11位科学家的建议，经江泽民主席批示、国务院批准，国家自然科学基金委员会设立了国家基础科学人才培养基金。

1993年，张存浩在国家自然科学基金委员会优秀中青年人才
专项基金评审会上讲话

1997年，针对国民经济和社会发展中出现的一些重大管理问题的研究，为了为有关部门决策提供科学依据，国家自然科学基金委员会设立了管理科学应急研究专款。

1998年，为促进我国新型、有特色的创新性科学仪器的研发，国家自然科学基金委员会设立了科学仪器基础研究专款。同时，设立优秀论文作者鼓励专款、国家自然科学基金委员会-香港研究资助局联合科研资助基金。

张存浩（中）和陈佳洱院士（左一）等专家在座谈会上

1999 年，为提高我国的学术期刊水平，提升我国科学研究的国际影响力，国家自然科学基金委员会设立了重点学术期刊资助专款。同时，设立海外青年学者合作研究基金、香港澳门特别行政区青年学者合作研究基金。

针对不同历史时期的需要而新设立的上述多项专项基金，使得科学基金资助格局获得了比较全面的发展和完善，标志着科学基金的资助格局由"三个层次"走向"三个层次、若干专项"。

9 年中，顺应国家科技发展、人才培养的需要，国家自然科学基金委员会不遗余力地新设专项基金多达 16 项，成百上千的优秀项目结出累累果实，助推成千上万的科技工作者实现了人生梦想，构筑了中国科技进步的新格局。这不仅让国内科学界叹为观止，就连国外的一些科学基金机构也赞叹不已。

仅以资助留学人员短期回国工作讲学专项基金为例，1992 年 8 月，这项基金资助办法一经公布，便在国外中华学子中产生了强烈反响。截至 1995 年，短短的 3 年间，国家自然科学基金委员会累计资助 582 项，有近 1000 名留学人员得到不同程度的资助，创造了为国服务的多种多样的形式，并取得了显著成效。这些学子通过专题讲习班、研讨和讲座等形式带回了国际上最新的科研动态、研究成果等。他们积极帮助筹建国家和部门重点实验室，引进新的实验技术和软件系统以及先进的管理方法，为建设国内科学研究基地尽智竭力。例如，旅美学者王宾副教授和中国科学院动物研究所计划生育生殖生物学国家重点实验室共同开展研究，使中国在世界上首先将 DNA 免疫技术应用于避孕疫苗研究；旅美学者吴建永博士两年内先后 4 次回国，帮助北京大学生命科学院建起了世界上第十个用光学记录技术的理论和方法多点记录神经系统活动的实验室；旅德学者潘和平博士帮助武汉科技大学筹建了具有国际先进水平的计算机视觉实验室；旅美学者郭亚军博士分别在上海、广州、南宁建立了 3 个从事肿瘤治疗的研究基地，将国内外研究工作紧密结合起来，促进了国内研究水平的提高。同时，他们直接参加国家自然科学基金资助项目的研究工作，努力发挥自身特长，为国内科技人才培养发挥作用，使诸多学者不出国门就能学习和了解本领域科研发展的新动态，让人们进一步开阔了眼界，增长了知识，对步入更深的研究领域、增强国际科研竞争力多有裨益。

但张存浩的目光未局限在这些方面。一些科学家好的建议，常常在中国科技百花苑中结出一枚枚坚实的硕果。

许多人认为，张存浩对海外学子的关注与支持，积极创造条件吸引海外学子回国创业，是他作为国家自然科学基金委员会一把手最突出的贡献之一。

1996年，根据数学物理科学部的建议，张存浩计划召开一次海外留学生交流、汇报会议，特委派数学物理科学部副主任许忠勤等到美国考察，了解中国留学生的学习、科研情况，通报国内科技事业的新动态、新发展、新成就，吸引海外学者回国创业，长期短期的都行，并让他直接去找陈省身教授——因为他对中国留学生的情况最熟悉。许忠勤见到陈省身教授后说明来意，陈省身非常兴奋，认为在北京举办一次高规格的海外留学生报告会，将是中国数学发展的一个新起点。许忠勤对其转告了张存浩的意见，希望陈省身担任会议主席。陈省身摇头说："我不行，这是青年人的盛会，我年纪大了。我可以给你推荐一个人。"

陈省身推荐的这个人就是田刚——一位在数学领域取得突出成就、人品好、口碑好的青年学者，当时在麻省理工学院任教授。消息传回国内，张存浩很激动，连说了几个"好"，立即着手部署。两个月后，海外留学生数学大会在北京如期召开，留学美国、加拿大、英国等国家的90多名数学领域的佼佼者参加，林方华、栗剑书等报告了他们在海外的学习与研究情况，并对国内数学研究领域提出了许多中肯又有见地的建议。吴文俊、杨乐等国内著名数学家悉数参加会议。这次数学大会产生了很大影响，之后几年数学学科留学生回国的最多。田刚回国后，主持筹建北京国际数学研究中心并担任该中心主任，2013年任北京大学数学科学学院院长（兼），2015年任国务院学位委员会第七届学科评议组成员。

这样的活动，从1991年到1999年国家自然科学基金委员会共举办了十几次。

五、大胆探索："九五"优先资助领域战略研究

战略研究是20世纪80年代中期以来，为适应世界越来越快的变

化，在发达国家中率先兴起的一种管理方法。

1993年初，国家自然科学基金委员会计划与政策局给党组写报告，建议开展优先资助领域的战略研究。张存浩认真审阅报告后，又把政策局局长吴述尧叫到自己的办公室，让他汇报一下报告中的一些细节和关键性问题。之后，召开党组会议，对这些问题进行专门研究。

尽管评审原则中有"择优支持"，但"优先资助"的含义显然已经远远超出了其范畴。

在认真讨论了计划与政策局的建议后，国家自然科学基金委员党组最后批准实施该战略研究，并决定由陈佳洱副主任挂帅专门负责国家自然科学基金委员会关于优先资助领域的专题研究。

这又是一项开拓性的工作，也带有一定的风险，张存浩也有一定的思想压力。与会的6位党组成员中，有3位明确支持，其他3位保留意见。

会后，一位领导提醒吴述尧："得罪权威，可能翻船！"当他向张存浩推心置腹表达自己的担忧时，张存浩态度很坚决：一定要搞，不搞怎么知道行不行？你们一定要搞出名堂！

1993年8月27日，国家自然科学基金委员会党组决定开展"国家自然科学基金优先资助领域战略研究"工作。以"充分结合我国国情，发扬我国的优势和特色；把握学科前沿，促进学科交叉；围绕与社会、经济发展密切相关的领域，解决若干可持续发展的基础问题；重视高技术中的基础性问题，促进我国高技术的发展；有利于吸引和培养高层次科技人才"为总原则，各学部按照统一部署，开展优先资助领域战略研究工作。

既然是新事物，就难免有非共识的见解。优先资助领域战略研究工作部署到6个科学部的时候，得到了3个科学部的积极响应，另外3个科学部持观望态度。3∶3！这项工作总算有了一个好的开端，这无疑增强了大家工作的信心。张存浩要求大家在大胆开展工作的同时，认真研究可能出现的问题。在近一年的时间里，2000多位科学家参加了分学科的调查、研讨、汇总，在此基础上组织召开了6次大型的交叉科学研讨会，使大家的思路逐渐融合和集中。在广泛征求众多院士和有关专家意见的基础上，经过多次讨论与酝酿，遴选出环境与生态、高速信息网络与并行处理、能源的优化利用与潜在能源的开发、面向 21 世纪新材料的科学问题、生命科学中的跨学科前沿、重大工程建设中的关键力学问题 6 个学科交叉领域,并于 1994 年 4 月下旬至 6 月中旬先后举行了多场专题研讨会。

按预定计划,要召开一次国际研讨会。国家自然科学基金委员会把这次优先资助领域战略研究的目的、做法以及初步研讨的思路事先告知已选定的海外专家,请他们与会评论并提出建议。中国科学院外籍院士、美国科学家 P. 雷文(P. Reven)为此向欧美地区 20 多位同行发信征求意见,并将回信在会前寄给国家自然科学基金委员会。

1994 年 8 月 3—6 日,由国家自然科学基金委员会举办的"学科前沿与国家自然科学基金优先资助领域战略"国际研讨会在北京召开。包括 29 位中国科学院、中国工程院院士和 15 名境外教授在内的 60 多位专家、学者出席会议,就数学、天文、物理、化学、生命科学、地学、信息、材料及管理等领域交流世界科技发展的最新信息,为逐步明确国家自然科学基金优先资助领域,进而做好"九五"期间乃至 21 世纪初叶的国家自然科学基金资助工作提供咨询与思路。

国家科委、国家教育委员会、人事部、中国工程院等有关部门的负责同志出席了开幕式。国家科委副主任朱丽兰同志做重要讲话。国家自然科学基金委员会副主任陈佳洱教授在会上做了题为"选择有限目标,优化资源配置"的报告,他在报告中回顾了国家自然科学基金优先资助领域战略研究的概况,提出了选择优先资助领域的四条原则,即把握学科发展前沿、促进学科交叉渗透、充分结合我国国情和有利于培养优秀人才。

与会专家就当前科学前沿领域和范围、确定原则与方法做了 36 篇精彩报告,交换了各自对于当代自然科学的重大基本问题、技术发展的重要前沿和学科交叉领域的看法,讨论了各科学部初步遴选出的优先资助领域建议。

更加令人鼓舞的是,会议期间,国家主席江泽民专程从北戴河赶来北京接见了与会的海外科学家代表和国家自然科学基金委员会的领导同志。在 3 个多小时的会见中,江主席详细询问了不同学科的前沿问题。他说,基础研究是科学技术的重要组成部分,是高技术的源泉和先导,我们要继续发挥在基础研究中的优势,为应用技术和高技术的发展打好坚实的基础。江泽民主席详细询问了国家自然科学基金委员会的工作情况,并就科技政策、人才培养以及基础研究的特点、规律和"有所赶"等广泛的问题与专家们交换了意见①。

1994年8月,张存浩(中)主持"学科前沿与国家自然科学基金优先资助领域战略"国际研讨会(左二为朱丽兰、右二为韦钰)

张存浩回忆道:

> 1994年8月5日,江泽民主席在北戴河刚刚主持完政治局会议,即风尘仆仆赶回北京会见了参加研讨会的境外科学家和国家自然科学基金委员会的班子成员,并就基础研究的重要性和特点发表重要讲话。他指出:基础研究要贯彻"有所为,有所不为"的原则。但这主要是对重大项目而言,国家财力毕竟有限,不可能在各个领域都投入更多的力量。基础研究应有更多的柔性,可以支持看来不切实际的研究项目。江主席的讲话进一步为科学基金优先资助领域的研究工作指明了方向。江主席的接见充分体现了党和国家对科学基金战略研究工作的高度重视与支持。特别是江主席听完我的工作报告后,对基金委的工作给予了充分肯定,表示今后基金委工

---

① 韩宇."学科前沿与国家自然科学基金优先资助领域战略"国际研讨会在京召开. 1994,4:304.

作中遇到什么问题，可及时向党中央、国务院报告。之后，江主席在一份转给国家科委主任宋健的文件批示中提出，科技工作要贯彻"有所为，有所不为"的原则。

优先资助领域战略研究小组汇总各方面的建议草拟出50个优先资助领域，分别到国家计划委员会、国家科委、国家教育委员会、中国科学院等部门广泛听取意见。经多次研讨和广泛征求意见，国家自然科学基金委员会于1994年12月15日召开二届六次全体委员会议，与会委员用了整整3天时间逐条逐句讨论，审议通过了国家自然科学基金"九五"优先资助六大交叉学科中的50个领域。1995年初，《国家自然科学基金"九五"优先资助领域（1996—2000）》一书出版。

然而，令张存浩想不到的是，该书发行不久，国内一位颇具权威的科学家写信给国务委员宋健，批评国家自然科学基金委员会选定的领域和做法。宋健将信转给张存浩，并批示：希望国家自然科学基金委员会研究基础科学的学科资助政策。为此，宋健还在中南海召开有相关部委领导参加的座谈会。会上，一些部门负责人借助那封信也接二连三地评论国家自然科学基金委员会的工作，甚至提出一些尖刻的意见。这让张存浩等国家自然科学基金委员会班子成员的确出了一身冷汗，内心有些不安。难道我们这样做，是太冒进了，是太不合时宜了，还是真的错了？

其实，过去张存浩查阅过不少资料，对"优先资助"并不陌生。1984年，埃里希·布洛赫（Erich Bloch）出任美国国家科学基金会主任以后，开始组织战略研究，调整学科资助政策，选择优先资助领域。为驱动交叉科学研究在大学筹建科学研究中心，在对美国国家科学基金会改革的基础上，他向国会提交战略报告，要求国会批准美国国家科学基金会的预算在5年内翻一番（即从当年的16亿美元增加到32亿美元）。尽管埃里希·布洛赫的战略研究和改革方案受到一些科学家的非议甚至刁难，但他的战略眼光受到里根政府的支持并最终得到国会批准，这成为美国国家科学基金会发展史上的一个里程碑。在英国、德国等发达国家，"优先资助"尽管也遭到不同程度的挫折，但最后都被政府所采纳和支持，取得的科学研究成果非常明显。

为了这次优先资助领域战略研究，张存浩利用周末时间翻阅了大量资料。他认为，经过深入调研与思考、慎重而反复的研究，《国家自然科学基金"九五"优先资助领域（1996—2000）》中所列的领域和项目，不能保证百分之百都是紧扣"精、尖、深、远"，但绝大部分属于当今世界科技前沿，或紧扣国家重大发展战略，或与民生大计戚戚相关，或具有巨大发展前景。但为什么还有不少人对其无情抨击？他的内心隐隐约约感觉事情并不是自己想象的那样简单。

然而，宋健做总结时强调，《国家自然科学基金"九五"优先资助领域（1996—2000）》是国家自然科学基金委员会全体委员会议讨论通过的，全体委员会议是国家自然科学基金委员会的决策机构，它通过的文件是有法定作用的。

领导的肯定和支持，让张存浩吃了颗定心丸。接下来，关于优先资助领域的研究工作进入一个新阶段。

经过数年实践，"优先资助"与国际科学基金制有机接轨，并逐步得到了全国科学基金领域专家的认可与肯定。国家自然科学基金委员会在张存浩的领导下，勇于"捉螃蟹"、善于"吃螃蟹"的勇气赢得了人们的尊重。

1999年1月，张存浩主持召开国家自然科学基金委员会三届五次全体委员会议，决定把开展"十五"优先资助领域战略研究作为1999年科学基金工作的一项重要内容，利用一年左右的时间，遴选出国家自然科学基金"十五"优先资助领域。会后，成立了以张存浩为组长，孙枢、张新时、袁海波为副组长，各科学部和相关局（室）负责同志为成员的领导小组，并确定了战略研究的发展目标、指导思想，以及优先资助领域的遴选原则和遴选程序。

张存浩明白，认真贯彻面向21世纪，立足国情，"目光远大，筹划未来"，"统管全局，突出重点，有所为，有所不为"的原则，努力体现科学基金重点支持"更基础、更超前、更长远"研究的优势和特色，是搞好战略研究和遴选工作的关键。为此，他的目光瞄向了专家咨询与政治决策相结合这一途径；要做好这篇结合文章，举办一系列的科学论坛

张存浩（主席台上站立者）在环境地球化学国家重点实验室开放论证会上讲话

是最佳选择。

于是，自1999年4月开始，国家自然科学基金委员会先后举办了"生命科学中的信息科学""中国21世纪水问题研究""全球变化的区域响应""网络计划和信息安全""凝聚态物理及其相关领域""量子信息学基础研究""中国农业可持续发展"等15次科学论坛。来自不同学科、不同学术年龄、不同单位的专家相互切磋，不同的学术观点和见解相互碰撞，气氛异常热烈。例如，1999年5月8—20日在北京召开21世纪制造科学论坛，来自国内十几所高校、研究所和企事业单位的60余位专家参加，华中理工大学熊友伦院士、清华大学金国藩院士等十几位专家分别就制造系统与制造信息学、微系统、机械仿生与生物制造、材料制备与加工成型、流程工艺与控制5个领域做大会报告或专题发言。经过3天的紧张讨论，与会专家认为21世纪的制造科学充满机遇和挑战，面临制造系统理论和制造信息学、微系统中的尺度效应和制造技术研究、材料和零件制造过程中的拟实仿真、优化和加工新技术基础、机械仿生与生物制造、绿色制造与生态工业5个基础科学问题。专家们建议以项目目标为牵引，促进学科领域的交叉，实现国家发展目标与科学探索的有机结合。专家们的意见和建议为工程与材料科学部、信息科学部、生命科学部做好优先资助领域的遴选工作提供了第一手资料，进一步明确了工作方向。

无怪乎，不少参加过科学论坛的科学家欣喜且满足地说：国家自然科学基金委员会举办的科学论坛，真正是百花齐放、推陈出新，始终洋溢着一种民主、宽松、活泼、和谐的学术氛围，的确令人难忘。

1999年8月23—25日，国家自然科学基金委员会召开"学科前沿与国家自然科学基金优先资助领域战略"国际研讨会，诺贝尔物理学奖得主丁肇中、诺贝尔经济学奖得主莱茵哈德·泽尔腾（Reinhard Selten）、诺贝尔化学奖得主哈罗德·克罗托（Harold Kroto）等100多位在世界享有盛誉的科学家来北京参会并介绍各个基础学科的前沿状况和发展方向，并对我国基础学科的发展和合理优化使用基金等提出建议。

8月26日，中共中央政治局常委、国务院副总理李岚清会见了与会人员。诺贝尔奖获得者、美国麻省理工学院教授丁肇中、加拿大自然科学与工程研究理事会主席托马斯·布鲁斯托夫斯基等发言，对我国科学技术特别是基础研究的发展和合理优化使用基金等问题提出了建议。

李岚清在听取发言后向代表们介绍了我国实施科教兴国战略、科技教育事业改革和发展的情况，指出在基础科学研究中确立优先资助领域是一项具有战略意义的工作。他指出，国家自然科学基金要服务于国家科技发展战略目标，遴选的优先资助领域要更具有前瞻性和战略性。他希望国家自然科学基金委员会借鉴各国的有益经验，积极关注世界科技发展的前沿，优先资助领域要注意与国家技术创新工程、国家知识创新工程、国家基础科学研究重点发展规划等协调、衔接。在统一规划和部署下，做好我国基础科学研究的规划与实施工作。要集中力量，重点突破，把国家目标放在重要位置，加强对国家发展需要有影响作用的基础研究领域的支持力度。[①]

通过举办高层次的国际论坛和各类专题研讨会、报告会，国家自然科学基金委员会厘清了面向21世纪基础研究的基准点，确立了优先资助领域的遴选方向。

---

① 光明日报，等. 李岚清会见学科前沿与国家自然科学基金优先资助领域战略国际研讨会代表. https://www.gmw.cn/01gmrb/1999-08/27/GB/GM%5E18161%5E1%5EGM3-2710.HTM[2023-12-07].

六、国家杰出青年科学基金：培养拔尖人才的孵化器、助推器

张存浩曾预言：21世纪有两大资源危机，即自然资源和人才资源，而且人才资源危机甚于自然资源危机。因此，培养优秀中青年人才在张存浩的工作中占据重要地位。张存浩回忆道：

> 1991年初，我调到国家自然科学基金委员会，向我的老学长、曾经担任过基金委委员的侯祥麟教授请教搞基金应该重视什么。侯教授告诉我，基金不能仅仅考虑到评项目，还应该注意评人，特别是中青年，因为当时出国的人多，归国的人少，加之老一辈的科技人员大多退休，人才有点"青黄不接"。我当时觉得侯祥麟的建议非常好，显然是经过深思熟虑的，而且操作性强。

张存浩（左二）与侯祥麟院士（右二）等科学家在一起

之后，许多熟知的科学家找到张存浩，呼吁积极发挥科学基金的作用，着手青年学术带头人的培养，特别是跨世纪科技学术带头人、将帅级中青年科学家的培养。

青年是中国科技事业的未来。解决跨世纪高级科技人才"青黄不接"的问题，成为以张存浩为首的国家自然科学基金委员会领导班子的工作重点。1992年，他主持制定了我国第一个资助强度较高的科研人才专项项目——优秀中青年人才专项基金，其目的就是为已经取得突出成

绩的青年学者进一步施展才华创造一个条件更为优越的宽松环境。这项科学基金首次实行了评选人才而不是评价研究项目的规则。当年，依靠专家全面而严格的评审，国家自然科学基金委员会从 191 名申请者中批准了 14 名为首批资助者，资助总金额共 365 万元，最高资助额达 30 万元。其中年龄最小的资助者 32 岁，平均年龄 40 岁，11 人曾在国外留学。这一资助赢得了科学界的很高评价，产生了很大的社会影响。1993 年，国家自然科学基金委员会将资助名额扩大到 20 人，投入经费 700 万元。1994 年，国务院批准设立国家杰出青年科学基金，鉴于两者性质相近，从 1995 年开始，优秀中青年人才专项基金并入国家杰出青年科学基金。

关于设立国家杰出青年科学基金时的中国科技现状，张存浩曾向《科技中国》记者张伯玲坦言 20 世纪 90 年代前后我国科技界人才队伍方面出现的问题。

> 由于历史原因和科技人才流失等多方面因素，20 世纪 90 年代初，当时我国的科研队伍存在着人才老化、后继乏人等相当严重的问题。处于科研第一线的学科带头人年龄基本上都在 50 岁以上，他们到 2000 年前后绝大部分将退出科研第一线，跨世纪高级科技人才特别是一流的学科带头人"青黄不接"的形势，让科技界很多专家忧心忡忡。当时不仅人才老化问题严重，而且人才引进也很困难。如北京大学化学系当时的科研实力应该是很强的，科研条件也不错，但 1990 年前后，他们只从海外引进了一位中青年科学家。当时不少学有所成的海外留学人员也在考虑返回祖国工作，但他们最担心的是国内的科研经费不能得到保障。在这种情况下，很多科学家呼吁，国家应重视青年学术带头人的培养，为回国创业的青年科学家创造良好的科研环境。要把大力培养青年学术带头人，作为一项亟待抓紧的跨世纪战略任务。

张存浩记得十分清楚，1994 年 2 月 18 日，国务院总理李鹏主持召开科技界部分专家讨论修改《政府工作报告》会议，在场的年仅 33 岁的北京大学教授陈章良建议政府划拨专款设立"总理青年科学基金"，用于支持留学回国人员在国内开展科研工作。所有参会的科学家、学者都对陈良章的这一建议给予一致赞同。

直觉告诉张存浩，一项重大的培养科技创新人才工程即将到来，或许能给中国科技界带来一次不小的震动，将对中国科技事业发展带来不可估量的影响。

时任国家自然科学基金委员会计划局局长袁海波后来回忆道：

> 张主任在会议结束后返回办公室已过了下班时间，他一回办公室就打电话告知我，要求我尽快拿出一套依托国家自然科学基金委员会设立"总理青年科学基金"的建议和方案。1994年2月19日（周六），张存浩主任又召集我们商讨方案的撰写。我们已有优秀中青年科学基金资助的经验，在此基础上很快就确定了方案，我记得这个方案也是连夜赶出来的，名称叫"连夜稿"，1994年2月21日早上就报送国务院。李鹏总理很快做出了批示。3月7日，根据李鹏总理的批示意见，张主任就该基金的名称问题再次给李鹏总理写信，除"总理青年科学基金"名称外，又提出"国家杰出青年科学基金"等作为备选。3月14日，李鹏总理圈定"国家杰出青年科学基金"。因为当时本年度资金划拨在上年底前已经定案，李总理特地从总理基金中拿出3000万元予以支持。为做好这项科学基金的评审工作，张主任和班子成员几乎天天工作到深夜，倾听国内著名科学家的意见，拟定科学的评审准则。最终是年8月有49名青年学者获得了资助。

2015年9月笔者在北京采访时，袁海波谈及当年的那一幕，依然激动不已。他动情地说："设立'杰青'这事，体现了张存浩主任不仅在科研上有非常高的悟性和灵感，我觉得在管理上也有着非常高的把握机遇的敏感度。"

无疑，国家杰出青年科学基金的创设，使国家自然科学基金委员会的资助力度大增，科研基础更加厚实，给有志中青年科学家提供了发挥能量的舞台，搭建了通向光明彼岸的桥梁，为放飞远大理想插上了翅膀。

张存浩（左一）与科学家们就国家杰出青年科学基金工作深入探讨

为了把这项工作做实做好，张存浩聘请德高望重的朱光亚院士担任评审委主任。

张存浩曾告诉记者：

> 该项基金以"国家杰出青年科学基金"命名，对于获得者来说是很高的荣誉，所以使得该项基金成为我国高层次科技人才和各个领域学术带头人成长的催化剂。在评审过程中，基金委始终坚持以人为本的原则，为优秀中青年学者营造良好的环境，在他们研究工作的关键时刻给予关键性的资助，激励他们努力开辟新的研究方向，做出创新性的工作。在每一次的评审工作中，专家们重在考察申请者以往的工作业绩、科学素养以及学风和学术道德，是否具有创新研究的能力，并实施异议期制度。整个评审过程始终贯穿"尊重知识、尊重人才"的方针，实行"依靠专家、发扬民主、择优支持、公正合理"的原则，充分体现了"公开、公平、公正"的原则，使得该项基金始终保持着良好的声誉。

不仅仅是当事人自己这么说，那些曾与国家杰出青年科学基金打交道的科技工作者也都这么认为。

中国科学院近代物理研究所张玉虎研究员在一篇文章中说，国家杰出青年科学基金评审真正做到了注重申请者研究工作的价值而非申请者的名气和地位。这种做法对遏制学术浮躁应该是一剂良药。为确保国家杰出青年科学基金评审工作的水平和质量，国家自然科学基金委员会组建了由近200位专家组成的7个专业评审组。提交的每一份申请首先经过5位同行专家通讯评议，在此基础上，择优选出提交专业评审组会议评审的名单。会评中，申请者到会答辩，评审专家在充分讨论的基础上以无记名投票方式产生建议资助人选。建议资助人选名单经国家自然科学基金委员会委务会议审议后进行一个月的异议期公示，广泛听取科学界的意见。最后，由评审委员会进行评定，并由国家自然科学基金委员会公布。这样严密的评审程序和相关的制度安排，以及高水平组建的评审专家系统，保证了评审和资助工作的公平、公开、公正。

国家杰出青年科学基金能得到科学界的普遍认同，产生广泛的影响，固然在于其公正的评审程序和所取得的巨大成绩，更在于其所建立的尊重科学研究规律和人才成长规律、以人为本的管理模式。在申请中，国家自然科学基金委员会坚持科学工作者自由申请，努力为申请者提供自由发挥的空间。提供给申请人的是一份申请书大纲，而不是做出刚性规定的、表格式的申请书。申请者根据这份大纲自行撰写申请书，形式不拘一格，让申请者享有充分发挥的自由。正如中国空气动力研究中心总工程师邓小刚所言：国家杰出青年科学基金这种宽松的申请模式，给予科学家充分的自由空间，却强化了人们的自律理念，使申请者的人格特征在制度安排中获得升华。

清华大学薛澜教授在评价国家杰出青年科学基金时认为，该项基金的设立，体现了国家资助基础研究方式的一个重要转变，即从以资助项目为主的单一模式到资助项目、资助人、资助基地的多元模式的转变。这种转变对激励年轻学者从事有探索意义的基础研究有着非常重要的作用。许多科学家都对国家杰出青年科学基金的管理模式给予了高度评价，认为该项基金的管理较好地把握了程序严格与形式宽松的尺度，体现了现代文明的特征。

西北工业大学魏炳波教授将国家杰出青年科学基金概括为"以人为本的评审原则，国际化的评审标准，公开公平的竞争机制，自由自主的研究方案，面向世界的全球视野"。

是的，国家杰出青年科学基金为国家稳定了一支高水平的基础研究队伍，吸引了一批海外留学人员回国服务，培养和造就了一批活跃在世界科学前沿的优秀学术带头人。

张存浩在审阅国家杰出青年科学基金人选资料

国家杰出青年科学基金实施 5 年，资助了 426 位优秀青年学者，资助金额约 2.68 亿元；1994 年、1995 年两届已经圆满结题的 130 位获资助者，共在国内外核心学术刊物上发表论文 1520 篇（其中在国外刊物上发表 752 篇），出版专著 29 部，获专利 8 项，国际学术报告会议特邀报告、大会报告 47 篇。

十年中，国家杰出青年科学基金共受理中青年学者申请 5489 人次，有 1174 名申请者获得了资助，占总申请人数的 21.39%。获资助者中，1116 人拥有博士学位，其中在国内取得博士学位的 750 人，占总数的 67.20%，在国外取得博士学位的 366 人，占总数的 32.80%；获资助者中，有 69 位女青年学者、29 位少数民族学者（包括满族、回族、白族、朝鲜族、蒙古族、苗族、锡伯族等）。

张存浩和其他所有老科学家、关心国家杰出青年科学基金的社会各界人士应当感到欣慰。当初张存浩曾说：到 20 世纪末培养出至少 500 名优秀学科带头人，中国的科技事业才有希望。通过国家杰出青年科学基金，张存浩和诸多老科学家的愿望超期实现了。当人们看到国家杰出青年科学基金获得者陈竺、白春礼、陈永川、王志新、刘德培、田刚、卢柯等这些中国科技界鼎鼎大名的将帅级的科学家名字时，一定会对国家杰出青年科学基金的印象更加深刻，期许更加厚重。

仅以中国科学院化学研究所为例，国家杰出青年科学基金对中国人才成长、人才队伍建设的作用，足能说明一切。

1994年，张存浩（前中）在中国科学院化学研究所"基础所试点评议"工作中

据张爱真2004年8月16日在《光明日报》发表的文章，国家杰出青年科学基金实施10年，中国科学院化学研究所共有21位青年研究人员获得资助。文中指出，"这促进了化学界德才兼备的优秀青年科学家的成长，加速了人才成长和创新团队形成，对提升化学所整体创新能力发挥了重要作用。"

文章指出，国家杰出青年科学基金获得者已成为中国科学院化学研究所各学科领域的学术带头人和创新中坚力量。据不完全统计，10年中他们承担的各类科学基金项目共40多个，获省部级自然科学奖3项、科学技术进步奖5项，多人在国际学术组织任职及在国际杂志任编委，5人入选首批"新世纪百千万人才工程国家级人选"。

白春礼院士是中国科学院化学研究所第一位获得国家杰出青年科学基金资助的科学家。1995年获得资助以来，他在生命科学的前沿热点领域——核酸结构多样性和核酸复合物的研究方面取得了突出成绩，发表了200多篇SCI论文，获省部级科技成果奖6项以及2001年国际化学化工协会国际奖章、2002年第三世界科学院（TWAS）讲演奖。他卓越的科研成就，引起国内外科学界的关注。因科研成果斐然，2010年白春礼当选为中国科学院院长。

国家杰出青年科学基金的实施，产生的影响和作用是无法估量的。

在庆祝国家杰出青年科学基金问世 20 周年时，一则报道更说明了一切。20 年中，国家杰出青年科学基金累计资助青年学者 3004 人，资助总额近 45 亿元；大多数人已成为各自领域内的权威专家和学术带头人，并逐步成为我国科学事业发展的领军人物。截至 2014 年 4 月，国家杰出青年科学基金获得者中已有 142 人当选为中国科学院院士，现年 60 岁（含）以下的 166 位院士（不包括在港澳台地区工作的院士）中，86.1% 曾获得过国家杰出青年科学基金资助；另有 54 人当选为中国工程院院士。更令人惊奇的是，享誉国内外的杰出科学成果"量子反常霍尔效应"研究团队中，就有 9 位国家杰出青年科学基金获得者，中国科学院院长及 4 位副院长都曾获得国家杰出青年科学基金资助。

从 1999 年国家科技奖励制度全面改革至 2014 年，国家自然科学奖获奖成果中有 77% 是由国家杰出青年科学基金获得者主持或参与完成的，共有 501 位国家杰出青年科学基金获得者 555 次获奖，在 2013 年国家自然科学奖一等奖的 5 位获奖者中，就有 4 位是国家杰出青年科学基金获得者。

同时，国家杰出青年科学基金获得者在国际学术组织或国际权威学术刊物担任重要职务者日益增多，获得了一些有影响的世界级科学奖励，提升了中国科学在国际上的地位。国家杰出青年科学基金有效推动了学科的繁荣发展，牵引我国科学事业在国际化发展中从"仰视"到"平视"演进；不断取得重大原创突破，成为推动科技自主创新的重要攻坚力量；着力解决国家战略发展和现实需求中的关键科学问题，成为服务创新驱动的先锋。

这一切，正如赵学文、韩宇、张香平等在 2004 年第 6 期《中国科学基金》刊载的《国家杰出青年科学基金实施 10 周年调研报告》一文中指出的那样，国家杰出青年科学基金：

> 在稳定基础研究队伍，吸引海外留学人员回国服务，培养和造就活跃在世界科学前沿的中青年学术带头人，培育创新研究群体以及提升基础研究整体水平等方面发挥了重要作用；在探索符合基础研究规律和科学人才成长规律的科技管理模式方面，积累了宝贵的经验。国家杰出青年科学基金实施的 10 年，是营造创新沃土的 10

年，播撒创新种子的 10 年，凝聚创新人才的 10 年，激励青年学者脚踏实地求索的 10 年；是实施人才强国战略，培养和造就拔尖创新人才的有效模式和重要途径。

多年来，不少同行和记者都曾对张存浩创建国家杰出青年科学基金表示钦佩与赞赏，但张存浩却说："其实我也没做什么，就是把别人的意见整理一下，向上进行了反映。"

看着国家杰出青年科学基金一天天壮大，看着一个个年轻的身影在国家科技的各个领域叱咤风云，看着一张张尚显陌生的面孔出现在国际科技舞台上，张存浩、朱光亚等感到的是欣慰，是自豪。他们更由衷地感谢党和政府给予的关怀与支持。

1995 年 4 月 14 日，李鹏总理亲自接见第一批国家杰出青年科学基金获得者，对 49 位获资助者提出殷切期望。

1999 年 6 月 10 日，朱镕基总理出席纪念国家杰出青年科学基金实施五周年座谈会，并对张存浩领导下的国家自然科学基金委员会工作给予了高度评价。他说，科学成就在于青年，要进一步为青年科技人才的成长和脱颖而出创造良好的条件与环境。[1]

2014 年 8 月 21 日，国务院总理李克强、副总理刘延东、第十二届全国人大常委会副委员长陈竺等党和国家领导人出席国家杰出青年科学基金创立 20 周年座谈会，接见国家杰出青年科学基金获得者代表，李克强总理发表重要讲话。

张存浩对李克强总理雷厉风行的作风记忆尤为深刻。他说，总理一边听一边记，亲切而期待的目光一直与国家杰出青年科学基金获得者代表们亲切对接。总理指出，人才特别是优秀青年人才是国家科技实力、创新能力和竞争力的重要体现，代表着国家创新的未来。做好这方面工作，对加快转变发展方式、实施创新驱动发展战略具有重大意义。李克强总理强调，打造中国经济升级版，要靠数亿掌握知识和技能的人才大军。青年人最富创新梦想和激情，在知识更新加速的时代，许多新技

---

[1] 光明日报, 等. 科学的未来在青年. https://www.gmw.cn/01gmrb/1999-06/11/GB/18084%5EGM1-1111.HTM[2023-12-07].

术、新创意往往出自那些有初生牛犊、"青苹果"之称的年轻人。①

　　张存浩回忆道，在许多人提出关于未来加大对杰出青年科学家资助的建议时，李克强总理表示要创新体制机制，不搞论资排辈，摒弃门户之见。持续加大对青年优秀人才的扶持，支持他们"奇思妙想的创造"，让他们"有希望、有前景"。

　　2014年10月19日，《中国青年报》报道，1994年首批入选国家杰出青年科学基金的49人，每人资助额度为60万元，相当于当时国家自然科学基金一般面上项目的10倍以上，曾在科学界引起极大轰动。此后，资助力度上调至80万元、200万元。从2014年10月开始，资助经费增至400万元。对已获资助、项目正处执行期的科学家，将在原有200万元的基础上，执行期内每年增加40万元。原有的每个创新群体3年资助期内可获经费600万元，期满通过评估可延续资助3年，再获600万元，最后约有1/4的优秀团队最高可获9年资助。从2014年起，创新群体一经批准，可立即获得6年1200万元的资助，并可增至1800万元。

　　人才强，科技兴，国运盛。

　　国家杰出青年科学基金这项旨在"促进青年科学人才的成长，培养和造就一批进入世界科技前沿的优秀学术带头人"的世纪工程，已经成为众多青年科学工作者奋发进取、攀登高峰的"天梯"。

七、推进科学基金国际及地区合作与交流

　　曾留学美国、平素善于捕捉国际前沿信息的张存浩，具有思维缜密、视野开阔的特质。他认为，为了发展我国的基础研究事业，迅速提高研究实力，让更多的学科跻身世界科研舞台，大力推进国际合作与交流具有重要意义。

　　张存浩认为，我国自然科学基金起步晚，有许多方面还不完善，需要与国际接轨，向先进国家多学习，拓宽交流渠道，这样有利于促进我

---

① 中华人民共和国中央人民政府. 李克强同国家杰出青年科学基金获得者代表座谈. https://www.gov.cn/guowuyuan/2014-08/22/content_2738498.htm[2023-11-20].

国科学基金事业发挥重要作用，在开展合作、促进学术交流、提供经费保障多方面为广大承担基金项目的科技人员营造一个有助于他们参加国际合作交流的良好环境，提升我国的基础研究水平，在世界广阔的科学领域占据一席之地。

正是他率领班子成员高瞻远瞩、科学运作，国家自然科学基金委员会与国际、地区合作呈现蓬勃发展态势，取得了一个又一个显著成果。

1995年，张存浩（中）率领国家自然科学基金委员会
代表团访问加拿大科学基金会

1. 建立起广泛合作关系

面对基础研究国际化的趋势，在张存浩担任国家自然科学基金委员会主任期间，国家自然科学基金委员会与国际及地区科学基金组织的合作项目由过去的不足500个增加到2000个；签署的合作协议由1991年的13个发展到1999年的50个，有重要影响的包括中美、中德、中俄、中加、中日、中法、中英签署的合作协议等。1994年国际合作交流经费达到2000万元，占国家自然科学经费的5%，是1987年的6.7倍。例如，1994年在国家自然科学基金委员会和加拿大科学基金会的共同支持下，国家自然科学基金委员会与加拿大冷海洋资源中心共建中加资源环境高技术研究中心，并于1995年4月在北京召开双边研讨会。1996年，国家自然科学基金委员会与俄罗斯基础研究基金会达成协议，双方每年共同资助不少于30个合作研究项目，向着共同立项、合作研究、分

享成果的实质性合作迈进了一大步。1998年，国家自然科学基金委员会与英国皇家学会的协议项目达到10个，项目涉及数理、化学、生命、地球和材料等。1998年，国家自然科学基金委员会与香港、澳门研究资助局签订设立联合科研资助基金的协议，大力促进了与港澳地区的交流与合作。1999年，国家自然科学基金委员会与香港、澳门特别行政区和台湾地区的合作与交流进入实质性阶段，与香港研究资助局联合科研基金组织实施，经联合评审，两年间共资助项目30个，双方分别投入1000万元人民币、2000多万元港币，两地的科学家共同开展研究工作。1999年，国际合作交流经费上升为4202万元，比1994年提高一倍多。

1994年12月12日，张存浩（前右二）与俄罗斯基础研究基金会主席费尔巴托（Fairbator）签署合作协议

1995年9月15日，张存浩（右）代表国家自然科学基金委员会与加拿大科学基金会主席签署合作协议

1992年，张存浩（前中）代表国家自然科学基金委员会与西班牙最高研究理事会签订合作协议后同客人举杯共贺

1993年，张存浩在中国科学院动物研究所举行的中日科技交流活动中讲话

这样，国家自然科学基金委员会在促进高水平研究成果产出，促进中青年高水平科技人员成长，为我国基础研究在世界的若干领域占有一席之地，在启动、催化和把国际合作项目引向高水平、深层次，扩大国家自然科学基金委员会影响力等方面发挥了重要作用，做出了积极贡献。

2. 建立国际及地区合作与交流的资助格局

关于加强国际科技交流和合作，张存浩认为这是基础研究的关键一环，在一些环节、一些方面能够释放巨大的能量，甚至具有事半功倍的功效。加强交流与合作，可以少花钱，多办事，办大事；积极参加必要的联合实验，获取显著的科研效果。

为了鼓励中外科学家进行合作研究，张存浩利用各自在研究思路、仪器设备以及现有资源等方面的优势，平等合作，取长补短，按照共同商定的计划进行合作研究，最终双方共享成果。逐年加大对国际合作研究的经费投入，在对外经费所占比例方面，1993 年为 21.5%，1997 年为 24%，1999 年达到 40%以上。在合作研究项目中，重在参与国际重大科学计划和工程的合作，一些具有全球性科学意义的国际合作逐渐增多。例如，中国与欧洲航天局建立空间合作关系；参与欧洲核子研究中心（CERN）的紧凑渺子线圈（CMS）和大型强子对撞器超环面仪器（ATLAS）等。

1990 年 7 月 23 日，欧洲航天局发出通告，邀请各国空间科学家参与"团星"（Cluster）科学数据系统（CSDS）的合作研究，中国科学院空间科学与应用研究中心的刘振兴研究员向欧洲航天局递交了一份合作提案。该提案于 1991 年 2 月 15 日在欧洲航天局科学评审委员会上通过。评审委员会建议：建立中国与欧洲航天局 CSDS 合作关系；建立双向的计算机联网；邀请中国代表参加本年度 7 月 17 日在欧洲航天局空间研究和技术中心召开的第六次"团星"科学工作会议。在这次会议上，欧洲航天局批准了中方提出的合作建议。1992 年，欧洲航天局官员先后两次亲临北京，与中方商讨科学合作事宜，签署会议纪要，进一步明确了双方的任务和贡献、中国"团星"科学工作队的结构和责任、使用和发表数据的权利、经费的安排等。在国家自然科学基金委员会的大力支持下，1993 年 5 月中国科学院空间科学与应用研究中心"团星"代表赴法，与欧洲航天局就 CSDS 进行了第二轮合作协议会议。是年 10 月，欧洲航天局科学部主任罗格·博奈（R. M. Bonnet）率领欧洲航天局代表团访问北京，正式签署合作协议。

张存浩（上图中，下图左）带领中国科技代表团在国外科研机构考察

　　欧洲核子研究中心是一个多国参与的国际粒子物理研究实验室。1997年，欧洲核子研究中心计划建成大型强子对撞机。在国家自然科学基金的大力支持下，中国科学院和北京大学、南京大学、山东大学的科学家参加了两个直径达15米、长度达21米、重达12 500吨的测控器的建造。如此规模的大科学装置的建造，是任何一个国家都不能独立完成的，只有通过国家之间的合作才能完成。这样高层次的国际合作，也使中国科学家站在了世界的科学前沿。是年8月14日，张存浩代表国家自然科学基金委员会与欧洲核子研究中心主席克里斯托夫·史密斯（Christopher Smith）分别在北京和日内瓦签署了国家自然科学基金委员会及欧洲核子研究中心促进发展高能物理合作的科学技术合作协议。

1997年9月正负电子对撞机正式运作后，中国科学院理论物理研究所的科学家提出了一个非常好的建议，即为了研究宇宙射线中的高能奇异粒子的一些行为，我们不必花几亿元专门建造大型探测器，而是利用欧洲核子研究中心的现有设备，即把一个对撞机上的大探测器在不使用的时候转过来，用在宇宙射线的研究上。这个想法一开始并没有被欧洲核子研究中心所采纳，后在张存浩等科学家做了很多工作后，对方才被说服，"良方"最终变为现实。这样，在不耽误欧洲核子研究中心白天正常工作的前提下，中方科研人员利用晚上的时间进行改装，经过3个月的努力，终于完成了大探测器的改装。白天，大家做对撞机的实验，晚上对方下了班，中方科研人员就可以做宇宙射线的实验了。

1999年11月，第一次中国与欧洲核子研究中心的大型强子对撞机合作的联合工作组会议在北京召开。双方良性互动、友好合作全面开启。

这是中外科技交流、成果共享的一个典型事例。

3. 倡导共同兴建中德科学基金研究交流中心

自1994年初，张存浩多次与德国研究基金会主席威纳克（Winnacker）和秘书长米勒（Miller）联系。他首先向德方提出共同设立中德科学基金研究交流中心的倡议，并得到德方的积极回应。在两国政府的支持下，1995年11月13日，张存浩代表国家自然科学基金委员会与德国研究基金会秘书长米勒签订了共同兴建中德科学基金研究交流中心的协议，李鹏总理和德国总理科尔（Kohl）出席签字仪式。自2000年正式建成到2015年，国家自然科学基金委员会和德国研究基金会共投入超过4亿元人民币，共资助了600多个项目，其中包括266次研讨会、98个合作研究项目、21个合作研究小组、32个短期讲习班，以及德国青年科学家来华交流和参加林岛活动（诺贝尔奖获得者大会每年都在德国博登湖中的林岛上举行，世界各国优秀的年轻科学家也被邀请参加此盛会）等项目。每年资助人员交流约1500人次。资助优秀青年学者出席林岛活动，得到了时任温家宝总理的充分肯定。在国家自然科学基金委员会20周年庆祝活动期间，温家宝在接待外宾时坦言，如果有机会，不只是25名学生，250名学生我们也将给予支持。

在共同兴建中德科学基金研究交流中心的过程中，双方为了各自的利益，曾展开一场"拉锯战"。当时，德国投入资金500万马克，议定该中心为双方共有。土地是张存浩亲自找上级部门特批的，但德方就中德科学基金研究交流中心产权问题，与国家自然科学基金委员会不断交涉。张存浩坚持：土地是中国的土地，产权理所当然属于中方，这是不能让步的。最后，中德双方达成协议：产权属中方，使用权属中德双方，使用期间产生的费用也是双方各出一半。

张存浩（左三）在德国访问

1997年，张存浩（左二）与德国研究基金会主席威纳克（左三）在柏林共同主持双边研讨会议

中德科学基金研究交流中心成为中德双方合作与交流的重要窗口，也成为中德高校和科研单位开展合作与交流的重要平台。时任中央政治局常委、国务院副总理李岚清曾赞誉中德科学基金研究交流中心是中德

"科学家之家"。

在国家自然科学基金委员会的支持下,1995年中国科学院高能物理研究所、电工研究所、航天部一院等单位参加了由丁肇中教授主持的阿尔法磁谱仪的研制项目。中国科学家承担了该磁谱仪的关键部件研制工作,顺利通过空间环境模拟试验和美国国家航空航天局的安全审查。阿尔法磁谱仪作为人类送入太空的第一个研究反物质和暗物质的科学装置,具有重大的科学意义和巨大的国际影响,也有力地彰显了中国科学家极高的科学素质和研究水平,为国家增光添彩。

1998年、1999年国家自然科学基金委员会重点支持了一批由中国科研机构主导开展的具有重要学术价值、重大国际影响的合作项目,如南海大洋钻探、东亚季风史研究、淮河流域能量和水循环观测实验、小麦品质改良和病虫害防治合作研究等,这些项目都取得了显著成果。资助中国科学院力学研究所利用俄罗斯"和平号"空间站开展的两相流实验研究,更是在学术上和应用上都具有重大意义。

1998年5月,在美国总统克林顿(Clinton)访华前夕,美国国家科学基金会代表团来中国访问。这也是美国国家科学基金会对中国的第二次访问,上一次是在1995年。这次访问,是张存浩于1997年11月致函美国国家科学基金会主任尼尔·雷恩(Neil Ryan)博士时提出的建议。尼尔·雷恩博士很快复函张存浩,表示赞同。赶在克林顿访华前夕成行,具有特殊意义。

访华期间,美国国家科学基金会代表团拜会了科学技术部、教育部、国家自然科学基金委员会、中国科学院及中国社会科学院等,在北京和上海两地举办了两场报告会及多次分组讨论会,着重介绍了美国国家科学基金会的项目内容、管理机制、重点领域等,访问了北京大学,清华大学、上海交通大学、中国科学院上海冶金研究所、化学研究所、生态环境研究中心、动物研究所等学术机构,并与国家自然科学基金委员会有关科学部负责人、学科负责人及主管科普工作的同志进行了对口座谈,探讨合作的途径和方法。最后,中美双方进行了总结性会谈,在双方感兴趣的氮化铝新材料、纳米制备技术和生物医学材料等领域继续开展合作研究,对在高压电技术及其分析与建模、白宝石研究、微创激光等领域开展合作进行探讨。双方就合作交流提出了具体而丰富、具有发展目标的意见和建议,如双方拟共同组织召开中美基础科学政策研讨会,鼓励与支持两国科学家在材料科学、生命科学、数理科学、环境科学等领域开展深入合作;在计算机与信息科学、管理科学、基金财务管理和科普教育等方面,提出了具体而有实质性内容的合作计划;双方还将采取有效措施,鼓励支持中美青年科学家加强合作交流。可以说,在张存浩的重视和支持下,通过国家自然科学基金委员会和美国国家科学基金会的共同努力,中美基础研究合作及科学基金机构的良性合作进入了一个新阶段。

张存浩(右二)与美国国家科学基金会代表团成员交谈

丰富多彩的国际科学研究合作和交流,提升了中国科学研究的空间、层次和水平,增强了中国科学家的自信心,进一步夯实了科技强国的基础。

八、应运而生的管理科学部

曾担任张存浩秘书、国家自然科学基金委员会计划与政策局局长、现任北京师范大学科学教育研究院院长郑永和教授把自己尊敬的老领导称为"伟大的战略科学家",因为张存浩眼光远大,善于把握机遇,只要有利于人才培养、有利于科学基金事业的发展,一旦认准的事情、考虑成熟的事情,他一定会想方设法去干成。

国家自然科学基金委员会管理科学部的应运而生,就是一个范例。

1986年国家自然科学基金委员会成立之时，鉴于当时国内管理科学规模不大、影响较小，只设立了管理科学组，暂由计划与政策局代管。1986—1990年，国家自然科学基金委员会仅资助了26个研究项目，平均每项资助额度仅2万元。随着中国经济社会的发展，管理科学越来越得到各个层面的重视，随之，资助规模稳步扩大，资助程度不断提高，1991—1993年共资助100余项研究课题，每项平均资助额度约6万元，年均资助人数超过700人。全国已形成了一支稳定的研究队伍，管理科学研究对促进国民经济发展的重要性日益突出，成立管理科学部在国家自然科学基金委员会中逐步形成共识，但何时达成"扩建"愿景，还是个未知数。

1993年下半年，国务院下发文件，对所属机构实行"三定"，国家自然科学基金委员会一些局室、学部要重新定内部机构、定单位职能、定人员编制。但此时的张存浩却"异想天开"地提出要把管理科学组升格为管理科学部。一些人认为这不可能，还有人劝张存浩不要迎风而上，别弄得下不来台，但张存浩却带着一班人马亲自到中央机构编制委员会办公室呈报"三定"方案，与负责同志推心置腹地交谈，字字有情，句句着实，有理有据地充分阐明管理科学组为什么不仅不能削减，反而要升格、扩编、增容与加强。

为了管理科学部的诞生，张存浩到中央机构编制委员会办公室去了3次，并亲自到中共中央办公厅、国务院办公厅陈情。

仅仅有理有据，动之以情、晓之以理还不够，还必须为管理科学造势，方能引起更多的关注。1994年1月初，由张存浩直接策划，国家自然科学基金委员会于14—15日在北京举办了科学基金管理学科资助项目成果报告会。国家自然科学基金委员会主任张存浩、副主任胡兆森和陈佳洱，中国企业管理协会理事长袁宝华，中共中央办公厅、国家计划委员会、国家经济贸易委员会、中国科学院等单位领导，科研机构从事管理科学研究的学者、专家100多人参加了该报告会。会上，中国科学院研究生院周寄中等9位在管理科学领域取得突出研究成果的项目主持人做了专题报告。

张存浩在总结发言中充分肯定了管理科学取得的研究成果，他特别指出：

我们提倡尊重科学、尊重人才，尊重科学中重要的一条就是要尊重管理科学，尤其是在建立社会主义市场经济的情况下，如不尊重科学，付学费亦等于白付，尊重管理科学可大大减少所付学费。宏观调控的依据来源于管理科学研究的成果，因此我们必须加强管理科学的研究。管理科学发展的过程亦是争取社会承认的过程，与自然科学、社会科学相互渗透和承认的过程。

没有引经据典，没有华丽辞藻，没有铿锵词语，但他的讲话却深深打动了所有与会人员。

正是在张存浩的努力下，一个被许多人视为不可能的大难事尘埃落定。一个"组"奇迹般地升格为一个"部"，人员由原来的十几人猛增到百余人。1996年5月，国家自然科学基金委员会管理科学部正式成立，并由时任化学工业部副部长成思危教授担任首届主任。

张存浩在思考设立管理科学部事宜

有人提议召开一次管理科学部成立庆祝活动，并建议邀请时任国务院副总理朱镕基参加，但张存浩心存疑虑，认为召开庆祝活动固然可以，但似乎过于张扬，日理万机的朱总理未必能够参加。事实果真如此，国务院副总理朱镕基办公室反馈：庆祝会不能参加，但研讨会、座谈会可以参加。因此，张存浩再一次另辟蹊径。他召开国家自然科学基金委员会主任办公会，研究决定召开一次管理学术座谈会，并把会场选在了清华大学。在他的亲自邀请下，朱镕基前来参会。朱镕基曾经担任过清华大学管理学院院长，这正是张存浩将会场设在清华大学的原因之一。

1996年7月25日，朱镕基出席在清华大学召开的管理科学学科发展座谈会，并发表了以"管理科学 兴国之道"为题的重要讲话，并对今后做出管理科学工作提出希望和要求：

> 首先我热烈祝贺国家自然科学基金委员会成立10周年，热烈祝贺国家自然科学基金委员会管理科学部的成立。管理科学组升格为管理科学部，表明管理科学的地位提高了，至少是在我们自然科学家的眼光中管理科学已经升格了。这标志着中国的管理科学将要进入一个新的阶段。我预祝管理科学在中国能够繁荣发达，促进我国的改革与发展。①

朱镕基的这篇重要讲话刊登在《人民日报》上。

管理科学部的设立，对促进我国管理科学学科的发展产生了非常深远的影响。之后，中国工程院也设立了管理科学部。

九、制定国家自然科学基金首个中长期远景规划

谈及国家自然科学基金委员会的工作，张存浩认为多年来国家自然科学基金对我国社会、经济和科学技术的发展所起的推动作用是不言而喻的，这得到了党和国家以及科技界、教育界的一致认同。国家自然科学基金委员会能有这样好的口碑，除建立了一个科学公正的评价体系外，还团结了一大批科技专家和管理专家来一丝不苟地执行、维护着这个评价体系。他们用自己的慧眼为国家自然科学基金把关，并为基金项目保驾护航。可以说，在建设创新型国家的征程上，国家自然科学基金委员会是创新的"伯乐"，是科学的"使者"。张存浩由衷地说："我为有这样的一批同仁同道而深感幸运和自豪。"

也正是由于他的人格魅力、组织才能、科学运作，"八五"计划期间，第二届国家自然科学基金委员会的各项工作在原来的工作基础上呈现出许多新特点、新气象、新成效；各局室工作向好向优，各科学部业绩精彩纷呈，捷报频传；国家自然科学基金委员会呈现人心思上、凝心

---

① 朱镕基. 管理科学 兴国之道. 中国科学基金，1996，4：235-236.

聚力、讲创新、讲奉献、讲成效的大好局面。

为了贯彻国家关于发展科学技术的方针、政策和总体部署，根据党中央、国务院和国家计划委员会、国家科委的要求，作为支持全国基础研究主要渠道之一的国家自然科学基金，是国家科技发展总体规划的有机组成部分。持续稳定地支持基础研究，实现我国基础研究在世界上占有一席之地的战略目标，需要制定一个既符合我国国情和社会主义市场经济规律又遵从科学研究自身发展规律的发展战略规划。

1994年12月，张存浩等提出研究制定"国家自然科学基金'九五'计划和2010年中长期远景规划"，并明确规划要以"持续稳定、规模适度发展基础研究，合理安排基础研究与应用基础研究，大力培养跨世纪优秀人才"等为基本原则，以"加强若干重大科学前沿的研究、有重大应用背景的基础研究，加强优秀人才培养计划，建立科学仪器设备基金，支持拟定中的国家科学中心和大型科学工程建设"等为主要目标。要紧密围绕国家农业、能源、材料、信息等与国民经济发展息息相关的战略重点，以及人口、医药、资源、生态、环境、自然灾害等重大问题，集中有效力量和资源，实施研究项目，开展多学科综合性研究，提供解决问题的理论依据和技术基础；要造就一批学术造诣对世界科学发展有一定影响的科学家队伍；要在某些基础较好、发展较快的学科内，形成国际上有影响力的活跃的研究中心等。

张存浩在国家自然科学基金委员会研究制定中长期远景规划会议上

研究制定中长期远景规划，是国家自然科学基金委员会创立10年来的首次，是在总结过去工作的基础上，经过张存浩深思熟虑后形成的动议，经过委党组会议、委务会、科学部研讨会、专家座谈会等反复讨论、酝酿而成的。这充分反映了中国基础研究工作的特点，进一步描绘了"九五"计划及今后一段时期科学基金发展的蓝图。该规划主要涵盖了以下 10 个方面的内容：持续稳定地发展基础性研究，保持适度规模，保持基础和应用基础研究的适度比例，应用基础选题要更加面向经济社会发展的重大科学问题，正确处理一般和重点的关系，营造宽松的学术环境和强化创新能力，大力培养跨世纪优秀人才，基础性研究要面向世界，进一步完善和发展科学基金制，基金经费应继续有大幅度的增长。

这是一个纲领性文件。在此后十几年的工作中，国家自然科学基金委员会基本上在按照这个远景规划有序推进，健康发展。

十、"海扶刀"诞生记

凭借多年的科研经历和对中国科技事业的认知，张存浩认为中国科技的最大短板在于基础研究薄弱，这也是导致诸多科技领域出现"卡脖子"问题的原因之一。因此，他到国家自然科学基金委员会工作后，将全力抓好、支持基础研究作为国家自然科学基金委员会工作的重中之重。

以基础研究为起点，到一个原始创新性成果，再到一个原创性新领域的形成，张存浩领导下的国家自然科学基金委员会在诸多领域起到了先导和孕育源头创新的作用。

高强度聚集超声（HIFU）治疗（俗称"海扶刀"），就是科学基金精心培育的典型之一。

张存浩深知，无论是科学家还是科技工作管理者，如果只是埋头于自己的实验室、办公室，不注意观察外部世界、开阔眼界，就会陷入墨守成规、故步自封的泥淖；不深入基层，就不能及时了解科学家的所思所想所求；不适时地走出去，就不能了解世界科技发展动向，不能及时给大脑补充"营养"，其科研、工作也将很快落伍甚至走入"死胡同"。

因此，张存浩和班子成员积极运作，协调资金，让国家自然科学基金委员会学部、学科主任、副主任以及更多的管理者、专家们到处走一走，看一看，随时掌握国内外相关科技发展动向，做到心中有数，及时为各地科研机构和重要科研项目提供优质服务。

应该说，"海扶刀"的诞生，就是在张存浩的直接关怀下，在生命科学部专家的指导下，在国家自然科学基金的连续资助下，依靠创新思维和大胆探索逐步走向世界前沿的。

"海扶刀"是比较先进的一种微创技术，根据量子平衡疗法的原理，主要是利用超声波良好的组织穿透性，由内向外通过体内照射，直接将能量聚集在病变的部位，根据患者的病情需要选择性地照射病灶组织，使其坏死后经机体生理吸收，发挥其组织修复和治疗病变的作用，并且增加血管内皮细胞膜通透性，改善神经末梢以及微血管营养状况，实现局部组织的修复和再生。它在治疗宫颈疾病、宫颈柱状上皮异位、外阴白色病变、疱疹等方面具有独特优势。

1991年下半年，重庆医科大学准备向国家自然科学基金委员会申请4个项目。正在组织申请工作之际，恰好国家自然科学基金委员会生命科学部的专家到重庆考察，校方充分利用这个机会，安排4个项目组向专家们汇报以得到相关指导。听完汇报后，专家们对排在最后汇报的"超声波对胚胎组织的生物学效应"项目产生了浓厚兴趣。后来有人问当时的专家之一叶鑫生教授："这个项目为什么会引起专家组的兴趣？"他非常坦率地说，"超声波对胚胎组织的生物学效应"项目负责人在汇报中所讲的内容是国内外不曾提出过的，让大家为之一振。按照国家自然科学基金委员会公正、公平、公开竞争，支持创新研究的宗旨，专家们自然把目光投向了这个项目。

回到北京，各学部向国家自然科学基金委员会领导班子汇报工作时，"超声波对胚胎组织的生物学效应"这个前所未闻的项目引起了张存浩等班子成员的注意。会后，他专门向生命科学部主任和叶鑫生教授了解情况，并表示：既然大家都确认这是个好项目，就要靠上去，搞好全方位服务，争取早日立项，早日资助，早日出成果。

按照张存浩的要求，在提交国家自然科学基金申请书初稿期间，叶教授就申请书中的具体问题与课题申请者进行了面对面的沟通和交流，

张存浩（前左）在科研机构调研

提出了针对性的建议，就课题的立意、研究方法、研究内容、创新性以及经费预算等方面与项目负责人进行了深入的交流，对项目负责人在科研工作中遇到的问题给予了耐心的指导。

在评审中，专家们对这个项目进行了认真的讨论分析和可行性研究，一致认为该项目切实可行，是具有源头创新的项目，应立即组织实施。1992年"超声波对胚胎组织的生物学效应"经同行专家严格评审，得到国家自然科学基金面上项目的资助。虽然资助费只有几万元，可是对这个还处于萌芽状态的项目来说，这笔资助好比久旱的禾苗盼来了甘霖。

在项目实施过程中，国家自然科学基金委员会生命科学部的专家、教授，几乎在项目进展的每一个阶段都亲临课题组现场悉心指导。

回想当初，许多科研人员至今仍不无感慨地说：如果不是国家自然科学基金委员会专家在该项目研究处于起步阶段独具慧眼，发现其潜在的应用前景，并及时地给予指导和支持，那么这个项目也许走不到今天。

是的，成长初期的创新萌芽，需要宽容的呵护；成长中的创新思想，需要自由驰骋的空间。从最初的"超声波对胚胎组织的生物学效应"到"超声波对肿瘤细胞的效应"，在该课题组主要研究方向的转变中，国家自然科学基金委员会并没有加以限制或束缚，而是用长远的、发展的眼光理解创新历程中的曲折，对创新给予了足够的宽容和支持。

这就是张存浩领导下的国家自然科学基金委员会，哪怕是失败，也采取宽容和鼓励的态度。因为他们懂得，创新与风险、成功与失败是矛盾的对立和转化。

1997 年，国家自然科学基金委员会将"超声波对胚胎组织的生物学效应"列为重点项目。由于胚胎组织与肿瘤组织众多生物学行为的相似性，这一课题的深入研究，为超声波治疗肿瘤的研究留下了大量可贵的实验数据。

1998 年 11 月，张存浩听取了以黄爱龙、冯涛、袁军等为主攻手的课题组的汇报后，欣然提笔，写下了"创新思维，创新实践"几个字予以诫勉。

是的，张存浩的"创新思维，创新实践"这句话，贯穿于该课题组研发的全过程：由临床发现问题，由问题出研究成果，将成果转化为产品，再经临床推向实用，在基础研究与临床实践验证的循环往复中，实现了"海扶刀"性能和超声治疗技术的更加完善，而不是仅仅停留在研发的首台设备水平上。

也正是在此基础上，课题组将"海扶刀"用于临床治疗骨肿瘤，并取得了令人鼓舞的满意效果。

国际上一些权威专家对有关高强度聚焦超声项目的基础研究及治疗癌症患者取得的世界领先水平给予了高度评价，称之为超声从"诊断"到"外科治疗"肿瘤的世界性重大突破。

正是因其具备的源头创新性和上万次动物实验的基础研究作支撑，以及科学基金的肯定，该项目树立了"无形的品牌"，继续保持着喜人的长势：先后荣获 2000 年国家技术发明奖二等奖，被评选为国家"九五"重点科技攻关计划重大科技成果和国家高技术产业化示范工程项目等。

2001 年，首届国际超声治疗学术会议（ISTU1）在重庆召开，该项目负责人担任会议主席，这是国际同行对中国在该领域的世界领先地位的充分肯定。国家自然科学基金委员会资助并主办了这次会议，将源头创新性项目及时推向国际舞台，充分体现了国家自然科学基金委员会广阔的学术视野和勇于参与国际科技竞争的魄力。

十几年时间中，通过学术拉动市场，"海扶刀"实现了对英国、日本、韩国等发达国家的出口，累计治疗肿瘤患者6000余例。2005年，《自然评论·癌症》（*Nature Reviews Cancer*）杂志发表的关于高强度聚焦超声治疗的文章中引用重庆医科大学的资料多达5/8篇幅。2005年6月23日，德国莱茵集团首次向"海扶刀"颁发了欧盟CE认证（欧共体市场准入许可），这是当时全球唯一获得该项认证的超声监控体外聚焦超声治疗设备，再次印证了中国在超声治疗设备方面已经具备原始创新能力，并在该新兴产业中抢占先机。

不仅仅是"海扶刀"，张存浩在《我和科学基金——十五年回眸》一文中写道：

> 基金委在国内首先支持了C_{60}、纳米科学、人类基因组计划（HGP）、高速宽带网的兴建及与荒漠化、水资源、环境和可持续发展等有关的许多重大项目的研究。与国外比，可以说做到不失时机。

是的，不仅仅是前沿、尖端科学，谁能料到，十几年后，一些曾被冷落、被边缘化的研究项目，如畜牧业、林业方面的相关课题，以及青藏高原冻土带研究项目的研究成果会被科学运用，成为在"世界屋脊"上兴建万里铁路乃至多年冻土区首条高速公路的第一手珍贵资料。不仅仅是自然科学，许多看似"匪夷所思"的研究项目，也赫然出现在国家自然科学基金的资助名单中，如云南丽江纳西家园研究、彝族传统民居研究、版纳傣族民俗研究等。国家自然科学基金为保护和弘扬中国传统文化、民族文化精粹提供了保障。

1992年，着眼于国家经济和社会发展的实际需要，张存浩果断地提出"加强宏观调控"，每年增拨经费加强对农业领域的支持，使国家自然科学基金成为支持农业科技基础研究的主渠道。

从1996年起，国家自然科学基金用基金总额的少许比例（不多于3%）设置宏观调控及政策倾斜经费，支持国民经济、社会生活、历史文化中急需研究、需要在经费上给予政策倾斜的重大项目研究，如夏商周断代工程（300万元）、数学倾斜（250万元）、人口和计划生育研究（160万元）、陈竺研究集体（200万元）等。这些研究工作非常重要，但当时在正常经费运行下很难获得支持，通过宏观调控，不失时机地对其给予资助，保证了这些研究工作的顺利开展。

十一、"三志"的问世

1991 年张存浩上任伊始，有数位专家向他呼吁立即启动"三志"（即《中国植物志》《中国动物志》《中国孢子植物志》）的编纂工作。说实在话，当时张存浩对"三志"有关情况了解得并不太多，但他在看到几位科学家的信函后，意识到这项工作必须立即启动。因为这不仅仅是科技领域的大事，也是文化建设领域的大事，可谓功在当今，惠及后世。

盛世修史，明时修志。1956 年，我国已将《中国植物志》的编研列入《1956—1967 年科学技术发展远景规划纲要》。1959 年，中国科学院主持成立了《中国植物志》编辑委员会，先后组织全国 83 个单位的 370 多位植物分类学家协作进行编研。但时过境迁，延至 30 多年这一工作依然没有完成。

"三志"的编研是研究中国生物类群的重要基础性工作，也是国际上研究生物资源不可缺少的组成部分。

根据专家建议，在充分论证的基础上，经第二届国家自然科学基金委员会第二次全体委员会议审议通过，决定"八五"计划期间将"三志"列为国家自然科学基金重大项目组织实施，并根据《国家自然科学基金"八五"重大项目立项、评审、管理暂行办法》发布了项目指南。该项目的研究期限为 1993—1997 年。按照计划，"三志"共编研 166 卷册。

这是一项浩繁而艰苦的工作，几乎动用了上至国家部委，下至基层县乡的农、林、牧、动植物、生命科学领域的数万名科学家与专业人士，他们的足迹遍及祖国各地。

《中国植物志》项目负责人由中国科学院昆明植物研究所吴征镒院士担任。"八五"计划期间完成编研的有蕨类、壳斗科、豆科、菊科、罂粟科、杜鹃花科、兰科、莎草科等 44 科 7600 余种，共计 1400 余万字、1800 余幅图版。

《中国动物志》由中国科学院动物研究所朱弘复研究员担任项目主持人。在国家自然科学基金委员会、国家科委和中国科学院的领导下，在中国科学院动物研究所、中国科学院科学出版基金的大力支持下，经过

1997年，张存浩在位于花园北路的国家自然科学基金委员会办公室

48个科研单位和大专院校的182位编研人员的共同努力，到1997年8月底共完成了48卷，其中脊椎动物12卷、昆虫16卷，共计1905万字、彩图231幅、黑白图11 145幅，记述我国动物11 837种。

《中国孢子植物志》由曾呈奎院士担任项目负责人。参加该项目的研究人员共176人，分属全国24个省（自治区、直辖市）的43个单位。《中国孢子植物志》的编研项目按海藻志、淡水藻志、真菌志、地衣志和苔藓志5个志分25卷册进行。在原有工作的基础上，研究人员及时广泛地补充收集有关文献资料，并赴新疆的阿尔泰山、巴尔鲁克山、内蒙古阿尔山、秦岭、大巴山、卧龙自然保护区、安徽、西藏、东北等地区和东海、南海等海域进行样本（样品）的补充采集，采集标本（样品）2万余份。

1998年，当看到这些摆起来如同小山一般高的卷集时，张存浩欣慰地笑了。他不仅为国家自然科学基金委员会实现了几代科学家的夙愿而高兴，也为在中华文化宝库中又增添了新的精神食粮而高兴。

十二、都是分内的事，也是"小事"

笔者在国家自然科学基金委员会采访时感受到，所有与张存浩共事过的人，都对他感佩之至。因为他心中只有工作创新和人才培养。

张存浩是单位的一把手，但他从没有大权独揽，从没有滥用职权，这是最让人钦佩和尊敬的。一旦考虑成熟、看准某件事情，他总是先召开党组会议或委主任办公会，统一思想，最终达成共识。如果别人提出问题，他也从未随意发表反对意见，而是通过召开"诸葛亮会议"，群策群议，民主协商而定。

1.暑期培训班的故事

陈省身是一位心系祖国科学事业的爱国华裔数学家，正是在他的积极建议下，中国于1990年设立数学天元基金（简称天元）——一项旨在支持我国数学在21世纪率先赶上世界先进水平而设立的数学专项基金，经费来源于国家财政拨款，由国家自然科学基金委员会管理。1995年，陈省身当选为首批中国科学院外籍院士，经常到中国各地讲学。1996年，经过实地考察，陈省身感觉到中国教育发展得很不平衡，特别是东西部教育水平相差太大，西部一些省会城市高校的教学水平较低，还鲜有前沿科学信息。于是，他向教育部建议：每年由教育部拿出15万元，由天元拿出30万元，举办暑期学校，培训对象是全国各地还未毕业的数学硕士研究生，重点面向西部高校，可以由北京大学、清华大学、北京师范大学等轮流办班，聘请国内乃至世界上一些著名的数学家前来授课，以提高硕士研究生的实际水平。此建议被教育部采纳，此举也赢得了各地诸多学子的广泛支持，报名参加者非常踊跃。但办了两年后，因某些原因，培训班面临停办。

1996年6月28日，张存浩（左）与陈省身教授（中）在一起

无奈中的陈省身给张存浩写了一封信。接到信后，张存浩找来数学物理科学部负责人了解情况。得知事情的真相后，他当即表态："这是个好事，不仅仅是数学，就是物理、化学方面也存在同样的问题，我们也要搞起来！"于是，在国家自然科学基金委员会的支持下，每年都举办数学、化学、物理学等学科暑期培训班，西部高校赴京参与者趋之若鹜。

后来，暑期培训班改由国家自然科学基金委员会、教育部出资联合举办。

2.《科学》电子版服务器的故事

电子版的网络服务，是信息时代的产物，但20世纪八九十年代的中国科学界比欧美发达国家明显落后不少。《科学》是由托马斯·爱迪生（Thomas Edison）于1980年创办的综合性科学刊物，既是一本传统的学术刊物，也是一本科研新闻杂志，在全世界的订户众多。

1996年张存浩赴美访问期间，了解到这个刊物的电子版不仅仅面向美国境内，还面向世界各国有偿开放。通过这项服务，《科学》在每周四下午杂志印刷版投寄的同时，全世界的读者可以立即看到《科学》电子版上最新一期的全部内容。

张存浩回国后，向班子成员们介绍了相关情况，并打算将其引入中国，但有关安置、费用问题却引起人们的担忧。是啊，国家自然科学基金委员会是基金管理机构，不同于一般院校和科研单位，不仅有资金方面的问题，还有管理方面的问题。但张存浩认为，这是有利于中国科技进步的好事，不管怎么样，一定要让这个处于世界科技前沿的"神器"落户中国。他甚至这样说："这对中国科学界是好事大事，即使其他单位不愿意参与，我们就过点紧日子，挤出百八十万元来，也一定要引进来。"接着，他不辞辛苦，亲自到一些单位活动，动之以情，晓之以理，最终取得了理解与支持。

由国家自然科学基金委员会、国家科委、国家教育委员会和中国科学院共同资助的《科学》电子版服务器在中国如期"安家落户"。服务器设在北京大学图书馆，自1997年8月试运营到1998年1月正式开通，访问者超过10万人次。《科学》电子版服务器正式开通后，在每周五上午，我国科技界和教育界的读者可以通过中国科技网（CSTNET）和中国教育和科研计算机网（CERNET）免费看到新一期《科学》的电子版内容，有效缩短了中国科技工作者获取国外最新科技信息的时间。

自从《科学》电子版服务器落户北京后，中美科技界和科技期刊界的合作与交流日益频繁。国家自然科学基金委员会主办的《中国科学基金》杂志部与美国《科学》杂志社正式签署协议，建立合作关系。协议内容包括：双方相互交换《中国科学基金》《自然科学进展》《科学》等期刊；当中方有重要研究成果发表时，《中国科学基金》杂志部可通告《科学》杂志，《科学》杂志将对此发表短评和介绍，反之亦然；相互交流创办、运行科学期刊的经验，提供学习了解科技期刊工作程序以及参加学术会议组稿的实践机会；每年《中国科学基金》杂志部与《科学》杂志社人员或少数科技期刊撰稿人定期互访；中国科学家在《科学》杂志上发表英文论文后，其论文的英文摘要和可靠的中文译文可以在《中国科学基金》杂志部所属的刊物上发表。另外，《中国科学基金》和《自然科学进展》每期发排后，将其目录、摘要、关键词及参考文献等传给《科学》杂志社，其专栏编辑挑选后在《科学》杂志电子版上发表，等等。

回忆起这些往事，张存浩依然感到很激动。一个小小的服务器，竟带来这么多成果，这是非常值得庆幸的，也是很值得回味的。

3.集腋成裘的故事

国家自然科学基金委员会主任、副主任和各科学部主任每年都有一部分基金，多则30多万元，少则十几万元。作用是在年初项目评审完毕大宗资助款已经尘埃落定，一旦临时发现新课题、好项目时，可救急随时拿出来用。

孙绵方是加拿大籍华裔科学家，从事微囊组织细胞移植研究已有30余年历史，是世界微囊化细胞移植的开拓者之一。20世纪80年代初，孙绵方在《科学》杂志上发表了成功地用微囊化胰岛移植治疗动物糖尿病的研究，引起了世界关注。在多年研究中，孙绵方解决了制作微囊的材料和静电微囊制作仪两大难题，并把这一技术成功地从小动物实验过渡到大动物实验并进入临床前的研究，这是迄今治疗糖尿病富有希望的方法。这一技术还可以用于治疗帕金森病、急性肝衰竭、恶性肿瘤等严重疾病，在临床治疗和预防方面有着广泛的应用前景。

对孙绵方教授的情况，过去张存浩仅仅是略知一二。1994年底，张存浩在主持召开科学部专题会议听取生命科学部负责人介绍有关情况时，立即来了兴趣，让他赶紧与孙绵方教授联系，请他到国家自然科学基金委员会做客，如有可能，立即开展合作。

1995年2月，孙绵方教授和夫人马玲女士应国家自然科学基金委员会的邀请如期而来。在华期间，全国人大常委会副委员长、著名医学科学家、医学教育家、泌尿外科专家吴阶平教授和张存浩亲切会见了这对爱国华侨。吴阶平还为孙绵方教授题词"中华儿女团结一致，在科技工作上做出贡献，为人民服务"。

通过与孙绵方教授推心置腹的交谈，张存浩决定立即开展"微囊化细胞移植"这一国际合作研究项目。他召开国家自然科学基金委员会班子成员和生命科学部主任专题会议，研究对这一项目的资助。款项如何解决？张存浩要求从各委主任基金、生命科学部主任基金和国际合作交流经费中各挤出一块，集腋成裘，共同资助这个当时在中国尚属冷门但能极大造福人类的项目。此后，经双方调研，共同确定将北京医科大学附属人民医院（现北京大学人民医院）、首都医科大学、中国人民解放军总医院、天津市第三中心医院作为中方的第一批参与单位，分别从事以糖尿病、帕金森病和急性肝衰竭为重点的微囊化细胞移植研究，对项目实施滚动管理。此后，北京市、天津市科委、卫生局及解放军总后卫生部均对该项目高度关注，投入相应匹配经费，共同开展科研工作。

正是在以张存浩为代表的国家自然科学基金委员会领导的殷切关心和大力支持下，孙绵方教授看到了开展合作的广阔前景，对此项目倾注了满腔热忱。1995年10月，他再次来华，其间分别带给天津市第三中心医院和中国人民解放军总医院各一台静电微囊制作仪，并无偿赠送了一批试剂等。

一位参与这一合作研究的科学家说，国家自然科学基金委员会支持开展这项研究工作，于国于民都是一件大好事。与微囊技术的发明人及其实验室合作，可以避免低水平的重复性研究，有利于提高国内相关领域的研究水平，促使我国在这一领域的基础研究走向世界，做出世界领先的研究成果，这正是我们科学家所期望的。另外，将基础研究的成果与微囊技术的应用相结合，使该技术早日应用于临床，为患者解除痛苦，造福人类，其产生的社会效益和经济效益是不可估量的。

张存浩（中）与美籍华裔高能物理加速器专家、北京师范大学名誉教授邓昌黎（左）在一起

在国家自然科学基金委员会，有关张存浩这样的事情还有很多，很多。

在笔者提及这些故事时，张存浩摇摇头说：

这都是分内的事，也是小事，不值得提。作为基金委的负责人、一个科技工作者，凡是利于基础研究的，利于科学进步的，利于人才成长的，都会这样做。

十三、让每一分钱用在刀刃上

在国家自然科学基金委员会，张存浩对钱的重视程度，是非常出名的。国家拨付的资助款，专款专用，不能随意挪用，而国家下拨的办公经费有限，只能节省了再节省。他定下的原则是：开展工作、活动，该花的一定得花，但不该花的绝对不能乱花。他以身作则，一分钱都不会沾公家的光。

有一年，张存浩和化学科学部的同志到山西参加活动。快到车站时，一摸包，发现剃须刀忘记带了，他赶紧让同行的一位同志临时购买一个。回来后，他把200元钱交到化学科学部。化学科学部的同志说不就是一个剃须刀嘛，至于这样吗？张存浩把钱放在桌上说：公是公，私是私，不能含糊！有的同志说这钱不好做账，张存浩说，你们怎么处理都行，不好做账，到外边买点办公用品总可以吧？

1992年，张存浩率科学家代表团到台湾访问，台湾当局赠送每位科学家10万台币。回到北京后，张存浩把台币交到外事局，让负责同志到国务院有关单位询问如何处理，最后答复的结果：这属于个人馈赠，不属于公务范畴，由获赠人自行处理。张存浩坚持交到单位，到银行换成人民币，但因无法做账，只有购买一批办公用品分到各局办。有人说他太较真，他说："我们做好工作，就必须勒紧腰带过日子，该花的花，不该花的不花，属于单位的，不管是谁一分都不能沾。"

2015年9月10日，国家自然科学基金委员会郑永和局长（右）向笔者介绍情况

有一年，张存浩到德国参加会议。回来时，把一大把美元交到财务处。原来，主办方把参会者的食宿费用都免了，于是，张存浩把退回的食宿费一分不少地交还给了国家自然科学基金委员会财务处。

张存浩每次外出参加会议和活动，能节省的绝不多花一分钱。有一次，他与黄文远教授到西班牙参加一个专题会议，为了节省经费，他坚持与黄教授住在一个房间，黄教授认为不妥，觉得自己吸烟，睡觉打呼噜会影响张存浩休息。张存浩笑着说："没什么，你睡床，我睡沙发就行。"每次吃饭，他们总是到会议地点附近街区的一家华人小餐馆，随便点上两个菜，米饭、馒头、面条、大饼……什么便宜吃什么。这让黄教授感到不可思议，一位大科学家、一位部级领导，过日子怎么这么抠呢？

一天临近下班时，张存浩要往国外发一封私人电报，国家自然科学基金委员会只有国际合作局有一台能往国外发传真的传真机。张存浩拿出两张人民币，非要付钱，国际合作局的同志坚决不收，张存浩转身就走，让司机郭维京到外面发电报。

公私分明，一尘不染。这是张存浩做人做事的原则，也是底线，绝不含糊。他最担心的还是国家自然科学基金委员会每年向各个项目、项目主持人"下发"的资助款：这些钱怎么用，用的效果如何？张存浩要求各科学部一定要在做好提高评审水平、服务质量的基础上，下功夫做好提高管理水平、搞好信息跟踪反馈等工作。这既是对本职工作的一种责任，也是对国家负责任的一种态度。

张存浩认识到国家自然科学基金委员会各科学部处于科学基金管理的一线岗位，不仅要对各学科各类申请项目的受理、评审和立项项目的管理工作负责具体实施，还对本科学部各学科的发展负有更直接的责任。因此，他上任伊始便在召开学科主任工作专题会议上提出要求：学科主任应树立全心全意为科学家服务的思想；努力做好调查研究，掌握学科发展动态；认真做好基金项目的评审工作；做好项目管理，努力促进学科发展，并围绕这些节点，做好理论研究工作。其中，他特别强调，对各学科分属的资助项目的进展情况、实际效果等，一定要做好跟踪调查与信息收集工作。

在张存浩的鼓励下，国家自然科学基金委员会各科学部、局、室的专题调查与理论研究工作蔚然成风。在短短的两年时间里，《科学选择与基金资助政策的研究》《如何提高科学基金申请的获准率》《对通信评议的几点改进意见》《关于学科管理工作协调运行的探索》《谈谈基金项目的技术管理》《也谈科学基金项目的后期管理》《同行评议的对比研究》《学科发展和学科主任的作用》《关于设立国家自然科学基金项目成果奖的思考》《由面上基金项目组织重大、重点项目的建议》《关于学科发展战略研究对重大、重点项目立项指导作用的探索》《关于基金项目的结题验收的一项建议》等上百篇理论研究文章应运而生。

张存浩都亲自读过这些文章，其中一些好的观点和建议可以补齐自己大脑中某一方面的"短板"，一些"金点子"被及时纳入领导班子的决策中。这对完善机制、改进工作大有裨益。

自 1993 年开始，国家自然科学基金委员会各学科每年都要组织得力人员，对相应的资助项目进行摸底调查，形成报告，提交科学部，再由各科学部系统整理，上报委党组，根据情况适时弥补不足，完善措施，改进工作。

1997 年 1 月，在张存浩主持下，国家自然科学基金委员会在北京召开大会，表彰了全国科学基金管理先进单位和个人。国家自然科学基金委员会的目的很明显：通过这种表彰活动，让全社会理解科学管理和科学基金管理的重要性，尤其是理解管理智力和发展智力的重要性。

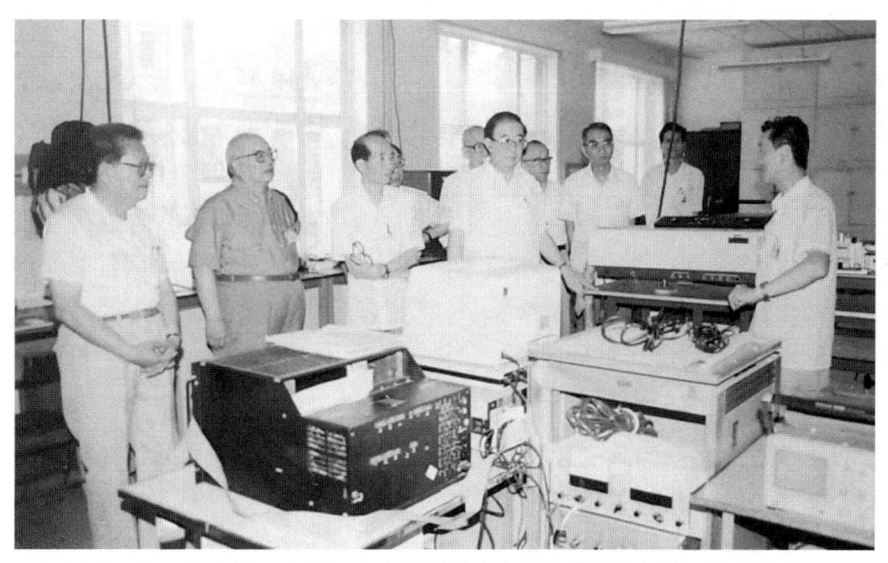

1991 年，张存浩（左四）在中国科学院安徽光学精密机械研究所考察

各种有关绩效管理方面的探索和创新性工作陆续展开。

数学物理科学部通过定期召开成果报告会，使研究成果得以展示与交流。1993 年，数学物理科学部召开了以"体现科学基金在科研中的作用，鼓舞士气"为主题的第一次成果报告会，自此开启了成果报告会这种成果管理之路。1997 年，数学物理科学部召开第一次数理学科国家杰出青年科学基金获得者研究成果报告会，国务院办公厅、国家科委、中国科学技术协会、国家自然科学基金委员会、中国科学院有关领导和专家、1992—1993 年度优秀中青年专项基金获得者、1994—1996 年度国家杰出青年科学基金获得者到会交流与研讨。组织开展数学物理科学部国家杰出青年科学基金绩效与管理调查研究，了解国家杰出青年科学基金获得者工作情况，征询有关专家对国家杰出青年科学基金的作用与效果的评价、看法和建议。1998年，对1986—1995年度资助项目情况和研究成果开展第一次全面调查，成果包括在国内外发表论文、获奖和人才培养等。根据实际情况，数学物理科学部研究决定，从国家自然科学基金委员会倾斜的经费中划出240万元，对研究成果中成绩突出的项目给予增加经费。接着，11月该部召开资助项目研究成果试点评估会，对项目进行评议，各学科从调查反馈回的2056项成果中筛选出50项，经专家讨论投票，评选出39个项目决定予以增加（1998年批准项目）或追加（1997年度、1996年度的在研项目）经费。这既肯定了科技工作者的成就，又鼓励了他们继续攀登高峰，再创佳绩。1999年，数学物理科学部再次召开以"向社会展示科学基金在稳定基础研究人才队伍中的作用"为主题的第二次成果报告会，进一步丰富了成果管理经验。

为加强对国家自然科学基金资助项目的后期管理和绩效管理，管理科学部于1998年2月中旬召开会议，对1992年批准资助的项目研究成果进行评估。此次评估结果表明，有80%左右的基金项目被评为优或良；有7%的项目完成得特别出色，被评为特优，其中一些项目产生了很大的社会效益和经济效益，有的还获得了国家科学技术进步奖、省部级科学技术进步奖，为政府部门制定宏观决策、企业竞争力的提高与管理科学自身的发展起到了积极作用；有10%左右的项目，因各种主客观原因（如变更主持人、研究背景发生变化、相关科技人员出国滞留、经费不足等），完成得不尽理想。与会人员一致认为，成绩成果评估是基金管理的一个重要环节，应常抓不懈，形成制度。因此，管理科学部下半年又一次对1993年批准资助的项目进行了评估。

项目评估、绩效管理在各科学部有序展开，并形成了一套行之有效的制度。对此，张存浩给予了高度赞赏和支持。为使成果管理能够发挥更大作用，更有效地提升管理水平，他积极采纳科学家们的意见，建立了新成果展示和交流平台，实行静态管理与动态管理相结合的机制，按期开展成果收集和公布工作，加大了成果管理制度的执行力度。

用张存浩的话来说，面对国家每年动辄几亿元的款项投入，我们必须弄清楚钱是怎么花的，我们鼓励创新、允许失败，但这是有前提的，投入的款项要真正用于研究和探索，花在刀刃上，要真正发挥其应有的效能。

十四、到了基金委，就像到了家

刚到国家自然科学基金委员会工作时，张存浩就在全体人员大会上提出：要牢固确立"服务第一"理念。国家自然科学基金委员会不仅仅是要对项目进行分析、评审、立项，更应该为科研机构、科学家做好服务工作。对每一位科技工作者，我们都要像对待自己的家人一样，满腔热情，真诚真心，有问必答，有疑必解，有求必应。我们要把国家自然科学基金委员会办成科技工作者之家。

张存浩（右一）在国家自然科学基金委员会机关会议上就提升服务水平和质量对全体人员提出要求

张存浩依然是过去的待人标准和工作作风。他办公室的门永远是敞开的，委副主任、学部主任、局办主任乃至普通工作人员，随时都可以进，工作可以谈，家事也可以谈。只要是需要他，他永远都会认真倾听，真情相助。

还有，也是更重要的，那些初到国家自然科学基金委员会申请项目资助的科技工作者，如果有疑难问题在部、委、室得不到圆满答复的，随时都可以到他的办公室。他不仅坚持自己这么做，还要求国家自然科学基金委员会的所有同志都要这样做：做每一位科技工作者的贴心人，做每一位申请者的家里人。

国家自然科学基金委员会没有衙门作风，没有官僚主义，没有尊卑厚薄，只有家的温暖。许许多多学者如是说。

在庆祝国家自然科学基金委员会成立20周年之际，上百位科技工作者以自己的亲身经历讲述了自己与国家自然科学基金委员会的故事，大部分故事都是描述20世纪90年代张存浩主政国家自然科学基金委员会工作时的点点滴滴。下面仅采撷几篇。

南昌大学科研处副处级调研员刘雪娇说：

> 1994年，我们学校提交了60份科学基金项目申请，但只获得一项资助。秋天我带着复杂的心情，第一次来到国家自然科学基金委员会在花园北路的办公楼，希望能找到一些答案。由于我是第一次到国家自然科学基金委员会，没有一个熟人，也不知该先找谁，心中不免有点胆怯。在收发室登记进入院内后，我在大楼电梯前停了足有十分钟，心想还是先到与我所学专业相近的部门比较好，于是我来到材料科学与工程学部的机械学科。接待我的是雷源忠主任。他帮助我认真分析了学校所申报项目的评审意见，提出了不少好的建议。在了解了我们学校的基本情况后，雷主任还答应年底抽空到学校给科研人员讲讲如何申请国家科学基金项目。当时我真的很受感动，因为我与雷主任素不相识，他对我的接待竟如此热情，就和见到老朋友一样，这使我很快就没有了陌生感；继而我窃想，之所以如此，也许是雷主任的性格使然。然而，在此后的三天时间里，我逐个学科逐个项目抄回了评审意见，受到的接待都是一样的热情，一样的周到。原来，这里的工作人员对待来访者的态度都如雷主任一样，到了这里就像到了自己的家。

北京大学生命科学学院教授苏都莫日根说：

> （20世纪90年代）记得至少有两次，我收到了不资助的通知书。做好了实验的准备，甚至初步的结果都已得到时，盼来的却是不资助的通知书。只靠一个基金面上项目做科研的人一定了解这种情况下的失望心情。但失望过后我是有收获的。因为国家自然科学基金委员会总是会把评审专家的意见同时转告给申请人（最近做到了几位专家的评议一字不漏）。第一次收到不资助的通知书后，我发

现是自己的申请书写得不好，评审专家显然没有完全领会我想表达的课题思想。于是我开始注意申请书的逻辑和叙述，争取让课题外的专家能容易地看懂并认识其价值。第二次则是因为课题的设计有缺陷。几乎和决定不资助的通知书一起，我收到了一封来自上海的长信。发信人是一位素不相识的参加会议评审的老专家。他告诉我，是他在会评讨论中主张暂不资助的。这位专家在信中肯定了课题的意义，详细地说明他对不合理设计的看法，提出了改进的方案，甚至给我介绍了有关的文献。申请被否定了，心却是暖和的。我至今对那位未曾谋面的专家充满了感激和敬意。也许不是所有的申请都能得到如此热心恳切的点评和帮助，但它确实发生在我的基金申请故事中。

中国科学院实验海洋生物学重点实验室研究员费修绠说：

我从事的研究课题大多偏重于应用。从1991年开始，以解决紫菜种苗问题为目标申请研究课题，并分别被列入了中国科学院"八五"重点项目、国家攀登计划B类项目以及国家重点科技攻关项目的子课题中，得到了一定的经费支持。资助力度虽不大，却是一个接着一个，足以使小规模的研究实验工作得以开展。到了1997年初已经取得了一些重要进展，显示出我们选育的一批优良品系性状稳定，具有很好的应用前景。为了把可喜的研究进展迅速转变成突破性的成果并使之转化为可以直接应用于生产的科技成果，迫切需要扩大实验规模并进入示范实验。这样原有的资助已经远远不够，需要得到更强有力的经费支持才有可能完成研究。但以前我从未申请过以支持基础研究为主要使命的国家自然科学基金项目，当然更谈不上得到国家自然科学基金的资助了。由于种种原因，一时还争取不到充足的经费支撑，加上自己年事已高，剩下的工作时间有限，担心经过多年的研究好不容易解决的关键技术不能及时得到真正的突破和应用，生怕功亏一篑、半途而废，当时的心情真是焦急万分。

幸好有机会遇上了来我们研究所检查、指导工作的国家自然科学基金委员会的专家。他们在了解了我的研究工作进展和处境后告诉我，我所从事的研究工作的内容和性质比较符合国家自然科学基金委员会新近设立的农业倾斜项目的范畴，可以尝试去争取一下。于是我鼓起了勇气，以"紫菜种苗工程"为题申报了国家自然科学基金的农业倾斜研究项目。这是我第一次向国家自然科学基金委员会提出申请。1997年底，我的申请获得批准。这对我来说，正如农田里经过长久干旱的秧苗喜逢一场及时雨，一下子把我从困境中解救了出来。到1999年底，预定的各项技术经济指标都已顺利地完成或超额完成。连同1991年开始的研究工作推广应用于我国条斑紫菜生产，覆盖率迅速增加到全国条斑紫菜主产区的50%，累计创利税2.4亿元，创社会效益7.5亿元，为沿海地区人民创造了巨大的就业机会并提高了其经济收入。"紫菜种苗工程"先后获得了2000年中国科学院科学技术进步奖、2000年度国家海洋局海洋创新成果奖一等奖和2002年国家科学技术进步奖二等奖。我认为国家自然科学基金委员会在优先支持基础研究和重大创新项目的同时，如农业倾斜项目一样，不失时机地安排一些向某些领域倾斜的项目是完全正确和非常必要的。如是，科学基金不仅能为我国攀登世界科学高峰做出重要贡献，在满足国家战略需求方面也必将取得更加丰硕的成果。

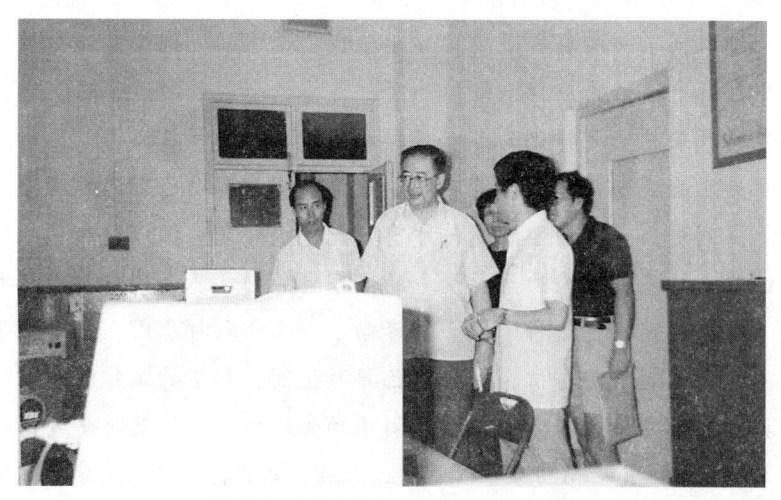

张存浩（前中）与科技人员在一起

湖南大学应用物理系教授、功能材料物理研究所所长刘让苏说：

自我于1992年从加拿大滑铁卢大学物理系做高级访问学者研究

回国后，并于1993年首次获得国家自然科学基金资助以来，在基金的持续资助和促进下，在液态金属凝固过程中微观结构演变机理的模拟研究方面不断取得新的进展，并已开始从中国走向世界。回顾这13年来科研工作的奋斗历程，我们的每一步进展都是在国家自然科学基金委员会，特别是金属材料学科领导的具体支持和鼓励下取得的，每一次成功都渗透了他们的一份心血，在此深表感激之情。正是在国家自然科学基金委员会的不断支持下，我们才能日益开展国际交流与合作。我们的研究工作取得初步成果后，开始引起国际上同行专家的密切关注和重视。1997年，我们收到首届国际"材料智能加工与制造"学术会议（IPMM）主席、澳大利亚伍伦贡大学T.钱德拉（T. Chandra）教授的热情邀请，此后，我们又收到第二、第三、第四、第五届IPMM主席，加拿大不列颠哥伦比亚大学J. A. 米奇（J. A. Meech）教授的热情邀请，担任大会学术委员会委员（中国只有一名委员），并应邀在会上做了特邀主题报告。其他一些国际学术会议主席也邀请我们递交报告论文。这些国际会议主席对我们的热情邀请和信任，既是国际学术界对我们在基金资助下所进行的现有研究工作的肯定，也是我国科学界在该学科领域内获得的一种信誉。同时，在基金委的支持下，我们与澳大利亚新南威尔士大学材料科学与工程学院开展了实质性的国际合作研究。经过多次相互访问，我们在许多问题上取得了共识。正是在对方的大力支持下，我们在对方的克莱尔（Clare）超级计算机上完成了40万个原子，并进行了100万个原子大系统的模拟研究……总之，我们是在科学基金的持续资助下，经过较长时间的艰苦奋斗，才初步形成了一个具有自己特色的关于液态金属凝固过程中微观结构，特别是原子团簇结构的演变与遗传特性模拟研究的新领域，我们的初步研究成果才开始从中国走向世界，国际交流与合作才不断向纵深发展的。如果没有科学基金的持续资助，这一切都是不可想象的。我们一定要勉励自己，继续在国家自然科学基金委员会的支持下，不失时机地抓住这一强劲的发展势头，进行深入的研究，争取攀登上该领域的高峰。

1993年3月,张存浩(右)为青年科学家卢炬甫(左)颁奖

香港理工大学计算机系副主任张大鹏教授说:

我是1995年从加拿大滑铁卢大学来到香港的大学工作的。在几种选择之中,之所以首选香港,是因为我在海外学习工作了多年之后,心中一直有一种希望能在有生之年用自己所学的知识报效祖国的想法。作为祖国的同龄人,祖国的磨难、成就和繁荣伴随着我走过了成长的每一个脚步。报效祖国,振兴中华,让中华民族腾飞,是我们这一代人的心愿。

当时,许多香港人赶在香港回归前移民至加拿大,他们对这时去香港工作非常不解。但我们就是怀着香港即将回归祖国的心情来到香港的。在香港的大学工作,尽管开始学校与内地并没有多少联系,但我就是要加快促进双方的合作。首先,我和哈尔滨工业大学计算机科学系建立了密切的关系。哈尔滨工业大学也于1995年聘我为兼职教授。两年后,我在哈尔滨工业大学成立了研究中心。随后,上海交通大学、第一军医大学等相继聘我为客座教授。但是由于我是海外学子,很难在国内申请到科研经费,这使我在国内进一步发展遇到了困难。针对如何发挥我们海外学子的作用,国家自然科学基金委员会港澳办公室及其信息科学部与我取得了联系,在他们的大力支持下,我顺利拿到了用于"两地模式"的国家自然科学基金。这样我在哈尔滨工业大学成立的人体生物特征研究中心得以全面展开研究。其中我们把会诊作为重点研究对象。经过两年多的努力，在获取的 8000 多张专家样本基础上，我们已建立了有效的专家诊断系统，其中包括是否健康及各种病症的特征提取与匹配，并成功地解决了许多至今仍认为困难的科学难点，使我们的有关专家对于这一课题的研究在国际上处于领先地位。

美国佐治亚理工学院纳米科学和技术中心主任、教授王中林说：

我是居住在海外的中国学者，应该说我的事业是在国外。但我在中国的事业的发展是和科学基金分不开的。我是从事材料和物理基础科学研究的。基础研究的根本就是要加强国际合作和交流，共同探讨一些科学上的前沿问题来达到创新的目的。我和国内的科研合作是 1992 年开始的，第一个合作对象是中国科学院郭可信院士。由于当时国家没有资助国内外合作的项目，郭先生为我申请了香港的王宽诚教育基金会资金。但由于力度有限，支付一个博士研究生的培养费用就基本用尽了。我们后来的合作只能通过电子邮件进行，工作的进展断断续续，直到 1998 年国家自然科学基金委员会推出了国家自然科学基金海外杰出青年基金，我和郭先生有幸从材料和工程学部得到了首批这类基金。这个基金的获得为我和国内单位开展进一步的合作搭起了桥梁，铺平了道路，真正开始实现我为国家的科学发展做贡献的长期愿望……

科学基金是为国服务的一颗种子，有了它，为国服务的愿望就会生根、发芽、开花、结果。通过交流，国内的专家和学者对我的研究领域有所了解，我也对国内的动态有所掌握。我已几次被邀请参加国内科学和技术发展方向及领域研讨会和项目评审会。通过这些活动，我可以把我对国内科技发展的看法和建议提给做决策的领导，真正为国家的科技振兴做一些建设性的贡献……感谢国家自然科学基金委员会的支持和信赖。虽然国家自然科学基金委员会还很年轻，但已为中国的科学发展做出了不可磨灭的贡献。

有人说，科学基金是一颗种子。

有人说，科学基金是培养人才的基础。

有人说，科学基金是人才交流的通道。

有人说，科学基金是开展国内外合作的桥梁。

有人说，科学基金是旅居海外的学子为国服务的一颗种子，有了它，他们兴国报国的愿望就会生根、发芽、开花、结果。

中国科学院上海有机化学研究所麻生明获得国家杰出青年科学基金资助的经历，可谓一波三折。1995年，麻生明在美国提出了国家杰出青年科学基金申请，经答辩后得以通过。但到1996年开始执行时，由于麻生明回国手续未办好，延误了项目启动。能否延期一年，国家自然科学基金委员会还没有先例。张存浩在同行评议和调查了解的基础上认为，麻生明是一个难得的人才，就建议中国科学院上海有机化学研究所写一份推迟一年的报告并积极向各级领导汇报。经过多方努力，委里作为特例，批准了这份报告。麻生明也不负众望，回国后拼命工作，回报国家自然科学基金委员会给予的大力支持。1999年，他一举获得中国科学院青年科学家奖一等奖、香港求是科技基金会求是杰出青年学者奖、国家自然科学奖二等奖（排名第二）三项大奖，2004年获得第八届国际华人有机化学奖，2005年获第13届导向有机合成的金属有机化学国际研讨会（OMCOS）国际奖，当选为中国科学院院士。

中山大学许宁生教授谈起回国历程时深情地说："是科学基金把我拉回来的。"多年来，许宁生主要致力于场发射及其应用的研究，是国际公认的开拓化学气相沉积金刚石等薄膜作为场致电子发射材料研究的先驱者之一，回国前曾与同事连续三年获得英国工贸委员会科技基金的支持。1995年获国家杰出青年科学基金资助后，他婉言谢绝了国外合作者的一再挽留，毅然携妻带子回到祖国。1998年，他在第四十五届国际场致发射大会上获"最杰出科学家"称号；2001年，获国家自然科学奖二等奖；2002年，获中国青年科学家奖。

周其林在国外做博士后期间，跟随不对称合成领域的两位著名专家法尔兹（Pfaltz）教授和多伊尔（Doyle）教授专攻手性催化剂的设计合成，曾研究出两类高效手性催化剂。1996年，他带着"在国内做出高效手性催化剂"这个梦想从美国回到华东理工大学任教。但此时的国内科研条件还相当艰苦，科研经费也十分有限。学校给他的科研启动经费只有2万元，根本无法支持他开展深入研究。想到在国外时就拟订好的研究计划无法实施，周其林的心里非常着急，到处申请科研经费，不放过任何一种可能性。正是国家自然科学基金及时给予他资助,并成为其科研经费的主要来源。刚开始申请时,由于他对国家自然科学基金不是很了解,填写申请书也不得要领,是国家自然科学基金委员会化学科学部的唐晋、杜灿屏两位教授等给了他诸多指导,第二年周其林就获得了国家杰出青年科学基金和国家自然科学基金面上项目的资助。数年后,周其林和他的研究小组发展了一类结构新颖、性能优良的手性螺环配体及其催化剂。之后,他们还成功地将单齿手性螺环膦配体应用于不对称开环反应、不对称过渡金属催化的分子间或分子内碳碳双键、三键和CO的[2+2+1]三组分偶联(Pauson-Khand)反应、不对称高烯丙基化反应和不对称烯基化等形成碳—碳键的反应中,都取得了很好的对映选择性,这些反应过去只有双齿手性膦配体的应用报道。在国家自然科学基金的连续支持下,他们的手性催化剂梦想终于得以实现。

中国科学院院士卢柯称自己是在科学基金的"浇灌"下成长起来的,南京大学高抒教授则形象地赞誉科学基金是自己"远航的动力"。不少学者感概道:"没有国家自然科学基金,就没有我的今天。"许多青年学者饱含深情地说:"科学基金以人为本、鼓励探索、宽容失败的管理模式体现了'人文关怀',形成了一种让科学家眷恋的科学基金文化,激励科学工作者在基础研究领域奋勇前行。"

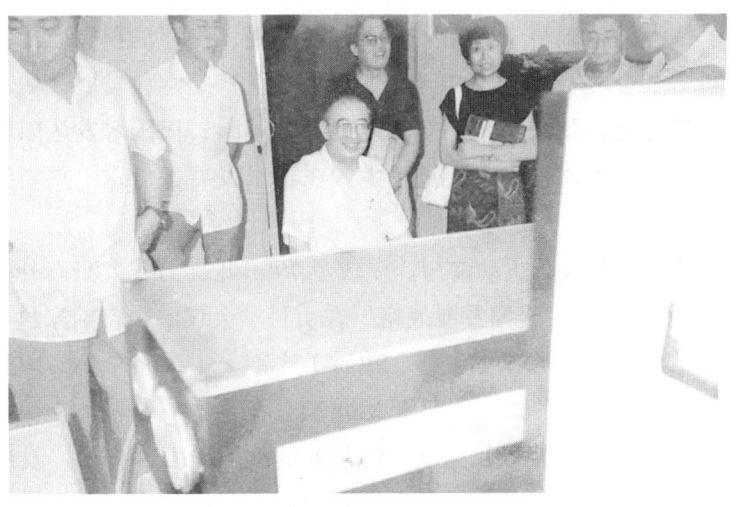

张存浩(左三)在科研机构考察时与青年科技工作者在一起

十五、夯牢基石

张存浩曾把基础研究比作夯建楼房、大厦的地基，喻为修砌万里长城的基石。他曾撰文写道：

> 基础研究很重要。人类近现代文明进步史已充分证明，基础研究的每一个重大突破，往往都会对人们认识世界和改造世界能力的提高，对科学技术的创新、高技术产业的形成和经济文化的进步产生巨大的不可估量的推动作用。
>
> 必须从社会和经济的长远发展需要出发，统观全局，突出重点，实行"有所为，有所不为"的方针，继续加强基础科学研究。

这一点，不仅是实践者张存浩的深刻体会，更是一位战略科学家的神圣使命。

张存浩提出了基础研究要瞄准国家目标的重要论述，并对基础研究的国家目标进行了完整概括：一是围绕国民经济和社会发展中的重大深层次问题深入研究，为当前的急需和未来的发展提供科技动力与成果储备；二是瞄准科技前沿，选择我国有优势或有较强基础的学科和领域，在世界上占有一席之地；三是发挥摇篮作用，培养高层次科技人才；四是推动全民科学文化素质的提高。

为了使中国基础科学研究上水平、大发展，张存浩积极运作，由国家自然科学基金委员会于1991年11月主办了基础学科发展评估与资助政策国际研讨会，带来了国外尤其是美国、英国、德国等发达国家基础研究领域的最新动态，大大促进了中国在学科发展评估这一重要学术领域的研究工作。

张存浩积极倡议，主动参与，促成了1995年4月在北京召开的"面向21世纪我国基础性研究发展战略"香山科学会议。来自国家科委、国家教育委员会、农业部、卫生部、地质矿产部、中国科学院、国家自然科学基金委员会等有关部门的负责人和70位科学家，济济一堂，共商大计。与会代表就新形势下我国基础性研究的战略地位和作用，发展我国基础性研究的指导思想、方针及主要政策措施等进行了深入探讨，并献计献策；就我国基础性研究"九五"计划和2010年长期规划要点（征求意见稿），广泛征求意见和建议。

张存浩（右五）参加国际科学交流基金会、联合国工业发展组织
中国投资促进处捐赠仪式

基于此，国家自然科学基金委员会对具有发展前途、体现高精尖的基础性研究项目给予了大力资助。

1995年，生命科学部青年科学基金资助名单中涉及数十个学科、数百个项目。获得资助的单位既有北京大学、清华大学、复旦大学、中国科学院等这样的一流院校、研究机构，也有一些普通院校、科研单位，如扬州大学、南通大学医学院、安徽中医学院、莱阳农学院等。资助名单中，既有临床医学基础这样的资助大类，也有动物学这样的小类；既有像生物化学与分子生物学这样的前沿学科，也有与百姓生活息息相关的农、林、牧、渔等研究项目。与前几年相比，涉猎单位更多，资助面更广，其触角不仅仅囿于自然，还涉及经济社会的方方面面。

张存浩领导的国家自然科学基金资助，始终面向起点高、目光远大、孜孜追求的科技工作者。资助门槛高，为的就是杜绝滥竽充数、鱼目混珠，而把那些真正的精英推向更高的研究阵地，赢取最大化的科研价值。

为支持、发展基础性科学研究，张存浩经常与科学家们联系、沟通，悉心听取他们的意见和建议。1996年，国家基础科学人才培养基金就是国家自然科学基金委员会根据苏步青、朱光亚等11位科学家的建议，经江泽民主席批示、国务院批准设立，并列入国家自然科学基金中的一个专项基金，由国家自然科学基金委员会负责管理。为此，国家自然科学基金委员会制定了《国家基础科学人才培养基金项目资助经费管理办法》。此项基金的组织实施，充分发挥了基金制管理的优越性，贯彻了"依靠专家、发扬民主、择优支持、公正合理"的原则。"九五"期间，由财政部每年拨款6000万元，用于支持国家教育委员会自1989年以来分4批在39所大学陆续建成的数学、物理、化学、天文、地质、海洋等15个专业的83个理科基础研究和教学人才培养基地的建设。

国家基础科学人才培养基地分布

学校	基地数/个	学校	基地数/个	学校	基地数/个
北京大学	8	华中师范大学	1	兰州大学	4
吉林大学	3	中国农业大学	2	内蒙古大学	1
浙江大学	1	浙江农业大学	1	郑州大学	1
中国科学技术大学	3	上海中医药大学	1	东北师范大学	1
武汉大学	3	清华大学	2	南京师范大学	1
西北大学	3	复旦大学	4	北京林业大学	1
山西大学	1	杭州大学	3	北京医科大学	1
福州大学	1	山东大学	2	北京中医药大学	1
北京师范大学	5	中山大学	3	南开大学	3
南京大学	7	中国地质大学	1	陕西师范大学	1
厦门大学	2	苏州大学	1	华中农业大学	1
青岛海洋大学	1	云南大学	1	上海医科大学	1
四川联合大学	2	华东师范大学	3	中国药科大学	1

1997年6月4日，国家科技领导小组第三次会议决定制定和实施《国家重点基础研究发展规划》，之后由科学技术部组织实施了国家重点基础研究发展计划（亦称973计划）。

在历史的脚步即将迈入21世纪之际，在由《群言》杂志社举办的"两院院士谈科教兴国"研讨会上，张存浩在谈到"重视基础科学研究"这个议题时说："还是要以经济建设为中心，但要给基础科学研究以一席之地。这一席之地有多大？美国是20%，欧洲是百分之十几。当然绝对数字是没法比的，但相对比例要恰当。我们过去定的指标是到2000年基础研究投入达到10%，但这几年只有6%，达标有一定困难。"他呼吁国家要在投入方面加大力度，以保障基础研究这块基石更加稳固并日益壮大。

2001年8月，张存浩（前排左二）参加"面向二十一世纪科学基金制"国际论坛

后来，张存浩在一次会议上指出："根据世界上其他国家的成功经验，科技进步、科技创新的关键取决于高层次人才的数量和质量。高层次人才要通过基础科学研究来培养。实践证明，通过大兵团作战、大规模生产的方式不是培养高层次科技人才的正确途径。"

为了给基础科学"强筋健骨"，张存浩在各种媒体上鼓与呼，发表了一系列文章，如《共同谱写繁荣基础性研究的新篇章》（《中国科学院院刊》，1994年）；《基础性研究是贯彻科教兴国战略的重要支柱》（《中国科学院院刊》，1996年）；《对我国基础研究的几点意见》（《中国科学院院刊》，1997年）；《就中国基础研究的问题提出几点意见》（《科研管理》，1998年）；《基础研究是奠定现代文明的基石》（《群言》，2000年）；等等。

捧读一篇篇文章，人们似乎能从字里行间，窥见一位科学大家在向人们陈说着基础科学研究领域还存在种种不合理；好像看到一位白发学者，在科学大地上奔跑呼喊；好像看到一位科学斗士，高挥旗帜，引领着诸多有识之士，目光坚定地向着充满阳光的科学殿堂进发。

不仅是呐喊、呼吁、建议，还必须有实实在在的行动。

在他任职的9年间，不管是国家自然科学基金委员会科学筹划新设立的16项专项基金，还是按照国家部署，做好国家基础科学人才培养基金、攀登计划、高技术新概念新构思、国家重点基础研究发展规划项目基金管理，都是围绕着构建人才梯队、夯实基础性研究这一主题展开的。

张存浩（后排右三）参加教育部"长江学者奖励计划"专家评审委员会会议

9年间，科学基金经费从1991年的1.76亿元增长到1999年的10.16亿元。科学基金的基石越来越厚实，科研基础越来越坚固，吸引着无数的年轻学者摩拳擦掌，极欲展翅高飞；托起了成千上万名有志青年科学家的理想之梦，成就了科学报国之宏图大略。

十六、为科学基金保驾护航

1999年底，张存浩由国家自然科学基金委员会主任卸任，被聘为下届名誉主任。他本想再次像一员新兵一样，重新站在科研的前哨，但新的任务接踵而来。2000年6月，中国科学院任命他担任中国科学院学部科学道德建设委员会（简称科学道德委员会）副主任。2004年，国家自然科学基金委员会又任命他担任第二届监督委员会主任。

张存浩欣然领命。

其实，科学道德问题一直是他多年来时常考虑而又痛心的一个大问题。他在大连化物所任职期间，个别人身上偶尔出现过违反科学道德的情况，但由于狠抓共管、从严治理，不良之风从苗头上被有效遏制，不端行为从未引起多大波澜。在他担任国家自然科学基金委员会主任不久，一则美国、印度两位著名科学家在科研中弄虚作假的消息在全世界掀起轩然大波。在1991年7月召开的第二届国家自然科学基金委员会第一次全体委员会议期间，张存浩收到了宋健主任给他和唐敖庆、师昌绪的信。宋健主任在信中指出"利用公款支持的机会，弄虚作假，骗取荣誉，不仅国外有，中国也会有"，并指示"应该适时予以揭露，给予处理，以培养和规范科学界的严肃认真的科学态度和对人类的负责精神"，要求密切注意中国各项基金（国家科技攻关计划、863计划、国家自然科学基金）所支持的科研项目，一旦发现这种现象，要组织调查，严格处理，以儆效尤，并强调要保护那些勇于揭发作假行为的科学工作者。

张存浩立即召开国家自然科学基金委员会班子会议，学习宋健的指示精神，研究下一步防止、遏制国家自然科学基金委员会工作中的腐败现象。之后，《中国科学基金》刊发评论《提倡科研道德，严肃科学学风，杜绝科学研究中的作假行为》，在国内新闻界和学术界引起了很大反响。国家自然科学基金委员会还为此制定了相应的防范措施。

然而，树欲静而风不止。1992年，国家自然科学基金委员会收到了几位科学家揭发某讲师在外国学术期刊上严重抄袭作假的信件。张存浩震惊了。这是他从事科研工作四十多年来亲自接触到的科技界的大丑闻。他认识到，此人的行径已经在国际上造成了极为恶劣的影响，不仅损害了中国科技界、教育界的信誉，而且已经滑入涉嫌犯罪的边缘。张存浩当机立断，经过班子讨论，决定撤销该人的基金项目，并无限期停止其申请基金的资格。此外，国家自然科学基金委员会还与中国统配煤矿总公司、《科技日报》、《中国科学报》组成联合调查组，对该事件进行调查。

通过这起恶性事件，张存浩也意识到国家自然科学基金委员会工作中的一些疏漏。只有进一步完善措施，加大防伪打假力度，才能推动国家自然科学基金委员会事业的健康发展，让党和国家放心，让科技界放心。

然而，百密一疏。国家自然科学基金委员会每年都会收到上百件令人纠结而棘手的投诉举报。张存浩每每看到一个个熟悉的科研人员因为科学不端而被人告发，最后被严肃处理甚至除名，他感到的不仅仅是沉闷和遗憾，还感觉到自己的心在隐隐作痛。尽管他明白这仅仅是科学大家庭中极小的一部分人，但正是因为这极小的一部分人，在一定程度上影响了原本神圣明洁的科学殿堂的清誉。

治，看着一个个年轻有为的科学工作者落马，痛心；不治，将会有更多的人滑向泥潭甚至深渊，给科技界造成不良影响，更加让人痛心。

张存浩曾明言：学术反腐是一种治学的态度。他把近年来我国存在的科学道德与学风问题，归结为科学不端行为、学术失范和学风浮躁三种主要表现形式。针对科学界屡禁屡现且处于上升态势的学术不端、不讲科研诚信的现象，张存浩在各种场合痛声疾呼，在参加全国政协会议期间，也在高端讲坛上提出意见和建议。

在张存浩的呼吁下，1998年12月10日国家自然科学基金委员会监督委员会成立，由原副主任梁栋材担任第一届主任。这对坚持和维护"依靠专家、发扬民主、择优支持、公正合理"的评审原则，抑制和克服在科学研究和科学基金中一切形式的不正之风与弄虚作假行为，倡导实事求是、不断创新的作风和科学态度具有深远意义。

2000年6月被任命为科学道德委员会副主任时，张存浩向中国科学院领导班子和科学道德委员会领导班子积极倡议，于2001年5月18日由科学道德委员会邀请陈建生、丁国瑜、戴汝为、杨乐等30位院士，在北京举行中国科学院学部科学道德建设座谈会，让这些在中国科技界享有盛誉的科学家群策群议、献计献策，向科学不端行为宣战，共同打造中国科技的晴朗天空。

张存浩在中国科学院做科学道德委员会工作报告

张存浩（右一）与李振声院士（左一）、涂光炽院士（左二）在一起

由科学道德委员会召开这样规模的座谈会，研究科学道德和学风建设问题，这在中国科学院学部历史上还是第一次。

2001年10月9—23日，张存浩院士率团访问英国、法国、德国三国，与13个有关科学机构的42位负责科学道德伦理工作的管理官员和科学家进行了切磋与交流，学习国外在这方面的先进经验。这是中国科学院学部自成立科学道德委员会以来的第一次出访。

许智宏（左五）、张存浩（左四）率科学道德委员会部分工作人员访美
（供图：吴善超）

张存浩还专门撰文对科学不端行为、学术失范、学风浮躁等进行了具体分析，剖析其危害。

在 2002 年中国科学技术协会学术年会的特邀报告中，张存浩再次给科技界"揭丑"。他认为，面对我国部分科技人员科学道德滑坡的现象，在治理学术界不正之风方面，应引进国外的先进管理经验。

他说，当前学术界的不正之风有多种表现形式，首先是浮夸、浮躁，这是一种急功近利的表现，求量不求质，造成一部分科研成果、学术论文的质量下降，有些是数据粗糙，经不起推敲，有些是一拆多用，滥竽充数。其次是欺诈行为，如程度不同地虚报论文篇数和等级，不正确地引用他人成果，对自己的成果和论文不恰当地吹捧等。更有甚者，弄虚作假，包括剽窃、假造科研成果和篡改真实数据，为追求发表论文数量不择手段。还有的人利用作为评审人的机会，不正当地引用甚至盗用他人未发表的新概念、新方法，侵犯他人的知识产权。最后是在学术上缺乏民主，不允许学生或年轻人质疑，对有一定学术造诣的学者，这种学术霸道作风更值得警惕。

2002 年，张存浩在加强科学道德建设会议上讲话

张存浩针对不同表现形式的学术不正之风，提出加强科学道德建设的三项建议。一是示范。率先垂范与规范引导，即树立科学道德风范和确立良好的科学研究规范，让广大科技工作者见贤思齐并有章可循。二是戒浮。力戒浮躁和浮夸。三是打假。抵制和揭露科学不端行为，对科学研究中的伪造、抄袭剽窃、弄虚作假等，形成"老鼠过街，人人喊

打"的舆论氛围和反击态势。

张存浩强调，对科学不端行为，不仅要有批评，还要在公正深入地调查研究的基础上，采取一些具体的惩戒与处分措施，对科学不端行为人员形成威慑。

如何加强科技界的道德建设，并使其成为科技人员的自觉行动，对中国科技界来说，是一个新课题，更是一个棘手的新难题。

为此，张存浩吸收国外的科研管理经验，结合中国科技界的实际状况，撰写了许多专题文章，对科学不端行为、学术失范、学风浮躁等现象进行了具体分析，剖析其危害。他认识到，学术反腐，不是一朝一夕之事，任重而道远。

2004 年，张存浩担任国家自然科学基金委员会监督委员会主任。当拿到秘书呈送的材料时，他的心再一次收紧，感到丝丝阵痛。

是啊，此时国家自然科学基金委员会每年受理项目约 5 万项，获得资助者约万人。从国家自然科学基金委员会监督委员会成立到 2003 年底，共收到科技工作者的各类来信 445 件，其中经监督委员会认定存在科研不端、学术不端、学术失范等行为的有 40 余件，主要可分为四类：伪造数据占 7%，弄虚作假占 40%，剽窃占 34%，重复申请、夸大表述原来的工作基础等其他行为占 19%。尽管不端行为仅占受理项目的极小比例，但这是中国科技界的耻辱，是对中国科技的沾污。

为此，张存浩决定加大工作力度，一切从严治理，让监督委员会为国家自然科学基金委员会的神圣工作保驾护航，让"监督"这把利剑真正发挥为科学事业健康之路"清除垃圾"的作用。

2004 年 11 月 22 日，张存浩在英国《自然》（*Nature*）杂志中文版特别增刊《中国之声Ⅱ》上撰文揭露中国科技界目前存在的科学道德问题。这是在国际媒体上公开自揭家丑的开山之作，是投向中国科技界弊端的一把利剑，更是进一步向世界表明了中国科技界的胆量和胆识。

对于中国科技界存在的问题，张存浩自抖家丑的做法，在社会上引起共鸣。他认为在这方面，绝对不能投鼠忌器、讳疾忌医，只有敢于露丑，敢于揭疤，才能让中国科技拥有健康的肌体，才能轻装上阵，破浪前行。

这篇"檄文"，让西方世界对张存浩刮目相看。之前许多人对张存浩的科学成就早已熟知，但此次他的胆略和大气还是给人以耳目一新之感。

为了在机制上反对学术不端行为，国家自然科学基金委员会监督委员会不断总结经验，制定工作规则、处理程序和规章制度。2005年4月，张存浩主持相继制定和修订了《国家自然科学基金委员会监督委员会章程》《国家自然科学基金委员会监督委员会对科学基金资助工作中不端行为的处理办法（试行）》。这些规章制度具有很强的可操作性，既做到了对每项工作有办法可循，又向依托单位和项目有关人员提出了基本要求。

让张存浩感到欣喜的是，这些办法和规章自实施以来，受到科技界的广泛关注和重视。一些高等院校和科研院所在本单位网站上进行了转载，或者汇集编印了相关材料向科学基金的申请者和承担者进行宣传，有的单位还根据具体情况制定了相应的规章制度和学术行为规范。

当国家自然科学基金委员会监督委员会根据制度公布相关案例时，这些案例在科技界和新闻界引起了强烈反响。许多单位由此强化了科学基金申报的管理，实行分级负责制；科研与人事部门加强了对申请书个人信息的核查，有效遏制了不端行为的发生；不少单位还加强了对基金实施与成果的过程监督，取得了明显成效。

张存浩认为，重视和加强科学道德建设，不仅因为它是科技事业发展的重要组成部分，还由于它是实施科教兴国战略、建设创新型国家的基本保障。为了发挥典型案例的警示教育作用，张存浩以近乎大无畏的精神，对一些造成严重后果的科学不端行为不再实行过去的绵柔做法，而是首次采取公开曝光的形式，如2005年在国家自然科学基金委员会网站上发布了申请国家自然科学基金弄虚作假的通报、抄袭他人申请书的通报、抄袭和剽窃他人论文的通报。此后科技界的不端行为投诉案件明显减少。张存浩任职届满时，国家自然科学基金委员会监督委员会接到的投诉案件比上一届减少了30%还多。

为了告诫广大科学基金项目承担者和参与人员哪些行为是错误的，国家自然科学基金委员会监督委员会在2005年、2006年发布了3期《工作简报》，通报了几十起学术不端行为。

在张存浩的主持下，2006年3月16日国家自然科学基金委员会监督委员会全体会议审议通过了《国家自然科学基金委员会监督委员会关于加强国家自然科学基金工作中科学道德建设的若干意见》，明确打出"坚持求真务实，反对不端行为""坚持严谨治学，反对浮躁学风""坚持学术规范，反对不当竞争""坚持科学管理，反对违规操作"的"四坚持、四反对"旗帜，并重申要进一步"完善监督机制，提供制度保障"。作为指导性文件，该文件为国家自然科学基金委员会的规范、有序与健康发展提供了有力保障。

同时，围绕加强科学道德建设，防止学术不端，积极营造严谨严肃、健康向上的学术氛围，张存浩在各种媒体上连续发表了许多文章、谈话等，如《科学道德建设应借鉴国外经验》(《光明日报》，2002年2月1日);《加强科学道德建设，促进科学事业发展》(《中国科学基金》，2002年第2期);《科学道德建设与科技工作者的责任》(《科技和产业》，2002年第10期);《对青年科技人员进行科学道德培训》(《中国青年报》，2003年1月27日);《欣欣向荣的中国科学呼唤完善的科学道德》(《科学》，2004年第4期);等等。这些文章和谈话等在社会上特别是科技界引发了巨大反响。

自2007年以来，张存浩在《人民日报》相继发表《我看科学道德与学风问题》(2007年7月12日)、《让反学术不端成为文化力量》(2008年1月25日) 等大部头文章，以一位忧国忧民的老科学家的奋斗经历和治学经验，向全国科技工作者发出倡议：坚决抵制学术腐败，推动中国科学事业健康发展。

2006年，张存浩（中）出席国家自然科学基金监督工作研讨会

张存浩的举动，让中国科技界乃至世界科技界坚信："这么多年，我们一直在努力，目的就是维护科学基金制的公正性、科学性和科技工作者的权益，弘扬科学道德，反对科学不端行为，营造有利于科技创新的环境。"

更为重要的是，他还让中国科技界看到了中国科技的希望，让中国亿万人民看到了中国科学灿烂的明天。正如张存浩在《欣欣向荣的中国科学呼唤完善的科学道德》中所言：

> 科学道德建设和科学事业的发展紧密相连，捍卫科学的荣誉是科学工作者神圣的责任。在全社会的认真参与下，中国科学界有决心、有信心建立起更为完善的科学道德体系。中国的科学界，一定会对世界文明和人类福祉做出更大的贡献。

十七、张存泗亲历的一件事

国家自然科学基金委员会对申请资助项目的评审有一套严格严密的制度。张存浩在担任国家自然科学基金委员会党组书记、主任期间，曾严格要求：专家在评审过程中，任何局外人士不得干涉甚至不能过问。一位委副主任曾因向工作人员打听一位熟知的科技人员申报项目的评审情况，不仅受到了严肃批评，在主任办公会上做了深刻检讨，还被给予了严重警告处分。

对此，中国科学技术大学极地环境研究室主任孙立广教授深有体会：

> 尽管我在长达十年的时间里，四次申请科学基金均以失败告终，但是我要承认，科学基金项目的评审在我国诸多科技计划项目评审中还是最干净的。记得在一次申请时，我得到国家自然科学基金委员会一位工作人员的支持，他对我申报的属于交叉学科研究的课题很感兴趣。当时我以为，他是科学基金管理者，又是我的学长，有他的支持，我的申请万无一失，然而由于科学基金项目评审坚持"依靠专家、发扬民主、择优支持、公正合理"的原则，因通讯评议中有专家反对而失去了拿到会议评审的机会。可见，感情因

素在科学基金项目评审中没有位置，管理官员开不了后门，这是我从失败的痛苦中感到欣慰的一面；然而另一面，我体会到在科研项目评审中，仅靠"多票取胜"有时也未必科学。

张存泗亲历的一件事情，让人对堂兄张存浩领导下的国家自然科学基金委员会工作刮目相看：

那是1999年左右，存浩大哥担任国家自然科学基金委员会主任，而我对科学基金的具体情况知之甚少。其时我在天津市房地产管理局职工大学负责行业培训工作，一位在天津一所知名市属高校做教授的朋友，通过我所在学校与我关系密切的一位教授了解到存浩大哥的情况，非要让我为他们学校的两个申报国家自然科学基金的课题去找存浩大哥说情。虽说我对大哥的工作情况了解很少，但我深知大哥的为人，不愿意也不应该拿这种事情去麻烦他。无奈在反复推托不掉的情况下，不得已给存浩大哥拨通了电话。

听了我说的情况，存浩大哥在电话中告诉我："存泗呀，你不了解基金的评审工作管理程序，我们对基金评审有一套严格的管理制度，评审工作由国家自然科学基金委员会下属的一个独立机构负责操作，任何无关人员包括领导在内，都不得涉及或干预评审过程。评审工作分初审和复审两个阶段进行，每阶段都由评审机构从计算机专家库中随机抽选评审专家，每位被抽中的专家完全不知道还有谁被抽中；评审过程中被评审课题材料向评审专家送达和专家的评审意见完全以信函方式进行，没有人与人见面的机会；必须在5位初审专家全部同意后才能进入复审，而复审的10位专家的通过率须达到规定比例后，方为通过。"存浩大哥又告诉我："科学基金涉及的课题面非常广，门类繁多，因此，分配到每个课题的基金数额最多不过3万元，依靠它来解决课题经费是不可能的。"大哥最后说："存泗，这个忙我实在帮不了你。"

听了大哥的回答后，我心中不但不感到失望，反倒觉得如释重负。我本来就不想为这种事去麻烦大哥，尤其是我就在成人高校工作，也经常遇到科研课题立项问题，对那种不从课题本身立意和研究方向的重要性、必要性出发，而是拉关系、找门路，靠着各种不正当手段实现个人目的做法,我是十分反感的。其实我也意识到,他们之所以争取自然科学基金,无非是想让课题在国家级基金的层面上立足,以提高课题组和学校的社会地位。事后,针对存浩大哥对国家自然科学基金项目评审的做法,我向本校那位教授感叹道:"只有这些真正做学问的书生才能想出连自己都被制约住的法子!"

我这里所说的"真正做学问的书生",是指为数不多的、为了追求科学真谛而忘我的科学大家。之所以这样说,是因为在那个年代,无论是科研、学术或教学领域,浮躁之风还是很严重的,这里面就包括个别主持评审机构的领导直接或间接干预评审,从而造成评审过程和结果极不公正的后果,直接影响着国家科技的正常发展。存浩大哥在国家自然科学基金委员会处于位高权重之时,却能用严格的制度将自己及与基金评审无关的人全部挡在评审大门之外,切实保障了基金在公平与公正的环境下发挥促进国家科技进步的作用,这和他在追求科学技术研究探索上的真是完全一致的。

2014年5月作者(左四)在天津采访时,与张家部分亲友张存泗(右三)、张存永(右四)、纪清永(右五)、张存洪(左三)、张存民(左五)等合影(摄影:张凯)

是的,在国家自然科学基金委员会工作的十几年中,张存浩从没有为任何一个人,哪怕是自己最亲近的人(亲属、学生)利用自己的职权办一件违背原则、悖逆良知的事,以致他被国家自然科学基金委员会的同事们誉为一面镜子,也给他的后任们留下了一笔珍贵的精神财富。

十八、一个美国科学家眼中的张存浩

张存浩有许多外国科学界的朋友，美国的杰尔教授就是其中的一位。

杰尔是一位物理化学家，与张存浩是同行，二人也是相识多年的老友。

2007年9月12日，张存浩代表国家自然科学基金委员会邀请正在中国访问的美国科学院院士、中国科学院外籍院士、斯坦福大学杰尔教授参加国家自然科学基金委员会报告会。

其时，在中国，既是官员又是科研大项目负责人的现象并不少见，网络上更是流传着各种关于"项目所长""项目校长""项目局长"的帖子，直接对这种科研与管理双肩挑的模式有一些负面评价。

那么，有没有科研、管理双肩挑而又实现双赢之人呢？

"我很荣幸地认为，我就是其中之一！"杰尔无不自豪地说。

杰尔又环视一下台下，用赞赏而肯定的目光看着自己的老朋友张存浩，流露着不一样的神情，说道："当然，还有我这位中国朋友。中国国家自然科学基金委员会之所以做得这么好，与我的这位朋友张存浩先生创造性的工作、打下的良好基础是分不开的。"

杰尔认为："每个国家在政府经费分配过程中都会产生一定程度的腐败现象。但据我观察，中国国家自然科学基金委员会做得相当不错，在中国科学家中树立了良好的口碑。这是因为他们主要依赖外部评审专家的意见，评审过程是公开、公平的。"

"但中国其他地方做得就不一定这么好了，"杰尔继续说，"有些行政官员的权力太大，足以左右分配结果。结果，很多项目申请是在走过场，只分配给了那些有关系的人。这对中国的短期和长远的科学发展都是极其有害的，所以国家自然科学基金委员会的模式很值得中国其他部门效仿。"

杰尔环顾台下良久，然后深情地说："他，张存浩教授是你们国家的英雄！"

英雄惺惺相惜。张存浩对杰尔教授心存敬重，对他的领导才能也是钦佩不已。杰尔教授对张存浩院士，亦然。

2007年，张存浩（右）、郑永和（左）陪同杰尔教授（中）游览故宫博物院

作为一位对中国科学事业情有独钟、对科学基金事业挚爱至深的老者，2008年底闻讯财政部计划对国家拨款资助的基金机构管理和绩效开展评估时，张存浩非常兴奋，认为这是对我国多年来科学基金工作的一次全面检验，是我国科学基金发展历程中具有长远影响的一次重要事件。

当评估办公室主任、国家自然科学基金委员会计划与政策局局长郑永和带着领导嘱托，前来向张存浩征询有关国际评估专家委员会主席一职时，他推荐了杰尔教授。张存浩认为：作为国际评估专家委员会主席，一是要具有一定的国际威望，口碑好；二是要由世界知名的科学家担任，德艺双馨；三是必须具有基金管理方面的经验，组织才能突出；四是要对中国科学发展现状比较了解，对中国基金工作比较熟悉；五是要对中国怀有感情。张存浩还谈到了德国研究基金会前主席威纳克和一位日本科学家。

国际评估在中国尚属首次，国际上经验也不多，挑战巨大。杰尔来中国与国家自然科学基金委员会、财政部、科学技术部的人接洽时，直言不讳："我过去对中国的科学基金并不太熟悉，还是张存浩教授任职时，我到访过两次，才了解了中国科学基金制。"

2009—2011年，受科学技术部评估中心的聘请，杰尔教授担任了国际评估专家委员会主席，成功领导了来自6个国家的13位资深科学家、基金管理者，对我国科学基金实施25年来的资助与管理绩效进行了国际评估。

杰尔教授（右二）领导国际评估专家委员会在北京集中开展卓有成效的评估活动

对这次国际评估取得的巨大成功，时任国务委员刘延东这样评价：

> 由高层次、高水平的世界各国科学家和管理团队组成的评估专家委员会，遵循独立、客观、公正的原则，以严谨负责的科学态度对我国自然科学基金实施25年来资助与管理绩效进行的高质量、高效益、综合性、系统性评估，在我国基金资助管理中尚属首次。这不仅对我国完善自然科学基金资助管理模式、促进自然科学基金事业健康发展具有重要指导意义，对我国其他领域科技管理工作也具有重要参考价值。希望国家自然科学基金委员会以评估促建设、促改革、促发展，推动国家自然科学基金在新的起点上创造更大的成绩。[1]

对形成的《科学基金资助与管理绩效国际评估报告》，时任国务院总理温家宝和时任国务院副总理李克强分别做出重要批示。财政部主要领导则认为，该项工作"是我国财政科技支出乃至整个财政支出绩效评估工作的重要突破和重大进展"。

国际评估对中国科学基金影响巨大。时任国家自然科学基金委员会

---

[1] 新华社. 刘延东：推动国家自然科学基金创造更大的成绩. https://www.gov.cn/govweb/ldhd/2011-06/15/content_1885213.htm[2023-12-01].

主任陈宜瑜召开党组扩大会，专题研究讨论《科学基金资助与管理绩效国际评估报告》，采纳了评估结果中的具体举措：面上项目周期由3年延长到4年；设立优秀青年科学基金项目类型；设立青年科学基金——面上项目连续资助项目；扩大地区基金资助范围；加强对女性科研人员的支持力度；继续加强国际合作的资助工作等。

由于这次评估的巨大成功，有人提议杰尔教授再次组织团队对中国教育基金管理和绩效进行一次评估，但杰尔拒绝了，他说："这项工作太艰巨太浩繁了，做起来难度太大，很不容易。这次如果不是张教授的推荐，我是不会接受的。"

张存浩对杰尔的友谊，更在于他认为杰尔是中美科技交流与合作真正的使者。

杰尔教授对开展国际科技合作有着非常独到的见解和明确的指导思想，有长期的科技合作交流经验，他以战略科学家和领导者的身份，身体力行，积极影响并大力倡导美国的对华科技合作。

2011年8月，杰尔教授在德国《应用化学》(*Angewandte Chemie*, 世界上最有影响的化学杂志之一) 上发表了影响巨大的社论《为何要帮助一个发展中的科学巨人？》，文中写道：

> 有不少美国科学家问我，我的行为是否有些叛逆。他们认为，中国在挑战美国和欧洲的经济霸权，难道我没有意识到，我对中国的任何帮助都是在挖我自己国家以及那些热爱这个国家的人们的墙脚？
>
> 难道他们（中国）的收获就意味着其他国家的损失吗？我们西方国家倡导的更好的世界是那种削弱与中国关系的世界还是加强与中国关系的世界呢？我十分确信后者才是正确的答案。我们别无选择。
>
> 我反对那种认为科学就是零和博弈的观点。我认为世界上任何地方所取得的科学进展都会带来全球经济增长。
>
> 最后，我们从历史中学到，国家间的政治关系总有盛衰沉浮，消除政治障碍的关键就是要增进彼此间的了解与互信。有鉴于此，建立牢固的科学纽带便是良好的外交。

文章发表后，杰尔的观点得到国际上许多知名科学家的赞同和支持，德国《应用化学》（Applied Chemistry）杂志主编皮特·格利兹（Peter Gölitz）博士表示"Your editorial in Angewandte Chemie has been read by many persons from all corners"（你在《应用化学》发表的社论已经被各个角落的人读过了）。在主编的要求下，这篇社论在德国《科学技术与医学出版协会快报》上全文转载。

当时，以美国国会议员沃尔夫（Wolf）为代表的人限制对华科技合作等政治言论甚嚣尘上，杰尔教授的言论公开、正面地表达了美国高端战略科学家关于与中国加强联系和沟通、增进了解和互信的积极思维，在一定程度上影响了美国科学界的对华合作，可谓是对中美科技合作具有相当影响的事件。

不仅仅是鼓与呼，杰尔还身体力行，积极推动中美科技交流。任职美国科学理事会主席期间，杰尔通过高层互访致力于推动中美科技合作，极大地促进了美国科学理事会与中国国家自然科学基金委员会之间的交流和合作。作为中国科学院外籍院士，他积极为中国的科技发展建言献策，足迹遍及中国的大江南北，讲学授课，开展科技项目合作；作为战略科学家，他对中国化学领域的科技发展起到了重要指导作用。

2012年，杰尔荣获国家主席胡锦涛颁发的第三世界科学院科学奖。

张存浩认为，中国的科技发展进步、逐步走向繁荣富强，离不开一大批像杰尔这样的朋友提供的帮助。

十九、忙着，累着，快乐着

如同在大连化物所担任所长一样，张存浩科研、管理一肩挑，这让他的工作格外忙碌。思考、讨论、记录、开会、活动……在他的工作簿上，曾有一天要办19件事的记录。每年伊始，国家自然科学基金委员会需要审查的项目达上万个，各学部分门别类逐一审查、初评后，仅仅需要会议评审而送到他案头的项目，就要占用他半个多月的时间来审阅，各种活动、会议、研讨、外事活动，更是常常让他应接不暇。

这里仅以1995年上半年张存浩参加的外事活动为例进行说明。

1月11日，在北京西苑饭店会见杨振宁教授，就国家自然科学基金

"九五"计划的要点、优先资助领域和促进经费继续较大幅度地增长等主要内容进行深入探讨。

1月18日,会见来京出席中美科技合作第六届联委会二次会议的美国国家科学基金会主任雷恩博士,并举行会谈。张存浩介绍了国家自然科学基金委员会经费、项目等方面的情况,表示为了扩大两国基金会的相互合作,资助双方科学家开展国际合作与交流活动,愿意邀请美国国家科学基金会学科主任访问中国。

2月下旬,与学部负责人、专家到美国国家科学基金会、科研机构考察。

3月15日,陪同第八届全国人大常委会副委员长吴阶平教授,在国家自然科学基金委员会会见加拿大籍华裔、国际著名学者孙绵方教授。

3月28日,会见应邀来访的日本学术振兴会理事长大崎仁教授一行。

4月上旬,率领国家自然科学基金委员会代表团到英国、德国等国家学习与考察。

5月中旬,陪同外国科学考察团到大连化物所就分子反应动力学重点课题进行讨论。

6月8—15日,应俄罗斯基础研究基金会主席福尔多夫(Faldorf)院士的邀请,率国家自然科学基金委员会代表团到俄罗斯进行访问。

……

张存浩(右)与日本学术振兴会理事长大崎仁教授交流双方合作事宜

同时，张存浩着眼于基金工作创新，推动基金工作再上新台阶，于百忙之中撰写了《在改革中不断前进，把科学基金工作提高到新水平》《要研究贯彻"稳"、"放"方针的具体措施》《创新的制度 创新的实践》《继承发扬民族优秀文化传统和革命传统》《总结经验 继续前进》《完善和发展科学基金制 为实现跨世纪宏伟目标作出新贡献》等20多篇理论文章。这些文章，基本上都是他八小时工作时间之外的产物。许多人都说，捧读张院士的文章，能感觉到一位科学大家内心的跳动，因为他的一字一句，都闪动着对民族命运的思考和探索、对国家前途的深情和关切，无论是毫无保留地针砭时弊，还是为科技发展呼号呐喊。只有真正的爱国者，只有真正的有识之士，才会这样迫切地想要直抒胸臆，才会这样不遗余力去做。

在即将跨入21世纪门槛之际，第三届国家自然科学基金委员会领导班子亦将完成历史使命，张存浩利用节假日和晚上时间撰写了长达4000余字的《关于面向21世纪科学基金工作的基本思路》一文。在文章中，他紧密结合我国科学基金制多年的工作实践，吸纳国外的先进工作经验，瞄准国家经济社会发展大势，特别是科学技术发展的新特点，指出：面对我国社会主义现代化建设对基础性研究提出的迫切需求，我们必须把握全局，开拓进取，解放思想，深化改革，使科学基金制度不断完善和发展，为实现第三步战略目标做出新的贡献。在文章中，他提出面向21世纪的科学基金应着力抓好八个方面的工作：①高举支持基础性研究的大旗，瞄准国家目标，坚持鼓励自由探索和宏观调控相结合；②继续争取较大幅度地增加科学基金经费；③制订战略发展计划，引导我国基础性研究为国家未来发展做出更大贡献；④大力促进学科间的交叉与渗透，创造宽松环境，激发和强化科学创新能力；⑤选准方向，连续资助，为取得较大突破的成果创造条件；⑥大力培养跨世纪优秀人才，加大对优秀群体的支持力度；⑦加强对基础性研究优秀基地的支持；⑧开展广泛的国际合作与交流。

与其说这是一篇理论文章，不如说这是一篇进军21世纪的檄文。一些新的观点，不仅仅是张存浩多年工作经验的累积，更是他在头脑中反复思考多次经过深思熟虑而提出的。例如，他提出要在2010年累计培养

张存浩（右一）与外国科学家在一起

3000名左右的优秀中青年学术带头人，并在各学科培养出一批德才兼备的"将才""帅才"。由此，培养将帅级学术带头人，成为上至国家层面下至各科研机构耳熟能详的时髦话题。又如，他对优秀科研基地问题，首次提出要实行竞争制，优胜劣汰，不搞终身制。其实这个问题，不仅在科研系统内存在，在其他机关单位也较为常见。个别单位一旦被挂上某种名义的"金匾"，就往往处于一种"守"的状态，进取精神、血汗付出大打折扣，甚至于为了应付年度考察考评，不惜弄虚作假，欺上瞒下，想尽千方百计保住名誉。人们都知道这对经济社会发展、科学技术进步百害而无一利，但偏偏有些人司空见惯，麻木不仁，得过且过，像

1998年，张存浩（前排右六）出席在上海举行的中法科学技术政策研讨会

张存浩这样直言不讳者仍为数不多。但他既是一位科学家，更是一位战略科学家，不仅一向眼里容不下沙子，而且站得高、看得远；他是一位科学基金管理者，必须以科学的态度，以对国家利益负责的态度，明确提出来，否则他将寝食难安。

张存浩忙，时常觉得时间不够用。在单位忙了一天，实在忙不完，就将工作带回家中继续工作，和往常一样，家务活全部落在妻子身上。为了接待南来北往的亲友和丈夫单位的同事、外地拜访者，认识的不认识的都要热情接待，迟云霞一天十几个小时都在操持。他们在北京的家，既没有高干家庭的豪华、气派，也没有寻常人家的规整、利落。他的同胞弟妹存泰、存永、存滢，堂弟存泗、存民，以及表弟傅本立、表妹傅小波等人，还有国家自然科学基金委员会的同事梁森、许忠勤、袁海波等一进他家的门，或心惊肉跳，或双眉紧皱，因为客厅的地板已经多处松动，走在上面或"嘎吱"乱响，或人左右乱晃。他们实在担心腰椎有伤病、一向走路很快且身体有些倾斜的张存浩会发生不测。但这种情况一直延续了几年。迟云霞无奈地笑着说："这是一个科学家的家，是一位部级大领导的家，主人不嫌不怕不管，我一个妇道人家能有什么办法？"

为了工作，为了事业，张存浩几乎什么都顾不上。

1996年秋，张存浩到美国访问，因劳累过度患上急性胆囊炎，疼痛难忍。但是为了尽快如期回国，他坚持不住院医治，仅仅打了几天点滴，就抱病返回国内。在国家自然科学基金委员会，他咬牙一边输液一边坚持工作，导致病情加重，不得已只好住进医院手术。出院前，国家自然科学基金委员会办公室已经联系好北京小汤山医院，委领导班子同志们希望他休养一段时间，但他只住了三天就返回单位。不仅仅是手头的工作需要他，而且有一项重大而艰苦的筹划正在他的思考中。因为国家自然科学基金委员会创立10年来，还没有自己的办公场所，先是借了北京舞蹈学院的几间办公室，后面借用了防化兵大院的一处老楼，自他成为国家自然科学基金委员会一把手后，日思夜想的就是拥有国家自然科学基金委员会自己的办公、评审大楼。此前不久，他已经向国务院办公厅、财政部反映了这个颇为棘手的问题，现在必须马上付诸行动了。

经过张存浩和国家自然科学基金委员会领导班子的不懈努力，1997年国务院终于拍板：立即拨款兴建国家自然科学基金委员会办公、评审大楼。

国家自然科学基金委员会领导班子研究决定，由梁森副主任负责基建工作。这是一项比较浩繁的较大基建工程，消息一经传出，立即引来数家基建公司。其中，有一家工程公司的负责人与张存浩比较熟悉，他专门找到张存浩表明心意，希望国家自然科学基金委员会一把手给予照顾。张存浩向他介绍了工程建设招投标的有关问题，并说"这个工程不是我说了算，是由建设指挥部研究决定的，其中资质问题尤为重要"。

事后，张存浩叮嘱梁森："不要因为他与我比较熟悉，你就难为情，一切按原则办事，按程序走，你要认真把关。"

这家与张存浩比较熟悉的公司最终因资质问题落选，大楼由北京城建四建设工程有限责任公司承建。

张存浩刚到国家自然科学基金委员会时，就反复开会强调坚决杜绝"小圈子""山头主义"，坚决反对拉关系、走后门。同样，在这个问题上，他也绝对不会网开一面。这是他做人做事的底线，不可逾越。

工程基建，百年大计，他也绝不会掉以轻心，他召开班子会议，对设计图纸、造价等一一研究定案。

经过两年的建设、装修、绿化，国家自然科学基金委员会在北京市海淀区双清路终于有了属于自己的"家"。在大楼落成典礼上，他专门提到梁森：我们不要忘记梁森同志所做的贡献。

国家自然科学基金委员会办公楼

由于长期超负荷工作，张存浩的身体每况愈下。一天，国家自然科学基金委员会召开职称评审会议。一连几个小时，他忍着病痛坚持着，后来实在坚持不下去了，只好上楼休息一会儿——他的办公室里备有一张板床，每当身体吃不消时，他就躺下休息片刻。大约过了半个小时，孙枢、梁森、郑永和等到他办公室探望时，吓了一跳，只见张存浩大汗淋漓，脸色煞白，大家赶紧拨打120急救电话，把他送往医院。

为了工作，为了事业，张存浩可以舍弃一切。

他忙着，累着，快乐着。

为了国家自然科学基金委员会工作开拓创新，他忙，他累，但感到很充实，所以很快乐。

为了国家科技事业健康、快速、高质量发展，他忙，他累，但感到很有意义，所以一切付出都值得。

二十、大家如是说

张存浩曾说，有人把世界上的科学家分为两种，一种是杰出的科学家，一种是伟大的科学家。杰出的科学家，主要表现为在科研领域取得不凡成果；伟大的科学家，首先是杰出的科学家，除此之外，他还必须有伟大的人格、高尚的科学操守，包括爱祖国爱人民、亲贤爱才、奖掖后学等。

人们认为，张存浩是伟大的科学家。尽管他非常谦逊，但他被人们誉为伟大的科学家名副其实。

2008年，为庆祝张存浩从事科研工作六十年，张涛、邵赛兵、刘卫锋、吴善超、田文、郑永和、赵学文、沙国河结合各自的亲身经历，合写了一篇长达万字的文章《矢志不渝的科技征程——祝贺张存浩院士从事科研工作六十年》。文章最后写道：

> 张存浩先生是一位令我们敬重的长辈和导师，回顾先生60年奋斗的辉煌历程，我们要向张存浩先生学习。学习他对党、对祖国、对人民无限忠诚的高尚品德；学习他勇挑重担、越是困难越向前的开拓创新和不断攀登的献身精神；学习他求真务实、严谨治学、精

益求精的科学态度；学习他严于律己、淡泊名利、谦虚谨慎、团结民主的工作作风；学习他提携后学、甘为人梯、为人师表的崇高风范。

2015年9月笔者在北京采访，在拜访邵赛兵、郑永和时谈及这篇文章。他们说：

> 我们是做学问的，张老始终教导我们作为一个科技工作者，首先必须有实事求是的态度，这篇文章写的都是事实，都是我们的亲身经历，都是我们的肺腑之言，但限于篇幅，我们只能概括性地写了张老的极小的一部分故事。可惜我们不是文学家，不能妙笔生花，加入些许感情色彩，无法表达我们对张老的敬重、爱戴之情。张老的许许多多，我们都深深地埋在心里，这是最珍贵、最值得回味的，对我们人生的成长、进步，都是一笔无法估量的精神财富。

邵赛兵（中）陪同张存浩夫妇在人民大会堂参加活动

担任第二届国家自然科学基金委员会秘书长、第三届国家自然科学基金委员会副主任的梁森教授，与张存浩共事9年。他赞誉张存浩的眼光独特且长远，具有很强的人格魅力。他这样说：

> 张主任为人诚恳，态度谦虚，与人很交心，在他的统领下，国家自然科学基金委员会的优势发挥得淋漓尽致。所以，他不仅团结起了国内的科学家，还密切了世界上许多著名科学家的关系，他们

都愿意到国家自然科学基金委员会来，而别的部门没有这个优势。

梁森教授评价，张存浩在担任第二、第三届国家自然科学基金委员会主要领导的9年，稳定了我国的基础研究队伍，培养了一批高层次科技人才，涌现了一批优秀基础研究成果，全方位地发展了科学基金事业……可以说，张存浩书写了中国科学基金事业载入史册的光辉一页。

张存浩在第二、第三届国家自然科学基金委员会工作的9年中，时任中共中央总书记、国家主席江泽民4次会见了由国家自然科学基金委员会主办、来京出席科学会议（论坛）的中外科学家。

张存浩对科学家虚怀若谷的态度、对工作认真负责的精神，得到了同仁们的高度赞誉。第三届国家自然科学基金委员会秘书长袁海波在接受笔者采访时说：张主任对工作的热情，对事业的热爱，对科学的态度，是自己所见的科学家、领导者中罕见的；他的心牢牢地贴在了国家发展战略上，他的一言一行、所作所为，都展现了一位战略科学家为国家自然科学基金委员会事业殚精竭虑，为中国科技进步鞠躬尽瘁的博大情怀；每一个与他共事的人，每一位与他交往的科学家，都对他怀有高山仰止般的敬意。

是的，正是在张存浩的联系下——也是他的人格魅力使然——丁肇中、李政道、杨振宁这些闻名世界的华裔科学家、诺贝尔奖获得者数次访问国家自然科学基金委员会。他们与张存浩等同心同德，共同谋划，积极为中国科学基金事业建言献策。

梁森、郑永和等一谈及张存浩领导下的国家自然科学基金委员会工作，几乎异口同声：张院士为中国科学基金事业发展所付出的心血是巨大的，他不仅把国家自然科学基金委员会各项工作提升到一个新高度，还让国家自然科学基金委员会赢得了中国科学界乃至世界科学界的良好口碑，他的贡献是卓越的，甚至是伟大的。

郑永和认为，张存浩是一位伟大的战略科学家，他眼光独特，思想敏锐，分析缜密，能力超强，能做到两个贯通——从科学研究到科学管理，从基础研究到实际应用，这不是一般的科学家所具有的品质。

是的，无论是在大连化物所还是在国家自然科学基金委员会，张存浩的人格魅力和战略思想，都是深入人心、发人深省的。每次开会，他都能从人们的发言和讨论中，捕捉到利于团结、利于工作、利于创新的闪光点，都能把人们分散的"火花"汇集成"火束"，让人们自发地朝着确定的方向靠拢、迸发。

数学物理科学部副主任许忠勤向媒体记者畅谈张存浩对国家自然科学基金委员会工作的贡献（供图：邵赛兵）

郑永和认为，在一个单位，一个一把手，具备像张存浩一样的人文修养，能给予人们人文关怀，太重要，太重要了。

郑永和清楚地记得，有一年张存浩到英国参加戈登研究会议，在此期间，中国驻英大使馆教育处召集了一个留学生代表、科技工作者座谈会。张存浩从春秋战国时期的诸子百家，到历史上著名的科学家，再到近现代、当代中国科技的发展、战略分析，一连两个多小时深入浅出，有理有据，妙语连珠，侃侃而谈，让在国外求学的留学生和科技工作者大开眼界，似有振聋发聩之感，震撼至极。张存浩最后的结束语更是极具启发性和号召力：中国古代先贤创造了世界上无与伦比的科技、教育、文化史，那么世界科技、教育、文化的"硅谷"最终一定会闪耀于中国！

在张存浩荣获2013年度国家最高科学技术奖的次日，国家自然科学基金委员会主任杨卫主持召开座谈会，畅谈张存浩对我国科学发展的贡献。与会者既有张存浩过去的老同事，也有继任者，还有国家自然科学基金委员会现任领导班子成员。与会同志深情地回顾了与张存浩一起拼搏奋斗、辛勤耕耘的光辉岁月，从多个角度解读了张存浩对中国科技进步，特别是科学基金事业发展做出的重要贡献。

杨卫（前左）向张存浩（前右）献花，祝贺他获得国家最高科学技术奖

第四届国家自然科学基金委员会主任、党组书记陈佳洱指出：

存浩先生为我国的科学基金事业做出了非常杰出的贡献，使基金工作在科学界赢得了很好的口碑，在国际上也树立了中国基金制的良好形象。存浩同志一贯坚持"依靠专家、发扬民主、择优支持、公正合理"的评审机制，秉承以科学家为本、为科学家服务的文化，把来自国家科委、中国科学院、教育部三个不同部门的队伍和国家自然科学基金委员会文化融合在一起，建立了很好的基金文化，为国家自然科学基金委员会培养了很多优秀人才。

第五、第六届国家自然科学基金委员会主任、党组书记陈宜瑜这样说：

存浩院士担任主任期间，科学基金已经确定了以"面上项目、重点项目、重大项目"为主要资助方式的基本架构，坚持以面上项目为重点的分类管理，到现在也没有变。1994年设立的国家杰出青年科学基金，现在已经成了科技界培养人才的标杆。科学基金的国际合作特别活跃，现在已与70多个国家建立了合作，这就是在那时良好的国际合作的基础上不断发展起来的。

第二、第三届国家自然科学基金委员会副主任孙枢表示：

存浩先生是我们科技界的杰出代表，多年来他在国家科技发展及国家需求方面做出了非常卓越的贡献。28年来，国家自然科学基金委员会工作由小到大，由弱到强，发挥的作用是被科技界所公认的。存浩先生是国家自然科学基金委员会20世纪90年代的标志。为支持青年人尽早脱颖而出,专门设置了优秀青年科学基金,可以说国家自然科学基金委员会开创了我们国内人才计划资助的先河……在科学研究和基金工作方面,存浩先生均为国家做出了非常重要的贡献,这些都是永远值得我学习的。

第三、第四届国家自然科学基金委员会副主任王乃彦院士在发言中说:

存浩院士荣获2013年度国家最高科学技术奖,这是国家自然科学基金委员会的光荣。他觉得科学基金有以下四点非常好:第一,基金委应该是我们国家科学技术发展的源泉和先导;第二,基金委应该集中我们国内有优势的领域和优势领域的亮点帮助我们到国际上占领一席之地;第三,基金委应该是科技人才培养的摇篮;第四,基金委应该促进全国人民科学素质的提高。

第二届国家自然科学基金委员会秘书长、第三届副主任梁森表示:

从设立国家杰出青年科学基金和增设管理科学部等工作细节可以看出,存浩主任兢兢业业、高屋建瓴、善于抓机遇,围绕不断发展和完善科学基金制这样一个中心推出了一系列重要的举措。存浩先生的工作精神非常值得我们很好地学习,值得我们基金委员会的全体同志很好地学习。

第二届国家自然科学基金委员会计划局局长、第三届秘书长袁海波表示:

在存浩先生任期中,基金委确实进一步开拓了新的局面。特别是1992年设立优秀中青年人才专项基金,以及科学仪器等若干专项基金等,这几项举措对科学基金的发展起到了很大的推动作用。国家杰出青年科学基金的重要基础是1992年设立的优秀青年基金,当时是针对人才断层,特别是培养跨世纪学科带头人的对策。

国家自然科学基金委员会原化学科学部常务副主任朱光美认为:

不管是在科研方面还是在管理方面,张先生的贡献都很多。我有幸在张先生的领导下做化学部的管理工作,工作非常高兴,心情非常愉快。他注重让大家创新,不管是学部、学科,鼓励大家要找最创新的项目，非常鼓励化学部搞风险基金。张先生对国际上的科学发展了解得非常快，一有新的创新项目都会立即告诉我们，并指示我们抓紧资助国内研究。

时任国家自然科学基金委员会副主任何鸣鸿表示：

张先生特别重视战略合作，当时特别强调对学科主任要求比较高的是发展战略，每个学科都编制了各自的发展战略，明确了学科的定位、发展方向和重点，并印成了系列小册子。这不仅方便了基金工作，也锻炼了学科工作人员的能力。此外，张先生人品非常好，很和蔼，说服力强，是我们的好老师。

杨卫主任高度评价了张存浩强国富民的科学报国梦，开拓创新、敢为人先的科学精神，奖掖后学、甘为人梯的崇高风范。他认为，正是在张存浩的领导下，国家自然科学基金委员会多年来才形成了公正朴实、接近科学家、尊重规律的好传统。他号召全委工作人员要以以张存浩等为代表的老一辈科学家为榜样，牢记创新使命，扎实做好工作，为我国科技事业发展贡献力量。

不仅仅是张存浩工作过的单位、故里滨州市、无棣县，在他曾经就读的重庆南开中学、长汀中学、厦门大学、南京大学（原国立中央大学）、南开大学等都开展了各种形式的庆祝活动，掀起了一场向张存浩学习、矢志科教报国的热潮。

在厦门大学，不论是鬓发斑白的教授还是刻苦攻读的莘莘学子，一谈及张存浩，都充满了景仰之情。学习张存浩一腔热血献身祖国科学事业、不断丰富充实学识、加强各种历练，以期勇攀科学高峰、用实际行动报效祖国，成为广大师生的自觉行动。

在长汀第一中学，校门前悬挂起"热烈祝贺我校著名校友张存浩院士荣获2013年度国家最高科学技术奖"横幅，引起长汀这座历史文化名城社会各界民众的驻足、热议。张存浩，成为长汀的名片，成为人们的骄傲。学校召开专门会议，大力宣传张存浩的不凡业绩；在升旗仪式上，校长吴江滨发出倡议：以张存浩院士为榜样，励志笃学，勇攀高峰，为国争光，为实现中华民族伟大复兴而奋斗！

2022 年 10 月笔者在厦门采访（摄影：贾桂荣）

笔者在长汀中学百年校史展馆采访（摄影：贾桂荣）

长汀第一中学庆祝张存浩院士荣获国家最高科学技术奖的横幅（供图：饶秀明）

其实，自1994年开始，长汀第一中学每年都会开展三项重要活动——文化艺术节、体育节、科技节，其中科技节始终把宣传、学习张存浩作为一项重要内容。这所有着悠久历史、光荣传统的学校，因为有了张存浩、王业键（台湾"中研院"院士）等这样的闪亮名片，对学生们产生了极大的影响力、助推力。

从这里走出的数十位拔尖科教人才中，国防科技大学1992届王飞雪，成为博士研究生导师、国防科技大学专家组专家，荣获国家科学技术进步奖二等奖1项，部委科学技术进步奖一等奖2项、二等奖1项；1998年毕业于长汀第一中学的钟世昌，博士毕业后，就任中国电子科技集团有限公司某研究所研究员，荣获2018年度国家技术发明奖二等奖。

正是在张存浩、王业键、王飞雪、钟世昌等数代科学家的引领下，长汀第一中学历届学生薪火相传，勇毅前行，连创佳绩。2019年在第36届全国中学生物理竞赛中，长汀第一中学有3人获二等奖，8人获三等奖；在全国计算机竞赛中，4人获一等奖，5人获二等奖，1人获三等奖；在福建省第28届生物奥赛中，2人获二等奖，3人获三等奖。

2021年高考，2人被清华大学录取，210多名学生被"985""211"大学录取。

2022年高考再创佳绩，4人考入清华大学，1人考入北京大学，2人考入浙江大学，1人考入上海交通大学，2人考入南京大学，2人考入复旦大学，1人考入西安交通大学，1人考入武汉大学，3人考入哈尔滨工业大学，2人考入四川大学，3人考入同济大学，2人考入北京理工大学，2人考入国防科技大学，6人考入厦门大学，3人考入华南理工大学……全校预考909人，本科上线903人，在龙岩市名列第二。

谈及这些成绩，长汀第一中学政教处主任谢有亮、办公室主任饶秀明、党总支书记刘桥连难掩激动之情，他们认为张存浩等科学骄子的榜样，对学校素质教育、教学质量、学校名气的提升起到了难以估量的作用。

2014年，邵赛兵、吴善超、郑永和在《荷社稷之重　拓探索之渊——记国家最高科技奖获得者张存浩院士》一文中写道：

张存浩为长汀第一中学题字"现代教育中心"（摄影：贾桂荣）

学校党总支书记刘桥连（左）向笔者介绍长汀第一中学开展学习张存浩精神的情况（摄影：贾桂荣）

  张存浩在我国科技领域辛勤耕耘了60余载。60多年来，他承载着党和国家的重托，以"扎根科学、心忧天下"的科学情怀，"勇于创新、不断攀登"的科学精神，"奖掖后学、甘为人梯"的崇高风范和"淡泊名利、团结民主"的工作作风，为我国科技事业的发展做出了重要贡献。他现在不顾年事已高，依然活跃在科学研究前沿，孜孜追寻着他那强国富民的科学报国梦。

  在郑永和心目中，张存浩一直是令人高山仰止般的师长，是人们学习、生活、工作等各方面尊奉的典范，用他的话说"顶礼膜拜"并不为过。

  1993年郑永和从北京理工大学毕业后，留校从事教学工作。此时，刚刚参加工作的他，与许许多多的青年学子一样心性还比较浮躁，对今后究竟走一条什么样的道路还比较迷茫。后来，他转入科学技术部下属的一家公司工作，对人生的定位依然比较模糊。不久，他调入国家自然科学基金委员会，担任张存浩的秘书。耳濡目染和零距离接触，让他的心态很快归于平静。一位大科学家、部级领导，也是普普通通、有血有肉的人啊，每天上班下班，每天粗茶淡饭，每天忙忙碌碌，每天挑灯夜战，大事拿捏得准，小事放得下，与同志们出出进进，谈笑风生，从这样一位大人物身上，他看到了思想的美、工作的美、神态的美、生命的美——这就是人生的美。郑永和说:"遇到了张先生,我终于找到了生活的坐标——老老实实做人,踏踏实实做事。"

高体玙、郭维京等回忆起与张存浩在一起工作的日子,感慨良多。得知他卸任国家自然科学基金委员会主任、党组书记后,一连数天大家都情绪低落,心神不宁。但这是规定,主任一职只能担任两届,大家对此心里明白,但就是心里空落落的,好像丢失了最珍爱的"珠玑"一般。有一天下午下班前,办公室、人事局、后勤处的十几个人凑在一起,商议到一家饭店为张存浩饯行。大家与张存浩一说,他欣然同意,但叮嘱:不宜大张旗鼓,不能到大饭店,随便找一个僻静的小店即可。后来他们找到了后海边上的一家小酒馆,一杯酒下肚,不少人已经哽咽,几不能言……临散场,大家争着去结账,但吧台工作人员告知:一位老先生已经结完了。张存浩笑着说:"你们不要跟我抢,论年龄,论挣得多,你们谁敢跟我比呀?"

2014年1月11日《经济日报》刊登的《思者无疆 行者执着》一文中这样评价张存浩:

> 他是思者,思者远虑。他高瞻远瞩,从国外科技发展经验中认清,基础研究是科技创新的源泉;从国际竞争角度强调,基础研究是提升我国竞争力的根本;他提出,通过加强基础研究来培养高层次的人才,是一个最好的途径,是提高我国科技水平的关键。
>
> 他是智者,智者洞达。他立足国情,认为应该鼓励"自由探索",但科学从来就不是盲目的。他远离无谓的争论,在"国家需求"与"自由探索"间找到了平衡。他创新性地提出"基础研究要瞄准国家目标",给基础研究找到了支点,开辟了道路。
>
> 他是行者,行者执着。他只争朝夕,面对国家基础科学人才匮乏的状况,大力培养高层次青年科技人才;面对基础研究国际化的趋势,不断拓展实质性的国际合作与交流;面对科学不端行为,积极推动国家自然科学基金委员会专门设置了监督委员会;他还诲人不倦,为后学指点迷津。
>
> 思者的声音,振聋发聩;智者的谋略,耐人深思;行者的执着,让人景仰。

第四章　谦谦君子，卑以自牧

真正优秀的科学家，应该既是充满自信的，又是高度谦逊的。对同行、同事、下级的尊重就是一种应有的谦逊，它能够引导出更高的凝聚力。科学是一片大海，我所做的仅仅是一点点，如果把自己的位置放正确这点来说，还没有太大的失误。

——张存浩

为庆祝张存浩九秩寿辰，《中国科学：化学》组织了庆祝张存浩院士九十华诞专刊，邀请国内相关领域的著名专家为专刊撰写文章。中国科学院院士杨学明在《前言：庆祝张存浩院士 90 华诞专刊》中写道：

张存浩先生在科技领域奋斗了 60 余年，为我国科技事业的发展做出了重要贡献。60 多年来，他始终保持着对党、对祖国、对人民无限忠诚的高尚品德；勇挑重担、开拓创新、不断攀登的献身精神；求真务实、严谨治学、精益求精的科学精神；严于律己、淡泊名利、谦虚谨慎、团结民主的工作作风；提携后学、甘为人梯、为人师表的崇高风范。

有人这样说，张存浩是中国科学界最儒雅、最谦和、最严谨、最有风度的大家之一。

这并非夸大之词。

一、气度

在担任国家自然科学基金委员会主任期间，张存浩多次陪同国家领导人出访，也多次率团到西方科技先进国家访问。早年的留学经历，赋予他熟稔的语言技能，加上良好的个人修养，让他在与外国人打交道时游刃有余。在出访中，有的国家科研单位或因涉及保密，或因对中国科技的侧目，想把中国科学家拒之门外。如果放在一般人身上，或因受到轻视而赌气一走了之，或是针锋相对而据理力争，或是觉得为了公事而低三下四太不值从而放弃⋯⋯

但张存浩却是另一种态度。每每在被外国科研机构以封闭会议、不对外开放为由拒之门外时，张存浩都是不卑不亢、不急不躁，总是彬彬有礼地送上一句："请让我为你讲讲我们中国科学界的故事。"随后，他就会将中国科学家所做的研究、取得的成果娓娓道来。当他用娴熟的英语讲完后，会议的大门往往也随之向他敞开。

张存浩（右）与美国科技界朋友在洛杉矶

张存浩谦逊宽和的性情、大方得体的气度，不仅博得了外国人的好感，也同样让他身边的人如沐春风。

张存浩的学生解金春回忆道："张老师和别的学者有时因学术上的不同意见也会争得面红耳赤，但这更加深了他们的学术友谊。"有一次，研究室举行学术报告会,张存浩发表了一个意见,解金春站起来反驳,不同意老师的说法,张存浩一点也没有生气,反而鼓励他"知无不言,言无不尽"。

然而,这样一位风度翩翩、气质儒雅的科学大家,也有和人生气、与人争吵甚至大为光火的时候。

是的,20世纪80年代,为了将化学激光列入国家重点科研项目,张存浩与科学界领导和泰斗争论时针锋相对,甚至面红耳赤,并罕见地当众打赌。试想,当初如果没有张存浩的着急、发火,我国可能就没有或晚几年才会拥有世界上一流的化学激光实验室,也就不能及时推出一系列令西方垂涎欲滴的高能化学激光研究成果,为经济社会发展和国防建设增添强国重器。

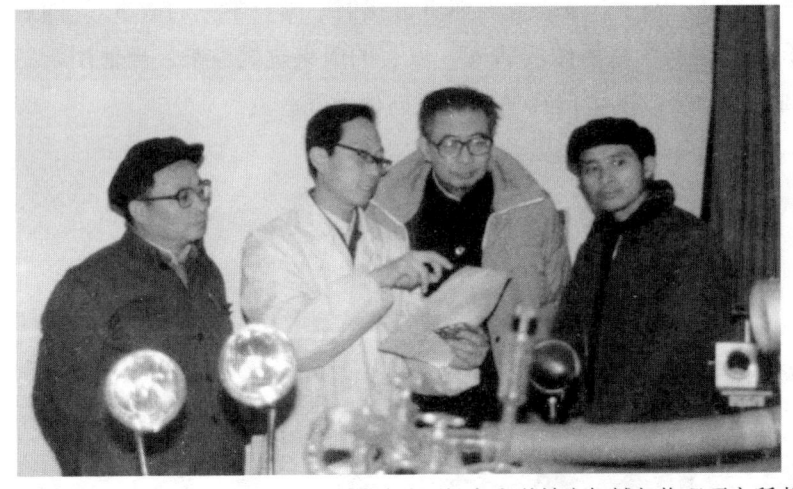

1985年11月,张存浩(右二)在中国科学院长春光学精密机械与物理研究所考察

与张存浩在一起搞科研达半个世纪之久的沙国河院士,对夫人余道容说过,"我是幸运的,来所就分在张存浩先生手下工作"。

因为学术问题而发生争论、争吵甚至面红耳赤,是很正常的。但这些不但没有影响科学家之间的感情,反而让他们为"真理而斗争"的激情更加旺盛,在一次次争论、深入探讨的过程中,他们之间的友谊更加醇厚,关系更加亲密了。

在沙国河院士的记忆中,从开始化学激光研究以来,他就与张存浩争吵过多次,张存浩甚至冲他拍桌子发过火。

在高能化学激光研究刚开始时，为尽快出成果，张存浩把他的科研团队分成三个科研小组，按照拟定的三个方向进发。在一次汇报会上，当沙国河谈到自己领导的科研小组还没有什么进展时，张存浩火了，拍着桌子问："为什么没有进展？"沙国河辩解，是因为实验条件不具备，不可能有结果。

事后，张存浩找到沙国河，向他检讨自己态度不好，请求他原谅，自己实在是太着急、太冲动了。

沙国河很感动，原因不是领导向自己"认错"，是因为从"张着急"的言辞中，他感受到了一位科学家为国分忧的真情实感，看到了一位长兄的胸怀和气度。其实，所有参加攻关的科研人员都着急啊！

张存浩和沙国河的争吵，有时候还是持久战，双方各执一词，理直气壮，不仅在实验室里吵，还在家里吵。

沙国河的夫人、高级工程师余道容在《忆两件小事》中有着这样的记述：

> 不记得是哪一年了，当时我们一家四口只住在一间14平方米的房屋里。那是一个星期天的上午（当时只休星期天），张存浩先生急匆匆地来到我们家，就那么站着（我还不知道安排他坐板凳或床边）。他对国河说："老沙，你那样解释不对……"国河说："……我怎么就不对了？"张先生又说："……你就是不对。"国河也不示弱："我认为……没错！"只见他们你一句我一句地争论得面红耳赤，声调也在升高。我是外行，不敢相劝。就这么站着争论了一刻钟，两人还是各执己见，互不相让。好像张先生有点气呼呼的，他转身就出门回家去了。我批评国河说："你就不能心平气和，态度好一点吗？"我担心他们像吵架似的争论学术问题会伤了和气。
>
> 第二天下班回家，我问国河："昨天你们争论的问题弄明白没有？张先生没生气？"国河答道："怎么会生气呢，问题已经讨论清楚了。"我从旁人那里得知，他们两个经常在一起讨论工作和学术问题，当看法不一致而引起激烈争论时，真像是在吵架一样，不知情的旁观者还以为他们势不两立。后来张先生去北京基金委工作，除了回大连时要去参加他们组里的工作讨论会外，还经常与国河在电

话里互相交谈工作和论文中的问题。即使在休息日或晚上，通话讨论也长达半小时以上。他们互相配合是很默契的。沙国河常说："我是幸运的，来所就分在张存浩先生手下工作。"

沙国河忘不了，正是在张存浩的努力下，妻子才从四川调来辽宁大连，结束了长达20多年的夫妻分居生活。

沙国河忘不了，1996年自己因病住院，张存浩闻讯后，利用一个星期天从北京飞回大连，到医院看望自己。尽管是在医院，但两人自然而然地又聊到了分子反应动力学方面的话题，若不是护士一再提醒，二人断不会停下讨论。

看着沙国河消瘦的面孔，张存浩心潮起伏。自己的老兵、得力的助手、多年的知己，几十年兢兢业业，成果卓著，已成为化学激光、分子反应动力学研究领域的一流专家。在自己担任大连化物所所长兼化学激光研究室主任期间，正值大连化物所推选中国科学院院士，本来沙国河完全够格，自己也是满心希望他早日进入中国科学"名人堂"，但就因为他是自己的助手、自己的亲信，为了避嫌，自己没有推荐他。至今想起这事，张存浩都觉得很对不起战友。

2015年8月24日，笔者在大连化物所采访沙国河院士（左）（摄影：张梅朋）

然而，让张存浩感到欣慰更感到钦佩的是，沙国河好像浑然不在意这件事，而是一如既往地投入工作中，专心致志继续他的研究。

临阵不乱、宠辱不惊，这正是一位科学家应有的风范啊！

"国河，马上推选评定院士了，你病好以后，立即把这些年的科研成果系统整理一下，积极争取吧。这次，我给你写推荐意见。"张存浩握着沙国河的手,动情地说。

一时,沙国河语塞,继而含泪点了点头。

其实,此前不久,两人还有过一次摩擦。接到上级通知,张存浩、沙国河要去参加一个化学激光方面的学术专题会议,为了尽快得出一组实验数据,沙国河连夜奋战,最终在开会前有了结果,但由于时间太晚,他没来得及向张存浩报告。会议上,当沙国河将自己的新发现和盘托出时,张存浩感到有些莫名其妙了……

张存浩(前右四)与大连化物所同志们在一起

沙国河回忆道:

张院士是我的领导,但这个结果却没在第一时间告诉他,我感到内心很不安。会后,我向张院士作检讨。张院士淡淡笑了笑说:"按理你是应该先告知我的,不然别人问起来我怎么回答?"接着,他又说:"这也没有什么,你废寝忘食,最终取得结果,这比什么都重要。辛苦了,回去好好休息两天吧。"

2015年9月,当沙国河院士跟笔者谈起这段往事时,他感慨地说:"也就是我的老领导能这样,否则放在任何一个一把手身上,极有可能不是大动肝火,就是事后给你小鞋穿。"

几乎与张存浩一同调入国家自然科学基金委员会的一位靳先生,生性耿直，敢于直言。他说："张存浩先生任基金委主任前后，我调入基金委。张先生给我的印象是一位温文尔雅的学者，根本没有半点行政领导的官气，我其实很喜欢这样的领导。"

1995年第二届国家杰出青年科学基金的最后一轮评审会举行时，国家自然科学基金委员会要求学科工作人员都去听会。先由各学部派代表一一介绍学部国家杰出青年科学基金候选人员的情况，然后评委提问，如果学部代表不能回答的话，则由学科工作人员解答。靳先生当场认为这种评审方法有问题。

张存浩（站立者）主持"应用于地球科学的加速器质谱计的研制与建立"验收暨鉴定会

尽管他因为在会上"乱发言"引起有关人员的不愉快，并受到批评，但张存浩依然吸纳了他的意见。1996年国家杰出青年科学基金终审，改变了原来由学部介绍候选人的情况，而由候选人亲自到评审会答辩，分学部实行差额批准。

谁知1999年国家自然科学基金委员会换届时，靳先生又当着中央组织部、国家科委领导的面讲了自己的看法：国家自然科学基金委员会体制有问题，这让参会的领导大感意外……以至于时任科学技术部部长朱丽兰这样说："基金委太民主了！"

对这样的下属，张存浩并没有像一般负责人采取的断然措施，甚至一句过火的批评也没有。因为他知道绝大多数同志的批评是善意的，是针对存在的问题有感而发，绝不是在故意搅场。难道我们的工作有问题，只能捂着盖着，听之任之？说出来，揭出来，完善之，改正之，才能保证工作顺利、健康而充满生机。这是人人都应该明白的道理。

善于听取群众意见，不仅要团结和自己意见相同的人，更要善于团结与自己意见相左的人，甚至是反对自己的人，调动一切可以调动的力量，齐心协力做好工作，这是张存浩做好管理者之道，也是他被人尊重的重要原因之一。

靳先生在博文中写道，"有一次见到张存浩主任，他已经担任新一届基金委的顾问。他对我说'你的文章我都看到了，很有力度'。"

这就是张存浩的气度。

只有大家，才拥有这样的气度。

二、严谨

有记者问张存浩："您如何看待科学研究中严谨与创新的关系？"张存浩回答道："二者是对立的统一。严谨是一种工作态度，创新更多是指创造和新成效。对于科学领域的工作者来说，创新过程中要特别严谨，而严谨又离不开创新，离开了创新，事业就不会有发展。现在全社会都在倡导创新，各行各业的工作者都要严谨地对待自己的工作，一丝不苟。离开了严谨，创新就会偏离大方向，有百害而无一利。"

科研严谨、工作严谨、生活严谨、作风严谨，是张存浩几十年不变的特质，也是他赢得大家认可、尊重、爱戴的缘由之一。

大连化物所原党委副书记、纪委书记毛志远曾在《大师的风采》一文中讲述了这样一个故事：

初识先生，（我）还没有到大连化物所工作。2001年我在教育部人事司借调，负责第四批"长江学者奖励计划"的评审组织工作。经过一大批两院院士作为同行专家评审后，进入专家评审委员会审定阶段。

专家评审委员会共有9位专家，可谓大师云集，杨振宁先生、朱光亚先生以及中国科学院外籍院士、著名分子生物学家吴瑞先生，都是委员，张先生也是委员之一。最初杨振宁先生和朱光亚先生都要来参会，到最后一天因故未能参加，但张先生来参加了，让我有幸首次与先生面对面。

张先生那时虽然已年逾七十，但精力充沛，开会总是第一个来到会场，会议结束后还要将所有的申请材料拿到房间，再详细评阅。会议中他是发言最活跃的专家。在评审后的总结会上，教育部请各位专家谈谈对"长江学者奖励计划"实施以来的意见和建议，张先生很兴奋，"这个计划是大手笔，其重要性无论怎样评价也不为过，是我国改革开放政策的闪光点"。爱才揽才之心溢于言表。

几十年来，张存浩对自己的每一个研究成果、撰写的每一篇论文、发表的每一句讲话，都坚持咬文嚼字，"严"字当头，绝无应付、凑数之嫌。他每发表一篇论文，都要讲究有新的论点或有新的突破，而不是发表从理论上、实际操作上没有什么意义的"花架子"论文。这可以从他60多年来发表的上百篇论文中找到答案。

张存浩从事科学研究60多年来，共发表学术论文100余篇，其中一半发表于国际知名刊物，这与他文章结构严谨、行文流畅不无关系。如1993年发表于《科学》上的"Double Resonance Spectroscopy and Molecular Dynamics"一文（作者：张存浩和沙国河）及1995年发表于《化学物理杂志》（*Journal of Chemical Physics*）上的"Evidence for Quantum Interference in Collision-induced Intramolecular Energy Transfer within CO Singlet-Triplet Mixed States"一文（作者：沙国河、何晋宝、姜波、张存浩），更是创见独具、文辞流畅、条理清楚，因而受到评阅人的专门评点，在世界科学界受到广泛好评自在情理之中。

是的，对于发表的研究论文，张存浩的态度是极其严肃的，不仅对数据采集、公式推导要求准确、严格，而且对文字、修辞都要再三推敲，往往要反复修改多次。他的英语从小受到姑父、姑母的严格训练，他撰写的英语论文多次被国外稿件评阅人赞为 beautiful English（漂亮的英文）。他曾应邀到美国、德国、法国、英国等国家的著名大学讲学，其严谨的口语表达、纯正流利的英语讲述令外国专家们交口称赞。

张存浩（左）悉心指导研究生

　　张存浩对于自己没有做过实质性贡献的文章和成果，即使别人邀请他署名，他也一定婉言谢绝。曾先后担任中国科学技术大学、南方科技大学校长的朱清时院士及清华大学李丽教授，从20世纪80年代初期到90年代都曾在大连化物所工作，那时作为室主任的张存浩积极为他们争取到了傅里叶变幻光谱仪和染料激光器等关键仪器，张存浩与他们又都是从事激光光谱方面研究的，算是小同行。当他们要将论文署上张存浩的名字予以发表时，他都婉言谢绝了。

　　还有一次，大连化物所的一位研究员取得了一项十分重要的突破，想请张存浩把这项成果推荐给某国际顶级期刊，张存浩拿到稿件后，花了一个星期的时间逐字逐句审阅，仔细推敲每一个重要的创新点，并与该研究员进行了深入讨论，还对文章中的文法、修辞都给予了纠正。该成果后来得到美国著名学者的高度评价与肯定。

　　有一个问题曾一度引起张存浩的高度关注，那就是我国的科技论文的质量问题。

　　他注意到，改革开放以来，我国在国际自然科学期刊上发表论文的数量和质量呈不断上升趋势，但前几年的统计数字表明，发表数量占比在全世界仅为1.04%，而被引证占比只有0.29%，这远远不能与我国日益发展、强大的科技地位相匹配，更没有真正反映出我国科技界实际达到的科技水平。这当中的一个薄弱环节就在于论文文字的质量，有的是科技英语的质量，有的则是语文的质量。

学术界长期以来受文理分家的影响，一些学理工的人在写作科技论文、著述时，行文不仅不讲究文采，缺乏严谨性，甚至连逻辑思维也不注意。

对于这种现象，张存浩很着急。他在媒体上发表了《重视科技论文的语文质量》一文，指出："我们有一定数量的论文因为语文质量差而未能在较高水平的国际期刊上发表，或虽发表了而未被足够引证，或虽引证了而未被正确评价，以致未能产生应有的影响。"可谓语重心长，强调了语文的重要性。

张存浩清楚，按国际范例，为保证科技论文的高质量，从写作到定稿花费的时间通常是比较长的。一篇以实验为主的创新论文，写作时间可能要占到整个研究时间的 1/10 左右。这一点，有些初入门的年轻人是估计不足的。

因此，张存浩建议：有基础的大学和科研机构应开设论文英语课程，并将其作为博士研究生的必修课。不仅如此，论文英语在科学家的整个学术生涯中都必须不断提高。

张存浩对某些取得一定成就的年轻科学工作者热衷于参加公共活动，经常抛头露面，很是看不惯。他多次讲道，对于有作为的年轻科学家，多关心、多爱护、多支持是应当的，但不能"捧得过了头"，使年轻人躺在功劳簿上高枕无忧，消磨掉进取的棱角、锋刃，失去了进取的动力。他说："还有一点，我认为也应引起我们的重视，就是对拔尖人才不能够惯纵。前些年我到加州大学伯克利分校看到一种现象让我深有感触。该校的物理化学学科是世界知名的，但他们还不断从校外找来不少同一学科的优秀人才，鼓励他们与诺贝尔奖获得者竞争，也鼓励他们相互竞争。那种刚刚小有成果就被捧得高高的做法，只会让人丧失危机感、紧迫感，浅尝辄止，出不了大成果。应该说我们的舆论和宣传媒介在这一点上常常做得过了头，一些部门的领导也没有正确地把握好鼓励与鞭策的度。""在这一点上，希望能与科学技术部、教育部的领导取得共识，我们不光要看人才成长的速度，还要注重他最终能达到的水平。"

张存浩在 2006 年撰写的《我和科学基金——十五年回眸》一文中，专门为科学家王选点赞。在张存浩看来，一个真正的科学家，就应该一生献身科学，严谨自律，淡泊名利，始终孜孜不倦、心无旁骛地埋头于艰苦的科研工作，直至生命的最后一刻。"一个科学家常常上电视，就说明他的科学生涯快结束了，因为处在创造高峰期的科学家是没有时间频繁上电视的。不仅如此，他也不应有很多时间从事其他社会活动。"

对于广大青年科技工作者来说，这既是一种忠告，也是一种爱护。

2008年5月29日，张存浩院士（左二）、南京大学化学化工学院教授徐正（右一）在江苏技术师范学院（今江苏理工学院）资源循环中心考察

三、谦逊

2005年张存浩在接受上海一家电视台采访时，给自己这样定位："科学是一片大海，我所做的仅仅是一点点，从把自己的位置放正确这点来说，还没有太大的失误。"

2007年9月21日，第十届全国化学动力学会议在大连化物所召开。按照中国传统观念，该会议年恰逢张存浩八十华诞（虚岁）。

为了庆祝张存浩八十华诞，表达学术界同行对老科学家的爱戴，8月27日《化学物理学报》（英文版）（*Chinese Journal of Chemical Physics*）第20卷第4期出版了"分子反应动力学和光谱学"特刊。

在这期学报上，刊发了张存浩题为"Reminiscences of the Physical

Chemistry Research that I Took Part in at Dalian in the Days from 1951 to 2000"(《1951—2000 年我在大连从事物理化学研究工作的回顾》)的文章。王鸿飞、杨学明等在编辑这篇文章时写道："张先生的这篇回顾文章写得非常谦虚，如果不是同行，要从中了解张先生对中国科学的贡献恐怕还有些困难。"

9 月 23 日，大会最后一项议程是庆祝张存浩院士八十华诞的晚宴，并颁发由张存浩捐款设立的首届张存浩奖，并决定今后张存浩奖将正式成为全国化学动力学会议的议程之一。

张存浩（前右二）、迟云霞（前左二）、张捷（前左一）、张融（前右一）与郑永和（中右一）、李海洋（中右二）、杨学明（中右三）、解金春（后）、姜波（中左三）等在第十届全国化学动力学会议暨庆祝张存浩院士八十华诞之际合影

"张存浩先生在物理化学界受尊敬的程度，在整个会议期间都可以感觉得出来。"王鸿飞、杨学明满怀深情而充满崇敬地写道："有的人虽然也很重要，也身居高位，但不见得能够得到同样的尊敬。这一点需要特别说明。"

是的，张存浩以其非凡的科学成就、卓越的领导才能、谦虚质朴的作风，不仅赢得了中国科学界的尊崇，而且赢得了国际同行们的尊重。

张存浩在大连化物所和国家自然科学基金委员会任职期间，长期与美国、英国、德国、日本等国家同行保持着广泛合作或联系,还与世界上一些著名的科学家,诸如诺贝尔奖获得者丁肇中、杨振宁、李政道,斯坦福大学理查德·杰尔教授,剑桥大学布·斯拉希(Boo Slahi)教授,麻省理工学院杰夫·斯坦菲尔德(Jeff Steinfeld)教授等建立了深厚的友谊。他治学严谨、做事端严,处事为人谦而诚、真又纯,赢得了大家的尊重。

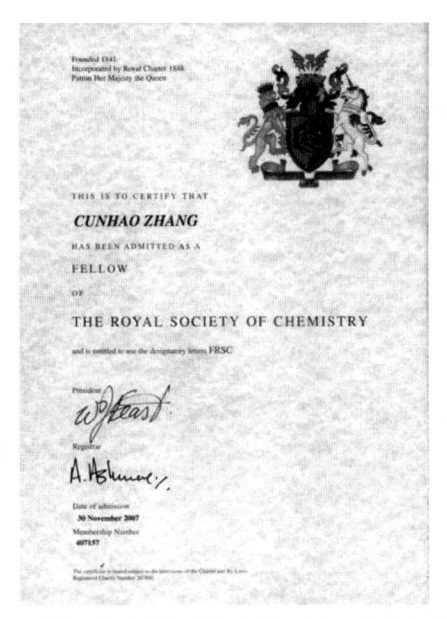

2007年,张存浩当选英国皇家化学学会会士

2004年春节刚过,张存浩就接到著名科学家、诺贝尔物理学奖获得者丁肇中的电话。丁教授不知从何时起,不知从何渠道,不仅获知了张存浩的生日,还得知了张存浩、迟云霞于1954年结婚,而2004年恰好是他们结婚50周年,于是他热情地邀请张存浩夫妇赶赴法国,给他过一个不一样的生日和"金婚"纪念日。

丁肇中,1936年1月生于美国密歇根州安阿伯城,祖籍山东省日照市,实验物理学家。1959年获美国密歇根大学物理学学士和数学学士学位,1962年获美国密歇根大学物理学博士学位。1965年发现反氘核;1967年测量电子半径,发现电子是没有体积的,半径小于10^{-14}厘米;1969年测量普通光和有质量的光(即矢量介子)之间的转变,证明高能量普通光可以变成矢量介子,同年任美国麻省理工学院物理系教授;1975

年当选为美国艺术和科学院院士；1974年发现第4种夸克的束缚态——J粒子，以此贡献，1975年被美国政府授予洛仑兹奖章；1976年获得诺贝尔物理学奖，1977年当选美国国家科学院院士。他是享誉世界的科学家，是中国科学院外籍院士，也是与张存浩心心相印的挚友。

此刻，丁肇中是欧洲核子研究中心负责人。成立于1954年9月的欧洲核子研究中心是世界上最大型的粒子物理学实验室，也是万维网的发源地。

欧洲核子研究中心的总部位于瑞士日内瓦近郊的梅林（Meyrin）地区。它的主要功能，是根据高能物理学研究的需要，提供粒子加速器和其他基础设施，以进行许多国际合作的实验。同时也设立了资料处理能力强大的大型电脑中心，协助对实验数据进行分析，供其他地方的研究员使用，形成了一个庞大的网络中枢。

欧洲核子研究中心聘用了3000多名全职员工，并有来自80个国家的近7000位科学家和工程师代表500余所大学机构在欧洲核子研究中心做相关实验，人数大约占全世界粒子物理学圈子的一半。

作为这个庞大科研机构的负责人，丁肇中可谓日理万机，事务冗杂。但他记住了张存浩的生日，记住了张存浩夫妇的金婚纪念日，诚挚邀请张存浩夫妇前往欧洲。

盛情难却啊！于是，张捷陪同父母由国内飞赴法国巴黎，其夫人王竹戌等亲友则从美国前往。一连几天，丁肇中陪同张存浩、迟云霞在法国、瑞士参观与游览。

这是丁肇中在国外第一次为来自中国的科学家庆贺金婚纪念日，也是唯一的一次。

张存浩、丁肇中之间的友谊，不仅是科技界的一个传奇，也成为人们议论、推崇的话题。

2007年9月，美国斯坦福大学教授、沃尔夫奖得主，美国国家科学基金会原主任杰尔教授应邀参加中国科学院和北京市政府共同举办的2007诺贝尔奖获得者北京论坛。科学网记者何姣女士采访杰尔教授后撰写了一篇题为《谁能科研管理双肩挑？"我就是其中之一！"》的文章，其实这也是张存浩的真实写照。因为大家都知道，张存浩和杰尔的研究领域相同，二人的成果斐然；又均在基金管理机构任职，并赢得了国内

2001年，诺贝尔奖获得者丁肇中教授（左）与张存浩夫妇在一起

外的良好口碑，张存浩其实就是"中国的杰尔"，杰尔就是"美国的张存浩"。

更巧的是，张存浩的次子张融就是在杰尔的研究组获得的博士学位。

也许，这是张存浩为了让自己钟爱的专业在后代身上得以延续，以实现张氏家族科技报国的梦想而有意为之吧！

张存浩认为，谦逊可以赢得更多尊重。"对同行、同事和下级的尊重就是一种应有的谦逊，它能够引导出更高的凝聚力。"

历史上，大凡越是成就卓著的人物，就越是高度谦逊的。

2011年3月16日，笔者为编辑一册建筑大师张镈的回忆录《回到故乡》，到北京采访仰慕已久的张存浩院士。当秘书邵赛兵带着我们叩响房门时，张老正站在门前用和蔼慈祥的目光迎接着我们这几个家乡人。

2015年9月9日，笔者在张存浩院士家中采访

笔者自然谈及张存浩院士在水煤气合成液体燃料、火箭推进剂、高能化学激光、分子反应动力学等方面的科研成果，以及在国家自然科学基金委员会开拓进取、创新发展方面的工作成就，他却摆摆手："不要这样说，其实我就做了一点点，那若算是成就的话，那也是集体的智慧和大家共同努力的结果。没有我的那些同事们，我可能一事无成。"

先生的谦虚，让人肃然起敬。

接着，他一口气说出十几位科技工作者的名字，说道："我忘不了那一个个难以忘怀的日夜，更忘不了他们的默默付出和无私奉献，他们很了不起，很值得我们尊重。"

这才是真正意义的虚怀若谷。

张存浩（前右四）与院士们在一起，前排右五为于敏院士

人们评价张存浩的《1951—2000年我在大连从事物理化学研究工作的回顾》"写得非常谦虚，如果不是同行，要从中了解张先生对中国科学的贡献恐怕还有些困难"。人们认为，他撰写的《我和科学基金——十五年回眸》一文，几乎没有文字直接为自己"涂脂抹粉"，通篇都是从事国家自然科学基金委员会工作15年的感悟、思考，以及对国家自然科学基金委员会乃至中国科学今后发展的展望。在文尾他这样写道：

说到自己，我从事科研和科研管理工作快60年了。在总结自己科学事业生涯的时候，应该勇敢地面对自己的过去、现在和未来，学会肯定自己和否定自己。特别是，要善于反思，要敢于负责任，敢于承担做错了的责任。尤其是：对自己别光说好的，也牢记走麦城的事例和经验教训。

这段语重心长的话语，张存浩不仅仅是写给自己的，也是说给千万科学工作者乃至各行各业的人的。

谈起我国科学界的精神传统，张存浩说：

> 像王淦昌、于敏这样的科学家，是最值得学习的。他们为了科学研究，为了祖国的利益，隐姓埋名很多年，真是把国家的事当成自己的事，为中国科学界树立了榜样。

张存浩从电视新闻中了解到科学家黄旭华献身中国核潜艇"人间蒸发"30年的事迹，情不自禁地流下了热泪，他说：

> 黄教授说，若有人问我们如何评价这一生，我们会说，此生没有虚度，我们的这一生都奉献给国家、给核潜艇事业，我们仅用不到10年的时间就实现了毛主席"一万年也要造出核潜艇"的誓言，我们此生无悔！这就是我们中国的科学家啊！忍辱负重，甘于奉献，甘于牺牲，为了中国科学事业，为了国家利益勇于付出一切！

2009年，大连市委书记夏德仁（左）、大连化物所所长张涛（右）
陪同张存浩（中）步入所庆60周年会场

当年的张存浩等老一辈科学家何尝不是这样呢？但他却非常谦逊而真诚地说："比起王淦昌、于敏、黄旭华来，我的付出不值得一提，他们才是共和国真正的功臣，堪为共和国脊梁，是中国的骄傲！"

第五章　大　爱　无　疆

　　回顾几十年的学术生涯，我常常想起那些共同工作过的技术人员，他们得到的荣誉少、待遇低，但没有他们协助，也就无法取得科研的成功，一想起他们，我就觉得特别感激，我忘不了他们。

——张存浩

无论是在从事科研工作实践中还是在担任科技界领导期间，张存浩都十分重视对青年人才的培养，不仅从研究方向上指导，从学术上严格要求，而且对实验方案、实验结果的分析和报告的撰写都亲自参与，对青年人的生活与工作也关心备至。他对家乡的眷恋、对亲人的呵护和珍视，更让无数人为之动容。

南京大学陈懿院士在一篇文章中写道：

　　张先生是当今学为人师、行为世范的代表人物，我有幸曾多次面聆教益，记得20世纪80年代我曾邀请他到南京大学授课，他推荐了当时刚回国不久的朱清时，谦虚地说朱会讲得更好。对后辈的这种关爱提携，我至今记忆犹新，做人做事做学问他都是我们学习的榜样。

一、境界

张存浩曾多次说："我的贡献不如年轻人。"

许多人一谈起国家自然科学基金委员会的工作，提及最多的就是国家杰出青年科学基金取得的成就，张存浩把荣誉、功劳都推给别人："我只是请教了老科学家的意见，吸取了西方国家的做法，意识到应该有个人才资助项目，我不过是把这个想法提交上去了。"

在获得国家最高科学技术奖后，他又这样说："任何荣誉都属于集体，我还有大量的事情要做，要走的路还很长。"

……

这就是张存浩。他的心中只有集体，只有科研，只有人才，只有对他人的关心和爱护，其他的很少挂在心上。

年轻学者们这样说，与张教授在一起，犹如沐浴在温暖的阳光中，他的眼神、他的态度、他的话语、他的举止，让人感觉如同与自己的长辈在一起，如稚子依偎在母亲的怀抱，特别温暖，特别温馨。

见困难，上；见荣誉，让。几十年来，张存浩一直就这样坚守着自己的做人原则和道德信条。对于这一点，何国钟院士感同身受。

何国钟仅比张存浩小5岁，1955年大学毕业后被分配到大连化物所。20世纪60年代，大连化物所承担火箭高能燃料研究任务时，何国钟被调到张存浩的手下，两人同住在金家沟的一个房间，和张存浩一样，何国钟当年所做工作也并非自己的专业，一切需要从头学习。与贫乏的物质资源形成强烈对比的，是他们满腔的科研报国热情。何国钟回忆说：

> 那时候工资低，条件很苦，但我们都从不讲价钱，能为国防做出贡献就已经很高兴了。可以说，张存浩感染了我。在科研上他是我的老大哥，在生活中更是我的老大哥。

1963年，主要负责火箭燃烧过程研究的何国钟完成了数篇有关燃烧的论文，张存浩对这些论文十分赞赏。当时正值大连化物所计划提拔两名人才，张存浩偷偷把何国钟报了上去。何国钟的工资因此连升两级，从62元涨到了89元。

27元，在当时可以满足两个成年人每月的基本饮食需求。

时隔几十年，何国钟等提及张存浩为了祖国科学事业的发展所展现出的长兄情怀，仍旧感慨万端。"对于年轻人，只要他们做出一点成绩，张存浩就会热情鼓励，大力扶持。"

1982年，大连化物所的"固体推进剂燃速理论"成果荣获国家自然科学奖三等奖，当时何国钟正公派美国学习，张存浩把他放在了完成人的第一位，其他两位学生分别排在第二、第三位，而把他自己的名字放在最后。

何国钟回忆道：

> 张存浩当时是室主任、项目负责人，我是课题组组长。他领导我们一起从事火箭推进剂及其燃速理论的研究。1982年国体火箭推进剂燃速理论申报国家自然科学奖时，我在国外，根本不知道此事，申报材料是老张自己亲自准备的，排名也是他定的，他把我和其他两个年轻人排在前面，自己排在后面。

1995年，张存浩（左）、何国钟在实验室

在大连化物所，提起张存浩的高风亮节可谓有口皆碑。即使身居高位，在荣誉与奖励面前，他也总是把最大的功劳记在工作在一线的学生与合作者身上。

解金春，张存浩培养的研究生。20世纪80年代，张存浩与沙国河等开展了双共振多光子电离光谱学的研究，指导解金春发展了能够观察超短寿命分子态转动结构的方法，称为"离子凹陷光谱"。他在"双共振多光子电离（OODR-MPl）光谱"研究中，用离子凹陷光谱方法，在世界上首次测量了 NH_3。在这篇重量级论文发表时，张存浩做主，把解金春的名字排在第一位，沙国河的名字排在第二位，而把自己的名字排在末位。

当时正在美国求学的解金春闻讯后感到很惊讶，说道："在当时，如果换了别人处理这类事，很可能导师把自己排在第一位。"

后来这篇论文还获得了吴健雄物理奖。解金春也如同自己的恩师一样，淡泊名利，把这笔奖金捐献给了大连化物所用于发展退休老同志事业，以表达对自己事业肇兴之地的热爱及对各位老师的尊敬。

张存浩（中）与林励吾院士（左）、包信和院士（右）在实验室

1990—2004 年，张存浩亲自参与或指导大连化物所的同事、学生等撰写论文达 44 篇，其中有 32 篇是他在担任国家自然科学基金委员会主任期间做的。国家自然科学基金委员会不同于大连化物所，涉及面更广，牵扯事更多，他管理、科研一肩挑，可谓百务缠身、日理万机，但他宁可牺牲节假日，舍弃与家人们团聚的时间，也要尽职尽责地把分内工作做到最好，必须让自己心中那杆秤满意才行。

很多人不理解，有的朋友劝说他该歇一歇了，甚至劝说他珍惜自己的名誉和身份。但他一笑了之，依然我行我素。

也许，朋友说的有一定道理。因为在那 44 篇论文中，有 42 篇是张存浩的名字排在最后，只有两篇排在了倒数第二位。

张存浩把一切看得很淡，很淡。他心中那团报国光焰，始终引领着他向前迈进，荣辱不惊，无怨无悔……

在张存浩眼里，青年学者没有亲疏厚薄之分，唯有成才是其所求。"一个人能否成才，主要还是取决于他自己的努力，但我们要努力创造成才条件。"他不仅是这样说，更是这么做的。

"张先生在培养青年人才方面倾注了大量心血，对真正优秀的人才，他发自内心地爱惜。"曾担任张存浩秘书、后担任国家自然科学基金委员会计划与政策局局长的郑永和说，张院士不遗余力地对优秀人才给予关心、支持与提携，有些甚至是超常规的。

石文波并不是张存浩的"嫡传弟子"，却受到了张存浩的热情指导。他直言受益，"谈到张老师，我就想到'幸福'二字"。他曾因摸不着实验门路而失去信心，幸得张存浩点拨，才跨入门槛。"我的每篇英文文章都由张老师亲自反复修改，甚至细化到英文单词的表达。"

张存浩在第四届化学前沿学科青年学者研讨会（大连会议）上发言
（供图：大连化物所）

几十年中，张存浩对年轻学者一概有求必应。到国家自然科学基金委员会任职后，无论工作多忙，没有极特殊情况，他都坚持每周必到实验室，有疑难大家一起分析讨论，有成就大家一起分享快乐。在学生和不同年龄段的同事心中，这位科学大家从来不摆架子，总是和蔼可亲地娓娓道来，让人始终放松心态，感到特别温暖。

不仅在大连化物所如此，在国家自然科学基金委员会如此，在担任中国科学院化学部常委参加会议、活动时也是如此——不管是谁，只要有疑问、有课题，他随时可以与人们探讨，给人们解疑释惑。

年龄大了，又有严重的脊椎病，张存浩有时需要住院，但他的学生和所里的年轻人并不知情，常常会把要改的论文发给他。躺在病床上的张存浩，总是以最快的时间仔细修改完毕，再回发邮件。

一篇篇修改好的文章，如同飞翔在广阔田野的报春鸟，向人们报告着阳光灿烂的春天是何等的美好；一封封短小精悍的邮件，犹如一只只羽翼丰满的鸥鸟，飞向充满希望的碧海蓝天。

正如2014年3月3日《人物周刊》上刊登的《矢志报国，追寻光之翼》一文中所写："对学生们来说，这位耄耋老人也像是一束光，一束照亮他们科研之路的强光，引领着他们在科学的海洋中探索新的航线。"

邵赛兵在《学界泰斗，功高德劭》一文中讲述了以下几件事：

在张存浩荣获的4项国家自然科学奖和2项国家科学技术进步奖中，他排名第一的只有1项。

2008年，上海科学技术出版社在将张存浩、陈竺主编的《彩图科技百科全书》申报国家科学技术进步奖二等奖时，将张存浩的名字排在第一位，并请他签字。张存浩当即要邵赛兵和出版社联系，表示自己坚决不能排名第一。因张存浩的态度坚决，上海科学技术出版社只好接受了他的请求。

2010年8月，邵赛兵曾建议张存浩申报国家最高科学技术奖，他当即回绝。

2011年1月，大连化物所李灿副所长代表所班子看望张存浩，告知张存浩，所领导班子已经决定推举他作为化学激光和分子反应动力学团队的代表申报国家最高科学技术奖，张存浩这才勉强服从了所里的决定。

2014年1月，张存浩荣获2013年度国家最高科学技术奖后，在接受中央电视台记者采访时，他真诚地说："我认为这个奖不该颁给我个人，而是应该授予我们的集体，没有他们，我是什么都做不了的。"

面对众多媒体记者，面对自己的老战友何国钟，张存浩又说："这个荣誉是属于集体的，既属于大连化物所这个小集体，也属于国家这个大集体。我也并不觉得很兴奋，眼前的路还很长，还要戒骄戒躁。"

荣誉、身份、名声在张存浩心目中始终淡如流云，轻若鸿羽，他的心中只有科学，只有工作，只有他人。

张存浩的长子张捷、秘书郑永和都提到，1995年张存浩担任第二届国家自然科学基金委员会主任、党组书记即将届满之际，中央组织部的主要领导找他谈话，希望他担任民盟中央主席一职。一般来讲，中国民主党派主席会兼任全国政协副主席或全国人大常委会副委员长，属于副国级领导，是很多人梦寐以求的事情，但张存浩没有立即应答，而是表示"考虑考虑"。之后，他以"自己是一个搞科学的，已经习惯与科学家打交道，还是请中央另找一位善于做行政工作的同志更为合适"为由，婉言谢绝了。张存浩还担心自己的决定不牢靠，又找到自己在大连化物所的老领导，北京市委原常委，副市长，第六、第七届市政协主席白介夫，让他出面向中共中央组织部主要领导说情，以谢绝中央对自己的关怀和重托。

对此，许多知情人很不理解，连一众亲友也觉得张存浩不可思议，但他或笑而不答，或用一句"我个人的事情自己知道如何解决"来回答。但他的做法，却得到时任全国人大常委会副委员长卢嘉锡院士的高度赞赏，认为他是中国科学界的一股清流，是一个真正意义上的科学家。

这就是张存浩，一个心无旁骛、胸无杂念的科学家。

这，也是张存浩一生独爱莲荷的主因。

他用自己的特立"逆行"，诠释了"科学巨匠"的含义。

张存浩（右三）在科研机构调研

从20世纪50年代出席全国青年社会主义建设积极分子大会、全国政协会议,并迅速成为大连化物所最年轻的研究员,张存浩屡屡把所领导给予的各种荣誉——有全国级的,如全国劳动模范、全国"五一劳动奖章"获得者、全国优秀科技工作者等,也有不少国防科工委、中国科学院、辽宁省、大连市的,一概拒绝。他的老战友们,如朱葆琳、楼南泉、卢佩章、林励吾、杨柏龄等,或是"全国劳动模范",或是"中国科学院先进工作者",或是"优秀研究生导师",但他不是;如果他想要,他肯定是大连化物所的不二人选,但他一次又一次将荣誉推了出去。因为他心中有自己的想法,别的同志得到荣誉,他认为理所当然,但自己不行。他一直认为,自己作为一名"指兔子"的科研带头人,大部分工作都是同志们干的。"他们付出的比我多,没有他们我将一事无成。"这不仅仅是几句漂亮的客套言辞,实乃他心中所思所想,也是他工作中的真实体验。所以,他认为把荣誉"让"给他们,是应该的,也是必须的。不仅仅是在平时的科研岗位上,即使是自己在担任大连化物所所长的四年中,他依然故我,不管是同事们的善意提醒,还是知己们的好言相劝,都难改他的初衷。然而,到1989年,有一项荣誉自己实在推不掉,才勉为其难地予以接受。因为全所上下只有他才符合"全国归侨侨眷优秀知识分子"这一荣誉所要求的条件。是的,他是从美国回来的,又有数位海外华侨亲友,有的还在国外享有一定的声誉,其中旅居美国多年的原国民党上将夏蓄、美国通用汽车副总裁杨雪兰等都是他的亲戚……他与这些亲戚保持着联系,是因为统一战线的需要,是因为想让他们为祖国建设、国家统一贡献一份力量。

二、伯乐

张存浩曾多次讲过:"人才的作用是无论如何评估都不过分的。"

识才爱才惜才,千方百计地让这些人尽快成才,甘为人梯,扶一把,送一程,也许数年后国家科技宝库就会多几块闪闪发光的金子,这正是张存浩最希望看到的。为了这些可以称为子辈甚至孙辈的年轻人,张存浩心甘情愿付出一切。

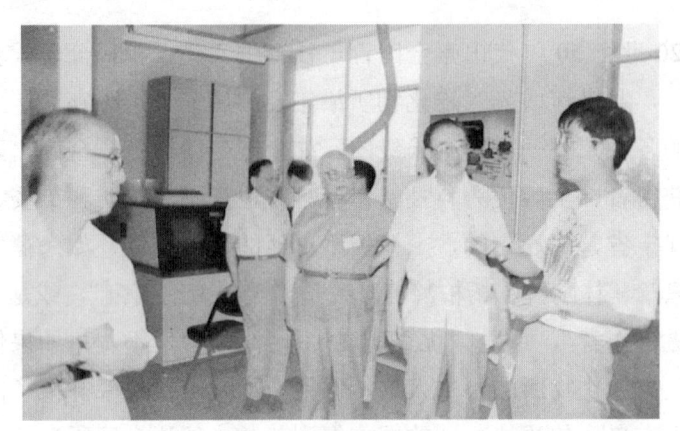

张存浩（右二）在听取青年科技人员汇报科研攻关情况

郑永和说，张院士对自己的教育和培养是潜移默化、循循善诱的。有一年会议期间，郑永和陪着张存浩去医院看病。候诊时，张存浩随手掏出衣袋里的房卡，一边低声向郑永和介绍，一边写下各类病症对应的英文名称。有许多次，午饭后郑永和陪着张存浩在院子里遛弯，张存浩一边走，一边指着远近的树木花丛和蹦跳啁啾的小鸟，说出它们的英文名称。郑永和服了，无怪乎老领导不仅精通谙熟学术方面的外语，还对未涉及领域的东西了如指掌，那是因为他善于观察、善于学习、善于掌握。可以说，他随时随地都在向身边的人传递着"生命不息，学习不止"的信息。正因为得到张存浩的启发，郑永和刻苦学习外语，口头、行文表达能力大幅提升。他说，幸得张老耳提面命，自己在随领导出访外国或接待外宾时，才能应对自如；在担任计划与政策局负责人时，才能熟练地翻阅外文资料，才能与外国专家们无障碍地交流与沟通。

耄耋之年的张存浩仍然坚持学习

张存浩是卓越的学术带头人，在培养、引进青年人才方面倾注了大量心血，极力为他们的脱颖而出创造机会和提供良好条件。他对青年人才的重视、培植，不仅限于本学科、本单位，而是站在国家发展战略的高度，不辞辛劳、不遗余力。他引荐和培养的人才，大部分已经成为卓越的学科带头人，挑起中国科学某一领域的大梁。下面，仅介绍其中三位。

1. 朱清时

1968年，朱清时毕业于中国科学技术大学近代物理系，被分配到青海西宁山川机床铸造厂工作，先后当过工人和计划员。1974年12月，调入中国科学院青海盐湖研究所，从此开始研究工作，立志在盐湖研究方面有所作为。

改革开放后，朱清时作为我国第一批赴美国访问的青年学者出国进修。两年的进修期满后，麻省理工学院又聘请朱清时做博士后研究继续工作。随着不断有新的成果问世，论文发表的层次也越来越高，朱清时面临抉择。他想，无论是在加州理工学院还是在麻省理工学院，自己虽有新的科研成果，但均是在导师等划定的框架里工作。一个科学家，应该敢于突破人为划定的框框，发挥自己的特长，在科学上创造出一种完全属于自己的东西。因此，1982年元旦刚过，朱清时就毅然踏上了归程，回到了实现他科研梦想的基地——青海西宁。

回到中国科学院青海盐湖研究所，要建起一个具有国际水准的激光光谱实验室，并非一件容易的事情。朱清时与同事们一起，在用于分离同位素的激光实验室基础上，建起了激光光谱实验室。不久后，他们就在《科学通报》杂志上发表了国内第一批关于激光诱导荧光光谱的研究论文。1983年6月，朱清时再次赴美出席了第38届国际分子光谱学讨论会，在会上宣读了中国科学院青海盐湖研究所的研究成果论文。

但是随着工作的深入，中国科学院青海盐湖研究所的科研条件已无法支持深入开展激光光谱研究。这位一心想在科研领域闯出一片新天地的科学"苦行僧"，一时陷入了迷茫和困顿中……

朱清时也许不知道，他的一言一行早已引起张存浩的注意。张存浩当时正在开展激光升级版研究，急需有功底、有造诣的突出人才，而朱清时正是不可多得的专业尖子。

1984年,在张存浩的力荐下,中国科学院进行了内部调整,将朱清时和他的研究小组调到了大连化物所。作为研究室主任和研究激光光谱学的同行搭档,在张存浩的直接关心和支持下,朱清时的研究工作进入了一个新阶段,把研究方向对准了一个新兴的领域——选键化学。

朱清时院士(左一)向外国学者介绍大连化物所的科研情况(供图:大连化物所)

自20世纪70年代以来,化学家们被一个美妙的构想深深地吸引着,那就是用激光有选择地把分子的某些键打断或激活,以便能按照人类的愿望来加工分子,如同做外科手术一样,给分子做手术,即选键化学。实现选键化学的关键,是找到一种特殊的分子振动。当时世界上几乎所有的实验室在这方面的研究都以失败而告终。1988年6月,应邀到英国剑桥大学做客座研究员的朱清时,用出奇制胜的方法,构思了一种新的实验方案,在锗烷分子的振动态中首次发现了理论预言的局域模振动态。随后,他又证实了硅烷的一系列振动态,也都是长寿命局域模振动态。这一发现,立即在国际科学界引起了极大的关注,选键化学展现出美好的发展前景。美国普林斯顿大学的莱曼(Lehmann)教授说:"大家谈论局域模振动已经多年了,你们的硅烷光谱第一次告诉人们,这就是局域模振动!"

在大连化物所,朱清时先后担任课题组组长、研究室主任、副研究员、研究员,1991年当选为中国科学院院士。1994年7月,开始在中国科学技术大学从事教学科研工作,主持创建中国科学院选键化学重点实验室。1998 年 6 月，任中国科学技术大学校长。2001 年，当选为第三世界科学院院士。2009 年 9 月，被深圳市政府聘为南方科技大学首任校长。

成就非凡，职务显赫，声誉日隆，但朱清时永远不会忘记伯乐张存浩院士的精心栽培和鼎力支持。他忘不了，张存浩为他全力争取来傅里叶变换光谱仪；他忘不了，张存浩热心指导他撰写论文；他更忘不了，当张存浩得知他的论文署上了"张存浩"时，竟一口拒绝了，认为帮助青年学者完成科研目标是自己应该做的……

这些，足以让他受用一生。

2. 彭实戈

一位革命烈士的后代，生于山东滨州，长于齐鲁大地。改革开放初期留学法国，三年中获得巴黎第九大学数学与自动控制三阶段和普鲁旺斯大学应用数学双博士学位，独立提出了"含高频振动的最优控制系统均匀化理论"，受到国内外专家的高度评价。之后，有了以彭实戈的名字命名的"彭一般原理""彭最大值原理"，他开创的新领域包括倒向随机微分方程，即"巴赫杜（Pardoux）-彭方程"，他在随机分析、随机控制和金融数学界获得了很高的国际知名度。

彭实戈曾长期以为，数学是纯粹的学术问题，当一位法国金融学家告诉他，他的倒向随机微分方程在金融领域有着很高的应用价值时，他甚至有几分不悦，认为把他心目中圣洁的数学与金钱联系在一起几乎是一种亵渎。

1992 年彭实戈回国后，被邀请到国家自然科学基金委员会数学物理科学部做报告。一场精彩的"倒向随机微分方程"演讲结束后，张存浩握着彭实戈的手，在感谢他为人们送来一场别开生面的学术报告的同时，以温文尔雅的口气问："请问彭教授，你这个研究成果，有什么用途？"

彭实戈摇摇头说："不知道，仅听有的外国科学家说可能在金融方面有些作用。"

张存浩一听很振奋："在金融领域怎么用？"

彭实戈摇摇头说："不太清楚。"

张存浩拍着他的手，说："彭教授，请你进一步研究一下，你这个理论也许真的很有用。"

会后，张存浩还找到数学物理科学部副主任许忠勤说："您一定要好好关注一下彭教授，这是个大事情！"

1993年，彭实戈派学生调查、了解期货市场情况，他敏锐地发现中国期货期权交易中存在一些严重问题。当时绝大部分企业、机构对期货期权的避险功能了解甚少，在不清楚这种现代金融工具所隐藏的巨大风险以及如何度量和规避这种金融风险的情况下，便盲目投资，进行境外期货期权交易。投资者每做一单交易，输的概率就大于70%，赢的概率小于30%。于是，他写了两封信，一封交给山东大学潘承洞校长，另一封递交国家自然科学基金委员会。在信中，他陈述了自己对国际期货期权市场的基本看法，以及中国当时进行境外期货交易所面临的巨大风险，并建议从速开展对国际期货市场的风险分析和控制的研究，并加强对金融高级人才的培养。

对彭实戈这封不同寻常的信，张存浩一连读了两遍。他似乎预见到一个新的发现——不，是一项重大的科研成果将给中国经济带来一场"大革命"。在国外考察期间，张存浩了解到倒向随机微分方程在资产定价方面的确很有用途。这更加坚定了张存浩全力支持彭实戈研究项目的决心。

在彭实戈亲赴北京向国家自然科学基金委员会当面表达自己的意见时，张存浩再次接待了他，对他的研究工作给予肯定和支持。国家自然科学基金委员会很快发文，将彭实戈的建议信转呈中央财经领导小组采取相应措施，避免国家金融资产的大量流失。

然而，当时中国数学界对彭实戈的研究成果并不完全认同。1994年底，国家自然科学基金委员会在香港召开优先资助领域座谈会，国家自然科学基金委员会的胡兆森、陈佳洱二位副主任参会。会上，中国的数十位著名数学家，包括十几位院士，在讨论彭实戈的金融数学时，即受到不少人的质疑甚至抨击，认为彭实戈的金融数学不伦不类，怎能与数论比，怎能与几何拓扑比？关键时刻，著名数学家吴文俊教授发言："我赞成对金融数学给予资助。西方经济学显著的特点是定量化，定量描述经济现象、定量提出经济措施。定量化就是数学化。这个金融数学，在金融、经济中的作用将大有可为。"吴教授的发言得到胡兆森、陈佳洱两位主任的赞同。最后与会者全体通过，决定将金融数学列为资助对象。

身在北京的张存浩得知这个消息后，很兴奋地表示：我们要相信战略科学家（吴文俊）的意见。

胡兆森、陈佳洱两位副主任先期离开香港前，对许忠勤交代："你一定要抓住彭实戈这个课题，我们委里将给予大力支持。"

当许忠勤回到北京时，计划局的负责人找到他，说委党组开会了，要把金融数学作为重大项目给予支持。许忠勤有些摸不着头脑："我这里（数学物理科学部）还没正式提出来呢，怎么就通过了？"

事后，张存浩对许忠勤说："这是个大事，要抓紧，特事特办，等你们学部提出来可能就有点晚了。"

正是在国家自然科学基金委员会的关心与支持下，彭实戈不再只是关心倒向随机微分方程，而是向更高、更深层次进发，在风险的度量和控制研究方面取得了重大突破，对科学界乃至世界经济的影响更大。对此，彭实戈在接受山东电视台的专题采访中，说出了掏心窝的话："我能有今天，首先要感谢国家基金委，他们对我的支持、教育是非常大的，使我更加开阔眼界，如果没有他们的支持，我的步子不可能迈得这么大。"

1996年12月10日，在张存浩的主持下，国家自然科学基金委员会在北京召开专家会议，审议了彭实戈的报告。他与各位专家统一认识，当机立断，启动了国家自然科学基金重大项目"金融数学、金融工程和金融管理"。此项目由彭实戈任第一负责人，汇集了中国科学院、复旦大学、南开大学、浙江大学、清华大学、中国人民银行、财政部、国家税务总局等20个单位的专家学者，向这一领域发起全面攻关。这是"九五"期间国家自然科学基金委员会列入管理和数学学科的唯一重大项目，也标志着中国金融数学开始了一个从无到有的过程。

彭实戈，成为国家973计划"金融风险控制中的定量分析与计算"重大项目首席科学家。

2010年8月19—27日，第26届国际数学家大会（International Congress of Mathematicians，ICM）在印度海得拉巴城举行。国际数学家

大会由国际数学联盟主办，是全球数学界最高水平的学术会议，素有"国际数学奥运会"之称，已有100多年的历史，一般四年举办一次。大会每次都会邀请一些杰出数学家做学术报告。

应邀在国际数学家大会上做报告是数学家的极大荣誉，报告分为1小时大会学术报告和45分钟学科组的分组会学术报告两种。在这之前，著名数学家华罗庚、吴文俊、陈景润等都曾做过45分钟的报告。

在该大会的历史上，彭实戈院士是第一位被邀请做作1小时报告的中国数学家。

彭实戈在做学术报告

2011年11月，彭实戈院士因在随机分析、随机控制及金融数学领域的杰出贡献，荣获中国数学最高奖——第十届华罗庚数学奖。

3. 张杰

1981毕业于内蒙古大学物理系半导体物理专业；1985获该校固体物理专业硕士学位；1988获中国科学院物理研究所光物理专业博士学位；1988任中国科学院物理研究所助理研究员；从1989年至1998年的十年间，先后在德国马克斯·普朗克量子光学研究所和英国卢瑟福·阿普尔顿实验室等单位工作。他回国时，恰逢中国科学院开始实施知识创新工程。

建设国家创新体系，是党和国家根据我国现代化建设"三步走"发展战略部署实施科教兴国战略所做出的重大战略决策。1998年6月，国家科教领导小组第一次会议批准中国科学院率先进行国家知识创新工程试点，作为国家创新体系建设的先导、示范和重要组成部分。

如果给中国科技腾飞找时间标志的话，知识创新工程无疑是其中最有代表性的一个。然而，张杰回国的一个直接动力来自张存浩的一次促膝谈心。

1997年7月的一天，张存浩访问英国卢瑟福·阿普尔顿实验室。室主任介绍了相关研究成果，并告诉张存浩该实验室有一位来自中国的年轻学者张杰，其研究成果斐然。张存浩听后，内心一动，提出想见一见张杰。室主任告诉他张杰在国外开会，明天才能回来，张存浩说："我等他，我明天再来。"

第二天张杰从国外回来，刚下飞机，即接到实验室一位工作人员的电话：来自中国国家自然科学基金委员会的一位官员想见一见他。

按照工作人员提供的地址，张杰立即驱车赶往宾馆。

见到张存浩，张杰愣住了！因为他知道面前这位官员，不仅是国家自然科学基金委员会的一把手，还是享誉国内外的科学大家。

张存浩提出到张杰的实验室边看边谈。

1997年，张存浩在英国布莱尼姆宫（别名丘吉尔庄园）

当张存浩了解到张杰目前的研究方向 X 射线激光属于世界激光研究前沿时，非常兴奋，大有与张杰相见恨晚之感。

张存浩问张杰有何长期打算。

张杰如实回答：其实自己很想回国发展，为国家做事，但是……

张存浩握着张杰的手,语重心长地说,现在我们中国仍然很困难,非常需要你这样的人才。他说,自己非常支持张杰回国,也愿意帮助他回国搞科研。

在张杰实验室里,他们足足谈了3个小时,意犹未尽,又来到一家餐馆边吃边谈。

第一次见面,这位年逾七旬的科学家前辈谈了国内发生的变化,谈了自己对中国发展的信心及对未来前景的乐观,特别是讲到中国的可持续发展,需要大批杰出人才,需要一代又一代科学精英等,这些都深深地印在张杰的脑中。他面对的不仅仅是一位享誉中外的科学大家,更是一位慈祥敦厚的长者。从这位长者身上,张杰听到了来自祖国母亲的呼唤。

当时张杰在国外建立研究团队工作已有10年,回国谈何容易?两手空空,既没有经费,又没有科研设备,中断了自己钟爱的科研怎么办?

1997年10月初,张杰突然接到国家自然科学基金委员会外事局局长白戈的电话,问他什么时候回国,说基金委有要事要找他谈。

一心报国的张杰立即飞回中国。白戈局长告诉他:张先生回国后,立即召集班子成员开会,专门介绍了他的情况,决定想方设法为他筹措科研启动资金。

闻讯张杰回国,张存浩异常激动,他知道张杰毅然决然回国已属不易,但受限于某些客观因素,回国后能让这样的人才尽快施展拳脚则更不容易。

为此,张存浩苦觅良方。他绝不能让这样的人才抱着希望回来,衔着失望再度走出国门。但当时各项年度资助基金已经"名花有主",他想到了主任基金,但自己能够支配的只有二三十万元,这点钱对一位科学家开展大型研究活动无疑是杯水车薪。为此,张存浩迅速在国家自然科学基金委员会召开会议商量如何支持张杰。他提出,能不能把几位主任、副主任的主任基金集腋成裘,共同支持张杰做科研。他的意见,最终得到同仁们的支持。

时任中国科学院副院长白春礼接见了张杰,表示要全力支持张杰的科学研究。原来,张存浩回国后,立即找到中国科学院,亲自向时任院长路甬祥陈情……

最终，在国家自然科学基金委员会、中国科学院的支持下，张杰获得 200 万元的科研启动经费。

第二年，张杰又获得了国家杰出青年科学基金的支持。

中国科学院院士、曾担任上海交通大学校长的张杰感激地说："张存浩先生对我们的坚决支持，时时激励着我、温暖着我，使我在回国一年多时间内，就和同事们取得了一系列的成果。"

在一次会议上，张杰以自己的亲身经历，讲到张存浩在爱护人才、重视人才方面真正是关爱有加、不遗余力。但张存浩十分诚恳而又谦虚地摆着手说，张教授，以后不要这样讲，我所做的是分内的事，是应该的。

张杰感慨地说，不管是治学还是为人，张老都是我心目中的老师，是我学习的楷模！

正是张存浩这些老科学家忧国忧民、爱国报国的家国情怀，感染了无数正直正义的爱国青年学者。对于张杰来说，那笔雪中送炭的国家自然科学基金委员会主任基金和中国科学院"百人计划"经费的支持，给予他的不仅仅是一笔款项，更是架设的一座通向科教兴国、振兴中华的金色桥梁，也是一份发奋攀登的责任和薪火相传的担当。

抱着一份感激，怀揣一股干出样子的激情，张杰与同期回国的同事魏志义等一起，一天工作十几个小时，只用了 9 个月的时间，就建造了我国第一台太瓦级飞秒激光装置，并给这台激光装置起名为"极光 1 号"。这台激光装置于 1999 年底开始投入运转。他们科研小组后来的很多物理实验结果都是利用这台激光装置做出来的。2001 年，研制成功一台功率更加强大的飞秒激光装置"极光 2 号"，输出功率已经达到了 20 太瓦。聚焦到靶上以后，可以达到 10^{17} 瓦/厘米^2 的功率密度。这是强场物理研究的关键指标，因为只有大于 10^{16} 瓦/厘米^2 的功率密度，才能真正做一些极端的强场物理实验。2007 年，又研制了第三台高功率飞秒激光装置"极光 3 号"，其输出功率已经达到几百太瓦。这在全世界可以运转的激光装置中已经排到了前几位。

利用自己研制的这些超强飞秒激光装置和自己研制的探测设备以及数值模拟程序，张杰团队将主要研究方向定位于激光核聚变研究领域重要的核心物理问题：超热电子的产生与传输。他们咬定青山不放松，克服了一个又一个困难，取得了一个又一个进展，在国际上占据了重要的位置。

张存浩（右）、王乃彦（中）参观张杰的实验装置

截至 2006 年，张杰研究小组（5 位科研人员加上 20 多个研究生）在超热电子产生与传输研究领域所发表的研究论文，竟然占到全世界针对这一科学问题发表文章总数的 9.6%，同时他们研究小组也是这个研究领域在世界高级别刊物上发表文章最多的小组之一。就连世界同类一流欧美大型实验室也对其刮目相看。因此，有国际同行半开玩笑地说："你们是这一领域发展最快的团队。"

2014 年 1 月 10 日，《法制晚报》曾刊登《张存浩：为火箭加注推进剂》一文。张存浩等具有远大眼光的伯乐们不惜一切为国家招揽人才，不就是在为中国科技走向世界之巅、为中华民族跻身强国之林加注推进剂吗？

"时间没有回放键，但是美好会永远定格。"在上海交通大学 2014 届本科生毕业典礼上的演讲中，张杰如是说，"大器之才，不仅要有对科学精神的追求与弘扬，更要有人文情怀之涵养与修为。愿你们用大爱去点亮希望，用理性去探究未知，用信仰去引领时代，让人文之光照亮你们的未来！"

美好，大爱，信仰……很显然，张杰对青年学子的谆谆教诲和殷切期望，和当年张存浩等老一辈科学家对他及其他青年科学家的期待和厚望是一脉相承的。

这就是对祖国母亲的爱，对中华民族的情！

三、人梯

对于自己亲手培养的研究生，张存浩不是一味地希冀他们留在国内发展，而是尊重他们的选择，"海阔凭鱼跃，天高任鸟飞"。他尽力发挥自己联系广泛、在国际科技领域影响较大的优势，努力把愿意出国深造的学生推荐到国外知名教授的门下深造。学生们在国外学习期间，常常收到张存浩导师的电话、亲笔信，除了生活、学习方面的问询，更多的是介绍国家各方面快速发展的情况、中国科技方面的重大进展，尤其是哪些青年学者在哪些领域独领风骚的特大喜讯。学生们通过电话或信件仿佛能感受到自己的导师那颗"咚咚"跳动的心脏在发出强有力而包裹着脉脉温情的呼唤和期待之声。

解金春，张存浩的得意门生，1992年获得美国斯坦福大学博士学位后，到劳伦斯·克利国家实验室工作，年薪很高，夫人和儿子又都在美国，但1995年他还是选择了回国工作。事后他回忆说："张先生希望我回来，把分子反应动力学研究做起来。一个人不能忘记祖国和老师，报效祖国有多种形式，而对于老师，我不能违背他的意愿。"

杨学明回国创业并最终一鸣惊人，其中一个重要原因也是一份深深的师生情使然。

对杨学明来说，2009年1月9日是一个非常值得纪念的日子。这天，在国家科学技术奖励大会上，中共中央总书记、国家主席胡锦涛亲自为他颁发了2008年度国家自然科学奖二等奖的奖牌。

"当成果能为自己的国家所肯定，还有什么比这个更重要呢？"杨学明对《科学时报》记者如是说。

在这激动的时刻，杨学明想到了自己的恩师张存浩，他也在第一时间接到了张存浩打来的祝贺电话。老师的祝贺，对他来说是一种温馨的勉励，更是巨大的鞭策。

张存浩（右）、杨学明（左）和杰尔教授在大连化物所分子反应动力学实验室

在杨学明的一篇文章中，他这样写道：

> 我于1982年至1985年间在大连化物所攻读硕士学位，在张老师的指导和引领下，开始走上了研究分子反应动力学这条科研道路。在我上学期间，张老师就给了我无微不至的关怀和帮助，在我的印象中，他一向温文尔雅，从不对学生发火，总是在谆谆教导中让学生体会科研的奥秘。在学期间和后面的生涯中，当我几次遇到困难的时候，张老师给了我莫大的帮助，使我能够克服这些困难并继续前进。

杨学明清楚地记得新生报到的第一天张存浩说过的话："张教授说实验科学非常重要，他强调实验科学的重要性，对我的影响深刻。"杨学明当时觉得科学家就应该像陈景润那样做科学，头悬梁，锥刺股，冬练三九，夏练三伏，两耳不闻窗外事，一头埋进研究中。

但张存浩告诉他搞科研并不是只有这样。"如果没有实验，光有理论预测的话，有时会走到很歪的路上去。两方面都有，互相扶持，互相校验，这样才是最好的。"几十年的科研实践，张存浩深深领悟到实验科学的重要，他要求自己的学生一定要用脑用手双管齐下，尤其是要积极参与仪器设备的研制，亲自动手，亲手做实验。这样做，不仅能体会到亲自操作的乐趣，而且能让自己的才智在实验中得到启迪和发挥，积累实战经验。

  杨学明从研究生阶段就开始接受这样的训练，而如今，他又把这些教给了自己的学生。杨学明说："实验物理化学过程中的一些现象，如果你用一般的仪器来做就会很难看到，所以实验物理化学非常重要的一个基础就是发展新仪器。当时张老师的很多研究都是这样的。"

  在学习期间，张存浩还教育自己的学生要培养广泛的兴趣。他常常现身说法，自己喜爱西方古典音乐和唐诗宋词，会唱几百首名曲，可以当着学生、同事的面，引吭高歌，名家诗词更是谙熟于心。他还坚持锻炼身体，始终保持良好的体力和旺盛的精力，以应对紧张的工作，他可以和学生一边锻炼一边交谈，许多新思路、新亮点可能就是在这放松的一刹那，如同火花般迸发出来。

  除了理论和实验的结合，杨学明等还从张存浩身上学到很多。"做科学就应该严谨""研究室里的工作要做到世界水平"这些话语，当时学生们可能还有一点点费解，但随着研究的深入，其精深内涵被一一破解并铭记在心。

  在美国留学期间，杨学明的动手能力进一步提升。他的实验室里，几乎所有仪器都是他和仪器制作小组共同完成的。

  得意门生的得意之作深受张存浩的关注，他非常希望杨学明能回国效力。当时杨学明不是不想回国，而是想等自己的"翅膀"更硬一些再做回国的打算。

2012 年 6 月 8 日，杨学明（右）向张存浩（前左）汇报实验情况

当初，因为要到台湾的"中研院"当研究员，杨学明不得不加入美国国籍。2001年回到中国工作后，他又开始为能够恢复中国国籍、拥有一张中华人民共和国居民身份证而四处奔波。前后折腾了三年才把事情办妥帖。

杨学明回来了，为此，张存浩深感欣慰，他更由衷地感谢包信和所长，钦佩这位科学家的胆识和眼光。为了杨学明这个人才，包信和亲赴台湾做动员工作。又是包信和的"大手笔"，大连化物所采取特事特办，立即拨给杨学明1000万元启动经费。与此同时，还给了杨学明宽裕的过渡时间：作为回国的第一年，2001年他只需在大连化物所工作两个月；第二年工作四个月；第三年工作八个月。对杨学明这位年轻学者的成长空间，包信和考虑得细致而周到。

杨学明把自己转了一圈又回到大连化物所称为"生命的轮回"。他肩负着领导的信任、导师的期望，在科学海洋里奋力驰骋。在表面化学动力学，特别是表面光化学动力学研究领域，他取得了一系列具有重要意义的成果。

自2002年以来，分子反应动力学国家重点实验室在英国《自然》和美国《科学》上发表论文8篇，让全世界的研究同行刮目相看。

2006年，杨学明在法国参加国际立体动力学学术会议并特邀做报告。意大利佩鲁贾大学著名教授卡萨维奇亚（Casavecchia）由衷地说："这是我30多年来听过的有关交叉束反应动力学研究最好的报告。"

2014年1月，杨学明带领的科研团队在《美国化学会志》上发表了《甲醇在锐钛矿型TiO_2（101）表面光催化产氢》，再次让一向戴着有色眼镜的外国同行不由得竖起大拇指。

正如张存浩当年对杨学明等学生所期许的一样，杨学明最重要的收获正是培养了一批批具有很强仪器发展能力的学生，"国家以及实验物理学科非常需要这样的人才，一部分人已经在不同领域开始展露才华。"

杨学明2010年获得陈嘉庚科学奖，2011年当选为中国科学院院士，2012—2017年担任大连化物所副所长，2015—2018年担任中国科学技术大学化学物理系主任，2017年担任南方科技大学理学院院长、讲席教授，后任南方科技大学副校长、国家自然科学基金委员会化学部主任（兼）、中国化学会副理事长。

2014年1月，闻悉张存浩荣获国家科学技术最高奖，杨学明难掩激动和自豪之情。他专门撰写了一篇文章——《热烈祝贺张存浩院士获得2013年度国家最高科学技术奖》以抒胸臆。他在文中写道：

> 张先生作为一名德高望重的长者，一直怀抱"科技报国、强国富民、献身科学、挑战前沿、锐意进取、不断创新、努力拼搏、勇攀高峰"的科研精神，奖掖后学、爱护人才，几十年来，培养研究生数十人，带出了一支科研业务能力过硬的化学激光攻坚队伍……张先生的获奖对我国化学激光人是巨大的鼓舞，他为我们树立的丰碑必将激励化学激光人更加奋发图强、刻苦钻研，为我国化学激光的科技事业的发展做出更大的贡献！

邓列征，是张存浩、沙国河的硕士研究生，毕业后进入化学激光研究室工作。在他多年的学习、实验中，不管遇到什么问题，他都会第一时间通过电话、邮件告诉张存浩，只要张存浩不是在外开会、参加活动，常常是事不过夜。2004年，他在两位导师的指导下，完成"Improved Method for Measuring Absolute O_2（$a1\Delta g$）Concentration by O_2（$a1\Delta g \rightarrow X_3\Sigma_g^-$）IR Radiation"论文初稿，请张存浩斧正。张存浩利用数天时间，在这篇论文原稿上进行了仔细修改，包括不定冠词和定冠词、单数和复数、句法和句式、同义词和近义词、名词和动名词等几十处改动。

后来，这篇署名"邓列征、沙国河、张存浩"的论文发表在《科学仪器评论》（*Review of Scientific Instruments*）上，获得国内外同行的一致好评。

邓列征拿着沉甸甸的期刊，彻夜难眠。从1998年进入大连化物所攻读研究生开始，他的科研工作一直受张存浩的指导。几年来，生活上的关心、业务上的培养、职业道德上的严格要求，张存浩手把手地培育着心爱的弟子。有一次，邓列征想就自己的选题申请科研基金，可总怀疑不够资格。经过细致讨论，张存浩说"这个选题有创新，你要有信心"。最终，邓列征成功申请到了科研基金，得以通过研制新型的用化学反应方法产生单重态氧的装置——单重态氧发生器，以获得更高的单重态氧产率、浓度和压力；发展新的测量单重态氧浓度的方法，以提高单重态氧产率和浓度测量的准确性与精度等，不断取得新成果，成为大连化物所科研队伍中的主力。

后来，在化学激光实验中，邓列征发现研究室缺少一个数据库。他如实地向张存浩反映了相关情况，并提出自己的建议。很快，张存浩通过各种关系，帮助他们建立了一个化学激光数据库。

邓列征认为，张存浩等老一辈科学家终身投身国防建设事业，不计名利，无怨无悔，留下了最宝贵的精神食粮。在老科学家精神的激励下，踏着他们打下的良好基础，心里感到非常充实，浑身充满着献身国家科技事业的激情和干劲，这是能够挖掘出自己最大科研潜能的动因之一。

张存浩（左一）和邓列征（右二）、杨何平（左二）在实验室

对此，多丽萍研究员深有同感。她认为，张存浩院士的大家风范，科研工作的敏锐性，严谨、务实的作风，给大连化物所所有人员留下了深刻的印象。她记得，张存浩对自己的英语论文几乎每段每句都做了修改，还告诉她：这个介词是代表方位的，那个介词是表示时间的，应该怎么用。他的言传身教、一丝不苟，让自己受益一生。关于科研选题，张存浩曾多次对研究室人员强调：大方向问题，导师要把握好，但也要给学生一定的自主性，鼓励学生在一定范围内开动脑筋，放开手脚探索、挖掘。

这也成为多丽萍等诸多研究员教育学生的"传家宝"。

滴水之恩当涌泉相报。解金春、杨学明、邓列征等明白张存浩最需要的是什么，唯有勤勉奋进，继续攀登，为国争光，才能不辜负导师的培养和厚望。

张存浩应该感到自豪。他精心培养的30多名研究生，如今大多已是教授级科学家或大学知名教授，活跃在国内科学研究的前沿，取得了许多优异的成绩。最难能可贵的是，他们不仅是科学研究的尖子，在学术道德方面也颇具清名，成为他们评价尊敬的张存浩院士"品德高尚，学风民主；追求执着，勇于创新；严谨治学，求真务实"的有力践行者。

2022年8月，被誉为"中国诺贝尔奖"的未来科学大奖评选结果揭晓，杨学明因研发新一代高分辨率和高灵敏度量子态分辨的交叉分子束科学仪器，揭示了化学反应中量子共振现象和几何相位的成就，荣获"物质科学奖"。

未来科学大奖于2016年设立，设置有生命科学奖、物质科学奖、数学与计算机科学奖三大奖项，截至2022年共评选出27位获奖者，而其中的三位科学家与张存浩有着密切的关系，分别是：2020年数学与计算机科学奖获得者彭实戈、2021年物质科学奖获得者张杰、2022年物质科学奖获得者杨学明。

四、亲情

张家是个大家族，人丁兴旺，才俊辈出。

在这个大家庭里，张存浩是十几个兄弟姐妹心中的偶像，更是他们做人做事的领头羊。他对兄弟姐妹最大的影响是：对学习的执着，对事业的追求，对朋友的仁善，对祖国的挚爱。

在大连工作时每次回北京，张存浩都会把在北京上学的兄弟姐妹们叫在一起，逐个问询他们的学习情况和实际收获，以及怎么把学到的知识用活，真正为实践服务。

张存桂、张存民等堂兄弟们都说跟大哥张存浩在一起，常常有如沐春风之感。

是啊，从祖辈开始，张家所有人都特别注重家训家教，其中重视教育、科教报国是最重要的一条。

那些年，张存浩给弟弟妹妹们买得最多的就是书。有时候，在大连买了寄回去，但大部分时间是利用假期带着他们去逛书店。

2014年，张存浩兄弟姐妹11人春节期间团聚（自左至右：张存浩、张存济、张存淑、张存滢、张存泰、张存永、张存润、张存澄、张存涓、张存洪、张存汶）

他是兄弟姐妹心中的"尺子"，他们用这把"尺子"时刻丈量着自己学习、前进的道路。他们认为，只有考上大学，学得一身本事，才能不辜负父辈的期望，才能报答兄长的教育之情。后来存淑、存滢、存永等先后考上大学，这让张存浩感到特别欣慰；存润、存澄、存涓、存洪、存汶虽然由于各种原因没有进入高等院校深造，但他们心志高远，自强不息，在改革开放后都通过自学、夜大、函大取得了本科学历或者硕士、博士学位，并且在科学研究、经济领域取得了突出成就，成为拔尖人才，这让张存浩倍感自豪。

张存浩对姑母感情深厚，但没想到姑母走得那样急。

1965年元旦刚过，大连化物所各科室、科研团队都忙着总结上年工作，部署本年度工作任务。1月14日，一个电话让张存浩如雷轰顶！

张存浩立即坐火车赶往北京，但姑母永远闭上了眼睛，两人未能见上最后一面。

张存浩的堂弟张存桂回忆道：

> 二姑的遗体告别仪式好像是在北京医院举行的，那一天姑父哭得很伤心。我很少见到感情如此真挚深厚的老夫妻。存泰哥、存滢姐都失声痛哭，存浩哥脸上淌着泪，嘴唇一个劲地抖动，看来他的心很痛……我只好含泪默默地扶着他。

那几天，张存浩安抚着悲痛中的各位长辈——父亲因为悲伤过度，两天不曾进食，而最令人不安的是姑父的情绪。伉俪几十年，一旦阴阳两隔,精神打击是难以想象的。张存浩陪在姑父身边,什么话也没说,只是守着姑父默默地坐着;病中的母亲,则打发存滢、存汶把表妹傅小波接到身边。

安葬好姑母后,张存浩把兄弟姐妹们召集在一起,只说了简短的几句话:"我们不要太过悲痛,姑姑是伟大的,是我们的榜样,更是我们家的骄傲。今后我们应该好好做人,好好学习,好好做事,让姑姑放心。"

傅鹰、张锦夫妇

在姑母去世的那些悲痛的日子里,回到大连的张存浩常常把自己关在实验室里,通过拼命工作来缓解自己对姑母的思念之情。即便是这样,在夜深人静的时候,自己还是经常回忆起与姑母在一起的时光,情不自禁地热泪盈眶。

他很想为姑母写点什么,但每次都是提笔重若千斤,难以成行。直到姑母去世40周年之际,他才撰写了《追思姑母张锦》一文,以寄托对这位如慈母一般长辈的思念,表达对这位德艺双馨师长的尊崇和缅怀。

后来母亲的病逝,几乎摧垮了张存浩的精神世界。

母亲的大义、母亲的豁达,让张存浩刻骨铭心;母亲的善良、母亲的仁慈,每每想起这些,都让他心疼。母亲身体不好,但她热心帮助街道居委会工作,谁家有困难,她都是第一个跑在前面,该劝解的劝解,该出钱的出钱。她每年精心做好各种酱菜送给街道敬老院的老人,每次包包子，总是先拣上几个送给街坊中几位生病的老人。次子存济上大学，常常把自己的饭票、衣服、鞋子送给贫困学生，她从不埋怨、指责，而是给予鼓励，并让儿子带同学到家里来，给他们做好吃的。她视丈夫和沈曼罗生的儿女为己出，关心疼爱，无微不至。

张存汶回忆：1956年的秋天，母亲卧病在床，6岁的她与几个小伙伴在院子里玩跳房子游戏，一个陌生的姑娘走了进来。一进门，她就抱着母亲一边哭一边喊着"妈"。后来自己得知这位姑娘是天津母亲沈曼罗的大女儿存淑姐。后来自己还得知，天津母亲生的哥哥姐姐们一律管北京母亲龙文瑗叫"妈"，管天津母亲叫"娘"。

从此之后，张存淑成为北京这个家的常客。大学毕业后，龙文瑗为她找了对象。结婚时，龙文瑗又为她置办了嫁妆，并亲自送女儿出嫁。

张存滢在北京航空航天大学读书时，一个星期不来家里，龙文瑗就会念叨几遍。存桂、存民这些堂侄在北京上大学时节假日、星期天来家里，龙文瑗总是竭尽所能地为他们做好吃的，他们对二大妈的红烧肉、红烧鲫鱼、水煎包等，一直念念不忘。

张存民回忆道：

> 可能二大妈考虑到我的身世更让人同情，所以她对我比其他哥哥姐姐的关心更多一些。我每次去，二大妈都是问这问那，变着样地给我改善生活。

但天不假年，龙文瑗56岁便离开人世。去世前，她还不忘叮嘱张存浩一句：好好孝顺老人，好好对待兄弟姐妹。你是长子，给他们带个好头。

多年来，张存浩很想写一篇关于母亲的回忆文章，但每当拿起笔，就觉得眼圈发热，心潮翻卷，只能将对母亲的爱和思念深深埋在心里。

1979年姑父傅鹰病逝，这对张存浩又是一次沉重的打击。

在张存浩心目中，对姑父的感情胜过父亲。在大连工作的几十年，每次回北京度假或到北京办事，他必去看望姑父和姑母。

在姑父病重期间，张存浩专门请假，与表弟傅本立、表妹傅小波和存泰、存滢等轮流到医院看护。

傅鹰多次催促他回去，但他不肯。看着姑父日渐消瘦的面容，他就不由自主回想起在重庆南开中学、长汀中学、厦门大学、国立中央大学的那一束光。想起十多年前因为自己忙于工作而未能在姑母床前尽孝的往事，他不想让对姑母的愧疚和遗憾再次在姑父身上发生。

张存浩多次抓住姑父的手，轻轻地摩挲着，在心里呼喊着处于昏迷中、比父亲还亲、对自己一生明若神灯的姑父。在那些煎熬的日子里，他工作20多年来第一次请了长假，和存泰、存滢与表弟傅本立、表妹傅小波轮流侍候着老人。

在姑父离开人世后的很长一段时间内，他的眼前经常浮现姑父、姑母的身影，耳边时常响起他们的谆谆教导，常常不能自已。许多年后，他和存永、存滢、存桂回忆起姑父与姑母的一些往事，依然感慨万千，唏嘘不已。

2002年傅鹰100周年诞辰之际，张存浩用蘸满情和泪的笔调写下了《姑父傅鹰教授百年祭》一文，以表达对姑父、姑母的真挚情感和无限思念：不仅仅是表达血肉之情、感激之恩，更多的是对二位亦师亦友的长辈的爱国情怀、刚正不阿风骨的崇敬和对他们献身祖国科技、教育事业的孜孜追求、永为执念的赞美和讴歌。

1975年，张存浩（左）和父亲张铸（右）、姑父傅鹰（中）在北京大学

因为姑母、母亲早逝，张存浩对人生有了另一种感悟，让他对亲情更加看重，更加珍视。

20世纪七八十年代，通信不太方便，但他每隔十天半个月就会给远在上海的伯父伯母、天津的父母打一个电话或写一封信。只要是到南方特别是到上海出差、讲学，他一准找机会去看望伯父伯母。在他的带动下，兄弟姐妹以及子侄辈，也多次到上海看望伯父伯母（大爷爷大奶奶）。在张锐七十寿诞、八十大寿时，几乎在国内所有的兄弟姐妹子侄都齐聚在了上海。

在张存浩的心目中，沈曼罗母亲与自己的生母龙文媛并无二致。那个特殊的年代，让两位宅心仁厚而又胸襟大度的母亲走到了一起。她们相互理解，相互尊敬，皆把11个儿女视为己出，让孩子们时刻感受到这个大家庭更为温馨的亲情。

张存浩忘不了，生母龙文瑗病重时，天津母亲沈曼罗赶到北京，亲自侍候左右；他忘不了存淑与北京母亲龙文瑗相依相偎，忙前跑后，为母亲喂水喂药，端屎端尿；他忘不了，生母病逝火化前，存淑、存滢抱着北京母亲龙文瑗的遗体痛哭着依依不舍，三妹存涓含泪紧紧抱着小妹存汶，亲着哄着……他更忘不了生母临走前对自己的嘱托：好好孝顺父母，好好对待兄弟姐妹。

这就是亲情，世间最纯真、最珍贵的亲情啊！

张存浩意识到，自己不仅仅要做好科研、学问方面的大哥，更要做好让大家庭更和谐、更团结、更进步的带头人。

每年，他都会把父母接到大连待一段时间。利用周末、节假日，他和妻子陪着父母，饱览白山黑水的秀美风光、名胜古迹……在父亲在世最后的日子里，年过花甲的他亲自侍候着八旬多的父亲，与父亲说起过去经历的欢乐时光，共同品尝着一大家子聚在一起发生的趣闻逸事，缓解父亲病痛的折磨。

张存浩夫妇和父母在大连

是他出面，聚合起天津、北京的兄弟姐妹们，为三叔张镈祝寿，让这位处于孤寂中的建筑设计大师深深地感受到大家庭的殷殷亲情，数度热泪盈眶；是他亲自打电话给弟弟存润，让他联系医院朋友，为四叔张钧治疗顽疾；是他在父亲逝世后，把遗产科学处理，让兄弟姐妹们更加珍重手足亲情；是他在三叔逝世后，亲自安排妥帖了一代建筑设计大师的身后事，避免了不必要的纷争。

1995 年 8 月，张存浩（前排右二）和北京、天津的部分亲友为建筑设计大师张镈（前排右三）祝寿

兄弟姐妹们忘不了这位兄长的点点滴滴。

在张存浩八十寿诞上，张家三代几十人悉数参加，就连远在澳大利亚的五弟存润、在美国的小妹存汶也如期赶回。他的弟弟妹妹、侄（甥）儿在向他敬酒时，有的笑眼中泪光闪闪，他们忘不了眼前的大哥、伯（舅）父给予他们的照顾和关心。

2008 年，来自全国各地及旅居国外的亲友聚集北京恭祝张存浩（第二排左七）八十寿诞

唐山师范学院教授张存桂在回忆文章中写道：

> 我在北京上大学期间，至少三次见到存浩大哥，每一次都能听到他的一句忠告。大哥可能没意识到，这几句话令我终身受益——当然，真正能领悟到其中的深意，是在我参加工作当教师多年之后。
>
> 第一句："一个人一生要用到的知识，大学期间只能学到其中的10%，其余90%要在工作中去学。"
>
> 第二句："上大学究竟要学什么？一是基础知识，二是做学问的方法。"
>
> 第三句："一名科技人员，重要的不是能记住多少知识，而是在需要用到的时候能迅速地查找到。"

这就是张存浩。他于有意无意中不仅教会了兄弟姐妹如何友好相处、珍视亲情，更向他们传授了怎样做学问、如何把学到的知识运用于实践中，并在实践中不断丰富发展，更好地服务于实践，为国家建设不断做出新贡献。

五、"钻石"的蕴涵

2014年7月10日，是张存浩、迟云霞结婚60年周年纪念日（俗称"钻石"婚）。

张存浩与妻子迟云霞的爱情故事，是一个传奇。

在张存浩获得国家最高科学技术奖后，面对诸多同仁和记者，张存浩攥住妻子迟云霞的手，深情地说："我万分感谢我的夫人，没有她的支持，我万万做不到这一点。"

这是张存浩的心里话，也是他真情实感的真诚流露。

人的一生，甘苦同尝，风雨共度，能够白头偕老已属不易，但像他们携手走过60多年的并不太多，而60多年从未红过脸的，更是世间罕有。夫唱妇随，举案齐眉，这是古代才子佳人向往的一种家庭生活，这在张存浩家中确是如此。

是什么秘诀让他们如此恩爱一生？

1984年5月,张存浩、迟云霞夫妇在大连海边

面对记者的追问,迟云霞响亮地说:"他是一个好人!"

迟云霞心里最清楚,但又不是一个词、一句话、一篇文章能够表达清楚到底怎样才算好人。

因为,他们的一个眼神、一个动作,都能让对方心领神会。这就是爱。相濡以沫,水乳交融,这种爱是两万多个日日夜夜呵护、栽培、浇灌出来的。

张存浩不仅醉心于科研,还爱好诗词、音乐、美术,有一定的艺术造诣。这也许就是他一生灵光迭现、才思泉涌、眼光独特、胆识非凡的源泉之一。

中国科学界流传着一种说法,科学大家中有几位"艺术达人":植物学家吴征镒院士对古典诗词的研究堪称专业,"两弹一星"元勋于敏院士的二胡拉得动人心弦,建筑学家吴良镛院士的书法造诣深厚,物理化学家张存浩院士拥有歌唱家般的好嗓音。

郑永和教授曾这样说,张院士如果不是一流的科学家,那他就一定会是一位一流的歌唱家。

张存浩的脑海里刻记着数百首中国古代名家诗词,苏轼的《赤壁怀古》、岳飞的《满江红》、辛弃疾的《青玉案·元夕》等,成为他的一生最爱,也是他在最困顿时刻经常吟唱、自我调节、凝练信念的强心剂,更是他在欢庆的时刻放声咏诵、尽情抒怀、以利再战的加油剂。

张存浩（右）、迟云霞（左）、张融（中）在演唱歌曲《大海，我的故乡》

不管是在大连化物所，还是在国家自然科学基金委员会，抑或是在生病住院期间，人们都能听到他悦耳的歌声。不仅仅是中文歌曲，还有用英语、德语演唱的外国歌曲。

在张存浩的家里，有一台老式留声机，有几百张保存了几十年的西方古典名曲、中国优秀民歌唱片。工作紧张时，放歌一曲，可以沉淀心情，调剂情绪，释放压力；节假日期间，家人朋友欢聚，放歌一曲可以渲染气氛，陶冶情操，抒发情感。

张存浩还有一大爱好，就是鉴赏中外古今绘画佳作，并从中得到创造的灵感。曾经有人拿了一本印刷精美的中外名家画册，兴高采烈地送呈张存浩赏阅，不料他看后有些落寞，认为画册的实际价值因为缺少一位很重要的画家作品而黯然失色。

张存浩欣赏的是法国印象派画家莫奈（Monet）的作品。

印象派是19世纪法国最重要的画派，是西方绘画告别传统进入现代的标志，作为一种美术思潮，印象主义绘画在世界美术史上具有重要地位，推动了之后美术技法的革新与观念的转变。莫奈的早期作品《日出印象》所描绘的是勒阿弗尔港口的一个多雾的早晨。经过晨雾折射过的红日，形成了一个视觉上的灰绿色的世界，这个世界是真实的，也是幻想中的，它每时每刻都在随着太阳光而变化，画家运用神奇的画将这瞬间的印象永驻在画布上，使它成为永恒。张存浩无数次面对着画面，心潮起伏，遐思无限，最后归于宁静，达到一种天人相融、超然物外的境地。

迟云霞是张存浩的粉丝。过去她是丈夫的歌友、舞伴，后来成为丈夫的诗词艺友。

他们无数次相依相偎，共同品赏莫奈的《睡莲》。水在莫奈的笔下，完全成为用世上所能有的色彩绘出的最奇妙和富丽堂皇的织锦缎。与其说他是在用色彩表现大自然的水中睡莲，不如说他是在用水中睡莲表现大自然的色彩。画面的水时而呈浅蓝色，时而像金色的溶液，在那变化莫测的绿色水面上，反映着天空和池塘岸边以及在这些倒影上盛开着清淡明亮的睡莲，它兼备了造型和理想。《睡莲》系列作品是莫奈一生中最辉煌灿烂的巅峰之作。在古埃及神话里，太阳是由荷花绽放诞生的，睡莲因此被奉为"神圣之花"，成为遍布古埃及寺庙廊柱的图腾，象征着"只有开始，不会幻灭"的祈福。在中国人的审美中，莲花自古就有"出淤泥而不染，濯清涟而不妖"的赞誉，香气清淳，纤尘不染，高雅超凡，茕世而独立。

正因为莲花的这种特质，才让张存浩夫妇情有独钟。

在张存浩眼里，妻子迟云霞不仅是一朵莲花，也是一枝青竹。

张存浩、迟云霞携手走过60多年

在丈夫获得成就时，他们共同品尝着欢乐；在丈夫遭罪的时刻，她给予的是更温存的关心、更热切的鼓励和更坚定的支持。

在张存浩科研攻关的关键时刻，在他工作非常繁忙的档口，迟云霞总是绞尽脑汁，为丈夫调剂生活、增加营养。张存浩担心妻子累坏身体，总是说："不要太麻烦，你做什么我都爱吃。"

2015年9月12日，当笔者再次问及他们的爱情秘诀时，张存浩笑着说："我们也没有什么秘诀啊，就是平时相互信任，相互包容，相互关心。不过，她在这方面比我做得好，她是我们家真正的功臣。"

迟云霞也笑着说："不要说没吵，也吵过，但常常是我抱怨了，他不在意，也就烟消云散了。但是我们从没有当着儿子的面和亲友们在场的时候吵，老张的忍耐性比我强。"

是啊，60多年风风雨雨，沟沟坎坎，起起伏伏，辛酸、泪水、激动、欢欣……全部积攒于对方的心间，随时化作涓涓春水，在对方最需要的时候，去滋润对方的心田，让对方感受到人世间最珍贵、最温暖的亲情。理解、包容、付出，成就世上最纯美的婚姻"钻石"。

张存浩说的没错，在这个大家庭里，作为长媳、长嫂、母亲、伯母、舅母、婆母、祖母……上上下下、里里外外几十口人，怎样用亲情把人们都凝结在一起，是一篇大文章，而这篇大文章，张存浩这个科学家是没有太多精力和时间顾及的，那就只有迟云霞来书写了。

哪个弟弟考上学了，哪个妹妹要结婚了，哪个侄甥媳妇要生孩子了……不仅仅是拿一些东西和一点钱的问题，还必须经常通过信函、电话问询，让他们时刻感觉到，远方的亲人在思念、记挂着自己。

张存浩在办公室里有一个记事本，迟云霞在家里也有一个记事本，这是一个记录本家和同事的大事小情的本，如今天哪个亲友要来，需要买什么菜；明天到谁家帮忙，给出嫁的女儿做被子；后天哪个同事家属因病住院，需要去探望……

说起亲情，张存汶感受最深，是最有发言权的。

1965年母亲去世，对一个年仅15岁的少女来说，简直如天崩地裂一般。在为亲人守灵、送葬的日子里，迟云霞每天都与小妹睡在一起，拉着小妹的手，抚慰、开导她，让存汶那颗孤单凄苦的心再次感受到了母爱般的关怀。

回到大连后，张存浩茶饭不香，心神不宁。虽然他知道小妹跟着三弟存泰一准错不了，但他就是不放心啊！

迟云霞懂得丈夫的心思。每天的科研任务这么重，工作这么忙，不能老让他这样日夜悬心。很快，迟云霞对张存浩说了自己的想法："把存汶接到大连，户口一并迁入，今后小妹的学习、工作、结婚等所有事情，我们全部一管到底。"

一刹那，张存浩感铭五内，但只是定定地望着妻子，半天没说一句话，之后抓过妻子的手，拍了拍，哽咽地说了一句："就照你说的办吧！"

几天后，迟云霞坐上了开往北京的火车，把张存汶接到了大连。

在张存浩、迟云霞眼里，张存汶既是小妹也是女儿，对她真的比对自己的两个儿子更上心、更精心。他们用自己的情和义来慢慢温暖小妹孤寂而凄苦的心，让她知道，这世上不仅有父母的真心呵护，还有手足同胞的真情关爱。

张存汶来大连的第一个春节，迟云霞把她从头到脚打扮了一番。吃年夜饭的时候，为了冲淡大家思念亲人的心情，张存浩还拉着小妹的手，唱了一支外国歌曲。张捷、张融也向姑姑祝福，盼着姑姑越来越漂亮。

由于上中学的路途比较远，迟云霞托人给存汶买了一辆自行车。当她骑着崭新锃亮的自行车进入校园时，许多同学都看傻眼了。有人问她："你家是不是特有钱？"这也让张捷、张融两人眼热得不行，因为张捷已经数次向妈妈申请想要一辆自行车了，但妈妈始终无动于衷。

在哥嫂的关爱下，张存汶成长为一个品学兼优、具有运动天赋、老师同学都非常喜爱的好学生。

1969年知识青年上山下乡，张存汶被分配到金县大孤山公社小孤山大队村北小队插队。迟云霞把吃的穿的用的甚至女孩子用的卫生纸都准备齐全，临走的那天，迟云霞把张存汶送到集合地点，泪水一直不停地流淌，对她千叮咛万嘱咐。许多为孩子送行的父母，还认为这是一位慈母在送别自己心爱的小女儿呢！

张存汶走了不到半个月，迟云霞星期天就赶了过去。她实在不放心啊！

在全家到农村劳动锻炼的第二年，迟云霞与公社、大队革命委员会负责人反复交涉，把张存汶转到了窝郎生产队。只有守着小妹，他们的心才会安宁。

就这样，在哥嫂的关心下，张存汶成长为一个健康活泼、心地善良、乐于助人的好姑娘。她在大连手表厂工作时，迟云霞通过朋友将她介绍给了张海——一个知识分子家庭的子弟。

1976年上半年，张存汶、张海已到谈婚论嫁之时，迟云霞拿出全部积蓄为小妹准备嫁妆——时下流行的"三转一听"（自行车、手表、缝纫机和收音机）、铺盖、女孩子用品，一一备下。后来，因为毛主席去世，他们的婚事一直拖到1977年元旦才办。

如同当年上山下乡一样，迟云霞对小妹万般不舍。她拉着张海的手说："你一定要对存汶好，她十几岁就……你一定对她好，听到了吗？"

迟云霞（右）、张存汶在一起

2015年8月笔者在大连采访时，一提及哥嫂对自己的关心与呵护，张存汶未语先泪下。她说：

> 我自己也是六十多岁的人了，但我不敢回想从北京到大连的那些年的日日月月，因为一想起，就不是一件两件，全都像过电影一样浮现在眼前，让我激动，让我流泪，让我彻夜难眠……那些年，大嫂大哥为我付出了太多，太多，就是用我的一生来还报，也不能啊！

张存汶还说：

> 我是一个幸运的人，也是一个幸福的人。因为我一生中有这么多亲人关心我，即使后来自己结婚生子，他们还拿我当未成年的孩

子看待。我结婚时，天津的父母给我准备了一份礼物，远在宁夏的二哥存济给我邮来了被面和一块手表，三哥存泰托朋友买了0.2立方米的木材，做好一张床、两把椅子，托运到大连。我婚后不久怀孕，身体不适，大嫂把我接到家中，精心伺候了一个多月，直到我的反应减轻。等我生下张婷，大嫂又把我接到家中，换着样地给我做吃的，增加营养，恢复身体。因为生育，我忍痛割爱，让丈夫全力备考，但自己的心里非常痛苦，常常莫名其妙地发脾气，大嫂总是在一旁劝解我，开导我，她常常"现身说法"："我自己也是一个知识女性，但自从嫁给你哥后，也成了一个每天围着油盐酱醋打转转的人。"

……

那些年，张存汶每到北京，三嫂徐锡瑛总会带着她到北京最有名气的裁缝店为她做一套新衣服。

这个大家庭，让迟云霞操心的事情很多。她也曾因为数不清的烦琐家务事而烦恼，也曾因为手头拮据而一筹莫展……她的一件内衣补了又补，丈夫的一件衬衣袖子磨糙了，洗一洗继续穿。尽管如此，他们始终以疼爱对方、理解对方的真挚而无私的情怀，默默地关心着家人，教育着子弟。

人的爱，人的情，人对人的尊重，人对人的关心，应该是互相的，这样才能构筑起和谐家庭、和谐社会。

张存浩把张家里里外外的事都放心地交给妻子去打理。他知道，在这方面，妻子比自己想得更细致、更周全。对迟家的事，特别是老岳父的事，他却始终挂在心头，这让迟云霞感到很感激，也很温暖。

迟云霞的父亲一生坎坷。妻子早年去世，不到40岁的他为了两个女儿，没有再娶。因生活所迫，大女儿送给亲友抚养，自己带着小女儿颠沛流离，浪迹江苏、湖南、江西等地，一面艰难讨生活，一面想方设法地供女儿上学。1950年，就读于云南大学的迟云霞为了减轻家庭负担，未能完成大学学业，便响应国家号召，进入大连大学科学研究所工作。那年她才19岁。

之后，老人在平原老家一直孤单一人，参加生产队劳动。迟云霞的一封封家书，道不尽对父亲的惦念与挂怀。20世纪70年代，张存浩由农村回到大连化物所恢复正常工作，他与迟云霞商量，改变过去一年寄两次钱给岳父的习惯，而变为一个月寄一次。10元、20元、50元……到张存浩担任大连化物所所长时，他们每月寄给老人的生活费已达100元。其间老人两次住院花费的数千元，也是张存浩直接邮寄给岳父的。

张存浩这个女婿，是老人后半生中最大的骄傲、最好的谈资。

老人70岁那年，张存浩把岳父接到大连，同他们一起生活。只要不出差，只要没有必须加班加点的科研项目，只要没有特别重要的活动，张存浩都会准时回家陪着老人一起就餐。老人文化水平不高，但喜欢看书读报，张存浩就给他买一些历史文化方面的书籍，还订了一份报纸和一份杂志。

张存浩（右）、迟云霞（左）与迟老先生（中）

迟云霞认为丈夫是个细心的人，是个知冷知热、有血有肉的人。

将心比心，张存浩是以一种感恩的心在做着这一切。他说："妻子对自己的家人无微不至，我也要真心对待她的亲人，让老人在这里真心感受到家的温暖。"更何况，老人现在仅有一个可以依傍的女儿，他这个"一个女婿半个儿"，心甘情愿做老人的儿子。

1991年，张存浩调任国家自然科学基金委员会主任，老人随之来到北京。

女婿不仅是个大科学家，还是一个"大官"。老人为此特别自豪，也非常愿意在乡亲们面前显摆一番。在北京,老人给家里的近亲旧友打电话,告诉他们在北京如何如何,让他们有时间也来逛逛。

亲友们来了,有时候两三人,有时候五六人,到北京后的吃、住、逛,一切费用都由张存浩掏腰包,一管到底,走时还赠送每人一份礼品,买好车票,送到车上。

有一年秋天,张捷从美国回来,半夜下飞机回家,打开房门,吓了一跳:呀,地板上横三竖四躺着五六个人。原来,这次外祖父家来了七八个亲戚,两张床上睡不下,只好让大家打地铺睡下。

张捷回忆说,爸爸对妈妈家的亲戚们真是太好了,那么多人又吃又住,一连几天,哄哄扬扬,电视没法看,睡觉睡不稳,地毯上的烟灰等随处可见,但爸爸始终笑呵呵的,一有时间就和他们拉家常,吃饭时还给长辈们夹菜,和他们有说有笑的。

有一段时间,迟云霞吃不消了,她埋怨丈夫何必这么张扬,弄得家里乱七八糟,人来人去,太累了!她向张存浩抱怨:"你的脾气太好了,一传十,十传百,亲戚们都是奔着你的好脾气来的。"张存浩却劝解她说:"要想得开,看得开,老人一生孤寂清苦,没有什么可以让人羡慕的,现在老人以女儿为荣,既然他愿意这样,就尽量满足他的心愿吧!"

迟云霞看着丈夫的眼睛,含泪点了点头。这就是理解,这就是信任啊!

在北京的那些年,迟云霞的父亲住过三次医院,都是张存浩和儿子或侄子、外甥们帮着送到医院的。他的工作很忙,但只要有时间,他总要到医院陪着老人待一阵子。

1997年,89岁的老人安详地走了。离开时,他的脸上挂着一丝微笑,看起来很满足,很踏实……他这个没有儿子的人,活得却比家乡那些有儿子的亲友、伙伴都幸福长寿。

张存浩、迟云霞、张捷、张融把老人的骨灰送回山东平原老家,与发妻合葬在一起。此后,按照张存浩的指示,张捷每年都会给老家的一位堂舅寄一笔钱,让他适时给二老的坟墓培土、烧纸。

"他是一个好人""我万分感激我的妻子",短短的两句话,饱含着多么深的感情啊!

2018年7月,张存浩因病住院。此刻迟云霞已罹患小脑萎缩,对许多朋友、亲戚已经淡忘,5个孙子、孙女只记住了张捷的女儿媛媛——因为这个孙女是她亲手带大的,见到北京的弟弟、妹妹、侄子、外甥们,需要想很长时间,再经张捷、张融提醒,才能含糊地说出他们的名字,但"张存浩"这个名字却深深地刻在她的心里。每天,她都要打电话给舍弃打理公司业务、专心侍候父亲的儿子张捷:"你爸今天怎样?"每隔几天,就让儿子开车来家里接上她,到医院看望丈夫。其实,到了医院,老夫妻俩基本上也不说话,只是手拉手,默默地看着对方,一切关切、担心尽在眼中。一两个小时,迟云霞的一只手一会儿抚一抚丈夫的头,一会儿摸一摸丈夫的脸,一会儿摩挲一下丈夫的手……真可谓此时无声胜有声。

张存浩(左二)、迟云霞(右二)与长子张捷(右一)、儿媳王竹戌(左一)、孙女张心怡(中)

自2021年下半年开始,迟云霞的身体每况愈下,她不再喊着儿子带着自己到医院去看望丈夫,但张存浩每天都会问几次:"你妈怎么样?她吃饭怎么样?有没有身体不舒服?"

张存浩、迟云霞的"钻石"婚,不仅仅给他们的儿孙,也给诸多熟悉的和不熟悉的人,留下了深深的思考。

爱情无价,地久天长。

当我们享受张存浩荡气回肠的科学故事的时候,再细细品味一下他纯美隽永的爱情传奇，就会发现：一个真正的大家，不仅是事业上的"钢琴家"，也是家庭生活中的"美术师"。

六、乡情

张存浩对家乡无棣一往情深。

尽管年轻时没有回过故里，但张存浩通过祖辈父辈的讲述，对无棣还是比较了解的。他童年时，祖父常常搂着他，给他讲家乡村头的老枣树、湾塘边上的垂柳、屋檐下的燕子窝、成群结队的蜻蜓、教自己读书的吴先生……少年时，他常常看见父亲带着三三两两背着铺盖卷的家乡人来家里，或吃饭，或过夜。后来，老家的一位近亲张适成为家里的管家，他的儿子张学文和几个堂侄在父亲的工厂里做事，他们常常给张存浩讲起老家的一些典故，让他对家乡有了一定的了解和向往。20 世纪 70 年代初，父亲张铸曾多次回到故里，有时候在段家村一住就是数月，为村里创办集体项目，帮助乡亲们脱贫致富，让贫穷的段家村一跃成为方圆几十里有名的富裕村。父亲每次回家，都会把自己的所见所闻，或通过信函，或当面原原本本地讲述给家人们听，神采飞扬，如数家珍。

张存浩夫妇回故里祭拜祖先

20世纪90年代初，无棣县为解决农村群众用水问题，村村都在打机井、架设自来水管线。段家村的负责人给张存浩这个"大人物"老乡写信，请他帮忙解决一批钢管采购问题。张存浩立即给在天津钢管厂任工程师的胞弟张存永打电话，让他想方设法帮助解决。

家乡留给张存浩印象最深的是有一家大型循环经济企业——山东鲁北企业集团总公司。20世纪90年代初，山东鲁北企业集团总公司的老总慕名找到张存浩，请求他为企业发展献计出力。

张存浩百忙之中挤出时间带着老乡找化学工业部、环境保护部，他也于1992年、1994年两次带着专家到企业做技术指导。1995年4月"面向21世纪我国基础性研究发展战略"香山科学会议期间，他邀请山东鲁北企业集团总公司董事长到会做关于发展循环经济的报告，带领参会的院士们到企业考察、指导。他的心里，非常盼着这个潜力巨大、充满希望的家乡企业发展得越来越好，不仅能对家乡摆脱贫困、造福地方做出积极贡献，更希望其能在全国同行业中发挥循环经济的典型示范作用，让祖国的天更蓝、水更清。

张存浩（前中）在山东鲁北企业集团总公司考察

张存浩再次到家乡无棣，是2001年无棣县委、县政府为他的三叔、著名建筑设计大师张镈创建的纪念馆开馆之际，他应邀题写了"张镈纪念馆"匾额。这次张家亲友共来了8人。

张存浩在张镈纪念馆落成典礼上讲话

不久，在张存浩的号召下，在北京、天津的张家兄弟姐妹和子侄们23人组团造访故里，其中18人是第一次踏足家乡的土地。2014年4月笔者采访时，张存滢、张存永、张存泗等提及那次难忘的故乡一日游，仍然激动不已。

这些年，张存浩与家乡的联系更加频繁，家乡的各级领导，许多科技、企业界人士，还有段家村的张氏族人、亲友，纷纷前来拜望、叙旧。他们的每次到来，都让张存浩备感亲切。只要是家乡人寻求帮助，他总是尽心尽力，在不违反原则的前提下有求必应。

当张存浩荣获国家最高科学技术奖后，山东省、市、县的媒体记者悉数到北京采访。

在家里，张存浩和次子张融、长孙张心适热情地接待来自家乡的亲友。

张存浩谈得最多的还是自己挚爱的老本行——科技事业。对于家乡的科技事业，张存浩以一位家乡人的口吻推心置腹地讲了许多有见地、有针对性的建议。

记者：您当年刚从事科研工作时，条件很艰苦，如今滨州作为欠发达地区，科研条件与发达地区也有不小差距，对滨州的科研工作者，您有何建议？

张存浩：与其他任何工作一样，艰苦奋斗的精神是科研工作者应该始终如一坚持的。滨州的科研工作者必须吃得苦中苦，紧密结合当地实际，量力而行，自力更生。

记者：能否结合您 60 多年的科学研究经历，为滨州的科研工作者讲讲您最大的感受是什么？科学研究取得成功的关键是什么？

张存浩：最大的感受就是人生不能有一点停滞，不进步就等于落后。在这一点上，一个人和一个国家一样，不进则退，退就要落后。人一生需要做的事、需要追求的东西有很多，千万不能满足，取得一点成绩就沾沾自喜，那是非常危险和可怕的。对于搞科研的人来说，更得求不辍步，每天都要小心翼翼地去创造和学习，每天都要有新的发现和成果。科学研究必须持之以恒地努力和坚持。其中，有效的研究方法也是取得成功的关键。平时要善于观察和实践，然后根据研究计划和方案去实践。实践中要勇于和别人交流，不能以保密为借口把自己封闭起来。任何人，离开集体智慧，仅靠自己的打拼，是成不了大事的。

山东省、市、县媒体记者在采访张存浩（右一）（供图：高士东）

记者：对滨州这样的欠发达地区，在科技研发方面您有何建议？

张存浩：经济欠发达地区的科技意识、科技资源拥有量与发达地区有较大差距，不能采取与经济发达地区相同的发展策略。对于家乡的科技发展，我觉得，应采取结合实际、因地制宜的办法，不要急于求成。除制定符合当地的有效举措外，还要坚持市场导向、企业主体、政府推动这一原则，尽量在发展过程中积累科研发展信心，争取先在具体点上有所突破，由点及面慢慢去发展，等以后科研的基础和支撑更牢固了，再迎头赶上谋求大发展。此外，引进人才时，不能只引进单个人，应该引进一个团队。相信，家乡今后的科研发展一定会前途无量。

记者：您说过，年轻人应该无条件地接受爱国主义，您觉得当今应怎样让年轻人更好地接受爱国主义？

张存浩：对于年轻人来说，爱国是前提。时代不同，爱国主义的概念会不一样，但对青年进行爱国主义教育，无论什么时代都是极为必要与重要的。只有政治素质过硬，青年人的各方面发展才有保障与动力。说到教育的方法，我认为有很多。除在学校进行必要的爱国知识教育外，还要通过网络、电视等有效载体，积极对爱国主义进行宣传，不断激发青年人的爱国情感，引导青年人在生动的对比鉴别中提高认识，帮助他们巩固和发展积极健康的思想感情，使他们懂得爱国主义情

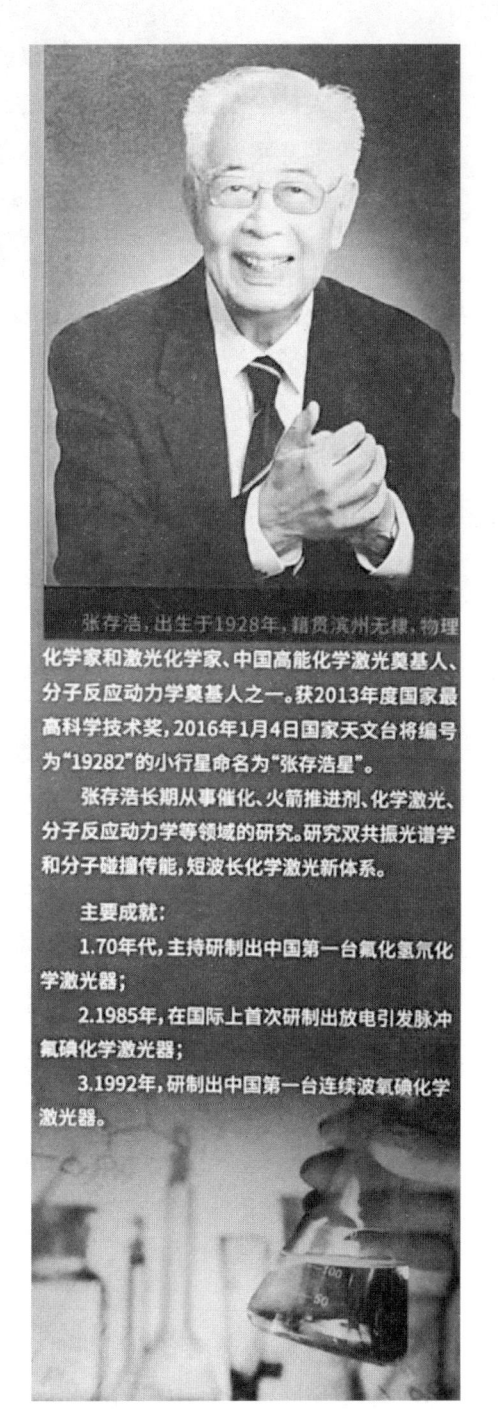

滨州市科技馆对张存浩的介绍
（摄影：任连巨）

感是一种民族的情感，是一种极其深沉和高尚的情感。这样，通过不同形式的爱国主义教育，激励广大青年人奋发有为，报效祖国。青年人尤其要注意，不能用在集体里培养起来的本领去和国家讲条件，以一己之私去谋私利，这是非常不应该，也是最可耻的。

当记者们辞别时，这位 83 岁的老人叮嘱一声："有什么需要我做的，请告诉我，凡是我能办的，一定竭尽全力。"目光中满是殷殷乡情，话语中尽显赤子真诚。

爱国爱乡，是他始终不渝的信仰，也是他时刻教育后学、晚辈的第一课。张存浩曾说，"科学无国界，但科学家是有国界的"。作为一位有抱负的科学家，他首先是爱国的。

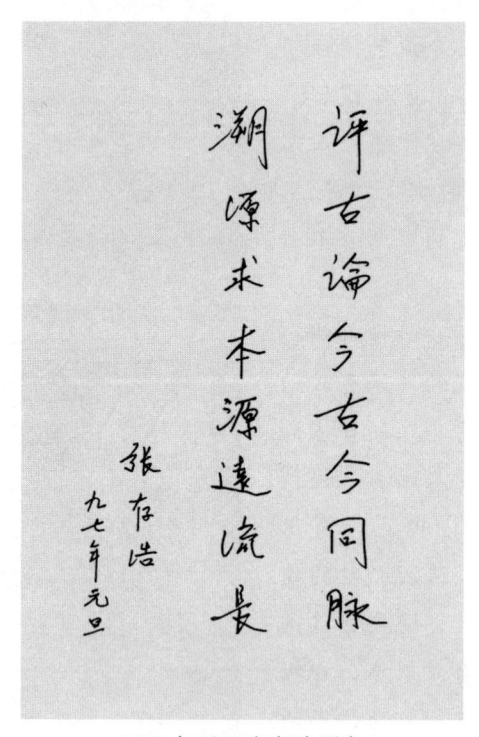

1997 年元旦张存浩题字

2001 年 4 月中美南海撞机事件发生时，恰有美国国家科学基金会代表团到中国访问，一行 16 人，是历年来美方派出的最大规模的代表团，并言明要重点拜望张存浩。此刻，张存浩对美国的暴行正憋着一肚子气，岂能与他们会面？不仅自己不出面，国家自然科学基金委员会的班子成员也一概不出面，只是让合作局的负责人出面接洽。临别，国家自然科学基金委员会为美方人士赠送书籍，张存浩提笔在扉页上写道："我很有情绪，我很愤慨！"郑永和接过一看，感觉不太合适，遂予提醒。张存浩按捺住情绪，把书上的话语抹掉了。

爱国，已经融入张存浩的血液中。因此，他对青年学者、亲友、儿子的谆谆教导中，爱国始终是放在第一位的。

他的两个儿子都毕业于国内名校，20世纪80年代大儿子张捷赴美做访问学者，小儿子张融是斯坦福大学的博士，两人都从事新能源、新材料方面的研究与开发工作，但最终他们的发展基地都落在祖国大地上。

张捷、张融的孩子们都在美国读书与生活，为了让他们时刻记住自己的根在中国，家中的儿童读物都是由中国带去的。为了让孩子们不忘记母语文化，他们每周两次驾车来回一百多公里，送孩子到中文学校接受正统的中华文化教育。在家里，父母与子女交流都用中文；在外面与中国来的孩子们玩耍，也用中文交流语。

张捷、张融教育自己的儿女，正如他们出国时父亲谆谆教导的那样："别忘了自己是中国人，你们的根在中国！"

七、洒向人间都是爱

甘当人梯，善为伯乐，胸襟豁达，气度宏阔……其实，这都是张存浩热爱祖国、回报社会的浓情挚爱使然。

在《半个多世纪的回眸》这篇文章中，张存浩写到了大连化物所的历届领导和战友，字里行间无不充满着对新中国创业功臣的崇敬和思念，以及对同伴和战友的尊敬与爱戴。

> 我特别怀念我们的老所长董晨同志和张大煜先生。董晨同志引导我们懂得了科技人员应当如何首先做一个革命者，他的教诲使我们终生难忘，他对建设和扩大化物所党的队伍和科技人员队伍立了大功，从而也树立了党的干部的崇高威信。
>
> 张大煜先生制定的科学合理的学科布局，大量引进和大力培养优秀的年轻科学家，为大连化物所六十多年来的迅猛发展夯实了基础；他倡导的勤于学习和钻研的学风，其实是科研人员必须具备的

品质。在他的影响下，科研人员中午10分钟也舍不得浪费，而是要到图书馆去查资料。有很多年头，每天晚上实验室和图书馆都是灯火通明的。

2006年，张存浩（右二）与大连化物所历任所长在张大煜先生铜像落成典礼上

我还十分钦佩白介夫同志把全所各类人员团结起来。在"左"的思潮泛滥的日子里，他能很好地团结包括萧光琰先生在内的高级知识分子队伍，真正全面地贯彻了党的知识分子政策，从而促进了我所的进一步发展。

顾宁、王坪、顾以健、楼南泉等同志在拨乱反正上所做的大量细致的工作也是我们不能忘记的。

20世纪90年代中，杨柏龄、邓麦村等同志以创新的精神，大踏步地在研究所实行改革，使年轻一代飞速成长，在科学院内起了带头的作用，为21世纪中国科学的腾飞创造了条件。

进入21世纪，包信和、张涛等同志不断深化改革，大量引进优秀归国人才，布局新兴学科，营造和谐文化，为大连化物所的可持续发展提供了有力保障。

大连化物所的工人师傅和技术人员，无论是研究室还是工厂，以及机关和后勤部门的同志都一贯在默默无闻地，却是创造性地完成了大量艰苦的工作。化物所几十年的成就有很大一部分是属于他们的，化物所的特色有相当一部分是出自他们的。借此机会，谨表我深切的崇敬之情。

张存浩每每提及周光召、卢嘉锡、朱光亚、唐敖庆、师昌绪、侯祥麟等科学家，崇敬、感激之情都溢于言表。

作为厦门大学学生，尽管卢嘉锡并没有给张存浩授过课，但在他心目中，一直视卢嘉锡为师长，尊崇有加。不管是在科研工作中还是在大连化物所、国家自然科学基金委员会担任领导职务期间，凡重要事情，他都第一时间向卢嘉锡汇报；在北京工作期间也常常去看望卢嘉锡，而卢嘉锡也视张存浩为自己的嫡传弟子，在各方面给予张存浩诸多关心和支持。

张存浩对国家自然科学基金委员会的创业元老、前主任唐敖庆院士非常敬重。刚到国家自然科学基金委员会工作时，重要工作、重要活动等他都首先向唐老请示、汇报。1995年在唐老八十寿辰时，张存浩曾为唐老写过一首诗，以表达自己对这位亦师亦友的科学家的尊敬爱戴之情。

> 理论思维推首筹，道德文章荐五洲。
> 谆诲数代皆栋梁，攀峰几度占鳌头。
> 长校吉大黉歌起，创业基金勋业酬。
> 会当率众临绝顶，前沿科技谱春秋。

2008年7月，唐老不幸病逝，张存浩悲痛难耐，泪水数次打湿了衣襟。参加完唐老的追悼会后，他连夜写了一篇深切缅怀唐老的文章《长校吉大黉歌起 创始基金勋业酬——深切缅怀唐敖庆先生》，以寄托自己的哀思和钦敬。

在文中，张存浩回忆起自己初到国家自然科学基金委员会时，唐老耐心、不厌其烦地亲自向自己介绍委内情况，并积极创造条件帮助自己尽快熟悉工作。其间，唐老亲自介绍自己参加中日理论化学研讨会，帮助自己从一个实验学家的角度开始接触理论化学。

张存浩对自己的恩师时钧院士非常尊崇。在北京期间，工作再忙也不忘打个电话问询一番时院士的生活与身体情况，叮嘱他要好好保重身体。每年春节，自己第一个亲自上门拜年的必是恩师家。时钧对这位学生也是十分欣赏，常常给他出主意、提建议。有一年，时钧院士突然非常感慨：自己的学生们在科研上都取得了不起的成就，可谓德艺双馨，为何不参加何梁何利基金奖的评选？为此，他专门给张存浩打电话，让他到自己家里来一趟。张存浩赶到时院士家中后，时钧把几张表格郑重

1992年9月,张存浩(主席台)在日本京都第二届中日理论化学学术讨论会上做报告

地交给他,嘱咐他认真填写,及时参加何梁何利基金奖的评选。也许是时院士年老记忆力减退,其实张存浩早已于几年前获得了这个奖项,这次还被聘为评委。但面对恩师慈祥而又关爱有加的面容和谆谆教导,怎能拂了老人一片好意?于是,他很快将表格填写好,又亲自交到时钧院士的手上。

2002年,张存浩(后左二)和部分校友为恩师时钧教授(前中)祝寿

张存浩怀着感恩之心，对别人对自己的帮助，哪怕是一点一滴，都时刻装在心间，但当别人谈起他的科研成就时，他却经常岔开话题。"大连化物所，我的同事们，都是科技界的精英人物，他们所做的并不比我差。如果说我取得了一点成就，也是他们支持的结果。"说起楼南泉、何国钟、沙国河、杨柏龄、桑凤亭等这些老战友，他常常赞不绝口。谈起林励吾、李灿、包信和、张涛、刘中民院士等在化学催化领域的基础和应用研究，卢佩章、张玉奎院士及其团队在以色谱为主的分析化学研究，袁权、衣宝廉院士及其团队在新型化工过程上取得的重大创新成果，在国内外占据领先地位时，更是赞不绝口。

提起在国家自然科学基金委员会15年的岁月，张存浩发自肺腑地说：

> 我遇到了一帮真心为国家科学基金事业鞠躬尽瘁、为国家科技事业发展不辞劳苦、勇于付出的人，不管是二届委班子的（胡）兆森、（梁）栋材、孙枢教授、（陈）佳洱、（金）国藩，还是三届委班子的（周）炳琨、（张）新时、梁森教授、（袁）海波，以及各科学部、科室的同仁们，他们都给了我莫大的支持。我感觉与他们在一起，如同一家人一样。如果说那几年基金委工作有了一点成绩、一些进步，也是他们共同努力的结果。

前辈的恩德，他时刻铭记于心，并化作自己砥砺前行的源泉；继任者、后学者的成绩，他大加褒扬，并为他们取得的进步而喝彩。

这份纯真的情，既来自对祖国科学事业的一往情深，又饱含着浓浓的师生情、战友情，不是亲情胜似亲情。

其实，这也是一种爱，发自肺腑，刻骨铭心，弥足珍贵。

不仅如此。

张存浩幼承家教，怀有一颗怜贫恤苦的仁爱之心，乐于助人，不求回报。在大连化物所40年，他究竟帮助过多少家境贫寒、生活遇到困难的人，已经无法统计。也许，很多事情，张存浩早已淡忘，但他对同志们无微不至的关心，却让许多人感念一生。

沙国河院士曾撰文回忆几件事：

> 我们室一位退休的高级技师，因病住院，经济上有困难，先生立即支援他一万元，使他安心治病。有一件事我至今记忆犹新，那

> 是 1960 年冬，国家遭遇严重经济困难，因工作需要派我去长春出差，临行前，生活条件也是很紧凑的张先生送我五斤粮票，没有饿过肚子的人可能不知道，这区区的五斤粮票，那时是用钱买不到的，这对我如雪中送炭。

三年经济困难时期，粮食供应异常紧张，张存浩的学生徐正因身体有病加上营养不良，一时全身浮肿。张存浩将国家补贴的营养品鸡蛋和牛奶全部给了徐正，以帮助他恢复健康。时隔数十年，已担任博士研究生导师的徐正教授每忆起这段往事，还禁不住热泪盈眶。

也许当时的沙国河、徐正等人还不知道，张存浩全家也在饥饿和贫困中挣扎。没有工作的母亲患病多年，行动不便，常年靠服用药物支撑生命。这个家庭十几口人，父母没有积蓄，二弟、大妹刚刚走上工作岗位，三弟、二妹正在上大学，只有他工作多年，工资略高些，弟弟妹妹们的学习费用他早已包揽，而比自己小 22 岁的小妹存汶，更是衣食用度全靠他。他和妻子带着两个正在长身体的儿子，是省吃俭用，从牙缝里挤下几块钱，给家里邮去。因市面上买不到鸡蛋，张存浩想方设法买来两只来航母鸡[①]，迟云霞用谷糠、麸皮、野菜精心喂养，曾创连续下蛋 280 多天的纪录，基本解决了两个儿子的营养问题。

即使这样，张存浩对同事、学生的困难还是经常记挂心头。特别是对那些工作在最基层、工作最累而工资待遇相对较低的员工，他是最关注和关心的。

大连化物所退休职工王登河曾撰文《共产党员张存浩院士的优秀品德影响我的人生》，回忆、记述了张存浩是如何关心一名普通员工的。他在文中写道：

> 我是 1958 年从部队复员来到化物所工作的，来所后被分配到 404 组，当时 404 组组长是张存浩同志。自此 50 多年来，一位科学家和一个复转军人的友谊开始建立，并一直延续至今。张先生不仅在学术和科研上博大精深，而且品格高尚，平易近人，关心他人比关心自己为重。想起张先生对我的关心和照顾，历历在目，永生

[①] 来航鸡是蛋用型鸡品种，原产意大利，19 世纪中叶由意大利来航港（Port of Leghorn）传往国外，因而得此名。

难忘。

> 1960年国家困难时期，当时我月工资33元，要养活一家老少五口，又逢父亲去世，生活很困难。组长张存浩知道了这些情况后，当即慷慨地从自己腰包掏出40元接济给我，那是比我一个月工资还多的钱呀，在当时来说，40元就不是一个小数目了！我十分感动，无以言表。从那以后，我把先生对我的关心化作动力，白天积极工作，业余时间努力学习，陆续学习了初中、高中课程，还学了普通化学、经济学，等等。

后来，王登河被调到条件处负责气体供应工作，由于工作努力，成绩突出，在1963年"评功摆好"活动中受到好评。在众多优秀科技人才、员工中，又是张存浩的大力举荐，王登河荣获"中国科学院先进工作者"称号，并于1964年4月随张存浩、何国钟、关德傲一起赴北京参加了科学大会。

王登河多次把自己取得的成绩归功于张存浩对自己的帮助和影响。他几十年如一日，一直默默无闻地从事着气体供应工作，但始终把关心别人、帮助别人作为人生中的最大乐趣和追求。如同张存浩一样，在资助贫苦学生、抗震救灾中，他始终冲在前列。

王文革是大连化物所20世纪70年代化学激光研究室的一名科技人员，她忘不了张存浩领导他们艰苦奋战的日日夜夜，正是这种团结一心、携手并进的工作环境，让人们的心牢牢地凝聚在了一起。她回忆道：

> 我有幸曾经和张院士在一个研究室工作，他不仅在工作上言传身教，对室里的每个同志的家庭和个人生活都是非常关心，谁有困难，他都能伸出帮助之手。他做了所长，后来又当了国家自然科学基金委员会主任，仍然一点架子也没有，见到我们普通群众都会热情打招呼。他知道我身体不好，每次见到我后都是嘘寒问暖，就连夫人迟云霞老师也多次打电话问过我的情况……后来，我的孩子参加高考，张先生帮我分析形势，就报考院校为我出谋划策，让我感动万分。

谈到这些时，王文革擦拭着眼泪，在座的不少人听了也十分感动，眼睛也湿润了。

这一点，罗洪原也感触很深：

> 张院士的为人让我非常敬佩，而且不是张院士所经常接触的工作、平时联系不多的人，他也十分关心。有一次走在所区的路上，张院士看到我主动上来跟我打招呼，问我工作进展情况。我很惊讶。那时张院士已经到国家自然科学基金委员会工作了。没想到张院士虽然已经不在所里，但还对我们的课题工作这样了解，这么关注。我对这件事印象太深了，我都不知道他是怎么知道我做这项工作的，真是太了不起了，这让我倍感敬佩。

张存浩曾说："对同行、同事和下级的尊重就是一种应有的谦逊，它能够引导出更高的凝聚力。"

是啊，有时一个眼神、一句问候，就能温暖一个普通人的心，何况是那些需要关心、需要帮助的人呢！这种对同志的尊重、关心与帮助，往往能激发出正能量，给人带来工作上的积极性、创造性。

尺有所短，寸有所长，但人无高低贵贱之分。无论职位多高，成就多大，时刻保持低调和谦和，就是对人的尊重，而这种尊重，其实就是一种爱。

刚刚走上工作岗位的人或接触张存浩时间不长的人，可能难以体会出这些话中蕴含的深意，但吴善超、郑永和、刘卫锋、邵赛兵这些担任过张存浩秘书的人，是最有发言权的。

他们记忆中最深刻的是，每当祖国各地发生自然灾害的时候，不管是上级号召还是单位组织，张存浩总是捐资助物的排头兵。除了捐款外，他还自掏腰包购买救援物品。2008年汶川地震、2008年南方冻雨灾害，张存浩都买了10床新棉被、10套新棉衣，第一时间送到捐助站。

2001—2005年，张存浩与昔年的学友们共同捐资20多万元，为经济欠发达地区建立了两所希望小学。

2006年，邵赛兵在收拾张存浩办公室时，发现许多来自山东、辽宁、河南、河北、四川、重庆等省市的经济欠发达地区的许多孩子以及孩子家长写给张存浩的感谢信。孩子们那些稚嫩的语气和笔迹，表达了对张存浩默默无闻资助贫困地区和人员的衷心感谢。

张存浩（二排右三）看望资助的贫困家庭学生

邵赛兵在《学界泰斗，功高德劭》一文中写道：

> 张先生曾担任过国家自然科学基金委员会主任等职务，在科学界内也可谓身居高位，但他一直都秉承着严于律己、宽以待人的崇高风范……在我工作中出现错误和遇到困难时，张先生给予的不是批评和埋怨，而是像大海中领航的灯塔，指引着我走向正确的航道。每次接触，每次汇报，都让我深深地领略了先生的严于律己、宽以待人的崇高风范。

这位跟随张存浩多年的秘书，完全把领导当成了自己的长辈，而自己则成为张家的一员。郑永和、吴善超、邵赛兵写的许多文章，字里行间无不闪动着对领导和尊长的钦慕崇敬，让人看后也为之动容。

作为曾担任张存浩秘书的人，他们这样认为："能在张先生身边工作，是一种难得的幸福。"

一个人，什么时候最幸福？对此，仁者见仁，智者见智。但作为一个秘书，为领导全程服务，朝夕相随，事无巨细，竟用"幸福"二字来形容自己的工作，足以可见张存浩是怎样的一个人。

正是张存浩的人格魅力，在感染、熏陶、鼓舞着身边的每一个人。

2014年，大连化物所的应届研究生们收获了一份非常珍贵的礼物。

临近毕业，学生们非常希望张存浩亲临现场，为他们点赞、祝福，这对他们来说将是巨大的精神财富与鼓舞。

张存浩在大连化物所第一届张大煜荣誉化学讲座报告会上致开幕词

研究生部负责人熊博晖理解学生们的心情，立即与张存浩的秘书邵赛兵联系。邵赛兵回电说，近一段时间张院士身体欠佳，到大连不现实。熊博晖等希望张院士录制一段视频给毕业生们也是很好的。大家都急切期盼着，6月23日邵赛兵回电：张院士住进医院，拍摄视频的事情可能无法完成了。

毕业典礼定于6月27日举行。就在大家认为没戏之际，25日邵赛兵给熊博晖打来电话："视频录制完成，已发到您的邮箱。"下面是张存浩在视频中说的话：

各位同学，首先祝贺你们以优异成绩取得了博士或硕士学位，同时也感谢你们几年来为大连化物所科研工作做出的卓越贡献。在你们即将离开大连化物所，踏上社会之际，我作为一名老师，向各位同学提一点希望：希望你们在今后的工作岗位上，时时刻刻保持十二分的进取精神和十分的谦虚。我衷心祝福你们早日成为国家的栋梁之材！

病榻上的张存浩院士特意脱去病号服，换上正装，声音颤抖着，给同学们送去了热情真挚的祝福。看到这一幕，会场上不少学生热泪盈眶，许多张存浩的同事、所领导也悄悄拭去眼角的泪水。

不是吗？他既是科研上的典范、单位的领导，又是工作上的导师、生活中的朋友——不，他更像是自己的长辈和亲人。学生们不仅仅被一位科学大家为报国兴国"鞠躬尽瘁，死而后已"的高尚情操所感染，更

从工作、生活的点滴中学会了怎样为人、怎样做事。

2009年，张存浩作为研究生导师代表在大连化物所研究生毕业典礼上发言

最重要的是，学生们、晚辈们从他身上学到了一位学者怎样爱才，一个中国人如何爱国、如何为国家利益付出一切。

这，正如1998年沙国河在《热烈祝贺张存浩先生科研工作50年》一文中写的那样："学生们不仅在学术上得到先生的指导，更宝贵的是他们从先生那里学到了对祖国的热爱、对科学的献身精神和高尚的品格。"

这，正如2014年3月3日《人物周刊》上刊登的《矢志报国，追寻光之翼》一文中所言："对学生们来说，这位耄耋老人也像是一束光，一束照亮他们科研之路的强光，引领着他们在科学的海洋中探索新的航线。"

"我回国，就是为了报效祖国。科学无国界，但科学家是有国界的。现在的年轻人，爱国主义是应该无条件接受的。"张存浩说。许多人把他的这些话，深深地镌刻在内心深处。

1997年张存浩将在香港等地讲学获得的酬金10万元捐献给大连化物所，研究所为此设立了"张存浩奖学金"。2002年他将获得的何梁何利基金奖十几万元再次捐献给大连化物所，并呼吁一企业集团捐赠10万元给所里，全部用于"张存浩奖学金"，旨在激励全所广大研究生发奋学习，献身科研，锐意进取，为创建世界一流研究所、为报效祖国而奋斗。

荣获2013年度国家科学技术最高奖，张存浩获得500万元大奖。但许多人不知道，这500万元中，有450万元将作为大连化物所的科研项目经费，只有50万元归张存浩个人。之后，辽宁省人民政府又奖励了100万元。

张存浩（左二）为首届"张存浩奖学金"获得者颁奖（供图：大连化物所）

张存浩（左七）出席何梁何利基金第二届学术报告会

然而，张存浩的举动，却让不少人惊愕不已，继而是赞叹、钦佩。

张存浩首先想到的是与自己多年奋战在研究室、试验基地的同志们。正如他所言："这个大奖，不是属于我自己，应该属于大家，属于我们这个研究团队。"

于是，他综合考虑科研团队成员的贡献、工龄等诸多因素后，把归属于他的奖金全部分给了团队成员，自己一分钱也没拿。

此时，正在国内创业的张捷急需一笔钱，但他了解父亲的性格，敬重父亲的选择，始终没有向父亲提及一言。

大爱无疆，大爱无我。

正是这种对祖国的爱，对科学的爱，对同事的爱，对家乡的爱，对亲人的爱……汇聚成一束绚丽璀璨之光，引领着张存浩和张家后人们，也引领着成千上万的科学工作者，在兴国报国的征程上相互勉励，勠力同心，阔步前进，不断探寻。

浙江大学授予张存浩院士（右）顾问教授典礼暨学术报告会

张存浩（左）参加香港中文大学第五十四届大会颁授学位典礼

卢嘉锡、周光召、路甬祥、宋健、张存浩为《中国科学基金》题词

第六章　追寻那一束光

"问渠那得清如许？为有源头活水来。"我国要成为真正的科技强国，必须在实施创新驱动发展战略中高度重视基础研究。

未来的 15—20 年是我国的战略机遇期。面对风云变幻的世界形势和国内不少现实困难，我们必须高速发展。为此，中国科学界要提升危机感、紧迫感和责任感……尤其是忧患意识。

——张存浩

2014 年 1 月 10 日，在庄严的人民大会堂，张存浩接受了国家主席习近平颁发的 2013 年度国家最高科学技术奖。

张存浩在授奖大会上发言：

春光不老，科技常新。作为一名耄耋之年的老科技工作者，我将发扬中国科技界的优良传统，以发现和培育人才为己任，激励年轻人青胜于蓝，秀出班行。同时与广大科技人员一道，树立强烈的创新自信，敢走前人没有走过的路，不断在攻坚克难中追求卓越；努力在服务国家创新驱动发展战略中引领开拓，促进科技与经济紧密结合，解决国家经济建设中的重大科技问题，推进科技成果转化与产业化。

获得国家最高科学技术奖，张存浩无疑已登上中国科技顶峰，不过他并不想停下前进的步伐，他仍旧希望在与时光的追逐中做得再多一点。

2014年1月，张存浩在国家科学技术奖励大会授奖仪式上发言

实现中华民族伟大复兴的中国梦，是张存浩追寻了几十年的最璀璨的一束光。

不管是面对媒体记者还是家乡人或同事们，他无数次都这样说："我所做的是一个科技工作者应该做的，只不过运气好一些，取得的成功多一点，但比之国家的要求和党与国家给予我的荣誉，还相差很远。"

张存浩（前左）在北京分子科学国家实验室（筹）2009年夏季学术交流会上

他不会忘记在大连化物所几十年中，邓小平、陈毅、李富春、聂荣臻、方毅等老一辈革命家对自己、对自己研究团队的关心与鼓励；他不会忘记在国家自然科学基金委员会工作期间，江泽民、李鹏、朱镕基、温家宝等党和国家领导人对国家自然科学基金委员会工作的支持和诫勉；他不会忘记即使自己不再夜以继日地奋斗在科研一线，党和国家依然在关心着自己，感激之情难以言表。

在张存浩家的客厅里，有一张国家主席习近平为他颁发2013年度国家最高科学技术奖的照片。他常常凝视着这张照片，默默地向党和政府倾诉着自己的心声。

  他不会忘记，2014年8月21日，李克强总理在参加国家杰出青年科学基金获得者代表座谈会时，对自己嘘寒问暖；他不会忘记，2015年2月11日，中共中央政治局常委、书记处书记刘云山代表习近平总书记和党中央，登门看望自己，致以诚挚问候和新春祝福。张存浩说，李克强总理所说的"老一辈科学家要奖掖后学、甘为人梯。广聚天下英才，让更多'千里马'竞相奔腾"①和刘云山书记所说的"创新型青年人才代表着科技发展的希望，要敢于让优秀青年人才担重任、挑大梁，也希望老一辈科学家继续当好伯乐、做好传帮带工作"②这些话，深深地刻在了自己心上，时时在鼓舞着自己，时时在鞭策着自己。

  所以，他人老心不老，体衰志不移，经常与大连化物所、国家自然科学基金委员会、中国科学院、中国科学技术协会以及大学、科研机构的同仁、学生们通电话、发邮件分析问题、探寻思路、出谋划策。

  ……

2001年5月29日，张存浩（第二排左六）参加中国科学技术协会五届二十一次常委会会议

  所以，他对来自母校的信件及年轻学者的来函，都予以认真回复，一字一句，流露出一位科学家、教育家的殷殷关怀之情，寄托着他对年

---

① 中国政府网. 李克强同国家杰出青年科学基金获得者代表座谈. http://www.xinhuanet.com/politics/2014-08/22/c_1112195672.htm[2023-11-20].

② 新华网. 刘云山看望著名科技专家代表 习近平总书记和党中央向科技工作者致以诚挚问候和新春祝福. https://www.cas.cn/gj/201502/t20150213_4313356.shtml[2023-11-20].

轻一代的厚望和祝福。

所以，在自己身体尚可的情况下，年逾八旬的他常常拄着拐杖，到一些科研机构、高等院校走一走，看一看，以自己半个多世纪的科研经历和献身祖国科技事业的精神"传、帮、带"，鼓励莘莘学子、年轻的科技工作者刻苦攻读、勇攀高峰。

张存浩（左二）在科研考察中

张存浩（左二）与大学生们在一起

张存浩（左一）与青年学者在一起（供图：大连化物所）

自 2016 年，浩瀚的星空中有了一颗"张存浩星"。

为了弘扬张存浩的学术思想和科学成就，经国家天文台申请、国际天文学联合会所属的小天体命名委员会讨论通过，国际小行星中心于 2016 年 1 月 4 日发布第 91791 号公报，将第 19282 号小行星永久命名为"张存浩星"。

小行星是目前各类天体中唯一可以根据发现者意愿进行提名，并经国际组织审核批准从而得到国际公认的天体。由于小行星命名的严肃性、唯一性和永久不可更改性，能够获得小行星命名成为世界公认的荣誉。

巧合的是，"19282"这组数字，与张存浩的出生年月（1928 年 2 月）相吻合。

张存浩说，在巨大荣誉面前，自己常常感到如履薄冰。把荣誉化作动力，是张存浩笃定的信念。

尽管年事已高，但他仍然坚持行走在科学研究的前沿。每天早上 7 点起床读报之后，他都会先给大连化物所打个电话，详细询问课题的进展情况。随后，他或上网查阅国外的科技进展情况，或批阅学生的文章。

张存浩坚持在家中学习、钻研

令张存浩感到欣慰和自豪的是，他的强国富民、科学报国追光之梦，在一代又一代科技人员身上得以传承和延续。

张存浩每天晚上坚持看央视《新闻联播》，为国家稳定的政治局面、不断提升的国家威望、日新月异的经济社会发展形势倍感欣慰和自豪。

张存浩对我国科技发展的新成就而骄傲。在他依然敏捷的大脑中，刻记着近年来国家取得的科技新成果。每当谈起这些，他脸上满是自豪。他如数家珍般地向人们讲述着……首台全部采用国产中央处理器

2010年春节前夕,中国科学院院长白春礼院士(左)看望张存浩

2017年5月28日,中国化学会理事长姚建年院士(左)看望张存浩

(CPU)构建千万亿次计算机成功应用;"蛟龙"号载人潜水器最大下潜深度达7062米;首艘航母"辽宁舰"入列,歼-15战机完成航母起降飞行;导航卫星成功发射16颗北斗导航卫星完成亚太地区全覆盖,"嫦娥"成功面对"战神"首次实现飞越探测;自主研发出世界上最快的工业级3D打印机FARSOON402;探月三期再入返回试验圆满成功;首架C919大型客机诞生;首颗微重力科学实验卫星"实践十号"返回式科学实验卫星顺利完成12天太空飞行,其回收舱和留轨舱承担了19项实验;独创的双离子束外延机、3微米集成电路工艺的突破以及核工业机器人、六维机器人、爬壁机器人等多种机器人的制造;"探索一号"首航凯旋,完成万米深海首次深潜科考;世界首颗量子科学实验卫星"墨子

号"发射,建立地星间量子隐形传态;"神舟"飞船遨游太空;等等。

他无数次为自己熟悉的激光序列研究——研制出"神光"等高功率的激光装置、半导体量子陷阱激光器、自由电子激光装置和1.35微米半导体激光器等激光系统而激动得老泪纵横。

尽管年岁已高,身体状况变差,但他的心依然紧紧系着中国的科学技术,与国家的命运同呼吸,与民族的兴衰共患难。

他无数次眺望冉冉升起的朝阳,思考着,思考着……

他无数次凝望天空闪烁的星斗,憧憬着,憧憬着……

张存浩的"追光"精神,已经渗透到大连化物所全体科技人员的内心深处,并化为他们为实现中华民族伟大复兴的中国梦而孜孜追求、勇攀高峰的强大精神动力。

2015年7月4日,张存浩在《物理化学学报》创刊30周年纪念大会暨第四届编委会会议与物理化学前沿学术研讨会上做报告

2017年8月16日,庆祝张存浩院士九十华诞学术研讨会在大连举行,以学术交流的形式喜庆张存浩九十华诞。可以说,这是一场弘扬老科学家精神、为所有科技人员鼓劲的大会,是一场向科研更高目标奋进的誓师大会。

研讨会由大连化物所研究员、中国工程院院士桑凤亭和中国科学院院士何国钟主持。他们与赶来参会的大连化物所第八任所长、中国科学院原副院长杨柏龄,都曾是张存浩研究团队的骨干,在一起栉风沐雨、不舍昼夜奋斗了十几年乃至几十年,是同事,更是战友。

国家自然科学基金委员会主任、中国科学院院士杨卫转达了时任中央政治局委员、国务院副总理刘延东对张存浩的亲切问候：预祝本次学术研讨会成功召开，祝福张存浩长命百岁。杨卫由衷地表示，张存浩独特的人格魅力是大连化物所的一面旗帜，对大连化物所的发展和成就产生了巨大影响；张存浩的君子风范、严谨的治学态度、敏锐的战略洞察力以及爱才情怀，值得我们每一个人用一生去学习。

中国科学院副院长张涛院士宣读了中国科学院院士、中国科学院学部主席团执行主席白春礼写给张存浩的贺信。作为大连化物所第十一任所长，张涛表达了对张存浩的敬仰之情，并表示自从进入大连化物所工作以来，先生一直是自己学习的榜样，他衷心感谢张存浩在其学习和工作过程中给予的指导与教诲。

中国科学院沈阳分院院长韩恩厚研究员代表沈阳分院向张存浩表示祝贺。他表示张存浩不仅能够把握技术走向，满足国家战略需求，而且潜心科研，淡泊名利，诲人不倦，希望科研人员能够继承发扬张存浩开拓创新、无私奉献的科学精神，共同创造更加美好的未来。

中国工程院原副院长杜祥琬院士回顾了与张存浩携手共事30年的经历，对张存浩表达了深深的敬意。

1995年10月，张存浩（左）与杜祥琬院士（右）在中国科学院安徽光学精密机械研究所讨论化学激光工作

大连化物所第十任所长、中国科学技术大学校长包信和院士回顾了并感谢张存浩在其科研道路上给予的帮助与支持，并介绍了其团队近年来的科研工作。

曾跟随张存浩七八年、国家自然科学基金委员会计划与政策局局长郑永和讲述了张存浩与科学基金发展工作的故事。抚今追昔，他对张存浩在国家自然科学基金委员会工作期间对基金经费申请、资助体系完善和管理机构健全等工作做出的巨大贡献而感佩不已，他认为张存浩将是自己一生尊奉的楷模：一切为了科研，一切为了后学，一切为了国家。

2012年，张存浩（前排右三）出席中国科学院化学激光重点实验室第一届学术委员会会议（供图：大连化物所）

大连化物所所长、中国工程院院士刘中民随后做了题为"科学巨匠，浩气长存"的报告，回顾了张存浩求学与工作的历程和取得的成就，以及对国家的发展做出的贡献。他强调张存浩敢为天下先，在国家需要的时候，多次勇敢地改变科研方向，促进了多个领域的发展与建设；张存浩不仅对大连化物所的影响巨大，对中国科技事业的发展也将产生深远影响。

这次研讨会，可谓高朋满座，盛况空前。大连市委副书记王启尧、副秘书长石传东，大连化物所在所的班子成员及沙国河、衣宝廉、李灿等院士和各研究室、职能部门相关人士悉数参加庆祝活动。美国斯坦福大学杰尔教授、美国天普大学副校长戴海龙教授、台湾"中研院"原子与分析研究所原所长刘国平等张存浩的科学界好友也送上了祝贺视频和电子卡片。

科技报国凌云志，尽在满头银发中。

2017年，庆祝张存浩院士（前排左十二）九十华诞学术研讨会合影

是的，张存浩在科学研究征程上不畏艰险、勇于开拓、严谨治学的态度，在科技管理上高瞻远瞩、爱惜英才、敢为人先的决策，在为人处世上严于律己、淡泊名利、甘为人梯的作风，激励着大连化物所全体人员乃至中国科技工作者在率先建成世界一流研究所、实现科技强国的征程中奋力前行。

尽管随着年事高、身体机能下降，张存浩外出只能坐轮椅，但他的思维依然比较敏锐，他始终没有忘记自己是一名共产党员。每次国家自然科学基金委员会机关党委召开党组织生活会，接到电话，他一准让家人开车把自己送过去参会，发言，上党课，他乐此不疲。每个月，他总是让儿子张捷把党费按时交到单位。

2018年7月，张存浩因吸入性肺炎住进北京医院。但他人在医院，心却依然惦念着科技事业。他让张捷把《科技日报》，以及中国科学院、国家自然科学基金委员会印发的机关刊物带到病房，一有时间便立即翻阅。一边看着，一边画着，嘴里还念念有词，以致医护人员时常提出意见：患者要注意休息，不能过于劳累……他们不明白这样一位勋业卓著的科学大家，功成名就，年届九旬，病体恹恹，为何对科技事业竟还如此痴迷？

如同在家里一样，张存浩每日白天坚持看两个小时的央视科技频道的节目，晚7点再看《新闻联播》。

一天，躺在病床上的张存浩突然抬起身子，问了一声："几点了？"

张捷回答："下午四点，怎么啦？"

张老撩起被子，着急地说："快，送我到机场。"

张捷一手攥着他插着输液管的胳膊问道："上机场干吗？"

张存浩在医院坚持阅读、写作

张存浩一边掀着被子一边说："我要上北京，张劲夫同志等我汇报，快点走，否则来不及了。"

张捷抓住父亲的胳膊说："我们现在就在北京呢。这是医院，我们在医院治疗。"

张存浩瞪着双眼，直勾勾地看着儿子问："我们在北京，在医院？不是在大连？"

张捷说："对，在医院，我们已经住院几个月了，您怎么又忘了？"

住院期间，张存浩一天不知多少次要下床找这找那，他的头脑中经常冒出一些科研和工作方面的片段。一双手一会儿像抓东西，一会儿像敲击键盘，一会儿又像在写着什么，嘴里还念念有词的，都是平时搞科研、写报告的下意识习惯动作。他今天说要到北京汇报，明天说要参加会议，头脑里一会儿闪现出 20 世纪 60 年代研究火箭推进剂那一个个难忘的日月，他是攻关小组负责人，张劲夫是中国科学院党组书记、副院长，具体负责他们这个课题……一会儿思绪又回到七八十年代搞高能化学激光研究的紧张场面，向钱学森等汇报……

还有一次，张存浩对儿子、护工发火，怪他们为什么不按时叫他起床，因为有一个重要活动要参加……他的思绪又回到大约 20 年前的一件事。当时中央开展了一个"跨世纪青年文明工程·树立和宣传青少年典型"评选活动,评选中国青年五四奖章、中国十大杰出青年、中国青年科学家奖、中国杰出(优秀)青年科技创业奖等,张存浩是中国青年科学家奖评审组顾问,组里还有杨振宁、丁肇中、卢嘉锡、王淦昌、陈省身、朱光亚等十几人,时任中央书记处书记胡锦涛接见了获奖者、评审顾问等。

无论何时何地,他的心中时刻装着一生不渝的事业,装着难以割舍的工作。

……

2019年春节前夕,一些科研机构和国家部委打来电话,目的是前来给张存浩拜年。待中国科学技术协会、中国科学院、国家自然科学基金委员会等部门领导走后,张存浩坐下来,在慰问信中有关年度中国科学技术取得重大突破的榜单上,慢慢地认真地做标记。之后,他轻轻地读起来,一边读一边点头,嘴里念着"好啊,真好……"

时光如白驹过隙。

战火中深埋追寻之光,胸怀为国家需要研究的信念之光,在坚持坚守中迎来希望之光,保存和蓄力基础研究发展之光,传承和弘扬严谨的治学之光……

为了追寻实现国富民强那一束光,张存浩无怨无悔地奋斗了半个多世纪。

为了实现中华民族伟大复兴的中国梦,他老骥伏枥,壮志不已,依然在思考着,追寻着……

这一切,正如央视2020年初播放的公益专题片《脊梁》中评价的那样,作为中国高能化学激光、分子反应动力学奠基人的张存浩"以求变去探索未知,一生不变与一生求变,只因国家的需要,只因他心中始终不熄的火焰"。

薪火传承,后继有人。他的追光之梦,在继续,在延伸……

伟大时代呼唤伟大精神,崇高事业需要榜样引领。

按照中共中国科学院党组关于开展"传承老科学家精神,弘扬新时代科学家精神在行动"专项工作要求,经大连化物所党委研究决定,命名化学激光项目攻关团队为"张存浩突击队"。

2021年8月6日,草木葱茏、碧海流云,大连化物所党委在长兴岛园区举办"张存浩突击队"命名授旗宣誓仪式。

"张存浩突击队"全体队员面向党旗、队旗庄严宣誓：

> 我志愿加入"张存浩突击队"，传承先生精神，追随先生足迹，在重大科技任务攻关中，献身科学、挑战前沿，锐意进取、不断创新，努力拼搏、勇攀高峰，保守工作秘密，为队旗增光添彩，为建设科技强国贡献力量！

"张存浩突击队"授旗仪式（供图：大连化物所）

所党委书记金玉奇满怀激情地强调，化学激光团队是承担重大科技任务攻关的科研团队，建立"张存浩突击队"，就是要始终以前辈科学家为楷模，不断深化老科学家精神对标践行，激励大家在关键时刻勇担历史重任，为国攻坚克难。他对"张存浩突击队"提出三点要求：一是要心系祖国的前途命运，始终牢记身为"国家队、国家人"，必须心系"国家事"，肩扛"国家责"，将个人的成败荣辱与国家的前途命运紧密联系在一起，将报效祖国作为最高精神动力；二是要牢记个人的职责使命，既要怀揣着宏大的报国之心，也要专注于做好每一项具体的科研任务，坚守好自己的岗位，履行好自己的职责；三是要锤炼坚强的意志品质，"张存浩突击队"就像"雷锋班""黄继光连"一样，不仅仅是一个名字，更是一份荣耀，老一辈科学家舍身忘我的境界、坚韧不拔的意志，是这支突击队的队魂。他希望大家在遇到各种困难和挫折时，永葆突击队的队魂,让党旗在科研一线高高飘扬。最后他强调,全体党员越是在急难险重时刻,越要对党忠诚、听党指挥,服从命令、执行纪律,当先锋、做表率,团结带领、组织动员群众,做到"一名党员就是一面旗帜,一个小组就是一座堡垒"。他号召全体队员要立即行动起来,到任务最繁重的地方去、到项目最需要的地方去,让突击队的旗帜飘起来,将突击队员的身份亮出来,将战斗堡垒和先锋模范作用充分发挥出来。

不仅是大连化物所化学激光团队,还有分子反应动力学团队、催化化学团队、工程化学团队、近代分析化学和生物技术团队;不仅仅是大连化物所,还有全国成百上千个科学研究机构、高等院校……

学习、传承、弘扬老一辈科学家精神,正在成为人们的自觉行动,并汇聚成一股立定高远、锲而不舍、踔厉前行、勇攀高峰、为实现中华民族伟大复兴的中国梦而奋斗的强大动力。

长风破浪会有时,直挂云帆济沧海。

一代代科技工作者,在张存浩等老一辈科学家精神的引领下,积极履行国家战略科技力量的使命担当,在承担关键核心技术攻关任务和重大科技任务攻关中锤炼本领,敢打硬仗,开拓创新,勇毅奋进,为加快科技自立自强、建设世界科技强国贡献力量!

(文中图片除特别注明供图、摄影者外,均由张捷提供)

主要参考文献

白介夫. 2003. 难忘的八年//中国科学院大连化学物理研究所. 光辉的历程：大连化学物理研究所的半个世纪. 北京：科学出版社：3-5.

大连市科学技术协会，大连市老科学技术工作者协会. 2022. 大连上空闪亮的群星：在连院士风采录. 大连：大连出版社.

国家自然科学基金委员会. 1991～2005. 北京：中国科学基金（年度报告、重要讲话、文章等）.国内刊号：11-1730/N；国际刊号：1000-8217.

国家自然科学基金委员会. 2000. 学科前沿与国家自然科学基金优先资助领域战略国际研讨会论文集. 北京：高等教育出版社；柏林：施普林格出版社.

胡有纪. 中国科学院大连化学物理研究所所志（1949—1985）. 大连：大连化学物理研究所.

姜英莉. 2019. 张存浩院士对我人生的积极影响——记在张存浩院士身边工作二三事//岳爱国. 定格在记忆中的光辉七十年——献给中国科学院70周年华诞. 北京：科学出版社：81.

刘鹤守. 2003. 沙坪岁月——重庆南开校园回忆录. 北京：中国文联出版社.

邵赛兵. 2021. 心无旁骛 浩然厚德——记张存浩院士的科学报国事迹//岳爱国. 我心向党 科学报国：科学家精神在这里闪光. 北京：科学出版社：69-73.

邵赛兵，吴善超，郑永和. 2014. 荷社稷之重 拓探索之渊——记国家最高科技奖获得者张存浩院士. 中国科学基金，28（1）：3-7.

王豪杰. 2009. 南强记忆：老厦大的故事. 厦门：厦门大学出版社.

杨学明. 2018. 前言：庆祝张存浩院士 90 华诞专刊. 中国科学，48（2）：93-97.

张存浩. 1996. 基础性研究是贯彻科教兴国战略的重要支柱. 中国科学院院刊，(6)：436-439.

张存浩. 2002. 姑父傅鹰教授百年祭. 化学通报，(9)：638-639.

张存浩. 2004. 培养科技人才的摇篮——读《沙坪岁月》并贺母校南开学校百年华诞. 光明日报，2004-08-27（4）.

张存浩. 2006. 我和科学基金——十五年回眸. 中国科学基金，(5)：262-265.

张存浩，郑永和. 1999. 回顾我国科学基金制的创立与发展——庆祝中国科学院建院 50 周年. 中国科学院院刊，(3)：161-164.

张涛，邵赛兵，刘卫锋，等. 2008. 矢志不渝的科技征程——祝贺张存浩院士从事科研工作六十年. 中国科学基金，(3)：133-137.

附　录

附录一　张存浩年谱

1928 年
生于天津。

1933 年，5 岁
就读于天津培植小学。

1937 年，9 岁
就读于重庆巴蜀小学。

1938 年，10 岁
就读于重庆南开中学。

1940 年，12 岁
转学福建长汀中学。

1943 年，15 岁
考入厦门大学化学系。

1944 年，16 岁
转入转到国立中央大学化学系。

1947 年，19 岁
毕业于国立中央大学化学系，考入天津南开大学化工系研究生。

1948 年，20 岁

在美国艾奥瓦州立大学化学系读研究生。

1950 年，22 岁

获美国密歇根大学硕士学位，10 月回国。

1951 年，23 岁

到东北科学研究所大连分所工作。

1953 年，25 岁

工业化学研究所副研究员。

1962 年，34 岁

中国科学院化学物理研究所研究员。

1979 年，51 岁

任大连化物所副所长。

1980 年，52 岁

当选为中国科学院学部委员（后改称院士）。

1981 年，53 岁

国务院学位委员会学科评议组成员。

1984 年，56 岁

中国科学院化学部常委，大连化物所第二届学位委员会主席。

1986 年，58 岁

大连化物所所长。

1987 年，59 岁

国防科工委 863 计划激光技术主题项目专家组成员。

1991 年，63 岁

第二届国家自然科学基金委员会党组书记、主任，中国科学技术协会副主席，国家自然科学奖励委员会评审组成员。

1992 年，64 岁

当选发展中国家科学院院士，中国科学院化学部副主任。

1994 年，66 岁

中国科学院学部主席团成员、化学部主任，国务院学位委员会委员，何梁何利基金评选委员会委员国际纯粹和应用化学联合会执行局委员。

1995 年，67 岁

第三届国家自然科学基金委员会党组书记、主任。

1998 年，70 岁

科学技术部 973 计划首席专家顾问组副组长。

1999 年，71 岁

教育部"长江学者奖励计划"评审专家委员会委员。

2000 年，72 岁

国家自然科学基金委员会名誉主任，中国科学院学部科学道德建设委员会副主任。

2002 年，74 岁

总装备部科技委员会顾问，863 先进防御技术领域专家委员会顾问。

2004 年，76 岁

国家自然科学基金委员会第二届监督委员会主任。

2005 年，77 岁

北京分子科学国家实验室理事长。

2007 年，79 岁

科学技术部科研诚信建设专家咨询委员会委员，英国皇家化学学会会士。

2014 年，86 岁

获 2013 年度国家最高科学技术奖。

附录二 张存浩主要著述目录

黄继昌，张存浩，王善鋆，王熙纯. 1951. 流体化用于燃料合成之研究（第一报）固体流体化实验. 东北科学通讯，2（6）：307-312.

张存浩，王善鋆. 1953. 熔铁触媒用于合成液体燃料之研究. 东北科学研究所汇报，4：201.

张存浩，王善鋆. 1955. 熔铁催化剂用于合成液体燃料的研究——选择催化剂的试探. 科学通报，10：55-57.

张存浩. 1957. 吸附填充床的动力学性质Ⅰ. 冲洗色谱的保留时间问题. 科学通报，18：574-575.

张存浩. 1957. 煤气合成反应的元素平衡. 燃料学报，2（1）：27-38.

张存浩，沙国河，楼南泉. 1959. 吸附波动力学法催化剂吸附性能的研究. 全国催化研究工作报告会会刊：76.

张存浩. 1966. 固体推进剂燃速理论. 火箭发动机的燃烧与烧蚀会议论文汇编（大会报告）：59-76.

胡士珩，杨柏龄，马月仁，王阳，张存浩. 1980. 一种潜在的高能氯化氢化学激光体系的实验演示. 激光，7（Z1）：91.

沙国河，尹厚明，周大正，杨关生，韩登龙，史书国，王学林，蔡佩华，王振歧，李新华，汪汝清，张存浩. 1980. 电子束引发的脉冲HF化学激光器的研究. 激光，(Z1)：84.

解笑湘，汪汝清，沙国河，张存浩. 1982. 小型毫微秒电子束发生器. 中国激光，9（1）：12-16.

张存浩. 1982. 化学激光研究鸟瞰. 应用激光，(1)：2-4.

卫禹洲，黄润兰，黄瑞平，董子丰，陈锡荣，张存浩. 1982. OMA-2快速测定脉冲灯的光谱分布和光谱效率. 应用激光，2：44.

陈锡荣，张允禄，孙发信，王忠诚，张存浩. 1982. 光引发F_2/H_2链反应诱导期间的激光现象. 中国激光，9（8）：505-511.

葛树杰，陈锡荣，顾玉昆，孙发信，董子丰，张允禄，范传源，周福松，刘景开，钟曼英，张存浩. 1982. 光引发F_2/H_2链反应脉冲HF化学激光初步研究. 应用激光，1：23.

解笑湘，白吉玲，孙玉亮，沙国河，张存浩. 1982. 电子和Ar_2^+分子离子的三体离解复合. 中国激光, 9（9）：572-577.

李木, 李忠渊, 陈锡荣, 王忠诚, 张存浩. 1982. 脉冲化学激光简化模型的数学处理和求解. 应用激光, 1：22.

解笑湘, 孙玉亮, 沙国河, 张存浩. 1982. 电子对 Cl_2 的解离附着. 物理学报, 31（10）：1348-1353.

张宝书, 黄瑞平, 刘蕙芳, 沈惠华, 沈之烨, 张存浩. 1982. 用可调谐二极管激光光谱仪观测 3657—3708 cm^{-1} 区域 CO_2 高分辨振转光谱. 物理学报, 31（10）：1354-1361.

张宝书, 黄瑞平, 刘蕙芳, 沈惠华, 沈之烨, 张存浩. 1982. 3657—3708 cm^{-1} 范围内 CO_2 高分辨振转光谱. 应用激光, 1：44.

陈锡荣, 李黎, 孙发信, 葛树杰, 张存浩. 1983. 红外-紫外双共振研究 C_6F_6 的振动弛豫. 中国激光, 10（Z1）：513.

陈锡荣, 王忠诚, 葛树杰, 张存浩, 李木, 李中渊. 1983. F_2/H_2 链反应脉冲化学激光器简化模型计算. 中国激光, 10（3）：129-135.

桑凤亭, 黄瑞平, 袁启年, 庄琦, 张存浩. 1983. 在连续波 DF 化学激光器中的转动非平衡现象. 中国激光,（Z1）：590.

张荣耀, 沙国河, 韩登龙, 王逸民, 张存浩. 1983. 激波管研究—氯化碘高温气相分解反应动力学. 力学学报,（2）：197-202.

周大正, 沙国河, 杨德政, 王振歧, 白吉玲, 张存浩. 1983. 脉冲 HF 激光在固体表面产生的等离子体波研究. 中国激光, 10（Z1）：504.

朱清时, 沈之烨, 沈惠华, 刘蕙芳, 张宝书, 黄润兰, 张存浩. 1983. 在 Fermi 和 Coriolis 共振作用下环丙烷 V_9+V_{10} 和频的高分辨率红外光谱. 中国激光, 10（Z1）：491.

陈锡荣, 葛树杰, 卫禹洲, 张存浩. 1984. 光引发 F_2/H_2 链反应激光的时间分辨光谱研究. 光学学报, 4（4）：309-316.

陈锡荣, 李黎, 孙发信, 张存浩. 1984. 红外-紫外光学双共振研究 C_6F_6 的振动弛豫. 光学学报, 4（9）：781-785.

孙思远, 桑凤亭, 周必迁, 谢行滨, 庄琦, 张存浩. 1984. 激光诱导荧光法显示超音速化学激光器的全流场. 力学学报, 16（1）：92-95, 107.

庄琦, 谢行滨, 桑凤亭, 孙思远, 黄瑞平, 张存浩. 1984. 激光诱导荧光法和化学发光法诊断连续波 HF 化学激光器超音速流场. 宇航学报, 5（3）：66-69.

沙国河, 钟宪, 赵申, 张存浩. 1985. 一氧化碳的双共振多光子电离研究. 物理化学学报, 1（1）：66-75.

杨学明，沈之烨，朱清时，张存浩. 1985. CF$_3$I 分子 v_4 带高分辨激光光谱研究. 物理化学学报，1（4）：370-377.

庄琦，黄瑞平，崔铁基，袁启年，桑凤亭，张存浩. 1985. 超音速 F-F$_2$-NH$_3$ 体系中产生的 NF（b$^1\Sigma^+$）——一种可能的可见化学激光介质. 中国激光，12（4）：221-224.

周大正，沙国河，尹厚明，杨关生，韩登龙，白吉玲，史书国，张存浩. 1985. 300kV 脉冲冷阴极电子束发生器研究. 激光杂志，6（4）：205-210.

解金春，姜波，张存浩. 1986. 以预解离态为中间态的双共振多光子电离研究. 中国激光，13（9）：587.

解金春，沙国河，张晓原，张存浩. 1986. 转动分辨的 NH$_3$ X→C′→A 跃迁的离子凹陷光谱. 物理化学学报，2（4）：371-381.

桑凤亭，黄瑞平，袁启年，庄琦，张存浩. 1986. 连续波 DF 化学激光的转动非平衡现象. 中国激光，13（4）：216-217，221.

杨学明，朱清时，沈之烨，张存浩. 1986. CH$_3$CN 分子 v_1，v_4，v_5，v_7 和 v_2+v_4 带的高分辨付里叶变换红外光谱研究. 光谱学与光谱分析，6（5）：21-25.

杨学明，朱清时，沈之烨，张存浩. 1986. 二极管激光微分光谱技术和 CH$_3$CN 分子 v_4 带的研究. 中国激光，13（6）：351-355.

庄琦，王成栋，张存浩. 1986. 脉冲氧碘化学激光模型. 中国激光，13（9）：601.

沙国河，解金春，张存浩. 1987. 双共振多光子电离光谱的新进展. 物理，16（9）：563-567.

庄琦，王成栋，张存浩. 1987. 脉冲氧碘化学激光模型. 中国激光，14（6）：346-350.

张荣耀，陈方，宋雪琴，庄琦，张存浩. 1987. 光引发脉冲氧碘化学激光器的研究. 中国激光，14（8）：460-463.

郭秀兰，钟曼英，吴莹敏，陈锡荣，张存浩. 1987. 激光分离碳-13 同位素的研究. 激光杂志，(3)：147-151.

董子丰，张允禄，陈锡荣，张存浩. 1987. μs 级脉冲氙灯放电回路中的电感分析. 中国激光，14（3）：187-189.

何国钟，陶愉生，杨柏龄，楼南泉，张存浩. 1987. 走进化学反应的微观世界. 科学，39（2）：148.

钟宪，沙国河，赵申，张存浩. 1987. CO（A$^1\Pi$←X$^1\Sigma^+$ 和 e$^3\Sigma^-$←X$^1\Sigma^+$）双光子共振电离光谱的归属和双光子吸收截面的测量. 原子与分子物理学报，4：595-605.

庄琦，黄瑞平，崔铁基，袁启年，桑凤亭，张存浩. 1987. 在超音速 F-F$_2$-IF 与 NH$_3$ 气流中产生 IF（B$^3\Pi^+_0$）的研究. 物理化学学报，3（3）：248-250.

张允禄，董子丰，陈锡荣，张存浩. 1988. 新型毫微亨电感测量仪. 计量技术，7：8-11.

张荣耀, 陈方, 宋雪琴, 许庆洲, 桓长清, 庄琦, 张存浩. 1988. 放电引发脉冲氧碘化学激光器的研究. 中国激光, 15（8）: 455-457.

庄琦, 黄瑞平, 桑凤亭, 崔铁基, 袁启年, 张存浩. 1988. 可见光化学激光研究 I. 电子跃迁氟化碘化学激光探索. 中国激光, 15（1）: 5-8.

姜波, 解金春, 沙国河, 谢行滨, 张存浩. 1989. 以快速预解离态为共振中间态的双色双共振多光子电离光谱. 物理化学学报, 5（3）: 293-298.

庄琦, 王成栋, 冯浩, 张存浩. 1989. 可见光化学激光研究——II. 采用 F-NH$_3$-IF 化学反应体系实现 IF 化学激光的模型. 中国激光, 16（1）: 1-3.

孙维忠, 谢行滨, 李黎, 张存浩. 1989. 甲醛（H$_2$CO）Rydberg 态 $^{1,3}A_2$（n, ^3P_x）的双共振多光子电离光谱. 化学物理学报, 2（3）: 184-192.

沙国河, 张存浩. 1990. 多光子电离光谱和激发态分子碰撞传能的倾向规律//高等学校化学学报编辑部. 庆祝唐敖庆教授执教 50 年学术论文专集. 长春: 吉林大学出版社: 96-100.

朱清时, 张宝书, 钱海波, 马月仁, 李丽, 张存浩. 1990. 选键化学的新希望——局域模振动态的光谱研究//高等学校化学学报编辑部. 庆祝唐敖庆教授执教 50 年学术论文专集. 长春: 吉林大学出版社: 90-95.

桑凤亭, 顾成洲, 袁启年, 逄景科, 庄琦, 张存浩. 1990. 扰流对超音速气流混合的影响. 第三届全国多相流体力学学术会议期刊论文集. 281-283.

沙国河, 何晋宝, 姜波, 张万杰, 孙维忠, 张存浩. 1990. 双原子分子激发态碰撞传能的实验研究. 原子与分子物理学报, （Z1）: 239.

何晋宝, 沙国河, 张晓原, 白吉玲, 张存浩. 1990. ^{12}CO（$A^1\Pi$）与 ^{13}CO（$X^1\Sigma^+$）电子传能的多光子电离光谱研究. 物理化学学报, 6（5）: 534-540.

桑凤亭, 顾成洲, 庄琦, 谢行滨, 袁启年, 黄瑞平, 张存浩. 1991. 燃烧驱动连续波氟化氢（氘）化学激光器——三维列阵小孔喷管研究. 强激光与粒子束, 3: 323-330.

蔡正理, 沙国河, 张存浩, 黄明宝. 1992. OCCO 四个电子态及 CO（$A^1\Pi$）和 CO（$X^1\Sigma^+$）碰撞传能机制的 SDCI 和 MRSDCI 研究. 化学物理学报, 5（6）: 424-429.

詹际平, 黄瑞平, 庄琦, 张存浩. 1992. N$_2$（A）及 N（^{2}D）对 IF（X）的传能研究. 强激光与粒子束, （2）: 201-208.

冯浩, 王成栋, 庄琦, 沙国河, 张存浩. 1993. 脉冲氧碘化学激光放大器的理论模型. 中国激光, 20（5）: 321-325.

崔铁基, 谢行滨, 杨何平, 秦勇, 闵祥德, 庄琦, 张存浩. 1993. 氧碘化学激光腔中产生的红色荧光研究综述. 强激光与粒子束, 4: 498-504.

徐速，沙国河，何晋宝，张存浩. 1993. 三次谐波的再吸收和 AC Stark 效应对 CO 的三光子共振多光子电离谱的影响. 化学物理学报, 6（5）：415-425.

杨何平，秦勇，刘新光，毕爱莲，谢行滨，庄琦，张存浩. 1993. 氧碘化学激光器的红光发射体 CuCl$_2$. 强激光与粒子束, 3：385-388.

章程，沙国河，姜波，何晋宝，张存浩. 1993. 在一氧化碳和氙混合气中产生可调真空紫外激光. 化学物理学报, 6（4）：287-290.

李海洋，白吉玲，戴东旭，孙玉亮，沙国河，张存浩. 1993. 呋喃分子在 450nm 的多光子电离碎片化动力学. 化学物理学报, 6（6）：510-515.

多丽萍，杨柏龄，桑凤亭，金玉奇，李富岭，孙以珠，庄琦，张存浩. 1996. 氧碘激光器小信号增益时空分布的实验研究. 强激光与粒子束, （4）：497-499.

陈翔凌，孙维忠，沙国河，姜波，解金春，张存浩. 1998. e/f 宇称对 CO（A^{1}Π）振动传能截面的影响. 化学物理学报, 11（1）：10-14.

姜波，沙国河，解金春，张存浩. 1998. 双共振电离法研究激发态分子光谱和态分辨碰撞传能. 中国科学院院刊, （4）：292-295.

徐勇，盛新志，孙巨龙，白吉玲，戴东旭，沙国河，解金春，桑凤亭，王麟，多丽萍，杨柏龄，张存浩. 1998. CRDS 技术实时检测 COIL 中 O$_2$ 浓度的实验研究. 化学物理学报, 11（6）：561-565.

张竞辉，陶冲，戴东旭，顾玉昆，解金春，张存浩. 1998. 用速度成像方法测量碘原子的光电子能谱及角分布. 化学物理学报, 11（6）：491-496.

许继君，沙国河，韩登龙，解金春，张存浩. 1999. 通过中间解离态的共振增强多光子电离光电子能谱研究解离动力学. 中国科学（B 辑）, 29（2）：135-140.

陈翔凌，沙国河，姜波，解金春，张存浩. 2000. 量子干涉效应的观测与干涉相位角的测定. 自然科学进展, 10（1）：25-30.

刘永林，许树成，张磊，徐勇，姜波，沙国河，张存浩，解金春. 2000. 光腔衰荡光谱方法研究正丙醇羟基泛频光谱和分子构象. 化学物理学报, 13（5）：513-520.

许树成，张磊，解金春，戴东旭，姜波，沙国河，张存浩. 2000. 异丙醇的 O—H 伸缩振动泛频光谱和分子构像. 化学物理学报, 13（2）：149-155.

王香丹，杨何平，邓列征，沈关林，沙国河，张存浩. 2002. 射流式单重态氧发生器研究. 化学物理学报, 15（4）：241-246.

刘明，沈关林，杨何平，沙国河，张存浩. 2004. 亚磷酸三苯酯臭氧化合物分解产生单重态氧的研究. 化学物理学报, 17（2）：113-115.

田红梅，沙国河，张存浩. 2004. CO（A^{1}Π-e^{3}Σ$^-$）混合激发态碰撞传能过程的量子干涉效应——跃迁振幅和相位角的时间特性. 化学物理学报, 17（3）：283-291.

沙国河, 张存浩. 2004. 分子单重/叁重混合激发态碰撞传能中的量子干涉效应. 物理化学学报, 20: 1010-1016.

花晓清, 冷静, 杨何平, 沙国河, 张存浩. 2005. 单纵模 Nd：YAG 激光泵浦 H_2 气中的受激喇曼散射. 化学物理学报, 18（6）：861-866.

冷静, 沙国河, 花晓清, 杨何平, 张存浩. 2005. 高功率 CW-COIL 激光拉曼转换的数值模拟与概念设计. 强激光与粒子束, 17：41-47.

冷静, 沙国河, 花晓清, 杨何平, 张存浩. 2005. 三倍频 Nd：YAG 激光抽运氧气中的受激拉曼和布里渊散射. 光学学报, 25（8）：1105-1110.

冷静, 沙国河, 杨何平, 花晓清, 张存浩. 2005. 355nm 脉冲激光在甲烷中的高效多波长拉曼转换. 强激光与粒子束, 17（7）：987-994.

花晓清, 冷静, 杨何平, 沙国河, 张存浩. 2005. 532nm Nd：YAG 激光的高效多波长受激喇曼转化. 强激光与粒子束, 17（11）：1621-1624

花晓清, 冷静, 杨何平, 沙国河, 张存浩. 2006. 单纵模 Nd：YAG 激光抽运 CH_4 中强后向受激喇曼散射. 光学学报, 26（1）：91-95.

花晓清, 冷静, 杨何平, 沙国河, 张存浩. 2006. 单纵模 Nd：YAG 激光抽运 H_2-He 混合气体中的强后向受激拉曼散射. 中国激光, 33（4）：451-455.

冷静, 花晓清, 杨何平, 沙国河, 张存浩. 2006. 355 nm Nd：YAG 激光在 H_2 中的高效一级斯托克斯转换. 光学学报, 26（7）：1078-1082.

Zhang C H, Wang J. 1954. Study on fluid bed fused iron catalyst synthesis of liquid fuels—chemical reaction and the behavior of fluidized bed symposium on liquid fuel research（in Chinese）. Chinese Academy of Sciences, 42.

Chang T Y, Leo N T, Chang C H. 1958. Report on pilot plant synthesis of liquid fuels. Chemical Engineering Progress, 54（3）：55-58.

Zhang C H. 1958. Recent advance in nitrided iron catalyst for the hydrogenation of carbon monoxide presented at international conference on fuel. Karlovy Vary, Czechoslovakia.

Lou N Q, Zhang C H, Wang J. 1964. Synthesis of liquid fuels and chemicals from carbon monoxide and hydrogen（in Chinese）. Proceedings Dalian Inst. of Chem. Phys., 2：1.

Zhang C H, Wang J. 1964. Physical and chemical behaviors of a fluid bed reactor for use in the water gas synthesis（in Chinese）. Proceedings Dalian Inst. of Chem. Phys., 2：8.

Zhang R Y, Zhang C H. 1964. Study of reaction kinetics of the synthesis of hydrocarbons from the hydrogenation of CO on a nitrided fused iron catalyst（in Chinese）. Proceedings Dalian Inst. of Chem. Phys., 2：103.

Sha G H, Yin H M, Zhang C H. 1980. An efficient transverse electron-beam initiated HF laser operating on the H$_2$/F$_2$ chain reaction. International Conference and School Lasers and Applications Contributed Papers Abstracts, 2: 353.

Sha G H, Zhang C H, et al. 1981. Pulsation of Gaseous Detonation Waves and the Kinetics of the Fast Reaction between Hydrogen and Oxygen (in Chinese). Report of Dalian Institute of Chemical Physics, 11.

Xie X B, Huang R P, Sun S Y, Sang F T, Zhuang Q, Zhang C H. 1981. LIF and chemiluminescence methods for the flow diagnostics of supersonic mixing chemical lasers. Proc. Int. Conf. Lasers, 671-676.

Sha G H, Zhong X, Zhao S, Zhang C H. 1984. Two-color resonant multiphoton ionization study of CO. The rotational energy transfer behavior of CO A$^1\Pi$ state. Chemical Physics Letters, 110 (4): 410-412.

Sha G H, Zhong X, Zhao S, Zhang C H. 1984. Two-color resonant multiphoton ionization study of CO. Spectroscopy of CO B$^1\Sigma^+$ ← A$^1\Pi$ ← X$^1\Sigma^+$ transitions. Chemical Physics Letters, 110 (4): 405-409.

Zhou D Z, Sha G H, Yang D Z, Wang Z Q, Bai J L, Zhang C H. 1985. Laser – supported detonation wave and impulse produced by 2.8μm HF laser pulses on solid surfaces. Science in China, Ser. A, 28 (10): 1059-1066.

Zhuang Q, Huang R P, Cui T J, Yuan Q N, Sang F T, Zhang C H. 1985. Direct production of excited NF (b$^1\Sigma^+$) in the system F-F$_2$-NH$_3$ via a supersonic regime. Chemical Physics Letters, 115 (1): 65-68.

He C, Huang R P, Zhang C H. 1986. Rotational Energy Transfer in I$^*_2$ (B$^3\Pi$) Colliding With I$^*_2$ (X$^1\Sigma$), Ar and He: Experiment and Fitting Law. Applied Physics B, 41 (4): 251-257.

Xie J C, Sha G H, Zhang X Y, Zhang C H. 1986. Ion dip spectroscopy as a means of probing fast predissociating species: NH$_3$ Ã^{1}A″$_2$ state. Chemical Physics Letters, 124 (2): 99-104.

Chen X R, Li L, Zhao H, Zhang C H. 1987. Study of single vibrational level relaxation in CS$_2$ (R^{3}B$_2$) by stimulated emission pumping. Chemical Physics Letters, 136 (6): 546-550.

Zhang R Y, Chen F Y, Song X Q, Zhuang Q, Zhang C H. 1987. Pulsed Chemical Oxygen-Iodine Laser Using Photolyzed Alkyl Iodides as Iodine Atom Sources. Conference on lasers and Electro-Optics. OSA-IEEE, Baltimore, Maryland digest of Technical Papers.

Ma Z L, Huang R P, Zhang C H. 1989. Multi-quantum Transfer Vibrational Relaxation in supersonic jets of I$_2$ (B, v'=43) Seeded in Ar, N$_2$ and CO. Chemical Physics Letters, 154 (1): 9-13.

Li X N, Jiang B, Xie X B, Zhang C H. 1990. Optical–optical double–resonance multiphoton–ionization spectroscopy of ammonia-d$_3$. I. An investigation of the Jahn-Teller effect for the $\tilde{B}^1E''$ vibronic levels. J. Opt. Soc. Am. B, 7 (9): 1884-1889.

Zhan J P, Huang R P, Zhuang Q, Zhang C H. 1990. A further study on the production of NF (b) and IF (B) in the NH$_3$-F-F$_2$-CF$_3$I reaction system. Chemical Physics Letters, 174 (6): 568-574.

Cai Z L, Sha G H, Zhang C H, Huang M B. 1991. Ab initio study of low-lying electronic states of the NF$_2$ radical. Chemical Physics Letters, 178 (2/3): 273-278.

Li X N, Xie X B, Li L, Zhang C H. 1991. Rotationally resolved REMPI spectroscopy of the $A^1A_2 \leftarrow X^1A_1$ (Δ^2_0) magnetic dipole transition of formaldehyde and formaldehyde-d$_2$. Chinese Journal of Chemical Physics, 4 (4): 235-240.

Sang F T, Zhuang Q, Wang C D, Feng H, Zhang C H. 1991. study of visible chemical lasers—modeling of an IF chemical laser within the F-NH$_3$-IF system. Proceedings of SPIE-the International Society for Optical Engineering, 141: 252-257.

Sha G H, Zhang W J, Jiang B, Zhang C H. 1991. Collisional energy transfer studies of electronically excited CO: energy transfer between the three sublevels of CO ($e^3\Sigma^-$, v=1) state. Chemical Physics Letters, 179: 442-448.

Cai Z L, Sha G H, Zhang C H, Huang M B. 1992. CI studies of four low-lying electronic states of the CNN radical. Journal of Molecular Structure: THEOCHEM, 253: 303-309.

Cai Z L, Sha G H, Zhang C H, Huang M B. 1992. MRSDCI studies of four doublet states and dissociation of the X^2B_1 and $^2A_1$ states of the NF$_2$ radical. Progress in Natural Science, 2 (1): 18-24.

Jiang B, Sha G H, Sun W Z, Zhang C, He J B, Xu S, Zhang C H. 1992. Xenon enhancement and third harmonic generated lines in the 3+m-photon ionization spectroscopy of CO ($A^1\Pi \leftarrow X^1\Sigma^+$) in CO+Xe mixtures. Journal of Chemical Physics, 97 (7): 4697-4703.

Li X N, Xie X B, Li L, Wang X T, Zhang C H. 1992. Optical-optical double resonance multiphoton ionization spectroscopy of ammonia-d$_3$. II. Jahn-Teller effect and related Fermi resonance of the state. Journal of Chemical Physics, 97 (1): 128-136.

Yang H P, Qin Y, Cui T J, Yuan Q N, Xie X B, Zhuang Q, Zhang C H. 1992. Nature of the new emission resulting from O$_2$ (a$^1\Delta_g$), Cl$_2$ and heated copper. Chemical Physics Letters, 191 (1-2): 130-135.

Zhang C H. 1992. Recent Advances in the OODR-MPI Study of Spectroscopy and Energy Transfer of Small Molecules. In: Invited talk, Second Conference at Molecular Science Center. Taejon, Korea.

Sha G H, Sun W D, Jiang B, Hintsa E, Zhang C H. 1993. Angular momentum reorientation in CO (A$^1\Pi$) -He rotational energy transfer studied by optical-optical double resonance multiphoton ionization spectroscopy. Journal of Chemical Physics, 98 (12): 9487-9495.

Sun W Z, Sha G H, Jiang B, Zhang C H. 1993. Polarization effect of OODR-MPI spectroscopy and reorientation in inelastic collision (i) —oriented molecule in excited states: preparation and probing. Progress in Natural Science, 3 (1): 29-38.

Zhang C H, Sha G H. 1993. Double resonance spectroscopy and molecular dynamics. Science, 262: 374-375.

Zhuang Q, Feng H, Wang C D, Sha G H, Zhang C H. 1993. Model for the amplifier of a pulsed chemical oxygen-iodine laser. Proceedings of the SPIE-the International Society for Optical Engineering, 1980: 198-201.

Sun W Z, Sha G H, Jiang B, Hintsa E J, Zhang C H. 1994. m-and *e/f*-symmetry-resolved cross sections for CO (A$^1\Pi$) -He/Ar collision-induced energy transfer from J=2 to J=1. Chemical Physics Letters, 218: 515-522.

Xu S, Sha G H, He J B, Zhang C H. 1994. Three-photon resonance-enhanced ionization spectroscopy of CO (A$^1\Pi$–X$^1\Sigma^+$). I. Influence of phase matching on the appearance and adverse pressure effect of the spectra. Journal of Chemical Physics, 100 (3): 1858-1865.

Xu S, Sha G H, He J B, Zhang C H. 1994. Three-photon resonance-enhanced ionization spectroscopy of CO (A$^1\Pi$←X$^1\Sigma^+$). II. Line shift/profile and the ac Stark effect. Journal of Chemical Physics, 100 (3): 1866-1873.

Xu S, Sha G H, Jiang B, Sun W Z, Chen X L, Zhang C H. 1994. Two-color Study of Autler-Townes doublet splitting and AC Stark shift in multiphoton ionization spectra of CO. Journal of Chemical Physics, 100 (9): 6122-6124.

He J B, Sha G H, Jiang B, Zhang C H. 1995. Dual mechanism for CO (A$^1\Pi$) -CO (X$^1\Sigma^+$) rovibronic energy transfer: an OODR-MP1 spectroscopic study. Journal of the Chinese Chemical Society, 42 (2): 275-284.

Sha G H, He J B, Jiang B, Zhang C H. 1995. A triad mechanism for CO (A) -CO (X) rovibronic energy transfer: experiment versus theory. Chinese Journal of Structural Chemistry, 14 (5-6): 321-336.

Sha G H, He J B, Jiang B, Zhang C H. 1995. Evidence for quantum interference in collision-induced intramolecular energy transfer within CO singlet-triplet mixed states. Journal of Chemical Physics, 102 (7): 2772-2779.

Zhuang Q, Sang F T, Chen F, Yang B L, Zhang C H. 1995. Supersonic chemical oxygen-iodine laser (COIL) research activities in Dalian, China. Proceedings of SPIE-the International Society for Optical Engineering, 2502: 204-207.

Chen X L, Sha G H, Jiang B, He J B, Zhang C H. 1996. Further study on collisional quantum interference effect in energy transfer within CO singlet-triplet mixed states. Journal of Chemical Physics, 105 (19): 8661-8665.

Sun F G, Dai D X, Kang L, Sha G H, Xie J C, Yang B L, Sang F T, Zhuang Q, Zhang C H. 1998. Water-vapor measurement via cavity ring down spectroscopy in the visible. Gas and Chemical Lasers and Intense Beam Applications, 268: 198-200.

Chen X L, Sha G H, Jiang B, Xie J C, Zhang C H. 1999. Intramolecular energy transfer between mixed molecular states-observation of interference effect and determination of phase angle. Progress in Natural Science, 9 (12): 916-921.

Duo L P, F Sang F T, Sun Y Z, Yang B L, Zhuang Q, Zhang C H. 1999. Hyperfine gain spectrum of a supersonic COIL. Proceedings of SPIE-the International Society for Optical Engineering, 3862: 292-296.

Duo L, Sang F T, Min X D, Qu Y L, Sun Y Z, Yang B L, Zhuang Q, Zhang C H. 1999. The hyperfine gain spectrum, gain profile, and cavity temperature in a supersonic COIL. IEEE Journal of Quantum Electronics, 35 (10): 1382-1385.

Xie J C, Dai D X, Zhang J H, Zhang C H. 1999. Photodissociation dynamics of HN_3 studied by ion imaging. Abstracts of papers of The American Chemical Society, 218.

Xu S C, Dai D X, Xie J C, Sha G H, Zhang C H. 1999. Quantitative measurements of O_2b ← X (2, 1, 0 ← 0) bands by using cavity ring-down spectroscopy. Chemical Physics Letters, 303: 171-175.

Chen X L, Chen H M, Li J, Liu Y M, Dai X C, Sha G H, Xie J C, Zhang C H, Li L. 2000. Quantum interference effect on collisional energy transfer within singlet～triplet mixed states of $Na_2 A^1\Sigma_u^+(v=8) \sim b^3\Pi_{0u}(v=14)$. Chemical Physics Letters, 318 (1-3): 107-112.

Xie J C, Jiang B, Li G H, Yang S, Xu J J, Sha G H, Xu D L, Lou N Q, Zhang C H.

2000. Photoelectron spectroscopy of ammonia via a fast predissociative state. Faraday Discussions, 115: 127-136.

Chen X L, G Sha G H, Jiang B, Xie J C, Zhang C H. 2001. Abnormal behavior in the three-photon resonance enhanced multiphoton ionization spectroscopy of CO $E^1\Pi \leftarrow X^1\Sigma^+$ (0, 0). Journal of Chemical Physics, 115 (2): 858-863.

Sun M T, Sha G H, Cong S L, Ma F C, Xie J C, Zhang C H. 2001. Collisional quantum interference effect on rotational energy transfer in an atom-diatom system. Chemical Physics Letters, 339: 413-420.

Xu S C, Liu Y L, Xie J C, Sha G H, Zhang C H. 2001. The $\Delta v = 3$, 4 and 5 vibrational overtones and conformations of the hydroxyl group of isobutyl alcohol. Journal of Physical Chemistry A, 105: 6048-6053.

Sun M T, Sha G H, Ma F C, Cong S L, Xie J C, Zhang C H. 2002. Multipolar model for collisional quantum interference on rotational energy transfer. Progress in Natural Science, 12 (2): 101-104.

Deng L Z, Shi W B, Yang H P, Sha G H, Zhang C H. 2004. Improved method for measuring absolute O_2 ($a^1\Delta_g$) concentration by O_2 ($a^1\Delta_g \rightarrow X^3\Sigma_g^-$) IR radiation. Review of Scientific Instruments, 75 (11): 4455-4461.

Hua X Q, Leng J, Yang H P, Sha G H, Zhang C H. 2005. Highly efficient Raman conversion in O_2 pumped by a seeded narrow band second-harmonic Nd: YAG laser. Applied Physics B, 81: 525-530.

Hua X Q, Leng J, Yang H P, Sha G H, Zhang C H. 2006. Effect of thermal defocusing on backward stimulated Raman scattering in CH_4. Chinese Journal of Chemical Physics, 19 (3): 193-196.

Leng J, Sha G H, Hua X Q, Yang H P, Zhang C H. 2006. Study of the competition between forward and backward stimulated Raman scattering in methane. Applied Physics B, 82: 463-468.

Huang J G, Xiao D Q, Bi W B, Xu X L, Gao Z, Zhu Q H, Zhang C H. 2007. One color resonant two photon ionization spectroscopy of p-methylstyrene and theoretical calculation. Spectrochimica Acta Part A: Molecular and Biomolecular Spectroscopy, 66 (2): 371-376.

Zhang C H. 2007. Reminiscences of the physical chemistry research that I took part in at Dalian in the days from 1951 to 2000. Chinese Journal of Chemical Physics, 20 (4): 329-332.

附录三　张存浩（个人或研究团队）获奖名录

1956 年获国家自然科学奖三等奖

1979 年获国防重大科技成果二等奖

1982 年获国家自然科学奖三等奖

1985 年获中国科学院科学技术进步奖三等奖

1986 年获中国科学院科学技术进步奖二等奖

1989 年获中国科学院科学技术进步奖一等奖

1992 年获中国科学院自然科学奖一等奖

1994 年获 1993 年度国家自然科学奖三等奖

1994 年获中国科学院科学技术进步奖二等奖

1996 年获中国科学院科学技术进步奖特等奖

1997 年获中国科学院自然科学奖一等奖

1997 年获国家重大科技成果二等奖

1997 年获国家科学技术进步奖二等奖

1999 年获陈嘉庚科学奖化学科学奖

1999 年获中国科学院科学技术进步奖特等奖

1999 年获国家自然科学奖二等奖

2000 年获第八届陈嘉庚科学奖化学科学奖

2002 年获何梁何利基金奖

2008 年获国家科学技术进步奖二等奖

2014 年获 2013 年度国家最高科学技术奖

后　　记

　　无棣地处山东最北端、渤海西岸，历史源远流长，文化底蕴厚重，素有"东省文明之区""北海翰苑之府"之称。明清无棣名门望族多达20个，在这些家族中，段家张氏起步较晚，名列最后，却是延续家族荣光，并将家族文化不断推向新高峰，最有名望和影响的一个。百余年间，由晚清开始，世界风云变幻，物是人非，一些曾经的名门已不复荣兴，一些旧日的望族亦走向没落，但车王镇段家村张氏却后继有人，俊彦辈出。更为可贵的是，张家子孙始终恪守祖辈父辈的遗训，以"振兴中华，报效祖国"为己任，心系国运，热爱乡土，在教育、科技、实业等方面兢兢业业，开拓创新，俱取得了不凡的成就，有6人成为科学家，十几人成为高级专业人才，其中当代建筑设计大师张镈、著名科学家张存浩更是家喻户晓，名扬海内外。目前，张家第四代、第五代后人继续谨遵祖训，弘扬家族优良传统，牢记历史使命，潜心向学，砥砺前行，在推进中国式现代化、实现中华民族伟大复兴中国梦的新征程中，不断创造着新业绩、新成就。

　　张存浩先生是我国著名物理化学家，是无棣唯一的中国科学院院士，是无棣40多万人民的荣光和骄傲。先生于20世纪90年代多次赶赴无棣，或赴企业考察，为循环经济献计出力；或到故里段家村寻亲访友，祭拜祖灵；或参加无棣重大文化活动，为家乡建设增光添彩。2005

年我担任县政协文史办（委）主任后，即与张先生建立联系，承蒙先生指教，并提供大量珍贵文字、图片资料，顺利出版《无棣文史》4辑。2011年3月为出版建筑设计大师张镈回忆录，我首次赴京拜望先生，亲自聆听先生对出版张镈回忆录及做好政协文史工作的意见，受益良多。

2014年1月先生荣膺2013年度国家最高科学技术奖后，我即萌发了为以张镈、张存浩等为代表的段家张氏家族撰写系列长篇纪实文学作品的意愿。自是年4月起，我多次到段家村了解情况，并自费赶赴天津、北京、大连等先生生活与工作的城市，实地采访了张存民、张存永、张存澄、张存洪、张存泗、张存桂、张存滢、张存济、张存汶、张捷、张融、张凯、纪清永（张鸣岐夫人胞侄）等人，并与张存淑、张同建立了联系。2015年8月在大连化物所，我采访了沙国河、葛树杰、姜英莉、王秀岩、杨何平等人，他们以自己的亲身经历，讲述了张存浩先生一心献身科学事业、带领大连化物所全体人员开拓创新、勇攀科学高峰的感人故事，并实地考察了大连化物所旧址、01试验基地（今大连市金家沟），切身感受先生当年筚路蓝缕、艰苦奋斗的光辉历程。是年9月，我与张梅朋再次赶赴北京，到国家自然科学基金委员会采访了张先生原秘书、时任计划与政策局局长的郑永和，国家自然科学基金委员会原秘书长袁海波，张先生原秘书吴善超，时任张先生秘书邵赛兵，张先生胞弟张存泰等人。为避免打扰先生正常休息，我一连数天坚持下午2～4时采访，其余时间由邵赛兵同志帮忙到国家自然科学基金委员会查找有关资料。邵秘书不遗余力，热情相助，不仅为我提供了10余篇自己保存的珍贵的文字资料、50余幅图片，还提供了央视记者采访张存浩、何国钟、沙国河、张涛、杨学明、张杰、梁森、许忠勤、郑永和等人的视频资料，这为我进一步丰富、完善这部传记奠定了良好基础。之后，我又赶赴上海、广西、广东、贵州、重庆等地采访与搜集资料，与张氏亲友座谈，到张先生学习过的学校实地走访，到相关研究机构、资料馆、图书馆、博物馆搜集资料。在掌握了大量资料的基础上，2016年由张存民（张镈之子）、无棣县文物管理局襄助，《赤子情怀——建筑设计大师张镈传奇人生》（泰山出版社）得以出版。

以张存浩、张存民、张捷、张融为代表的张家两代人尽职尽责，不辞辛劳，付出良多。他们的家国情怀，以及对家族精神的尊奉、对家族文化的挚爱、对家族荣誉的呵护，让我感悟深刻，受益良多。

在诸乡贤、同仁的关心与支持下，为张存浩先生撰写传记的工作扎实推进。在此期间，张捷、张融昆仲不断为我提供相关资料、图片，以期传记日臻完善。2018年7月先生因病入住北京医院，2019年春节前后，因原护工回甘肃过年，应张捷之请我到北京医院，与张捷共同护理先生。在先生神智比较清醒的时候，就传记中的一些问题我不断请教，先生还为我讲述了一些过去书籍、资料中鲜见的科研故事和家族中的一些家长里短。前后近20天的护理，可以说，收获满满，感怀万千。

传记初稿完成后，张捷、张融、郑永和、吴善超、邵赛兵及张捷好友王林溪先生进行了审阅与修改，提出许多有见地的意见和建议。

就在张捷先生积极筹划出版《追寻那一束光》（今名《张存浩传》）之际，中国科学院学部工作局、大连化物所拟将本传记纳入"科学与人生：中国科学院院士传记"丛书中。作为本项目负责人，大连化物所党委副书记、纪委书记梁波精心组织、科学运作，推动传记立项和编制，时任办公室主任李振涛积极抓好项目协调推进。几经商榷，终达一致意见。为保证传记质量，初稿修改后邮发大连化物所，由沙国河院士、桑凤亭院士、王秀岩研究员、姜波研究员、姜英莉主任审阅与修改。在此基础上，我进行了认真修正、完善。为进一步丰富、充实资料，与首位大连化物所联系人赵文佳沟通、确定后，我与贾桂荣老师先后于2022年8月和10月赶赴北京、福建，再次搜集资料。在北京，与郑永和、梁森、赵学文、高体玙、郭维京等与先生谙熟的同志座谈，收集了许多富有价值、彰显先生高风亮节的感人故事；邵赛兵专门系统整理了先生论著；张捷提供了百余幅先生照片。在厦门，我采访了退休老教授、研究生及其他学生，畅谈张先生献身科教事业之壮举、非凡成就对学校教书育人的积极影响；在长汀，我造访了先生曾经就读的学校，与长汀一中党总支、办公室、政教处负责人及部分师生进行座谈，将一些珍贵资料、图片补充到传记中。其间，中国科学院原院长白春礼先生、大连化物所所长刘中民院士于百忙中，为《张存浩传》作序，字里行间浸透着对张先生的景仰、爱戴之情。

2023年6月8日，我还邀请市、县作协的数位知名作家，集中审阅《张存浩传》书稿，听取意见和建议。

后　记

2023年10月，科学出版社一校出稿后，即发大连化物所再次审阅。其间，大连化物所办公室主任关佳宁组织推动校稿、出版各项工作顺利进行。后经王秀岩、姜波两位研究员字斟句酌提出意见，再次对文稿进行修改和订正。大连化物所的孙彩霞、杨彦博等诸位同志也做了大量具体和细致的工作。无棣县融媒体高级记者、县作协副主席、县摄影家协会副主席高士东同志，对传记中的一些图片再次进行了翻拍。

可以说，《张存浩传》数易其稿，不断修订、更正、完善，凝聚着诸多专家、学者、同仁、乡贤的心血和汗水。在此，一并诚挚感谢！

我采访、座谈、撰写《张存浩传》的过程，是不断深化学习、充实积累的过程，更是心灵得到净化、感情不断升华的过程。祈愿《张存浩传》能够激发、引导广大读者，尤其是科技工作者努力学习张存浩先生的中国科学家精神，为推动我国科学事业勇攀世界高峰、实现高水平科技自强自立和中华民族伟大复兴的中国梦，踔厉奋发、勇毅前行！

然，因资料搜集、整理不尽全面，挂一漏万，加之写作水平所限，传记中难免出现一些瑕疵，恳请广大读者、专家、同仁批评指正。

作　者

2023年12月